BRENDA K. B. ANDERSON

150 bunte Häkelmotive

ZWEIFARBIG HÄKELN MIT „GELING-GARANTIE“

LEOPOLD STOCKER VERLAG
GRAZ – STUTTGART

Inhalt

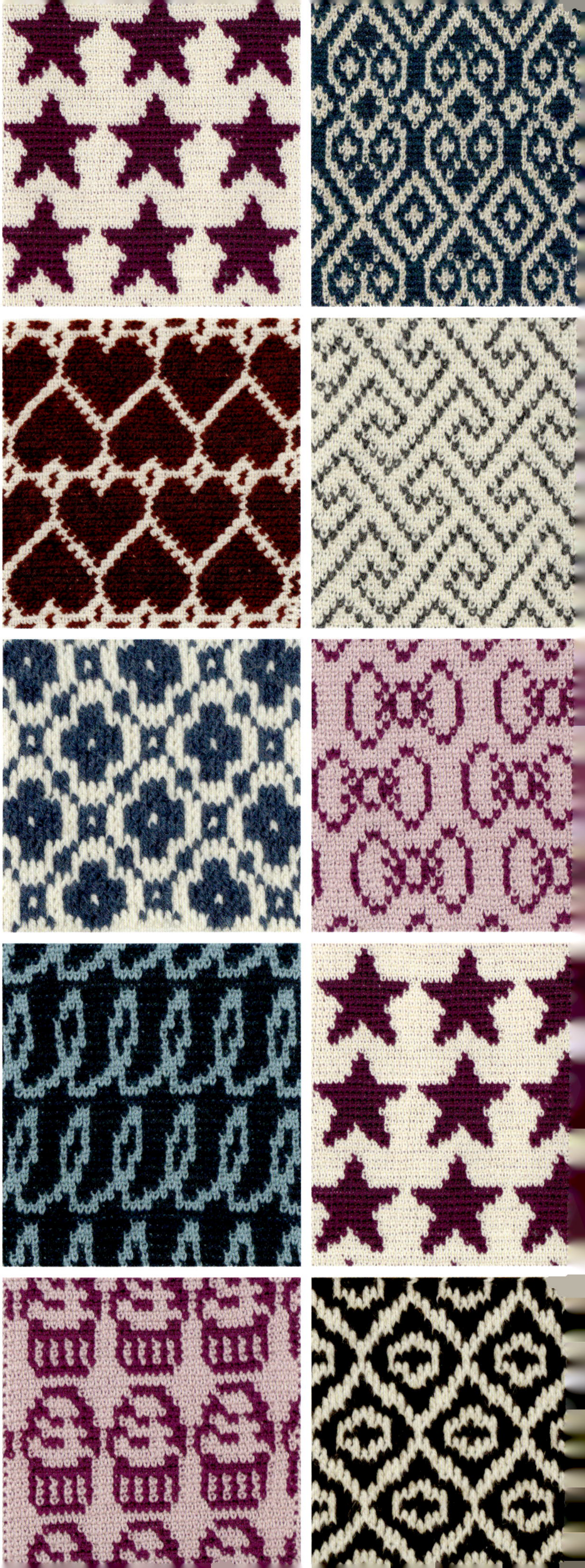

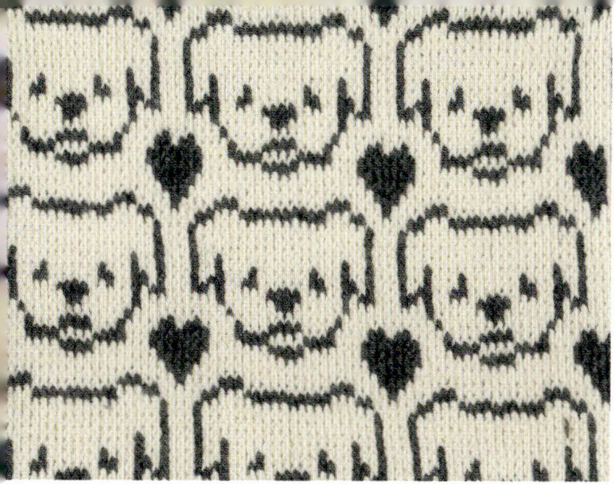

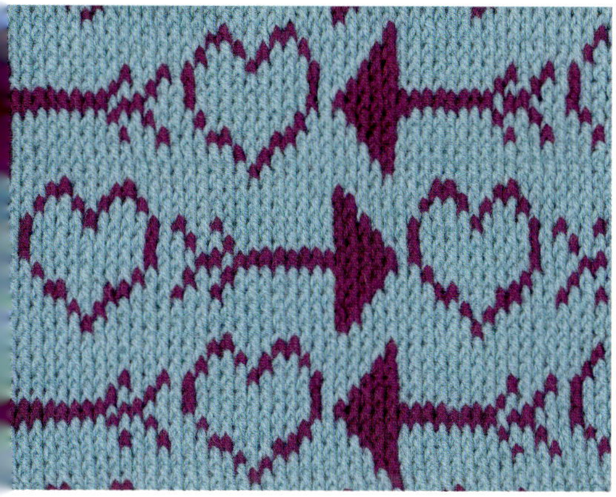

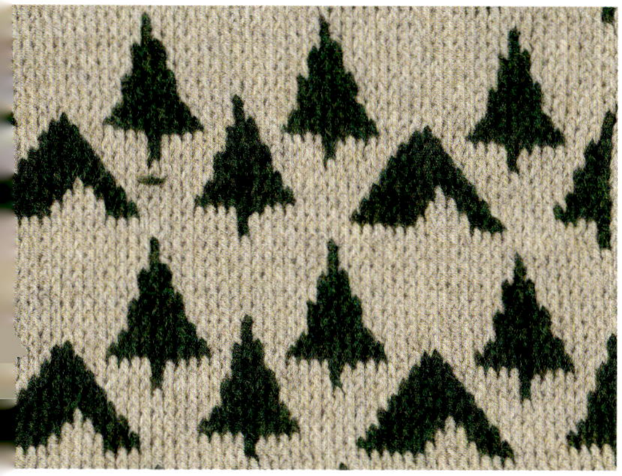

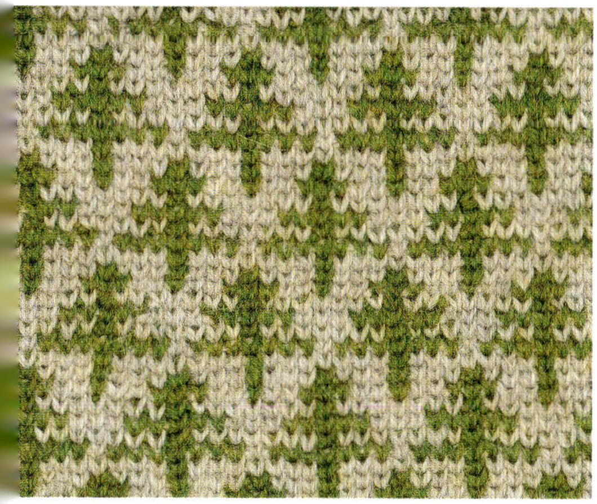

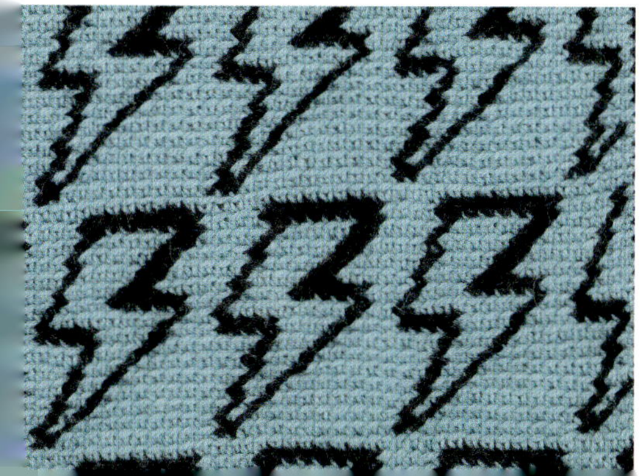

Einleitung

Es gibt so wenige Bücher über mehrfarbiges Häkeln, insbesondere im Vergleich zum Stricken. Das überrascht mich immer wieder, da es so ein schönes Handwerk ist und so viele verschiedene Stile und Varianten vereint! Vielleicht liegt es aber daran, dass es so viele verschiedene Herangehensweisen und Dinge zu bedenken gibt, die ein Buch speziell für Häklerinnen zu einer gewaltigen Aufgabe machen. Ich bin in das mehrfarbige Häkeln verliebt und, wie es jeder kennt, der schon mal verliebt war, möchte ich nur noch über meine neue Liebe sprechen. Die ganze Zeit. Und was für bessere Zuhörer kann es geben, wenn nicht gleichgesinnte Häklerinnen?

Es stimmt, dass man mehrfarbige Strickmuster zum Häkeln verwenden kann – tatsächlich begann dieses Buch als eine Art „Schwesternbuch" zu Andrea Rangels „200 bunte Strickmotive. Fair-Isle-Stricken mit Geling-Garantie". Ihr Strickmuster-Wörterbuch hat mich so inspiriert, dass ich ein Äquivalent für Häklerinnen gestalten wollte. Ich hatte viele ihrer Strickmuster zum Häkeln ausprobiert. Allerdings brauchen Sie für eine erfolgreiche mehrfarbige Häkelarbeit mehr als nur ein tolles Muster. Sie müssen die Anatomie der Häkelmaschen verstehen: Wie sowohl die Maschenart als auch die Art, wie das Gewebe fällt (was einen riesigen Unterschied ausmacht), das Erscheinungsbild der Arbeit beeinflusst und wie man die beste Entscheidung in Bezug auf Maschenprobe (Spannung), Spannfäden (ja oder nein) und Garntypus trifft, um ein Projekt zu gestalten, auf das man stolz sein kann. Mein Ziel beim Schreiben dieses Buches ist es, Ihnen das Rätselraten beim mehrfarbigen Häkeln zu nehmen, damit Sie mit Zutrauen etwas Neues kreieren können. Ich hoffe, Sie finden in meinen Häkelmotiven Inspiration, so wie ich sie in jenen von Andrea gefunden habe. Ich kann es gar nicht erwarten, zu sehen, was Sie aus ihnen machen!

Anmerkung: Um Verwechslungen zu vermeiden, verwende ich in diesem Buch den Begriff „Häkelmuster", um mich auf die Maschenanatomie zu beziehen, was nicht mit dem „Farbmuster" verwechselt werden darf. Ich verwende zum Beispiel in diesem Buch oft die verlängerte feste Masche als Häkelmuster, um die Diagramme zu häkeln. Ich verwende den Begriff „Farbmuster", um mich auf die in Diagramme gefassten Bilder in diesem Buch (oder die Farben in jedem Motiv) zu beziehen.

WAS GENAU IST MEHRFARBIGES HÄKELN?

Mehrfarbig zu häkeln, ist, ganz simpel ausgedrückt, das Häkeln in zwei oder mehr Farben. Dies kann auf viele verschiedene Weisen mit vielen verschiedenen Gewebearten im Ergebnis geschehen. In diesem Buch fokussiere ich mich auf eine Methode, da ich finde, dass sie gut für viele verschiedene Projekte und Farbmuster geeignet ist und man mit ihr ziemlich einfach designen kann. Oft wird diese Art des mehrfarbigen Häkelns als Tapestry-Häkeln oder Jacquardtechnik bezeichnet, aber die Definitionen dieser Fachbegriffe variieren und können recht verwirrend sein, weshalb ich entschieden habe, die Technik für dieses Buch wie folgt zu definieren:

Diese mehrfarbige Arbeit wird rund und mit der Vorderseite immer nach vorn oder, wie im Fall des Schals mit Profil (siehe „Die Projekte", S. 98), in Reihen immer von rechts nach links (oder links nach rechts, wenn Sie Linkshänderin sind) gehäkelt und am Ende jeder Reihe befestigt. Die Vorderseite zeigt auch hier immer nach oben, auch wenn technisch nicht rundgehäkelt wird. Arbeiten Sie mit dieser Technik, führen Sie auch immer die Farbe mit, die gerade nicht gehäkelt wird: Sie können darüber häkeln und mit Ihren Maschen umschließen oder sie als Spannfäden hinter der Arbeit auf der Rückseite mitführen.

Verwendung dieses Buchs

In diesem Buch sind 150 mehrfarbige Häkelmuster enthalten – jedes von ihnen ausgearbeitet in einem Beispiel. Ich habe ein bestimmtes Häkelmuster bei jedem Farbmuster verwendet, Sie können jedoch auch die Häkelmuster untereinander austauschen. Die fünf Häkelmuster, die ich verwendet habe, lassen sich in Form und Größe miteinander vergleichen und mit ein bisschen Know-how (das Sie in „Vergleich und Wahl des Maschenbildes" auf S. 8 erhalten) können Sie eine wohlfundierte Vermutung anstellen, noch bevor Sie eine Maschenprobe häkeln, was das allgemeine Erscheinungsbild eines anderen Häkelmusters anstelle des abgebildeten betrifft. Außerdem sind fünf Projekte, die mehrfarbig gehäkelt werden, am Ende angehängt. Es handelt sich dabei durchwegs um klassische Designs, die immer und immer wieder verwendet werden können, wobei jedes Mal durch Austauschen des Musters etwas Neues entsteht. Verwenden Sie das Kapitel „Austausch und Änderung von Mustern", um Hilfe bei der Anpassung Ihres Projektes an ein neues Farbmuster zu finden.

DIE MUSTER

Da die Muster in diesem Buch nicht maßstabsgetreu abgebildet sind, dachte ich, es wäre hilfreich, die Maschenprobe (Spannung) für jede Maschenart anzugeben. Die Spannung variiert stark von Mensch zu Mensch (und wäre ganz anders bei Verwendung eines anderen Garngewichts), aber hier sind als Ausgangspunkt die Maschenproben der fünf verschiedenen Maschenarten, die für die Muster in diesem Buch verwendet werden, angeführt.

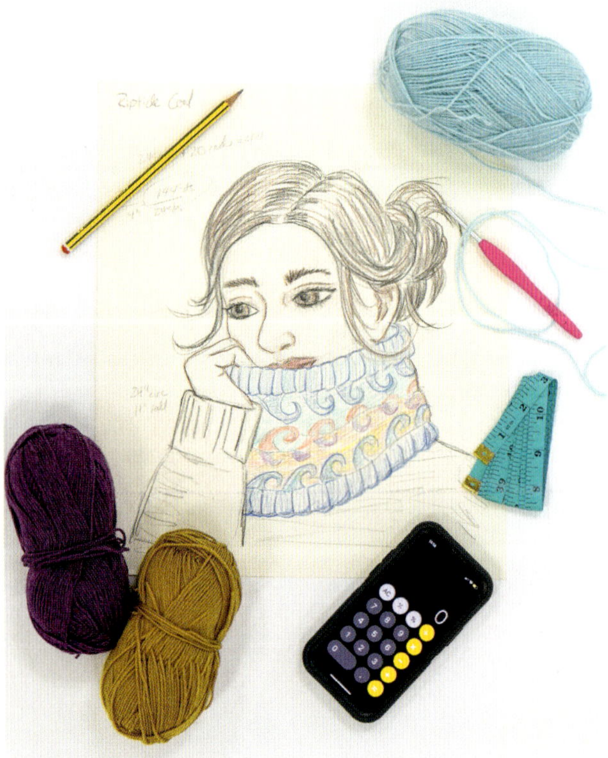

Sie alle wurden aus demselben DK-Garn (Berroco Ultra Alpaca Light) und einer 3,75-mm-Häkelnadel über das nicht gearbeitete Garn (keine Spannfäden) gehäkelt – außer bei den Mustern, die aus vRStb gehäkelt wurden – sie alle haben Spannfäden. Alle Maschenproben wurden unter Dampf gespannt und jene, die ein bisschen zur Seite hin „verzogen" waren, wurden dabei geglättet (siehe „Vergleich und Wahl des Maschenbildes" für weitere Informationen).

Verlängerte feste Masche (vfM): 16 M und 14 Runden = 10 x 10 cm.

Verlängerter Strickstich (vStr): 16 M und 20 Runden = 10 x 10 cm.

Strickstich (Str): 18 M und 23 Runden = 10 x 10 cm.

Feste Masche ins hintere Maschenglied (fM ins hMg): 18 M und 16 Runden = 10 x 10 cm.

Reliefstäbchen vor der Arbeit (vRStb): 19,5 M und 16 Runden = 10 x 10 cm.

Anmerkung: Ich habe das Garn von Berroco gewählt, weil ich ein Garn verwenden wollte, das weich ist, toll fällt und die Maschen definiert genug erscheinen lässt, sodass die Arbeit mit mehreren Farben klar wirkt, doch ich wollte auch, dass es flauschig (und verschwommen) genug ist, damit die Maschen ein zusammenhängendes Bild erzeugen. Ich wollte sichergehen, dass es nicht „splittrig" oder plump wirkt, und außerdem gibt es eine schier endlose Auswahl an Farben. Im Grunde wollte ich ein Garn, das die mehrfarbige Häkelarbeit wirklich zur Geltung bringt UND einfach in der Handhabung ist. Und es musste etwas sein, woraus man Fäustlinge, eine Mütze, einen Pulli oder eine Decke usw. häkeln konnte. Dieses Garn hat all das. Liebe. Liebe. Liebe!

LAUTER ENTSCHEIDUNGEN!

Bevor Sie beginnen, ein Farbmuster zu häkeln, sind viele Dinge zu bedenken – und sie sind alle miteinander verbunden. Die Garnart, die Größe von Maschenprobe und Nadel sowie das Häkelmuster beeinflussen, wie Ihr Gewebe fällt. Dieselbe Wahl wirkt sich auch auf das Erscheinungsbild der mehrfarbigen Häkelarbeit aus (wie gut sich das Farbmuster lesen lässt). Also ganz gleich, wo Sie in den Entscheidungsfindungsprozess einsteigen, Sie werden immer viele Fragen beantworten müssen, um die Kombination all dieser unterschiedlichen Aspekte zu bedenken und das gewünschte Endergebnis zu erhalten (ein Projekt, das Sie mit einem riesigen Grinsen im Gesicht auf und nieder springen lässt!). Wie immer ist die beste Art zu lernen, wie eine bestimmte Garn-Spannungs-Häkelmuster-Kombination funktioniert, das Anfertigen einer Maschenprobe. Als ein Mensch, der grundsätzlich gern alle Vorsicht über Bord wirft und die Maschenprobe auslässt, möchte ich Sie durch meinen Entscheidungsfindungsprozess leiten, damit Sie von Anfang an besser informierte Entscheidungen treffen können. Ich sage hier nicht, dass Sie die Maschenprobe auslassen können – bitte tun Sie das nicht, da dies der beste Weg ist zu lernen! Aber ganz gleich, ob Sie nun eine Probehäklerin sind oder nicht; wenn Sie dieses Buch durchlesen, werden Sie in der Lage sein, bessere Entscheidungen zu treffen. Und P.S.: Ich bin nicht wirklich eine Probehäklerin – aber wissen Sie was? Ich habe für dieses Buch über 150 Proben gehäkelt ... Also auch nachlässige Probehäklerinnen können es schaffen!

ABKÜRZUNGEN

Hier ist eine Liste der in diesem Buch verwendeten Abkürzungen:

2 fM zus abm:	2 feste Maschen zusammen abmaschen
2 mod vfM zus abm:	2 modifizierte verlängerte feste Maschen zusammen abmaschen
2 vfM zus abm:	2 verlängerte feste Maschen zusammen abmaschen
2 Str zus abm:	2 Strickstiche zusammen abmaschen
Abn/abn:	Abnahme/abnehmen
Beg/beg:	Beginn/beginnen
fM:	feste Masche
fM ins hMg:	feste Masche ins hintere Maschenglied
folg:	folgende
HF:	Hauptfarbe
hStb:	halbes Stäbchen
ins hMg:	ins hintere Maschenglied
KF:	Kontrastfarbe
Km:	Kettmasche
KR:	Kurzreihe
Lm:	Luftmasche(n)
Lm-Bg:	Luftmaschenbogen
M:	Masche(n)
MM:	Maschenmarkierer setzen
Nd:	Nadel
restl:	restlich(e)
RS:	Rückseite
Schl:	Schlinge
Stb:	Stäbchen
Str:	Strickstich
U:	Umschlag
vfM:	verlängerte (erweiterte) feste Masche
vRStb:	Reliefstäbchen vor der Arbeit
VS:	Vorderseite
vStr:	verlängerter Strickstich
weiterarb:	weiterarbeiten/fortfahren
Wdh/wdh:	Wiederholung/wiederholen
Zwr:	Zwischenraum

EINE LEISE ANMERKUNG ÜBER DAS SPANNEN (HEY, SPANNVERWEIGERINNEN, BITTE LEST DAS!)

Okay, ich habe also bereits zugegeben, dass ich nicht wirklich eine Probehäklerin bin ... Aber ich habe noch mehr zu beichten. Bis zu diesem Buch habe ich auch nicht wirklich gespannt. (Jetzt Sie: Keuch!) Tatsächlich habe ich meine Projekte nur gespannt, wenn sie uneben aussahen. Sogar viele der Hunderten Projekte, die ich für Magazine gehäkelt habe, wurden nicht gespannt, weil ich dachte, es sei nicht notwendig. Warum erzähle ich Ihnen das, fragen Sie sich vielleicht? Auch wenn ich kaum eine Arbeit gespannt habe, so habe ich doch jedes einzelne Stück in diesem Buch gespannt. Der Grund: Diese Art zu häkeln, profitiert wirklich davon. Die bunten Muster sehen viel gleichmäßiger aus, die Maschen richten sich besser aus und das Spannen hilft, das Gewebe zu glätten, wenn Sie vom mehrfarbigen Häkeln zu einer Farbe übergehen. Und darüber hinaus verleiht das Spannen dem Gewebe Halt. Bitte überspringen Sie diesen Arbeitsschritt nicht – er macht einen riesigen Unterschied!

Bei Wolle oder anderen Tierfasern: Beim nassen Spannen haben Sie die meiste Kontrolle. Dafür weichen Sie die Arbeit in einer Wanne mit Wasser bei Raumtemperatur ein, bis sie vollkommen durchtränkt ist. Die Arbeit aus dem Wasser entfernen und überschüssiges Wasser vorsichtig ausdrücken – aber nicht wringen oder verdrehen! Legen Sie das Stück auf ein oder zwei Handtücher und rollen Sie diese dann ein und tupfen Sie so viel Feuchtigkeit auf, wie Sie können. Die Arbeit ausrollen, auf ein weiteres trockenes Handtuch legen und auf die gewünschte Form zupfen – falls notwendig Stecknadeln verwenden. Haben Sie zu wenig Zeit, um darauf zu warten, dass die Häkelarbeit vollständig trocknet, können Sie eine Sprühflasche verwenden, damit Ihr Projekt nass genug wird, um es formen zu können. So trocknet es schneller als beim Einweichen. Müssen Sie es UNBEDINGT jetzt tragen, versuchen Sie es stattdessen mit dem Spannen unter Dampf (siehe unten).

Bei Acrylfasern: Nassspannen ist nicht so effektiv bei Acrylgarnen. Bei diesen synthetischen Fasern empfehle ich das Spannen unter Dampf. Sie können ein normales Bügeleisen verwenden und es auf die größtmögliche Hitze mit dem meisten Dampf stellen. Das Häkelstück dann aus etwa 5 cm Entfernung bedampfen (das Gewebe niemals mit dem Bügeleisen berühren – und passen Sie auf, nicht selbst in den Dampf zu geraten!). Am besten probieren Sie dies an einem Probestück aus, um zu sehen, wie es sich verhält.

Alle 150 Muster in diesem Buch wurden unter Dampf gespannt, alle Projekte wurden nass gespannt. Und wissen Sie was? Ich bin offiziell bekehrt – ich spanne jetzt fast alles.

Garnwahl

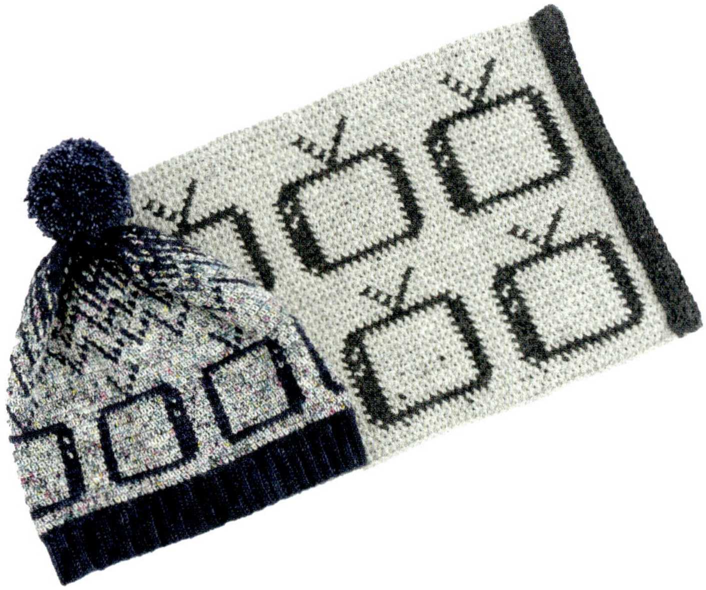

GARNGEWICHT

Um das Gewicht des Garns zu bestimmen, das Sie verwenden, denken Sie an die Größe Ihres Projekts. Planen Sie ein recht großes zweifarbiges Muster (viele Pixel!), müssen Sie ein Garn verwenden, das dünn genug ist, damit die Farbhäkelei nicht zu bunt wird. Häkeln Sie beispielsweise ein Paar Handschuhe mit einem größeren Muster, brauchen Sie ein dünneres Garn, als wenn Sie ein kleineres Muster häkeln. Andererseits könnte das Muster aber auch nicht auf die Handschuhe passen. Werfen Sie einen Blick in den Abschnitt „Die Projekte" in diesem Buch für Beispiele, wie das Garn die Größe des mehrfarbigen Häkelstücks beeinflusst.

FASERGEHALT/MERKMALE DES GARNS

Um den Fasergehalt und die Merkmale des Garns zu bestimmen, überlegen Sie sich, wie viel Stand Ihr Projekt haben sollte und welche anderen Eigenschaften Sie sich dafür wünschen.

Häkeln Sie einen Korb, einen Einkaufsbeutel, ein Kissen oder ein Einrichtungsaccessoire, sind Stand und Faltenwurf vielleicht kein Thema – tatsächlich wollen Sie wahrscheinlich, dass das Stück fest und stabil genug ist, um in Form zu bleiben. Häkeln Sie eine Decke, möchten Sie wohl auch ein bisschen Faltenwurf, aber das ist hier nicht so wichtig wie bei einem Pulli. Häkeln Sie ein Kleidungsstück, das getragen werden soll, müssen Sie bedenken, welchen Einfluss die Garnfaser und das Häkelmuster auf den Stand Ihres Gewebes hat. So ergibt ein Baumwollgarn mit hoher Garndrehung, das mit hoher Spannung verhäkelt wurde, niedliche Körbe oder Taschen, weil es ein sehr formstabiles Gewebe ergibt. Andererseits wird es schwierig, ein Kleidungsstück, das ausreichend weich fällt, aus demselben Baumwollgarn zu häkeln. Möchten Sie ein Baumwollgarn für Kleidungsstücke, wählen Sie ein Garn mit geringerer Spannung (vielleicht ein weniger stark gesponnenes oder ein Chainette-Garn) und arbeiten mit weniger Spannung, damit das Stück gut fällt (siehe auch „Vergleich und Wahl des Maschenbildes" für die Wahl mit dem richtigen Stand). Häkeln Sie Kleidung, sind Garne mit weichem Faltenwurf, etwa Wolle oder Alpaka, immer eine sichere Sache. Nachdem Häkelmaschen grundsätzlich fester als Strickmaschen sind, habe ich herausgefunden, dass es von Vorteil ist, Alpakagarn (oder Alpakamischgarn) für ein Gewebe, das angenehm fällt, zu verwenden. Dies war einer der entscheidenden Faktoren bei der Garnwahl für die 150 Muster in diesem Buch.

Für ein saubereres Farbbild hilft es auch, ein Garn auszuwählen, das die Lücken zwischen Ihren Maschen ausfüllt. Festere Garne mit hoher Garndrehung können es ein bisschen herausfordernder machen, dass die Maschen gleichförmig aussehen. Vermeiden Sie wenig verdrillte Garne, wenn Sie im Strickstich häkeln. Bei diesem Muster muss Ihre Nadel durch einen engeren Zwischenraum in der Mitte jeder Masche stechen und Sie können viel Frust vermeiden, wenn Sie ein Garn wählen, das weniger anfällig dafür ist, sich zu teilen.

Planen Sie, Ihr Projekt zu steeken (aufzuschneiden, siehe „Steeken, ohne auszuflippen!", S. 17), überlegen Sie sich, ob Sie vielleicht ein Streichgarn verwenden wollen. Seine Fasern gehen in alle erdenklichen Richtungen und somit ist es wahrscheinlicher, dass sie sich ineinander verfangen und nicht verrutschen und sich auftrennen. Streichgarne werden häufig bei mehrfarbigen Arbeiten verwendet, weil sie starrer sind, aber auch, weil sie erhaben sind und den Platz zwischen den Maschen ausfüllen. Starrere Garne können allerdings empfindliche Haut leichter reizen, bedenken Sie also, ob Ihr Projekt auf der Haut getragen wird (insbesondere, wenn Sie empfindliche Haut haben), bevor Sie sich für ein Streichgarn entscheiden – auch wenn diese Garne beim Tragen weicher und angenehmer werden. Traditionell wird davor gewarnt, Alpakawolle für Häkelarbeiten, die gesteekt werden, zu verwenden, da sie rutschiger ist, aber ich finde, sie hält extrem gut, wenn die Steeks verstärkt werden.

DIE WAHL DER FARBEN

Die Auswahl der Farben für Ihr Projekt ist eine Frage des persönlichen Geschmacks, solange Sie eine Regel im Hinterkopf behalten: Der Kontrast zwischen den Farben muss groß genug sein, um die mehrfarbige Arbeit auch zu sehen. Kontrast erhält man auf zwei Arten: Farbton und Farbwert. Der Farbton ist, was wir als erstes beschreiben, wenn wir die Farben lernen. Denken Sie an die Farben des Regenbogens: Rot, Orange, Gelb, Grün, Blau, Indigo, Violett. Farben, die einander auf dem Farbrad gegenüberliegen, haben den größten Kontrast. Sie werden Komplementärfarben genannt. Farben, die im Farbrad nebeneinanderliegen, haben am wenigsten Kontrast. Sie werden als analoge Farben bezeichnet. Auch wenn Komplementärfarben am meisten Kontrast haben, können sie das Auge verwirren, wenn sie direkt nebeneinander sind. Bestimmte Kombinationen können sogar optische Täuschungen hervorrufen – es kann aussehen, als würden sie flimmern oder Schatten erzeugen und machen die Augen müde. Dieses Phänomen („Simultankontrast" genannt) macht es schwer, die Arbeit zu betrachten. Ein Weg, dies zu umgehen, ist die Verwendung unterschiedlicher Farbwerte. „Wert" bezieht sich dabei darauf, wie dunkel oder hell eine Farbe ist. Stellen Sie sich das wie beim Farbenmischen vor: Wenn Sie ein sattes Rot nehmen und Weiß dazumischen, erhalten Sie Rosa. Je mehr Weiß Sie hinzufügen, umso heller der Farbton. Wenn Sie dasselbe satte Rot mit Schwarz mischen, erzeugen Sie ein dunkles Rot. Die Kombination von Farbtönen und -werten kann starke Kontraste erzeugen. Sogar analoge Farben können genug miteinander kontrastieren, wenn sie unterschiedliche Farbwerte aufweisen.

Wenn Sie wollen, dass Ihre mehrfarbige Arbeit richtig heraussticht, brauchen Sie Farben mit sehr hohem Kontrast. Soll es lieber zarter sein, wählen Sie Farben mit mittlerem Kontrast. Für das Muster „Fintan" habe ich zum Beispiel helleres und dunkleres Grün für ein schlichteres Farbmuster verwendet **(A)**. Die Farben kontrastieren stark genug, dass man das Muster sehen kann, aber sie springen einen nicht gleich an. Beim Muster „Claddagh" haben die Garne nicht sehr viel Kontrast. Auch wenn es verschiedene Farbtöne sind, ähneln sie sich in den Farbwerten, wodurch das Muster verloren geht **(B)**. Ich habe sie mit einem hellgrauen Garn noch einmal gehäkelt, um mehr Kontrast und ein klareres Bild zu erhalten **(C)**.

Das Häkeln von Probestücken ist die beste Art, Farbkombinationen auszuprobieren, doch bevor Sie ein Muster anfertigen, versuchen Sie diese zwei Dinge:

1. Drehen Sie das eine Garn fest um das andere, bis Sie einen etwa 7,5 cm langen Strang haben **(D)**. Können Sie die beiden Farben nicht gut auseinanderhalten, haben sie wahrscheinlich nicht genug Kontrast. Probieren Sie das mit einem Garn in sattem Rot und einem in sattem Grün – es überrascht, wie verwaschen das aussieht! Dies ist ein tolles Beispiel für den Simultankontrast.

2. Machen Sie ein Foto Ihrer Garnknäuel nebeneinander und verwenden Sie dann einen Filter oder eine App, um es in ein Schwarz-Weiß-Foto zu verwandeln **(E)**. Können Sie die beiden nicht gut auseinanderhalten, haben Sie wahrscheinlich nicht genug Kontrast.

Wenn Sie nicht wissen, wo Sie anfangen sollen bei der Farbwahl, stöbern Sie durch die zweifarbigen Projekte bei Ravelry, um zu sehen, was Ihnen ins Auge sticht. Es gibt auch viele Webseiten speziell für die Wahl von Farben, die gut zusammen aussehen – suchen Sie einfach nach „Farbinspirationen zum Häkeln", um loszulegen.

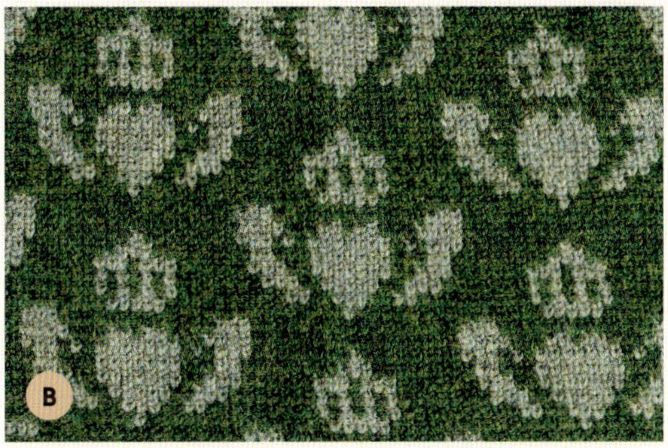

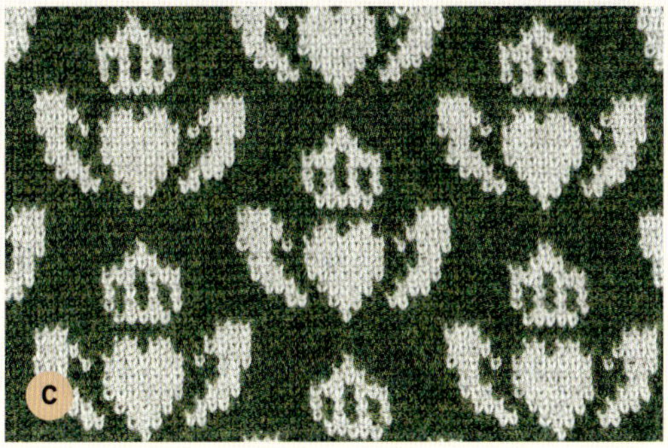

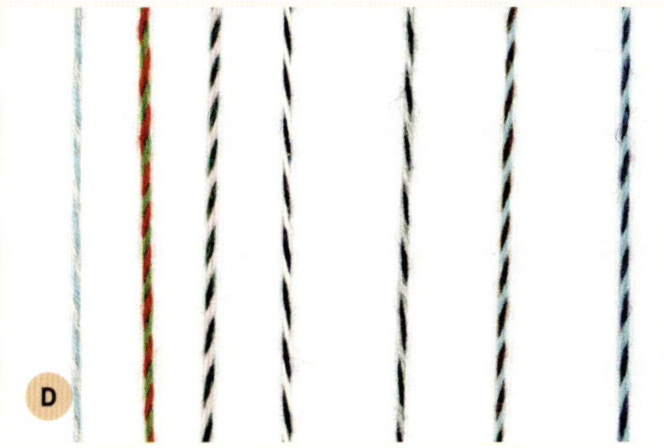

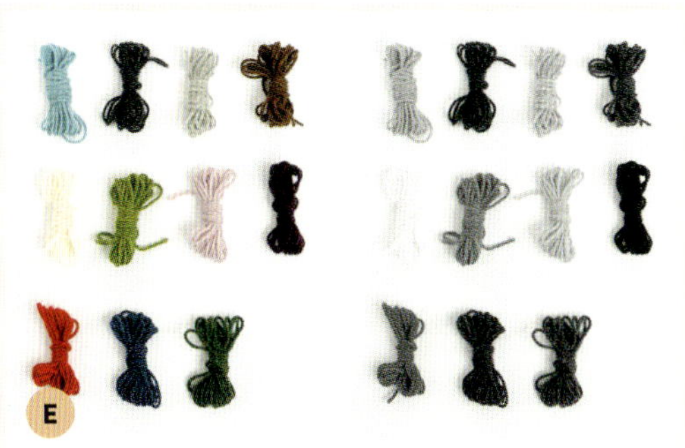

Vergleich und Wahl des Maschenbildes

Häklerinnen können aus einer großen Vielfalt an Maschen wählen, um zweifarbig zu häkeln. Jedes Häkelmuster bringt seine eigenen Merkmale mit, die sich auf das Erscheinungsbild der zweifarbigen Häkelarbeit und die Festigkeit des Gewebes und seinen Faltenwurf auswirken. Die Wahl des Häkelmusters kann sich wie ein Glücksspiel anfühlen, solange Ihnen das Verständnis für die Maschenanatomie und deren Auswirkungen auf das Aussehen fehlt. Ich habe mich daher dazu entschieden, die fünf Maschenarten, die einander in Form und Größe ähneln (stellen Sie sich jede Masche als Pixel mit eigener Form vor – nicht als perfektes Quadrat), in diesem Buch zu beschreiben, die ich für mehrfarbige Muster am liebsten wähle. Jedes der Farbmuster in diesem Buch kann mit jedem dieser Häkelmuster gehäkelt werden, sieht aber je nach Maschenwahl immer etwas anders aus. Das liegt daran, dass jede Masche (oder jedes Pixel) eine andere Form aufweist, die meist nicht nach allen Seiten symmetrisch ist. Wenn Sie sie nun in einem Gittermuster (wie bei einem Farbmuster üblich) übereinander „stapeln", erzeugen sie einen einzigartigen Look.

Um dies besser zu illustrieren, habe ich das Backsteinmuster und das Muster „Peace & Love" mit sechs verschiedenen Häkelmaschen ausgearbeitet:

1. Feste Masche (fM)
2. Feste Masche ins hintere Maschenglied gehäkelt (fM ins hMg)
3. Strickstich (Str)
4. Verlängerte feste Masche (vfM)
5. Verlängerter Strickstich (vStr)
6. Reliefstäbchen vor der Arbeit (vRStb)

Die Anleitung für die Häkelmuster 2–6 finden Sie im Abschnitt „Anleitungen für die Maschen" (siehe S. 12). Die Muster aus fM werden hier nur als Referenz beigefügt, da sie so häufig verwendet werden.

❶ FESTE MASCHE (FM)

Dieses Häkelmuster neigt sich wie viele andere Maschenarten nach rechts (oder links, wenn Sie mit links häkeln). Jedes Mal, wenn Sie eine Masche aufnehmen, arbeiten Sie leicht nach rechts (bzw. links als Linkshänderin) von der absoluten Maschenmitte aus. Nachdem die Maschen übereinander aufgereiht werden, verschiebt sich der Rundenanfang immer weiter und weiter vom Anfangspunkt der ersten Runde. Da die Maschen sich bewegen, erscheint das zweifarbige Muster, als würde es sich auf eine Seite lehnen oder sich um die Häkelarbeit winden. Soll Ihr Motiv vertikal gerade sein oder wenn Sie ein Projekt häkeln, das gesteckt wird (siehe „Steeken, ohne auszuflippen!", S. 17), oder etwas Rechteckiges (wie den „Schal mit Profil", siehe Projekte, S. 98) und Sie wollen, dass die Enden parallel sind, dann funktioniert das mit fM nicht sehr gut. Daher habe ich entschieden, diese nicht in die Mustersammlung des Buchs aufzunehmen. Lassen Sie sich nicht dadurch entmutigen, fM zu verwenden, wenn das Ihre Lieblingsmaschen sind. Wenn es Sie nicht stört, ein sich zur Seite neigendes Bild zu haben (das kann auch sehr hübsch sein!), ist diese Masche noch immer eine tolle Wahl. Auch wenn diese Häkelmasche nicht in meiner Sammlung vorgestellt wird, dachte ich, es wäre wichtig, hier ein Beispiel zum Vergleich zu zeigen.

❷ FESTE MASCHEN NUR INS HINTERE MASCHENGLIED (FM INS HMG)

Das Häkeln der fM nur ins hintere Maschenglied reduziert die Neigung ein wenig, was auch hilft, die Qualität der nach rechts (bzw. links bei Linkshänderinnen) geneigten Linien zu verbessern. Werfen Sie einen Blick auf die Häkelproben von „Peace & Love" auf der übernächsten Seite und vergleichen Sie die Linienqualität der Diagonalen. Die Linien, die nach rechts lehnen, sind nicht unterbrochen im Muster aus fM ins hMg, während Sie als unterbrochene Linie im fM-Muster erscheinen. Im Kontrast dazu sind die Linien nach links im Muster mit fM ins hMg leicht unterbrochen. Die nicht verwendeten vMg in der Häkelprobe aus fM ins hMg erzeugen einen starken waagerechten Effekt und lassen die rechten Kanten eines Farbabschnitts etwas verschwommen aussehen, insbesondere entlang einer nach links führenden Diagonale. Den verschwommenen Effekt bemerkt man bei den meisten zweifarbigen Mustern kaum, aber er kann sich bei feinen Details als problematisch erweisen. Nur ins hMg zu arbeiten, sorgt für ein besonders weich fallendes und sehr hübsches, dünnes Gewebe.

❸ STRICKSTICH (STR)

Die fM durch die Mitte der Masche zu häkeln, führt dazu, dass die Maschen sich ordentlich eine über der anderen aufbauen lassen und die oberen waagerechten Schlingen vollständig abgedeckt werden. Dadurch sieht das Gewebe sehr ähnlich wie glatt rechts gestrickt aus. Da die Maschen wie „Vs" aussehen, sind sie horizontal perfekt symmetrisch, was auch das Farbmuster symmetrisch erscheinen lässt. Dies ist eine tolle Maschenart für detailliertere zweifarbige Muster. Da die Maschen allerdings breiter als hoch sind, wirkt das Motiv gedrungener im Vergleich zu anderen Maschenarten. Beim Muster „Peace & Love" auf der übernächsten Seite sehen Sie, wie die Friedenszeichen in den anderen Mustern im Vergleich zum Strickstich in die Länge gezogen werden. Da Sie durch die Maschenmitte statt durch den oberen Bereich häkeln, erzeugen Sie ein sehr viel festeres Gewebe mit sehr wenig Dehnbarkeit. Dem kann man durch Häkeln mit weniger Spannung entgegenwirken und auch das Häkeln mit Spannfäden (Flotten) kann ein wenig helfen; ebenso der Wechsel zu einem Garn, das von sich aus leichter fällt.

❹ VERLÄNGERTE FESTE MASCHE (VFM)

Diese Variation der festen Masche, manchmal auch als „erweiterte" oder „doppelte" feste Masche bezeichnet, vergrößert die Höhe der Masche, lässt sie aber auch ein kleines bisschen nach links hängen (oder nach rechts bei Linkshändern). Diese sich neigenden Maschen wirken tatsächlich der natürlichen Schiefe, die in jeder Runde passiert, entgegen (ich beziehe mich hier darauf, wie sich jeder Rundenanfang ein bisschen mit jeder gehäkelten Runde verschiebt, siehe feste Masche). Da die diagonale Maschenform der Neigung einer jeden Masche entgegenwirkt, lassen sich vfM perfekt senkrecht übereinander aufbauen. Sie werden bemerken, dass es bei diagonalen Linien, die nach rechts führen, kleine Unterbrechungen gibt (oder nach links bei Linkshänderinnen), aber die Linien in die andere Richtung werden sehr gerade. Dies kann einige feinere Details verdecken, aber das zweifarbige Gesamtbild wird recht klar. Da diese Maschen höher als breit sind, könnte Ihr Motiv im Vergleich zu anderen Häkelmustern etwas in die Länge gezogen wirken. Dieses Häkelmuster fällt wunderschön und ist dehnbarer als die meisten anderen Häkelmuster.

5 VERLÄNGERTER STRICKSTICH (VSTR)

Beim verlängerten (oder erweiterten) Strickstich die Vorderbeinchen der Masche mit der Häkelnadel auseinanderzuhalten, damit die vfM darin platziert werden kann (statt nach oben, wie sonst üblich), sorgt für den Vorteil sauberer Motivarbeit für feinere, detaillierte Muster. So haben die Maschen eine ganz leichte Neigung nach links (oder nach rechts bei Linkshänderinnen), allerdings kann das Häkeln dieser Maschen etwas zeitintensiver sein, weil sie so sehr darauf achten müssen, wo die Nadel eingestochen wird. Die vStr zu häkeln ist es wert, wenn das Muster feine Details aufweist oder wenn Sie ein etwas festeres Gewebe wünschen als bei den gewöhnlichen vfM. Sind Sie sich jedoch nicht sicher, welche Maschen Sie verwenden sollen, würde ich Ihnen empfehlen, zuerst noch eine Maschenprobe in vfM zu häkeln, bevor Sie sich für die vStr entscheiden. Außerdem muss ich anmerken, dass Sie auch eine Kombination aus beiden Maschenarten häkeln können, um sich das Beste aus beiden Welten herauszupicken. Im Muster „Mixtape" (siehe „Die Muster") habe ich nur Runde 11 und 12 im vStr gehäkelt, den Rest in vfM. Das habe ich gemacht, weil ich unzufrieden mit den kleinen Details in Runde 11 und 12 war, als ich sie nur mit vfM gehäkelt hatte.

6 RELIEFSTÄBCHEN VOR DER ARBEIT (VRSTB)

Jede Masche vor dem Maschenkörper zu häkeln, sorgt für kerzengerade Maschen, die nicht auf eine Seite kippen. Das bedeutet auch, dass das Gewebe vertikale Rippen aufweist, die der Länge des Werkstücks nach verlaufen und auf dem Gewebe sitzen und dieses sehr dick machen. Da Sie nicht entlang der Oberkante der Arbeit häkeln, können Sie nicht über die gerade nicht verwendete Farbe häkeln. Sie müssen das nicht verwendete Garn auf der Rückseite der Arbeit mitführen. Diese Fäden werden Spannfäden oder Flotten genannt und sind vor allem beim zweifarbigen Stricken (Fair-Isle-Stricken, siehe Spannfäden, S. 14) üblich. Wegen dieser Spannfäden ist dieses Häkelmuster am besten für Projekte geeignet, bei denen nur eine Seite der Arbeit sichtbar ist. Die Motive sehen mit dieser Masche sehr ordentlich aus – auch feine detaillierte Muster lassen sich gut umsetzen; jede Masche ist gleich breit wie hoch und erzeugt perfekte kleine quadratische Pixel, die es leicht machen, sich vorzustellen, wie das Motiv aussehen wird.

Das Backsteinmuster ist ein feines Beispiel für ein Farbmuster, das sich nur horizontaler und vertikaler Linien bedient. Sehen Sie sich die untenstehenden Häkelproben für einen optischen Vergleich an.

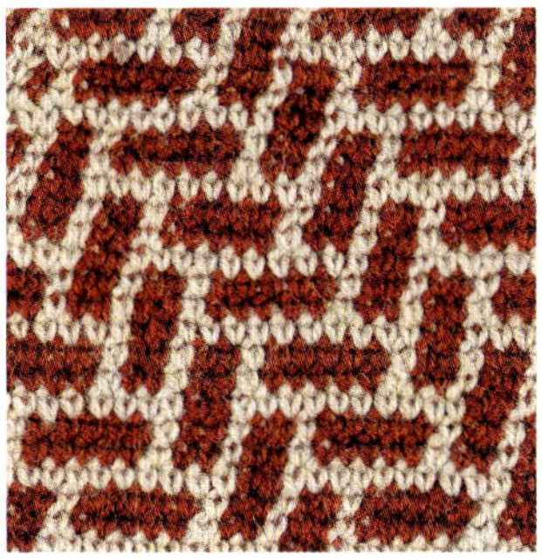

1 FM

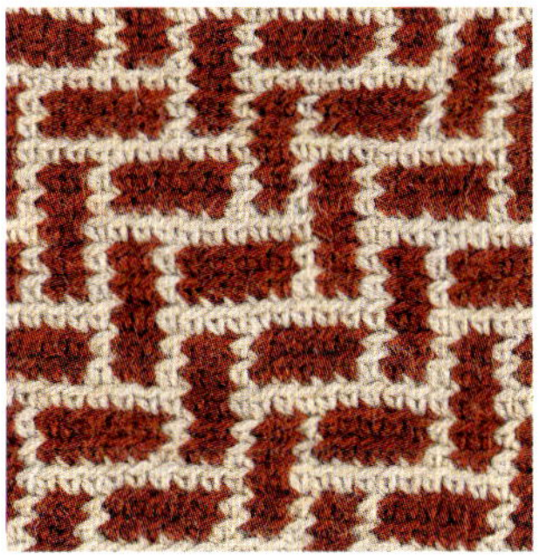

2 FM INS HMG

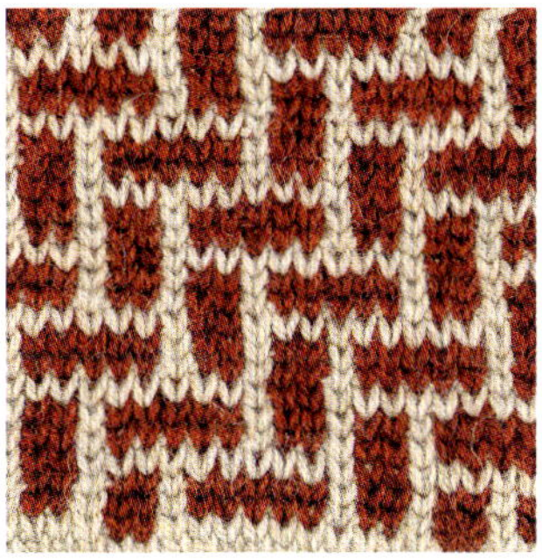

3 STRICKSTICH

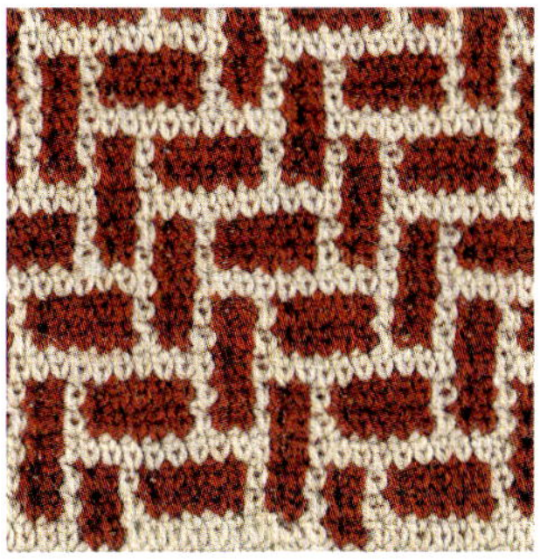

4 VFM

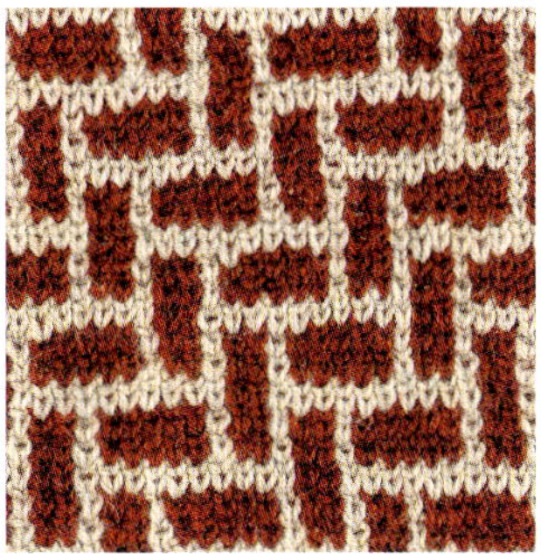

5 VSTR

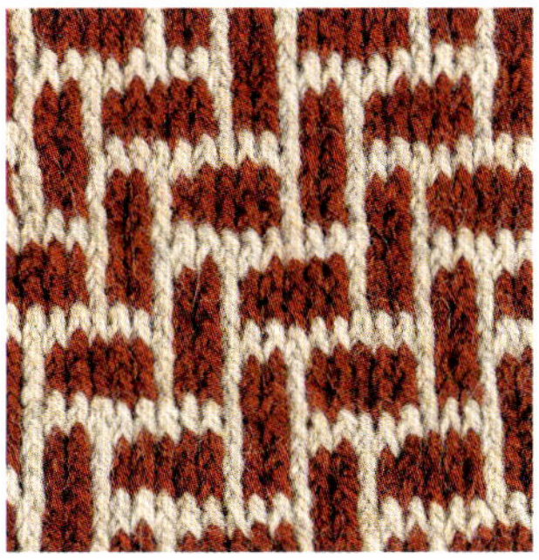

6 RSTB

„Peace & Love“ beinhaltet einige diagonale Linien sowie ein paar feinere Details und auch runde Formen.

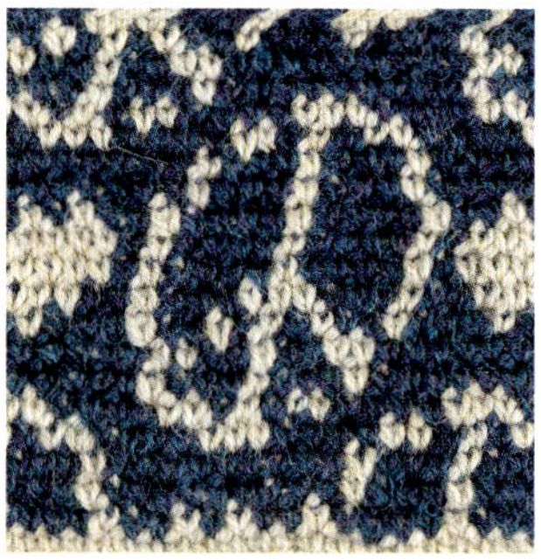

❶ FM

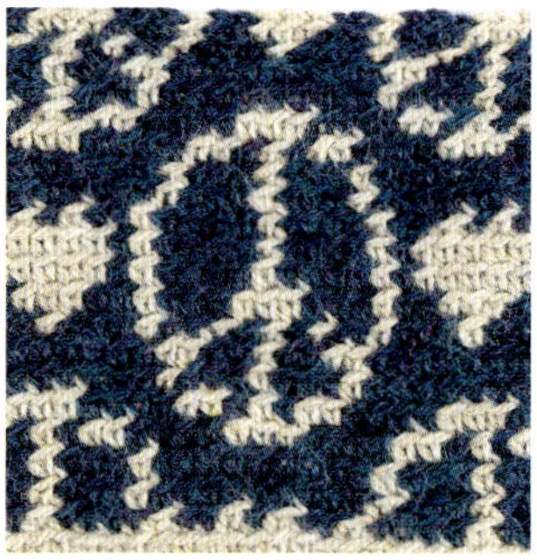

❷ FM INS HMG

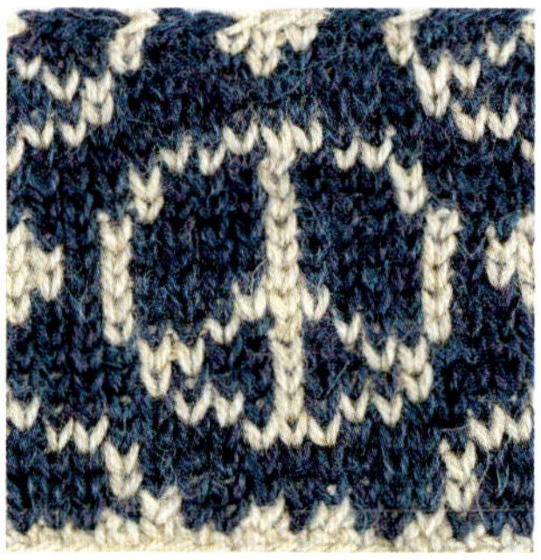

❸ STRICKSTICH

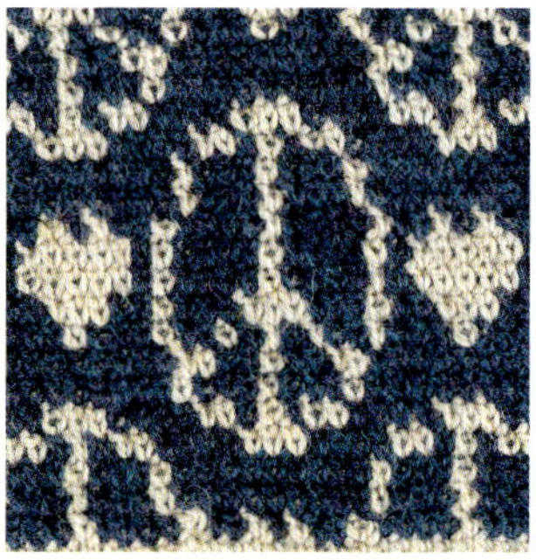

❹ VFM

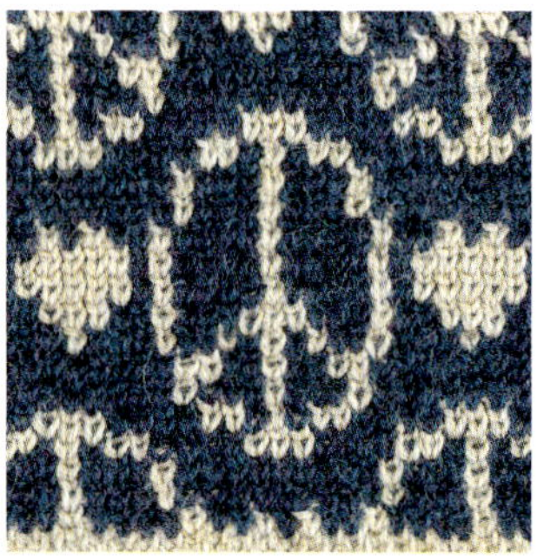

❺ VSTR

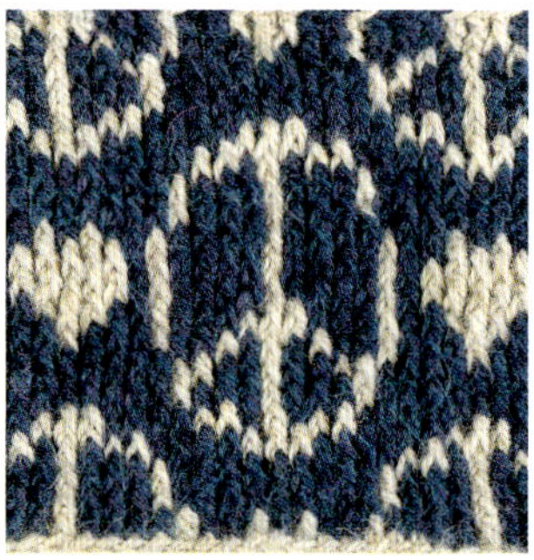

❻ RSTB

Warum erzeugen einige Häkelmuster unterbrochene Linien?

Unten steht ein vereinfachtes Diagramm, wie Maschen zusammenhängen, um zu zeigen, warum einige diagonale Linien unterbrochen wirken, während die entgegengesetzte diagonale Linie durchgehend ist. Horizontale und vertikale Linien sind in beiden Häkelmustern klar ersichtlich.

FM INS HMG, GEHÄKELT MIT RECHTS/VFM GEHÄKELT MIT LINKS

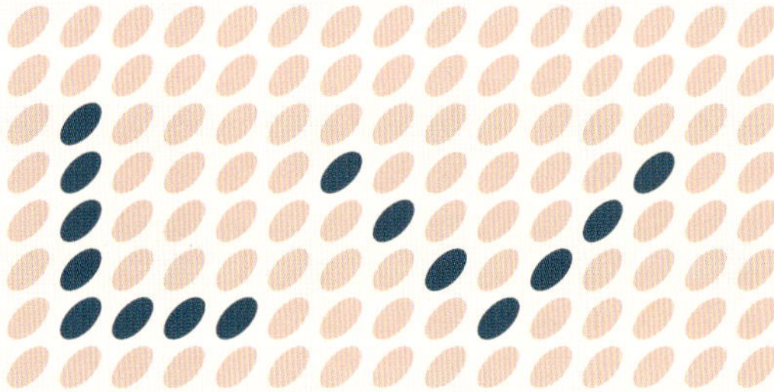

VFM GEHÄKELT MIT RECHTS/FM INS HMG GEHÄKELT MIT LINKS

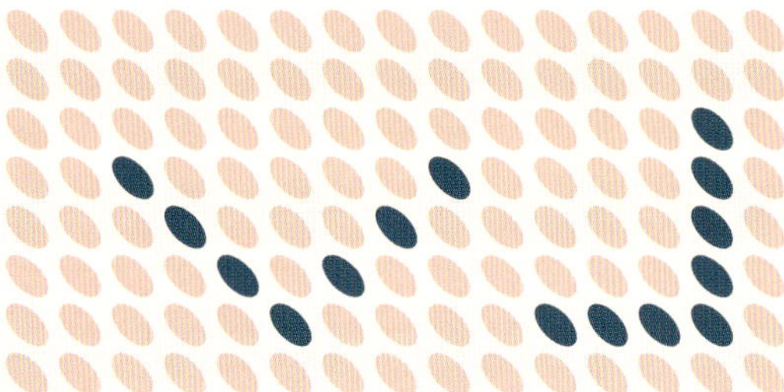

Untenstehend eine Tabelle, die die Charakteristika jeder Maschenart im Überblick zusammenfasst:

Masche	Neigung	Faltenwurf/ Stand	Klarheit des Musters	Zu bedenken	Gut geeignet für …
Feste Masche (fM)	Ja, nach rechts (rechtshändig), nach links (linkshändig)	Mittelfest, mittlere Gewebestärke	Unterbrechungen diagonaler Linien nach rechts, feine Details schwieriger zu erkennen.	Leicht zu häkeln mit fester Spannung für Projekte, die ein standfestes Gewebe benötigen.	Taschen, Körbe, Kissen, Tapestry-/ Jacquard-Projekte mit mehr als 2 Farben
Feste Masche ins hintere Maschenglied (fM ins hMg)	Minimal nach rechts (rechtshändig) oder links (linkshändig); lässt sich durch Spannen beheben.	Kaum Stand, fällt hervorragend, ergibt dünneres Gewebe	Starke horizontale Linien, können an der rechten Motivkante verschwimmen, feine Details evtl. schwieriger zu erkennen, insbes. bei Neigung nach links (bzw. rechts bei Linkshänderinnen)	Lässt sich später schwer ausbessern, falls ein Fehler passiert.	Pullover, Handschuhe, Mützen und andere Projekte, die weicher fallen sollen.
Strickstich (Str)	Minimal nach links (rechtshändig) oder rechts (linkshändig); lässt sich leicht durch vertikales Spannen beheben.	Geringerer Stand als andere Maschen. Kann durch Verwendung größerer Häkelnadeln oder anderen Garns verbessert werden; ergibt dickeres, dichteres Gewebe.	Für sehr ordentliche Motive, da diese Masche horizontal symmetrisch ist. Sie ist breiter als hoch, weshalb das Motiv gestaucht wirkt.	Sieht aus wie gestrickt, weshalb Umsetzung von Strickmustern leicht umzusetzen ist; Fehler lassen sich sehr leicht durch Überhäkeln ausbessern.	Körbe, Taschen, Hausschuhe, Fäustlinge; Projekte, die von steifem/dichtem Gewebe profitieren; Projekte mit feineren Details im Motiv.
Verlängerte feste Masche (vfM)	Keine.	Weicher Faltenwurf, ergibt dünneres, etwas elastisches Gewebe.	Leichte Unterbrechungen in diagonalen Linien nach rechts (links bei Linkshändern), kleinere Details schwieriger zu erkennen, insgesamt recht klar.	Leicht zu häkeln, nicht so schwierig wie Str/ vStr, aber fast ebenso klar; Fehler leicht auszubessern, Gewebe fällt hübsch und rollt sich nicht ein.	Pullover, Mützen, Handschuhe, Socken, Schals, Decken, Kissen; tolle Masche für jedes Projekt, das gut fallen soll, gut zum Steeken und für Rechtecke geeignet, da keine Neigung.
Verlängerter Strickstich (vStr)	Minimal nach links (bzw. rechts bei Linkshändern), kann fast gerade gespannt werden.	Mittelfest, dünne bis mittlere Gewebestärke	Sehr klar im Motiv; Masche ist höher als breit, weshalb das Motiv im Vergleich zu anderen Mustern gedehnt erscheint.	Fehler leicht auszubessern, Motive ebenso klar wie bei Str mit weicherem Fall	Pullover, Handschuhe, Hausschuhe, Schals, Decken, Kissen; jedes Projekt mit feiner detaillierten Motiven
Reliefstäbchen vorne (vRStb)	Sehr minimal nach links (oder rechts bei Linkshändern), leicht durch Spannen zu begradigen (keine Verschiebungen)	Mittel, ergibt sehr dickes und moderat dehnbares Gewebe	Motive werden sehr klar, da symmetrisch in alle Richtungen; Maschen ähnlich in Länge und Breite.	Auf der Rückseite mit Spannfäden arbeiten, keine Option, sie zu umschließen. Das Gewebe neigt dazu, sich nach rechts an Ober- und Unterkante einzurollen. Fehler leicht zu beheben.	Handschuhe, Mützen, Hausschuhe, Kissen; Projekte, die von dickem Gewebe profitieren und ein wenig Elastizität benötigen.

Anleitungen für die Maschen

Eine Kenntnis grundlegender Häkelmaschen wird vorausgesetzt, doch als Anhaltspunkt hier eine kurze Anleitung für gewöhnliche feste Maschen und Stäbchen.

Feste Masche: Die Nadel in die Masche/den Zwischenraum stechen, U, Garn durch die Masche oder den Zwischenraum ziehen, U, das Garn durch beide Schlingen auf der Nadel ziehen.

Stäbchen: U, die Nadel in die Masche stechen, U, Garn durch die Masche ziehen, U, das Garn durch beide Schlingen auf der Nadel ziehen, U, das Garn durch beide Schlingen auf der Nadel ziehen.

Hier sind Schritt-für-Schritt-Anleitungen für die fünf in diesem Buch präsentierten Maschen. Anmerkung: Jedes Häkelmuster (bis auf die vRStb) wird über das Garn, mit dem gerade nicht gearbeitet wird, gehäkelt und umschließt dieses.

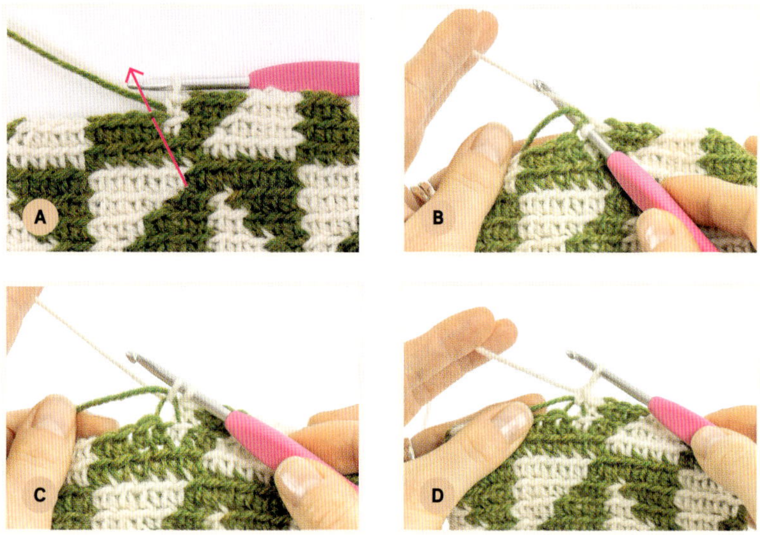

FESTE MASCHE INS HINTERE MASCHENGLIED (FM INS HMG)

Die erste Runde in gewöhnlichen fM häkeln. In der zweiten Runde kann das Muster aus fM ins hMg beginnen. Der Pfeil zeigt, wo die Nadel unter dem hMg der Masche eingestochen wird **(A)**. Die Nadel einstechen, U **(B)** und eine Schlinge hochziehen **(C)**, U und das Garn durch beide Schlingen auf der Nadel ziehen **(D)**.

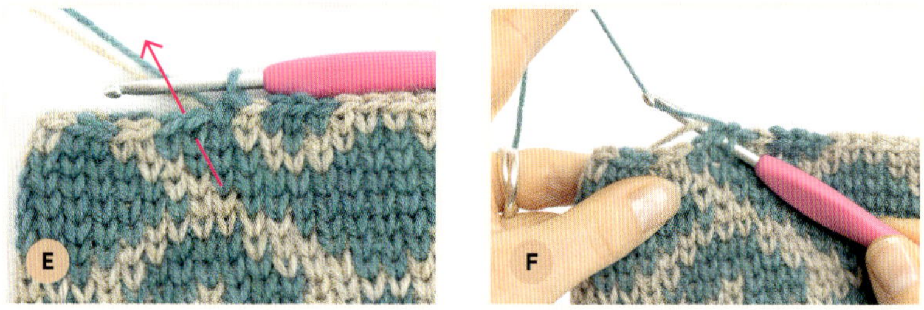

STRICKSTICH (STR)

Die erste Runde in gewöhnlichen fM häkeln. In der zweiten Runde kann das Muster im Strickstich beginnen. Der Pfeil zeigt, wo die Nadel zwischen den beiden vorderen Beinchen der Masche eingestochen wird (direkt in der Mitte des „Vs", das den Maschenkörper formt) **(E)**. Die Nadel einstechen, U **(F)** und eine Schlinge hochziehen **(G)**, U und das Garn durch beide Schlingen auf der Nadel ziehen **(H)**.

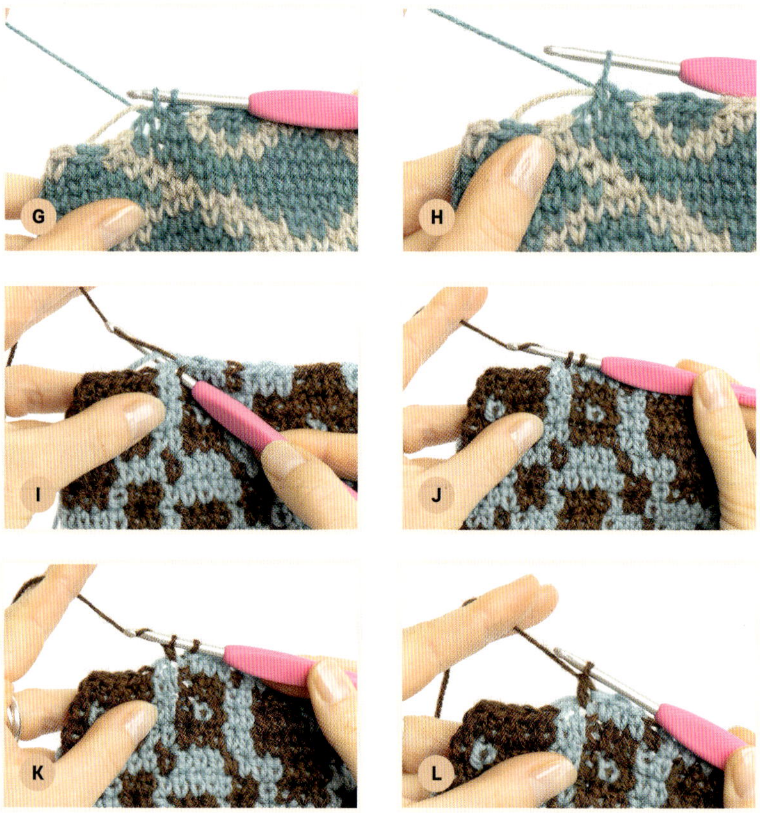

VERLÄNGERTE FESTE MASCHE (VFM)

Die Nadel einstechen (an die übliche Stelle unter beiden Schlingen entlang der Oberkante), U **(I)** und eine Schlinge hochziehen, U **(J)** und nur durch eine Schlinge auf der Nadel ziehen, U **(K)** und das Garn durch beide Schlingen auf der Nadel ziehen **(L)**.

VERLÄNGERTER STRICKSTICH (VSTR)

Die erste Runde mit vfM häkeln (siehe verlängerte feste Masche). In der zweiten Runde kann das Muster aus vStr beginnen. Es ist genau gleich wie das Muster aus vfM, nur dass die Nadel zwischen die Beinchen des oberen Vs des Maschenkörpers gestochen wird. Das vMg und hMg werden aus zwei Vs gebildet – direkt übereinandergelegt. Die Nadel in der Mitte des oberen V des Maschenglieds ausrichten, die Stelle wird durch einen Pfeil markiert (noch nicht einstechen) **(A)**. Auf der Rückseite der Arbeit **(B)** befindet sich direkt unter den oberen, v-förmigen Schlingen (die, unter die Sie normalerweise häkeln, nicht die Vs, die das Maschenglied ergeben) ein horizontaler Querfaden. Sie müssen die Nadel durch die Maschenmitte stechen und darauf achten, dass sie (auf der RS) unter diesem Querfaden herauskommt.

Dann häkeln Sie die vStr gleich wie eine gewöhnliche vfM: Die Nadel zwischen die beiden Vorderbeinchen der Masche einstechen (direkt in die Mitte des oberen V, das das Mg bildet), U und eine Schlinge hochziehen, U **(C)** und das Garn nur durch eine Schlinge auf der Nadel ziehen, U und das Garn durch beide Schlingen auf der Nadel ziehen **(D)**.

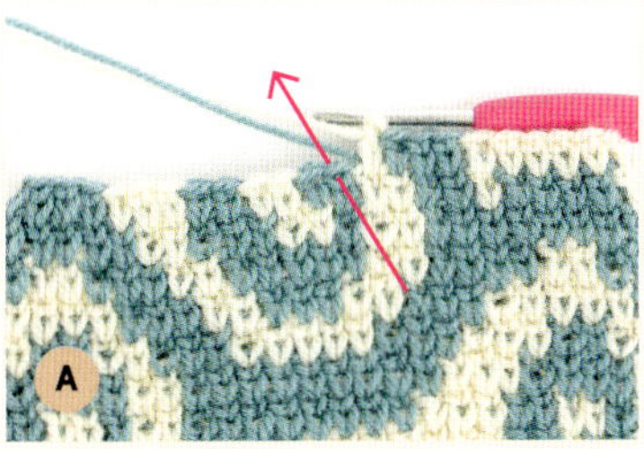

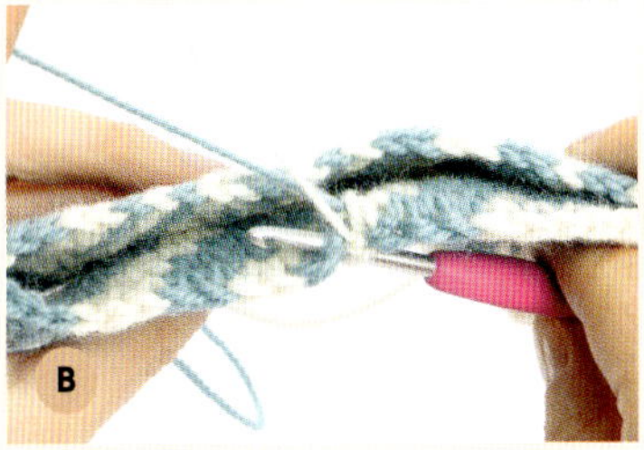

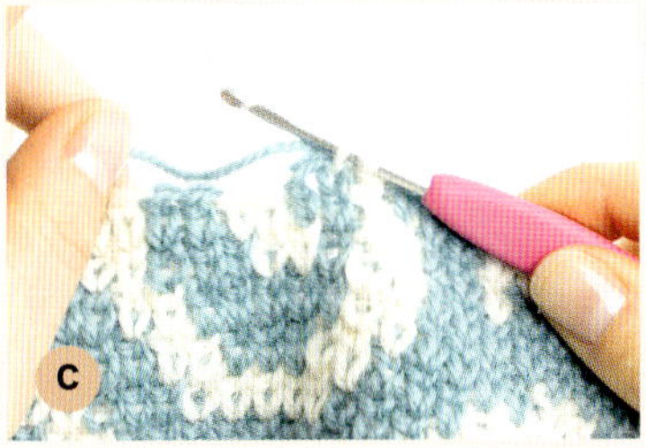

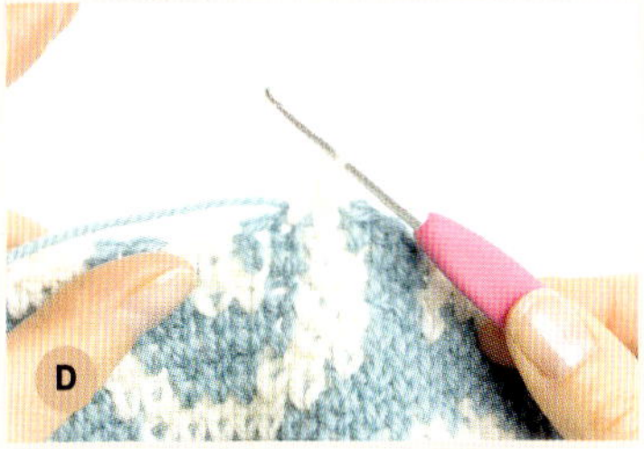

RELIEFSTÄBCHEN VOR DER ARBEIT (VRSTB)

Die erste Runde im Stäbchenmuster häkeln. In der zweiten Runde kann das Muster aus vRStb beginnen. U, die Nadel von vorne nach hinten einstechen, nach vorne und um das Mg der nächsten Masche führen (von rechts nach links, wenn Sie Rechtshänderin sind, von links nach rechts als Linkshänderin). Der Pfeil zeigt, wo Sie die Nadel einstechen müssen **(E)**. U, eine Schlinge um die Rückseite des Mg führen **(F)**, U und das Garn durch zwei Schlingen ziehen, U **(G)** und durch die letzten zwei Schlingen ziehen **(H)**.

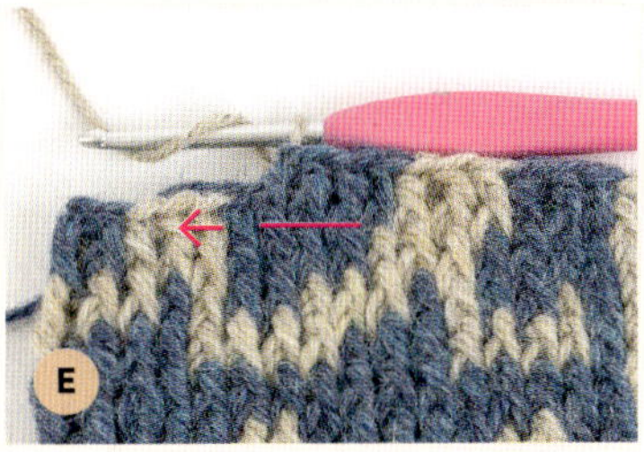

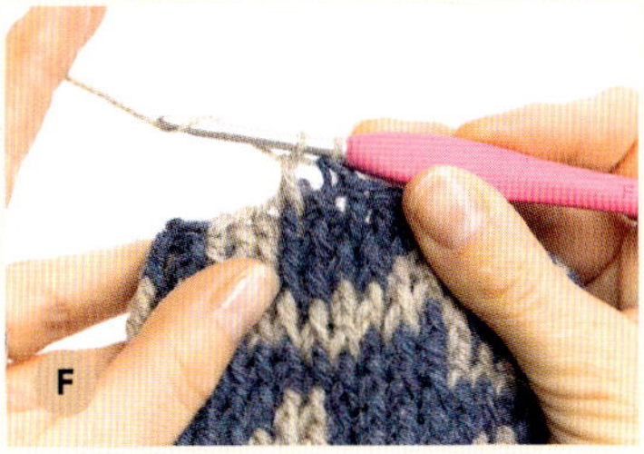

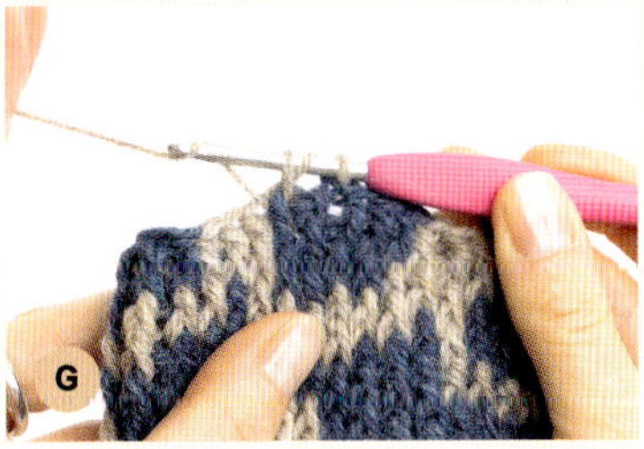

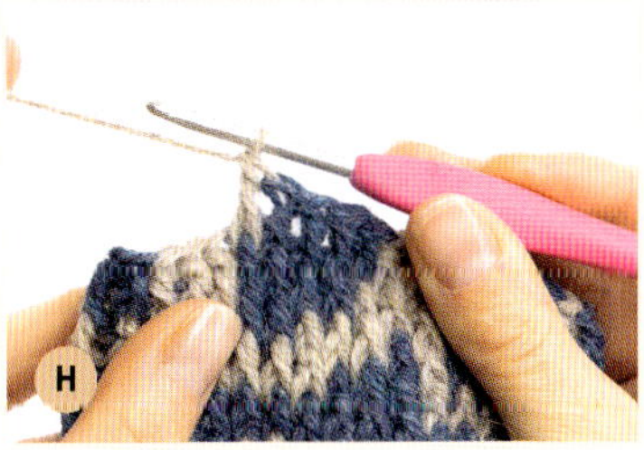

Arbeit mit Musterdiagrammen

Farbdiagramme werden immer von rechts nach links gelesen und von unten in Runden nach oben fertiggestellt (Linkshänderinnen: siehe unten). Jedes Quadrat steht für eine in der angegebenen Farbe gehäkelte Masche. Beim Häkeln in verbundenen Runden kann es auch für eine Anfangs-Lm stehen, was in diesem Buch jedoch nicht der Fall ist, da Runden ohne Verbindungsmaschen gehäkelt werden.

Um sich nicht in der Zeile zu verirren, decken Sie die Zeile über der aktuell gehäkelten mit einem Post-It ab. Arbeiten Sie öfter mehrfarbig, schaffen Sie sich einen Anleitungshalter an: Dies ist eine Magnettafel, an der eine Musterkopie angebracht wird, damit die Zeile über der gerade bearbeiteten mit Magneten abgedeckt werden kann, um die Übersicht zu behalten. Das wirkt zuerst wie eine Zusatzausgabe, wenn sich aber auch nur ein Fehler damit vermeiden lässt, lohnt er sich bereits.

ANMERKUNG FÜR LINKSHÄNDERINNEN:

Sie häkeln natürlicherweise von links nach rechts, also werden Ihre Häkelarbeiten spiegelverkehrt zu jenen, die eine Rechtshänderin gestalten würde. Die meisten Häkelmaschen sind nicht horizontal symmetrisch. Das kann beim Häkeln einer Anleitung von links nach rechts zum Problem werden, in Bezug darauf, wie die Maschen zueinander passen. Aus diesem Grunde sollten Linkshänderinnen eine gespiegelte Kopie des Musters anfertigen oder dieses durch einen Spiegel lesen. In anderen Worten: Kehren Sie das Muster horizontal um und häkeln Sie es von links nach rechts, um ein spiegelverkehrtes Abbild dessen zu erhalten, was eine Rechtshänderin machen würde. Diese Technik funktioniert bei den meisten Designs, bei Mustern, die jedoch nicht umgekehrt werden können, zum Beispiel Buchstaben oder Zahlen, müssen Sie Maschen wählen, die beidseitig symmetrischer sind, etwa Reliefstäbchen oder den Strickstrich. Dies wird verständlicher, wenn Sie den Abschnitt „Vergleich und Wahl des Maschenbildes", S. 8, lesen. Die Hauptsache ist, dass Sie eine Wahl haben: Entweder das Muster horizontal spiegeln und von links nach rechts für ein exaktes Spiegelbild häkeln oder so lassen, wie es ist, und von links nach rechts häkeln, wodurch es etwas anders aussieht, insbesondere an diagonalen Linien oder bei feinen Details.

IN ZWEI FARBEN HÄKELN

Bevor Sie beginnen, in zwei Farben zu häkeln, müssen Sie entscheiden, ob Sie über das Garn, das gerade nicht verwendet wird, häkeln (und mit Ihren Maschen umschließen) **(A, B)** oder es entlang der Rückseite der Arbeit mitführen, wo es lange Flotten/Spannfäden hinterlässt **(C, D)**. Beide Stile haben einen Einfluss darauf, wie Ihr Gewebe aussieht und sich anfühlt. Sie entscheiden: versenken oder schweben lassen?

Anmerkung: Beim Häkeln von Reliefstäbchen können Sie nicht über Ihre Maschen häkeln, da Sie nicht entlang der Oberkante Ihres Werkstücks arbeiten (Sie häkeln um die Maschenkörper auf der Vorderseite). Daher haben Sie keine andere Wahl, als mit Spannfäden entlang der Rückseite zu arbeiten.

ÜBER DAS NICHT GEHÄKELTE GARN ARBEITEN (DAS GARN VERSENKEN)

Entscheiden Sie sich dazu, über das nicht verwendete Garn zu arbeiten und es zu umschließen, erhalten Sie ein Gewebe, das sich eher beidseitig verwenden lässt **(A, B)**. Dies ist besonders hübsch, wenn Sie einen Schal oder eine Decke häkeln, bei denen man beide Seiten sehen wird. Sie müssen sich außerdem keine Gedanken darüber machen, ob sich ein Finger beim Anziehen Ihrer Fäustlinge in einem Spannfaden verheddern kann, da es keine gibt. Dies ist eine einfache Möglichkeit, Garn während des Häkelns zu verwahren – Sie brauchen sich keine Gedanken um das Verdrehen der Garne zum Einfangen der Spannfäden machen. Das ist vor allem bei der Arbeit mit mehr als zwei Farben gleichzeitig hilfreich. Auch wenn dieses Buch für zweifarbige Muster geschrieben wurde, können Sie problemlos auch mehr Farben pro Runde verwenden, indem Sie einfach über alle nicht gehäkelten Fäden gemeinsam häkeln. Über das Garn zu häkeln, kann Ihrem Werkstück Stabilität und Struktur verleihen; insbesondere, wenn Sie mit fester Spannung arbeiten. Das kann sehr nützlich für Körbe, Taschen oder Ähnliches sein, was mehr Struktur benötigt. Über das Garn zu häkeln, kann aber auch dazu führen, dass dieses durchscheint. Das passiert, wenn ein kleines bisschen der mitgeführten Farbe durch die Maschen scheint. Um dies zu vermeiden, kann mit fester Spannung oder einem voluminöse-

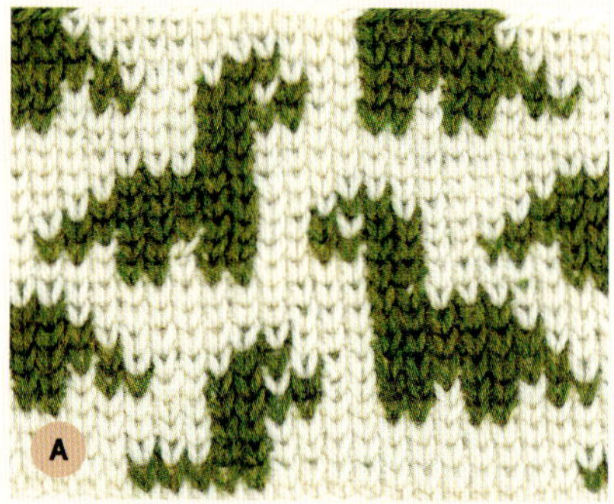

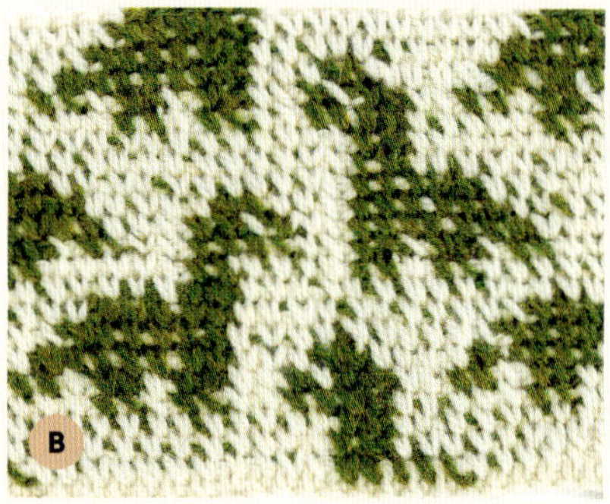

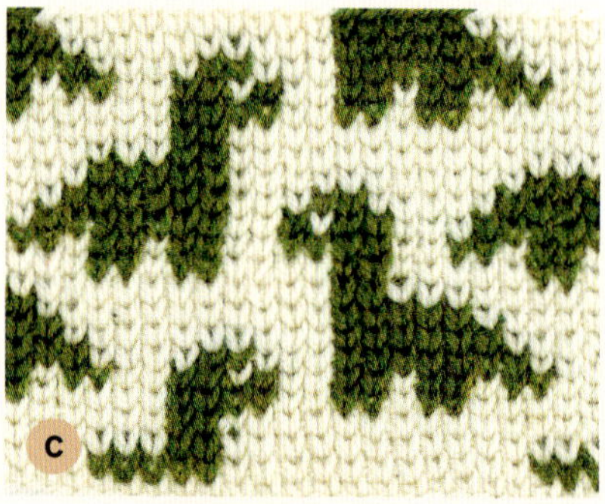

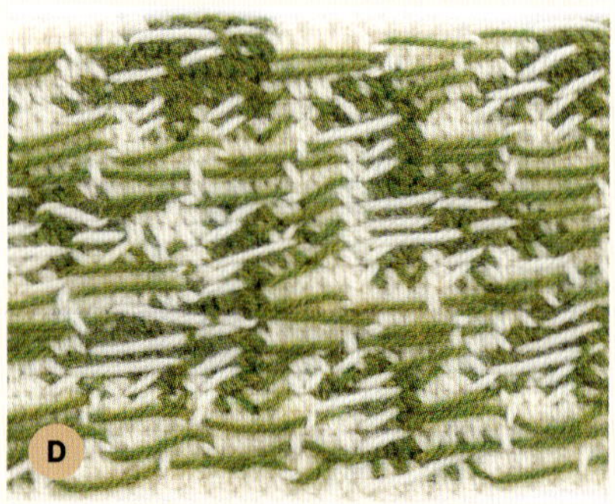

ren Garn gehäkelt werden. Scheint es nur ein kleines bisschen durch, ist das jedoch kaum merklich, kann aber notwendig für den richtigen Stand sein.

ÜBER DAS GARN HÄKELN

Bei Farbwechseln das Garn nicht befestigen oder abschneiden, sondern die nicht verwendete Farbe entlang der Oberkante mitführen und umhäkeln, sodass es von Ihren Maschen umschlossen wird **(E)**. Während des Arbeitens sichergehen, dass das mitgeführte Garn Ihre Maschen nicht einschnürt. Alle paar Maschen nach einem Farbwechsel am Ende des mitgeführten Garns ziehen, damit Sie wissen, dass es nicht zu locker ist, dann am Gewebe ziehen, um sicherzugehen, dass es nicht zu fest ist. Wenn Sie die Farbe wechseln müssen, lassen Sie den Arbeitsfaden fallen und nehmen Sie das mitgeführte Garn auf. **Häkeln sie immer den letzten Umschlag (U) in der neuen Farbe in die Masche vor dem Farbwechsel.** Das ist sehr wichtig – wechseln Sie hier nicht auf das neue Garn, geht die Farbe in die nächste Masche über, weil Sie mit dem letzten Umschlag und Garndurchziehen der aktuellen Masche bereits an der Oberseite der nächsten Masche häkeln.

Beim Rundhäkeln, das keine Farbwechsel erfordert, können Sie wählen, ob Sie das Garn mitführen und umschließen oder bis zur nächsten Runde fallenlassen möchten. Das Weiterarbeiten über nicht verwendetes Garn hilft, Spannung und Stand aufrechtzuerhalten. Denken Sie jedoch daran, dass sich Ihr Werkstück nur so weit wie das umhüllte Garn dehnen lässt. Vergewissern Sie sich also besonders gründlich, dass es die Arbeit in diesen Runden nicht zusammenzieht. Vielleicht entscheiden Sie sich dafür, das Garn, mit dem nicht gearbeitet wird, fallenzulassen, um ein dehnbareres Werkstück zu erhalten. Dies sollte jedoch nur für eine Runde ab und an geschehen und nicht für mehrere Runden, da es zu ungleichmäßiger (und lockerer) Spannung führt.

Die HF immer auf der RS fallenlassen, die KF auf der VS (oder umgekehrt, Hauptsache konsequent), um zu vermeiden, dass das Garn sich verknotet.

Verbindungen häkeln: Im letzten U der letzten M der Rd die Farbe verwenden, die der 1. M am Rundenanfang entspricht. Die Verbindung mit 1 Km in derselben Farbe häkeln.

Wenn W-Lm nicht als M zählen: Ihre W-Lm sollte dieselbe Farbe haben wie die 1. M jeder Runde. Hat die 1. M der nächsten Runde eine andere Farbe als Sie auf Ihrer Nadel nach Fertigstellung der Verbindung, wie folgt häkeln: U mit der neuen Farbe und am Garnende der alten Farbe ziehen, bis die letzte Schlinge in der alten Farbe verschwindet, die W-Lm und dann die 1. M (in dieselbe M wie die Verbindung) häkeln.

SPANNFÄDEN (FLOTTEN) AUF DER RÜCKSEITE STEHENLASSEN

Der größte Vorteil dieser Technik liegt darin, dass nur wenig (wenn überhaupt) Farbe durchscheint. Ein weiterer Vorteil ist, dass das Gewebe ein bisschen mehr Dehnbarkeit erhält und leichter fällt (es dehnt sich allerdings nur so weit, wie die Spannfäden es zulassen). **Hat Ihr Häkelmuster nicht mehr als 4 M in einer Reihe in einer Farbe, brauchen Sie sich keine Sorgen über das Einfangen der Spannfäden machen. Sie sind nicht lang genug, um Probleme zu verursachen, etwa, dass man sich mit dem Finger darin verfängt. Andererseits müssen Sie eine von zwei Techniken anwenden, um lange Spannfäden entlang der Rückseite Ihrer Arbeit zu vermeiden:**

1. Die Spannfäden regelmäßig (etwa alle 4 M) mit den laufenden Maschen einfangen **(F, obere Hälfte).** Dies bedeutet, dass Sie das nicht gehäkelte Garn oben auf die Runde führen und darüberhäkeln, um es mit der M zu umschließen, ABER nur ca. jede vierte Masche (in derselben, durchgehenden Farbe).

2. Beide Garne regelmäßig (ca. alle 4–5 Maschen) miteinander verdrehen (eine ganze Drehung) **(F, untere Hälfte)**. Die Richtung der Verdrehung jedes Mal ändern, um zu vermeiden, dass sie sich verheddern.

*Die oben gezeigten Methoden sehen auf der Rückseite **(F)** und auf der Vorderseite **(G)** beinahe identisch aus. Die Entscheidung hängt von persönlichen Vorlieben für eine bestimmte Technik ab.*

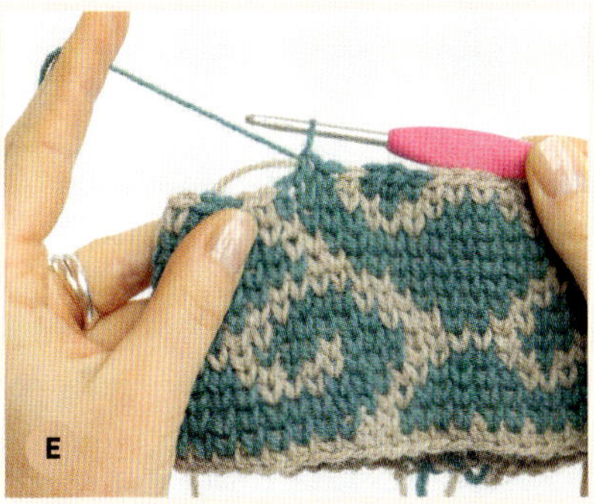

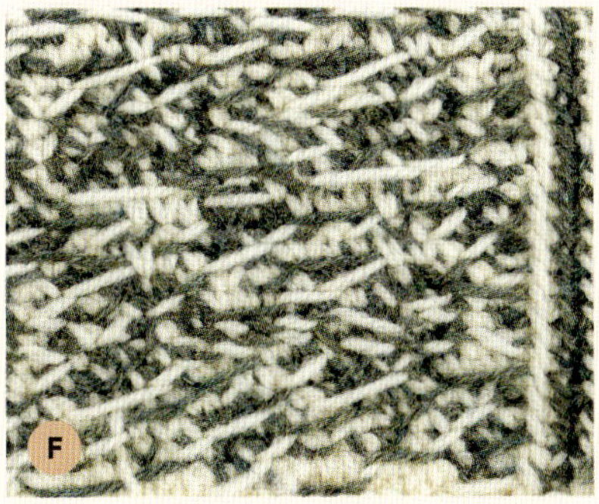

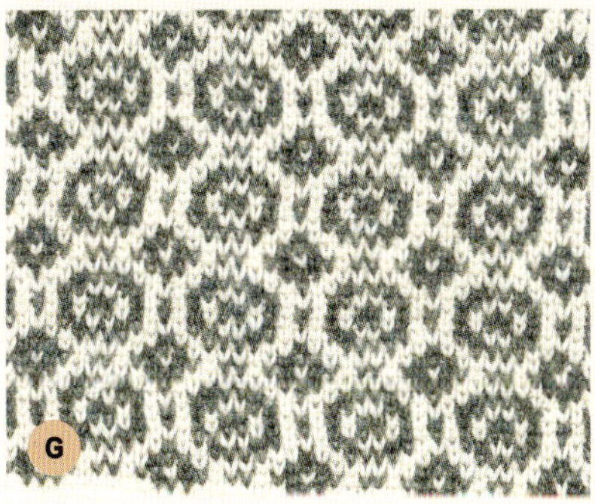

MEHRFARBIG HÄKELN MIT SPANNFÄDEN

Beim Wechseln der Farbe das Garn nicht befestigen oder abschneiden – lassen Sie die nicht verwendete Farbe auf der Rückseite fallen. Haben Sie mehr als vier Maschen in einer Reihe, verdrehen Sie die Garne miteinander (eine ganze Umdrehung), um den Spannfaden auf der RS einzufangen. Dies können Sie nach Vervollständigung einer ganzen Masche machen, jedoch vor dem Häkeln der nächsten oder irgendwann während des Häkelns der Masche. Bei den meisten Häkelmustern in diesem Buch funktioniert es gut, die beiden Garne nach einer Masche und vor der nächsten miteinander zu verdrehen. Häkeln Sie Reliefstäbchen, verdrehen Sie sie am besten während des Häkelns der Masche wie folgt:

U, die Nadel um den Maschenkörper stechen, U und eine Schlinge hochziehen, U, das Garn durch 2 Schlingen auf der Nadel ziehen, die Garne miteinander verdrehen, U **(I)** und das Garn durch die restlichen Schlingen ziehen. **(J)** Auf der Rückseite zeigt sich ein in der Mitte der Reliefmasche eingefangener Spannfaden.

Eine weitere Methode ist, alle paar Maschen über das nicht verwendete Garn zu häkeln und den Spannfaden einzufangen – wie beim Umhäkeln der Maschen, jedoch wird hier das Garn nur alle 4 Maschen umhäkelt. Längere Spannfäden können sich in den Fingern verfangen und leicht hängenbleiben, weshalb man es vermeidet, sie zu lang werden zu lassen.

Während des Häkelns darauf achten, dass die Spannfäden die Arbeit nicht zusammenziehen. Beim Verdrehen der Garne zum Einfangen der Spannfäden, drehen Sie sie das nächste Mal in die andere Richtung. Das hilft dabei, zu vermeiden, dass sich die Garne verheddern. Wenn Sie die Farben wechseln müssen, lassen Sie das Arbeitsgarn fallen und nehmen Sie das mitgeführte Garn auf. **Immer den letzten U mit dem Garn in der neuen Farbe vor einem Farbwechsel häkeln.** Das ist sehr wichtig – wechseln Sie an dieser Stelle nicht zum neuen Garn, erscheint die Farbe in der nächsten Masche, weil sie tatsächlich schon auf der Oberseite der nächsten Masche häkeln, wenn Sie diesen letzten Umschlag durch die aktuelle Masche ziehen.

In einer Reihe, die keine Farbwechsel erfordert, müssen Sie das Garn nicht mitführen.

Die HF immer auf die RS und die KF auf die VS fallenlassen (oder umgekehrt, Hauptsache konsequent), um zu vermeiden, dass das Garn sich verknotet.

Verbindungen häkeln: Im letzten U der letzten M der Rd die Farbe verwenden, die der 1. M am Rundenanfang entspricht. Die Verbindung mit 1 Km in derselben Farbe häkeln.

Wenn W-Lm nicht als M zählen: Ihre W-Lm sollte dieselbe Farbe haben wie die 1. M jeder Runde. Hat die 1. M der nächsten Runde eine andere Farbe als Sie auf Ihrer Nadel nach Fertigstellung der Verbindung, wie folgt häkeln: U mit der neuen Farbe und am Garnende der alten Farbe ziehen, bis die letzte Schlinge in der alten Farbe verschwindet, die W-Lm und dann die 1. M (in dieselbe M wie die Verbindung) häkeln.

Wenn Sie steeken (siehe: Steeken, ohne auszuflippen!): Wenn Sie mit anderen Maschen häkeln als mit Reliefstäbchen, überlegen Sie sich, ob Sie das nicht gehäkelte Garn für die Maschen, die den Steek bilden, überhäkeln. Dies verringert die Wahrscheinlichkeit, dass das Garn von seiner Position rutscht. Das ist nicht zwingend notwendig, da die verstärkten Maschen die Maschen festhalten – als zusätzliche Vorsichtsmaßnahme.

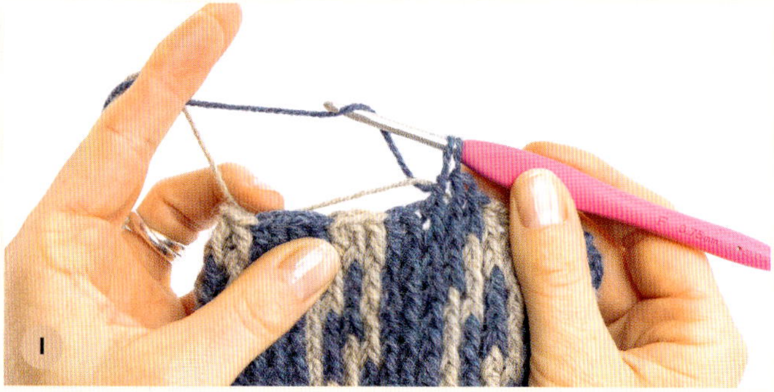
I

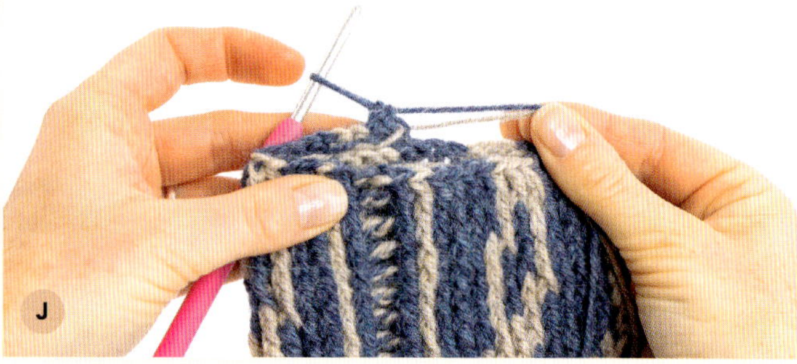
J

Eine Anmerkung über das Halten des Garns: Da Häkelmaschen kompliziertere Bewegungen erfordern als Strickmaschen, ist es schwieriger, zwei Garne gleichzeitig festzuhalten, als beim Fair-Isle-Stricken. Über ein Garn, das gerade nicht gearbeitet wird, zu häkeln, sorgt für einen höheren Schwierigkeitsgrad, weil es über die Oberkante der Arbeit gelegt werden muss. Das ist zwar nicht unmöglich – ich habe Videos im Internet von Menschen gefunden, die beide Fäden gleichzeitig festhalten –, aber die meisten von uns (mich eingeschlossen) sind erfolgreicher, wenn sie nur ein Garn in der haltenden Hand führen. Ja, es dauert seine Zeit, das nicht verwendete Garn abzulegen und das neue wieder aufzunehmen, aber mit der Zeit und der Erfahrung werden Sie schneller.

MASCHENPROBEN HÄKELN: WAHL DES EIGENEN ANSATZES

Für eine Maschenprobe müssen Sie bei dieser Art des mehrfarbigen Häkelns rund häkeln. Dies kann auf zwei Arten erfolgen: Sie können die Maschenanzahl, die Sie für 10 cm benötigen, verdoppeln und einen Schlauch häkeln, der flach aufgelegt 10 cm breit ist, oder Sie können eine Maschenprobe häkeln, die aufgeschnitten wird, damit Sie sie zum Ausmessen auflegen können. Haben Sie Sorge, dass Ihnen das Garn für Ihr Projekt ausgehen könnte, schneiden Sie die Maschenprobe besser nicht auf, da Sie sie dann nicht wiederverwenden können. Haben Sie jedoch mehr als genug Garn, empfehle ich Ihnen letztere Option. Häkeln Sie Ihre Maschenprobe mit einem Steek, ist es richtig einfach zu sehen, wo Sie sie aufschneiden müssen (siehe „Steeken, ohne auszuflippen!"), und wenn Sie Ihre Maschenprobe mit Steek häkeln, können Sie sie immer noch auftrennen und das Garn **vor dem Aufschneiden eines Steeks** wiederverwenden.

Steeken, ohne auszuflippen!

Steeken ist nicht nur etwas für Strickerinnen! Warten Sie einen Moment ... Was genau ist Steeken? Nehmen wir an, Sie häkeln einen Pulli mit einer mehrfarbigen Passe, aber Sie hätten gerne, dass er eine Strickjacke wird – mit Knöpfen an der Vorderseite. Wie machen Sie das, wenn Sie die Passe rundhäkeln müssen? Nun, Sie häkeln sie rund und schneiden sie dann einfach vorne auf. Waaas? Ja, ich weiß, das klingt verrückt, aber Strickerinnen tun das die ganze Zeit, also können wir das auch!

Okay, bevor Sie ausflippen, lassen Sie mich sagen, dass es Maschen vor und nach dem ausgewiesenen Schnittbereich gibt, die auf eine von drei Arten verstärkt werden. Diese verstärkten Maschen bilden eine Nahtzugabe, die Ihre Arbeit davor bewahrt, sich aufzutrennen, und einen hübschen, schützenden Saum bildet, der sich auf die Innenseite Ihrer Arbeit wendet.

Ich zeige Ihnen an einer Maschenprobe, wie das Steeken funktioniert. Es ist für jedes der fünf Häkelmaschenmuster in diesem Buch geeignet – und sowohl wenn Sie über den Arbeitsfaden häkeln (was ich empfehle) oder Spannfäden auf der Rückseite bilden. Wenn Sie mit Spannfäden arbeiten, sollten Sie dennoch in Erwägung ziehen, das Garn, mit dem nicht gearbeitet wird, über die paar Maschen, die den Steek bilden, einzuhäkeln. Dies verringert das Risiko, dass das Garn von seinem Platz rutscht. Es ist nicht unbedingt notwendig, da die Verstärkungsmaschen Ihre Maschen an Ort und Stelle halten, es ist nur eine zusätzliche Vorsichtsmaßnahme. Nachdem Sie bei Reliefmaschen nicht über das freie Garn häkeln können, stellen Sie sicher, dass Sie die Maschen für das Steeken verstärken, bevor Sie den Steek aufschneiden.

ANLEITUNG FÜR EINE GESTEEKTE MASCHENPROBE

In der Hauptfarbe (HF) die Maschenanzahl für die Lm für die Maße der Maschenprobe + 9 M (inkl. 1 W-Lm in der Aufbaureihe, 3 Steek-M am Beg und Ende jd Rd, 1 Lm an jedem Ende, um die Steek-Maschen der Maschenprobe zu trennen). Zur Klarheit sind die gesteekten Abschnitte am Anfang und am Ende der Runde in der HF, dann folgt die Kontrastfarbe (KF), dann die HF.

Aufbaureihe: In der 2. Lm von der Nadel beginnen und unten in die Lm arb, je 1 M in die nächsten 3 Lm, 1 Lm, die nächste Lm ausl, je 1 M in jede M bis 4 M übrig sind, 1 Lm, die nächste Lm ausl, je 1 M in die nächsten 2 M, 1 M in die letzte Lm, die KF im letzten U der M einhäkeln (in anderen Worten: U mit HF und KF zusammen und in der letzten M fertigstellen), weiterarb, um beide Fäden zusammenzuhalten, 2 Lm, KF fallenlassen, 1 Lm nur mit der HF. Nicht wenden. Nicht verbinden **(A)**.

Runde 1: Den Beg der Aufbaureihe herumführen neben die letzte Lm, um das Rundhäkeln zu beginnen. Achten Sie darauf, die Arbeit nicht zu verdrehen. Über das nicht verwendete Garn häkeln, um es zu umschließen. Mit der 1. M der Aufbaureihe beg, * 1 M in der HF in die 1. M und im letzten U zur KF wechseln, 1 M in der KF in die nächste M und im letzten U zur HF wechseln, 1 M in der HF in die nächste M (Farbwechsel im letzten U, wenn die 1. M des Musters in KF ist), 1 Lm **(B)**, weiterarb und dem Muster folgen bis zur nächsten Lm (letzter U der M vor der Lm muss HF sein), 1 Lm (mit HF), 1 M in der HF in die nächste M, im letzten U zu KF wechseln, 1 M in der KF in die nächste M und im letzten U zu HF wechseln, 1 M in der HF in die nächste M und den letzten U mit beiden Farben zusammenhäkeln, 2 Lm (mit zusammengenommenen Fäden), KF fallenlassen, 1 Lm in der HF **(C)**. **

Wdh von * bis ** für jede Runde, die letzte Runde nach der 1. Lm mit doppelt genommenem Garn beenden.

Das Garn befestigen **(D)**.

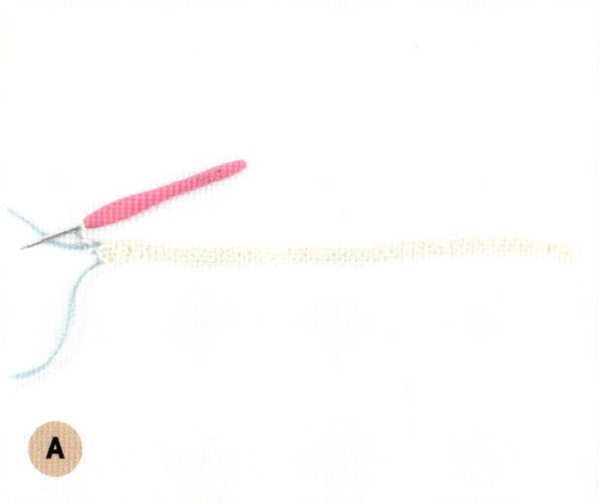

A

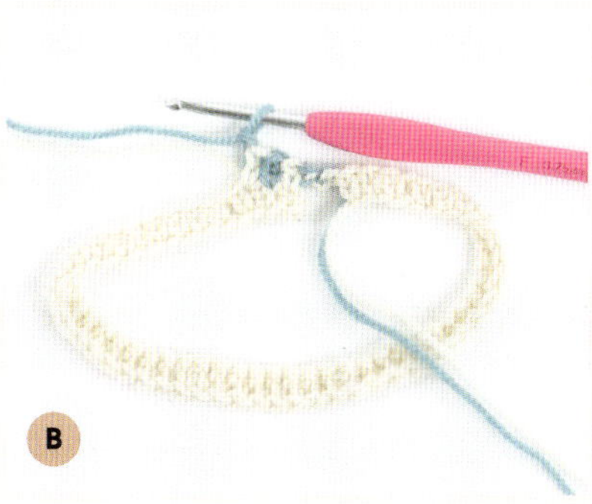

B

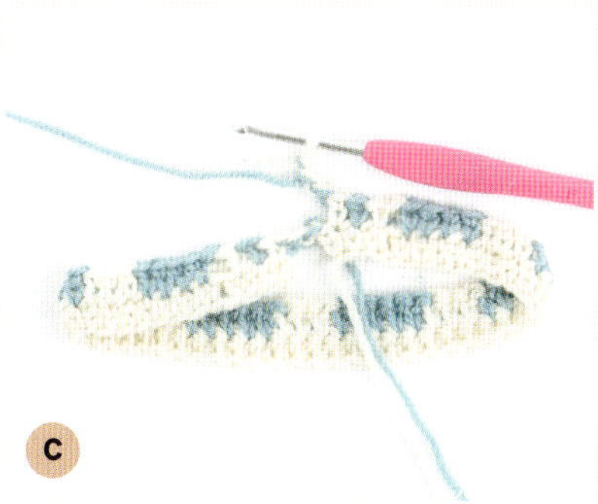

C

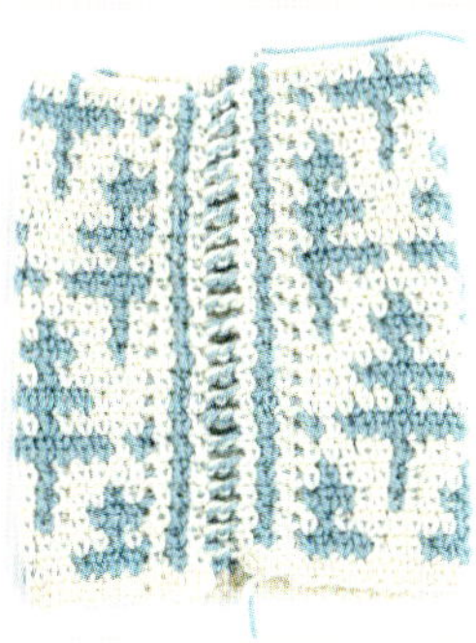

D

VERSTÄRKUNG DER STEEKS

Nutzen Sie eine der drei Techniken, um den Steek für das beste Ergebnis vor dem Aufschneiden zu verstärken. Müssen Sie den Steek jedoch zuerst schneiden und dann verstärken, ist das auch eine Option. Behandeln Sie ihn nur immer mit Feingefühl, bis die Verstärkung durchgeführt wurde.

METHODE 1: MIT DER NÄHMASCHINE (ODER MIT NADEL UND FADEN PER HAND) NÄHEN

Nähen Sie mit einer Nähmaschine über die übereinanderliegenden Steek-Maschen auf jeder Seite der Lm-Bg in der Mitte. Falls Sie keine Nähmaschine haben, können Sie auch per Hand mit einer Nähnadel und Nähgarn arbeiten; arbeiten Sie mit Stichen, die klein genug sind, um durch jede Häkelmasche zu nähen. Für das beste Ergebnis verwenden Sie einen Zickzackstich und versuchen, zwei vertikale Reihen gleichzeitig zu erwischen. Sie können z. B. in Foto **(E)** sehen, dass an jeder Steek-Seite 2 Reihen Maschinenstiche sind. Jede Reihe verläuft im Zickzack zwischen zwischen HF und KF nach vorn und zurück. Dies ergibt einen sehr sicheren Steek.

METHODE 2: KETTMASCHEN (HÄKELN AN DER OBERFLÄCHE) ENTLANG DER VERTIKALEN REIHEN DES STEEKS

Häkeln Sie mindestens 2 Reihen Km durch jeden gesteekten Abschnitt. Die dunkleren pinkfarbenen Linien wurden durch den Teil des Steeks in KF gehäkelt, die helleren durch die HF direkt am Lm-Bg aus 3 Lm **(F)**. Um dies zu bewerkstelligen, legen Sie eine Schlinge auf die Nadel, * die Nadel von der VS zur RS einstechen durch 1 M am Rand des gesteekten Abschnitts stechen, U, eine Schlinge hochziehen, die Schlinge weiter durch die Schlinge auf der Nadel ziehen, wdh ab * und über die M in einer Reihe des Steeks arbeiten. Versuchen Sie, die Nadel in die Mitte einer jeden M und nicht zwischen die M zu stechen. Diese Technik funktioniert am besten, wenn die Km recht fest gehäkelt werden; achten Sie jedoch darauf, das Gewebe nicht zusammenzuziehen.

METHODE 3: FILZNADEL

Dies ist zweifelsohne meine Lieblingsmethode. Sie ist so einfach und kinderleicht, solange Sie mit Wolle oder einer anderen Tierfaser arbeiten, die sich filzen lässt. Verwenden Sie die Filznadel, um die Steeks anzufilzen, damit sie sich nicht mehr auftrennen können. Dafür die Nadel einfach immer wieder in die Steekmaschen stechen, bis sie sich nicht mehr voneinander lösen können **(G)**. Versuchen Sie die Maschen voneinander zu trennen: Sind sie gefilzt, ist das unmöglich und Sie sind fertig. Normalerweise muss es dafür auf der VS nicht aussehen wie vollständig gefilzt.

Nach dem Verstärken sind Sie bereit, um gerade durch die Mitte der Lm zu schneiden **(H)**!

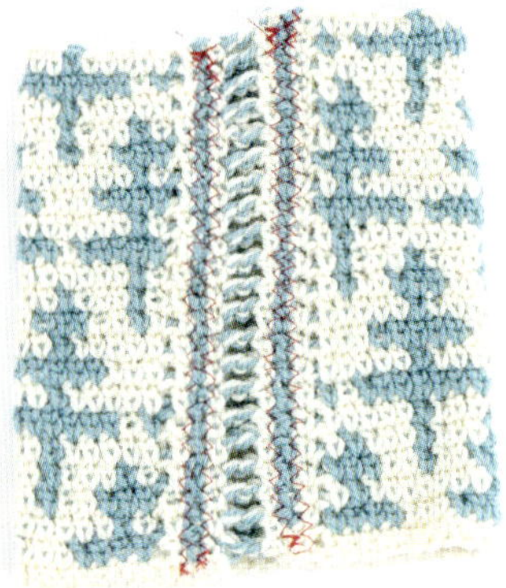

E

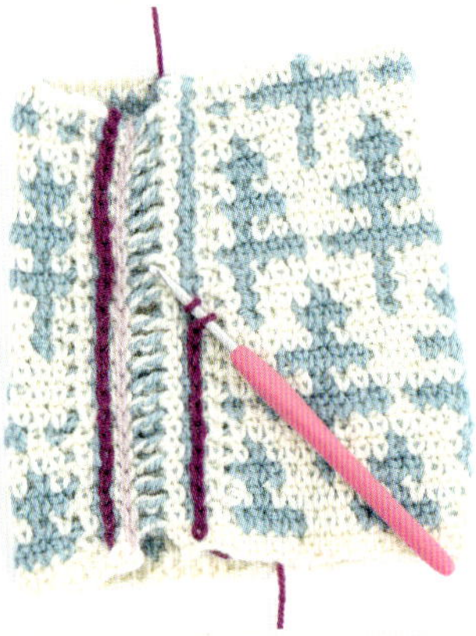

F

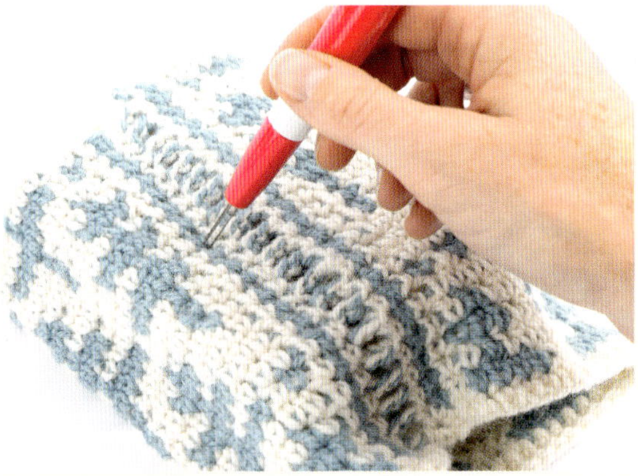

G

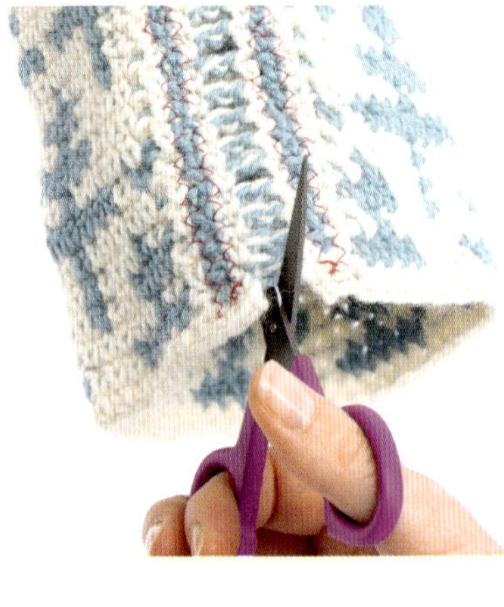

H

EIN KNOPFBAND HINZUFÜGEN

Um ein Knopfband oder eine Borte entlang der Kante Ihres Steeks einzuarbeiten, häkeln Sie Ihre Maschen in/unter die Lm direkt vor und nach den Steek-Maschen. Dies hilft dabei, die drei vertikalen Maschenreihen auf die RS Ihrer Arbeit zu bekommen. Das Werkstück einfach um 90 Grad wenden, um fM (oder andere M) in diese Lm zu häkeln **(I)**.

Eventuell müssen Sie mit verschiedenen Häkelnadelstärken experimentieren oder eine andere Maschenanzahl entlang dieser Kante häkeln, damit die Borte flach aufliegt. Kräuselt sie sich, haben Sie zu viele Maschen für die Borte gehäkelt oder die Nadel ist zu groß. Verursacht die Borte, dass das Gewebe sich wellt, müssen Sie mehr Maschen häkeln oder eine größere Nadel verwenden. Zieht eine M pro Reihe das Gewebe zusammen, versuchen Sie es mit 2 M in jeder 2. Lm (und je 1 M in den restlichen Lm). Der Badlands-Cardigan (siehe S. 110) ist ein Beispiel für einen gesteekten Saum, der sich dieser Technik bedient. Auch wenn das Knopfband separat gehäkelt wurde, wurde es doch an eine Reihe aus fM genäht, die seitlich in die Lm entlang des Steeksaums gehäkelt wurden. Dies führt zu seinem sehr ordentlichen Erscheinungsbild des Saums **(J)**.

Ein Ripsband kann per Hand (oder mit der Maschine) an die Innenkante des gesteekten Kleidungsstückes genäht werden, um den Steek zu verstecken.

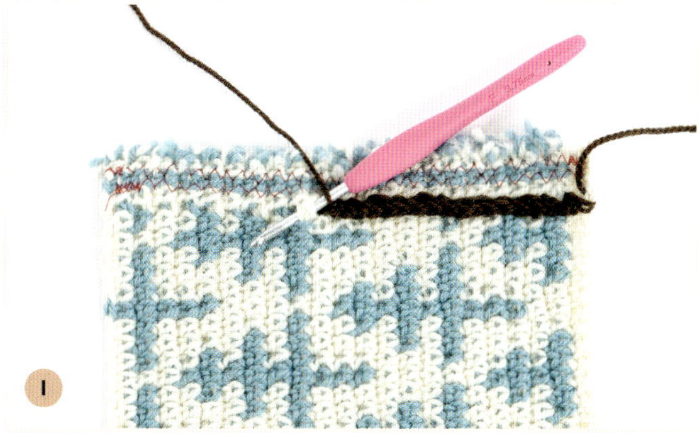

I

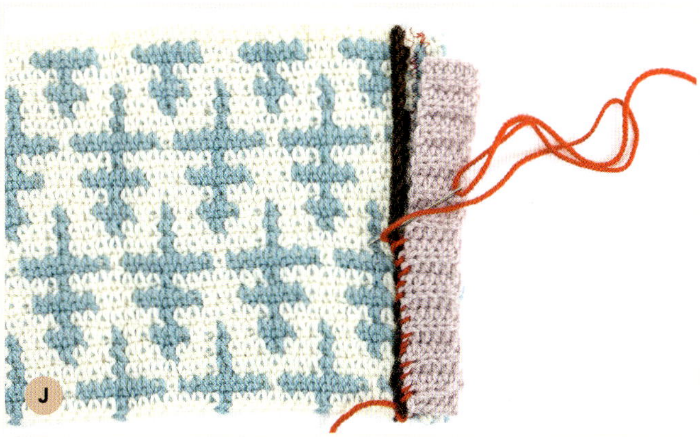

J

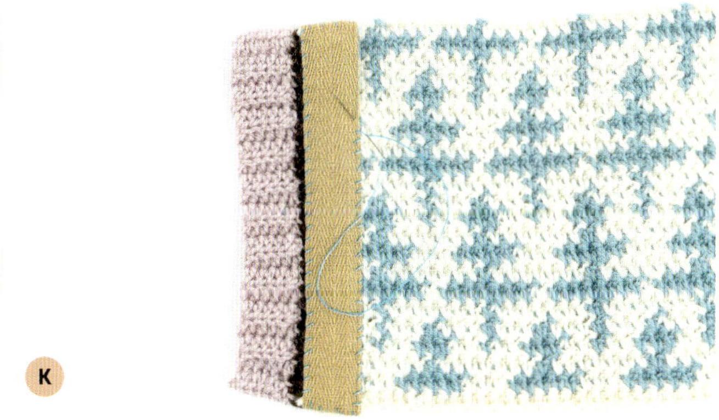

K

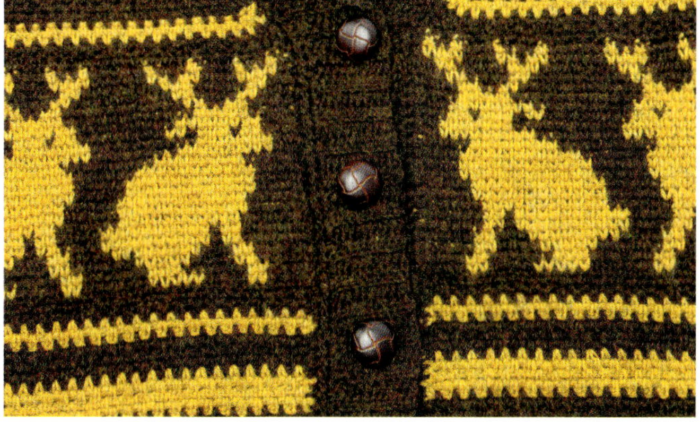

Die Muster

Von Bigfoot bis zur Op-Art (Optical Art = Optische Kunst) enthält diese Sammlung figürliche, abstrakte und ungegenständliche Farbmuster. Die Bilder wurden von der Natur, der Popkultur, den feinen Künsten und einem eigenwilligen Sinn für Humor inspiriert.

Mollys Tapete

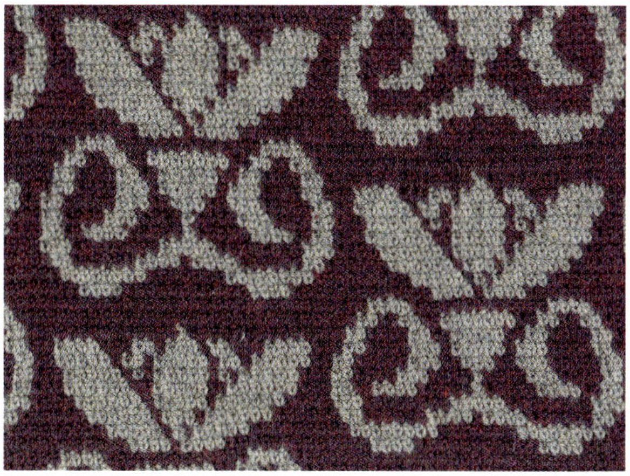

Tipp

Dies ist mein Lieblingsmuster für mehrfarbiges Häkeln: Es ist so leicht und das damit gehäkelte Gewebe fällt so wunderbar!

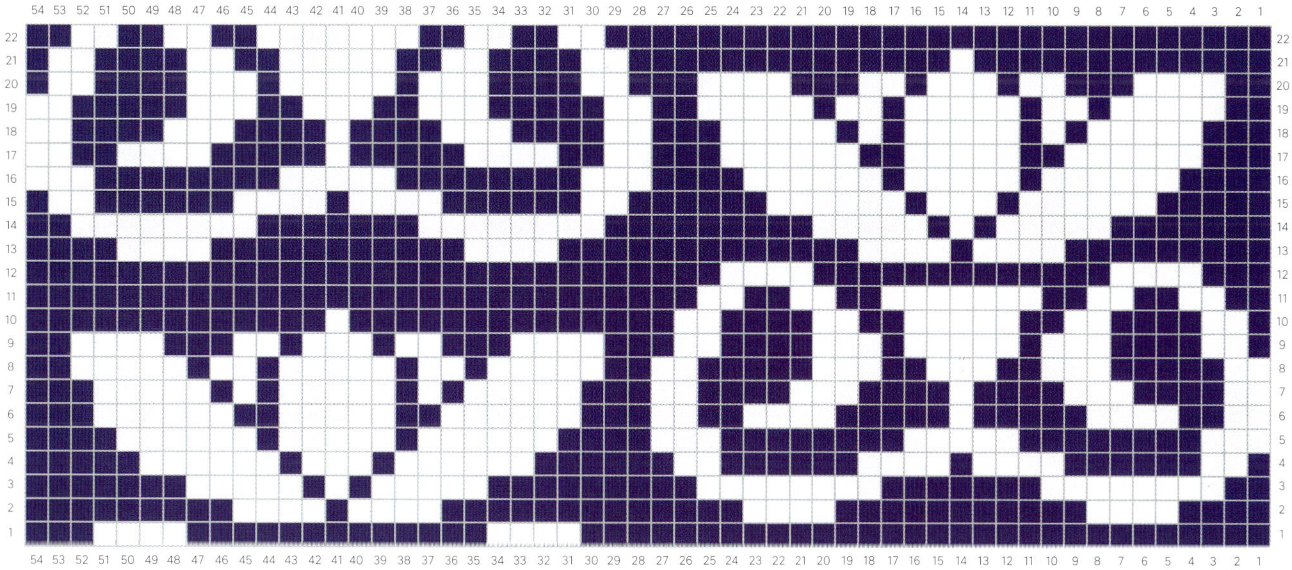

Wald

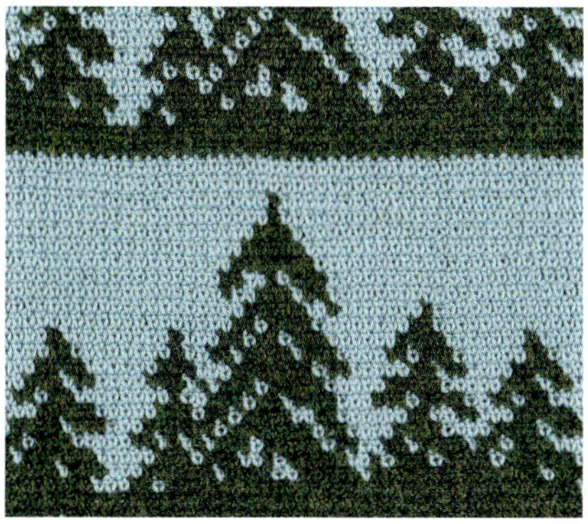

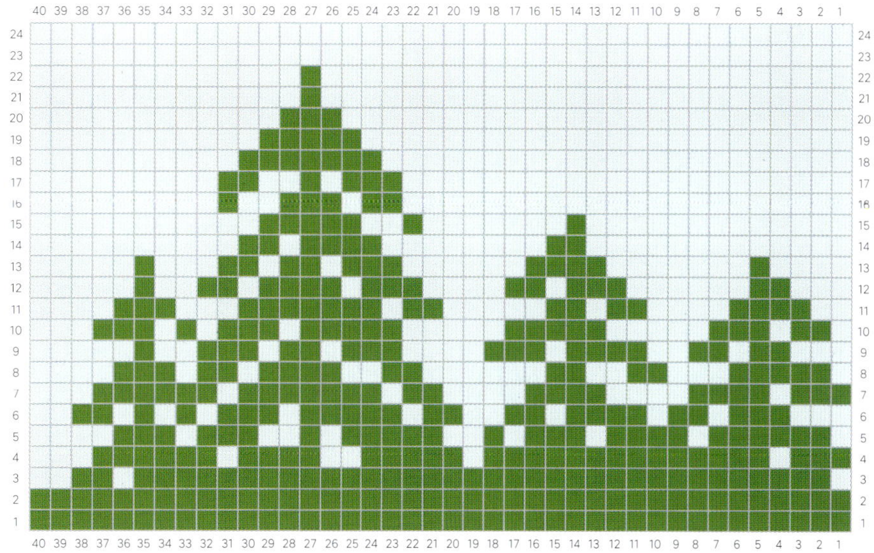

Tattoo

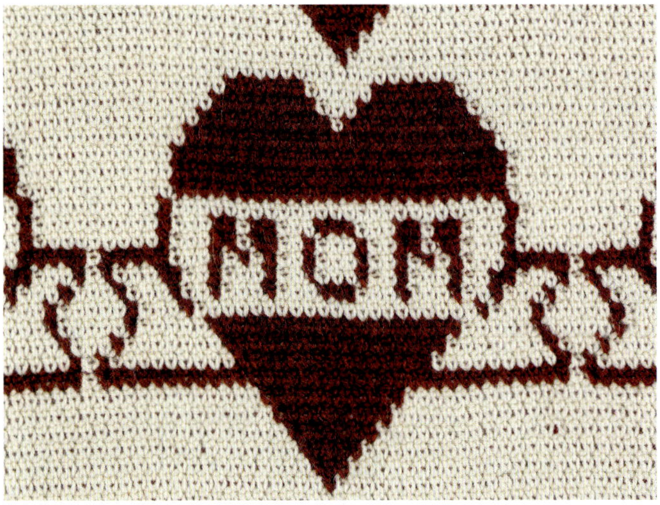

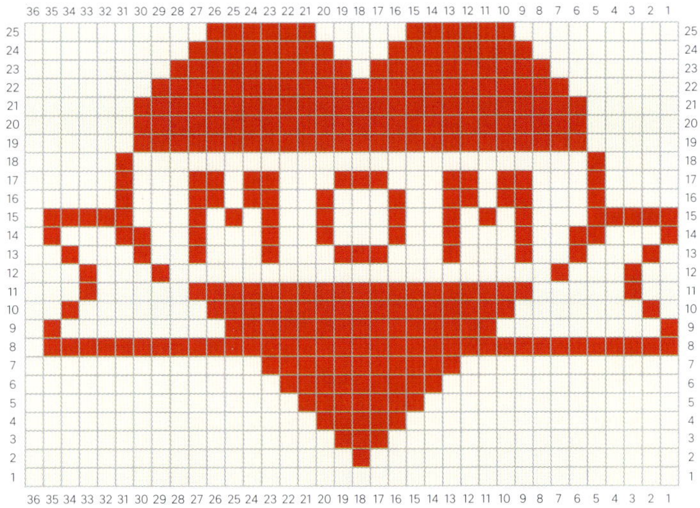

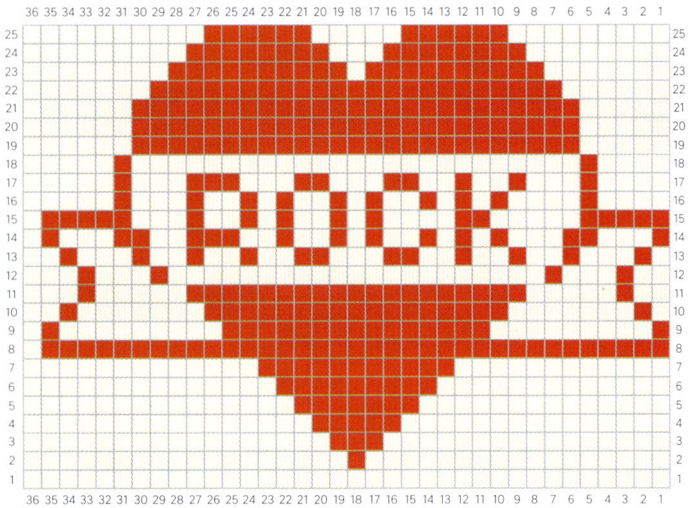

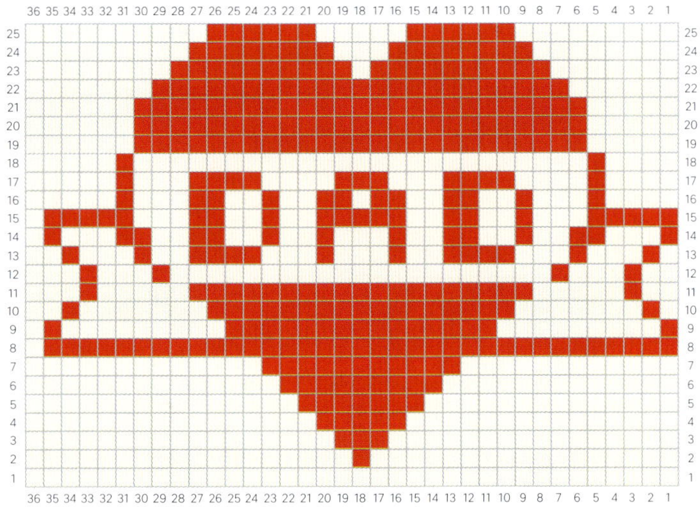

Istanbul

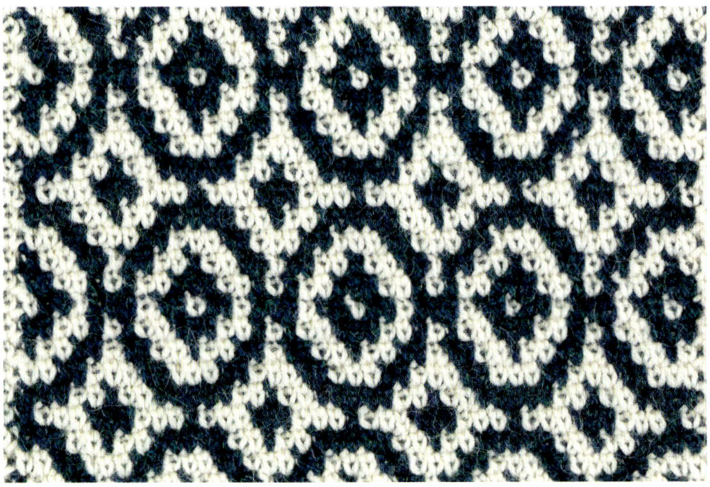

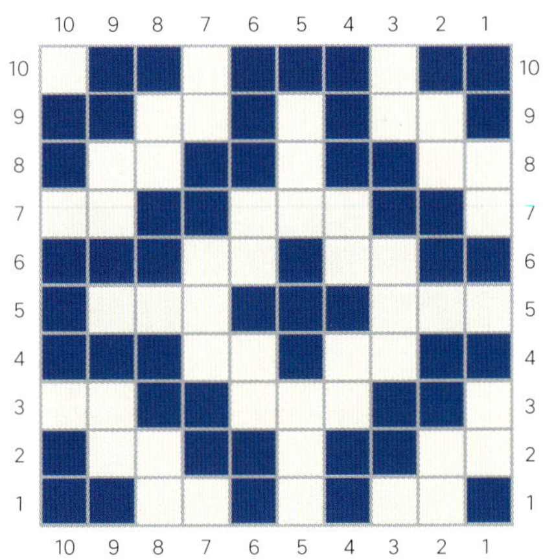

Ramen

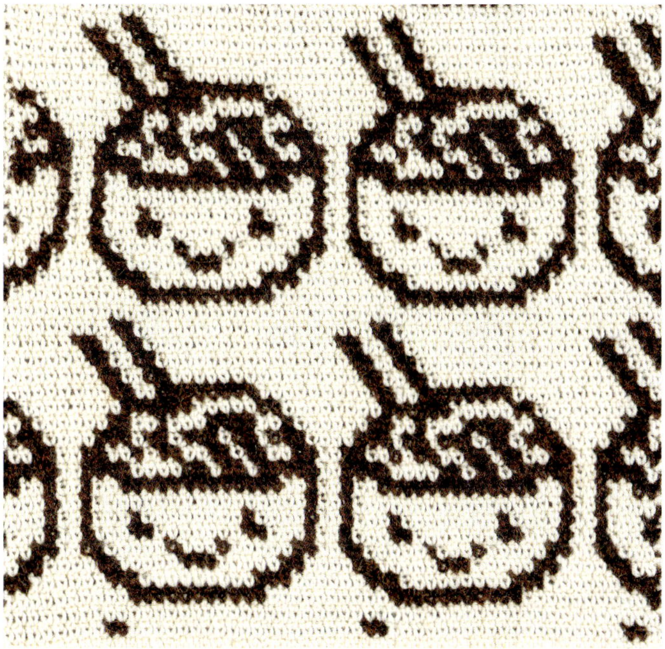

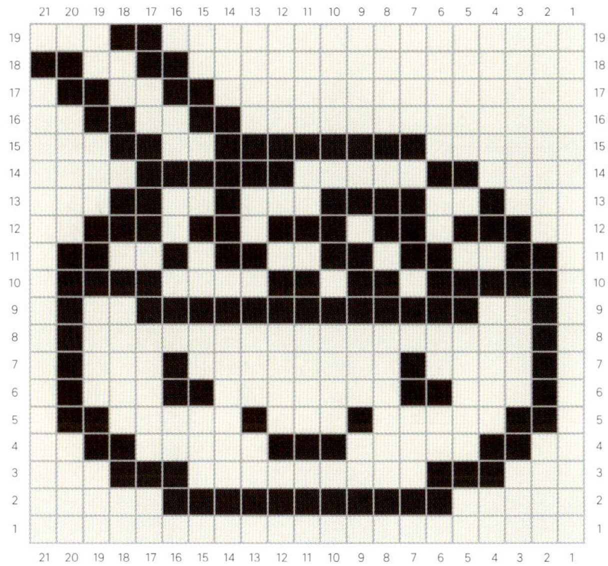

Bewusstsein

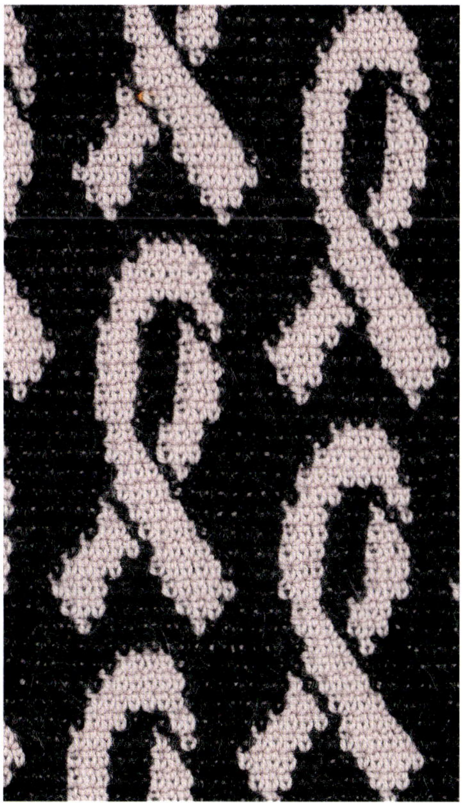

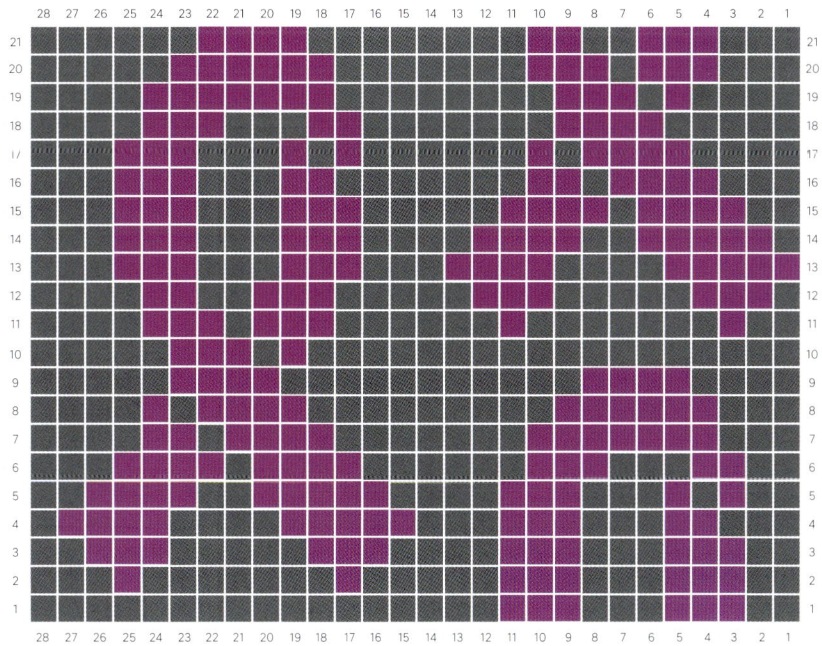

Perlenvorhang

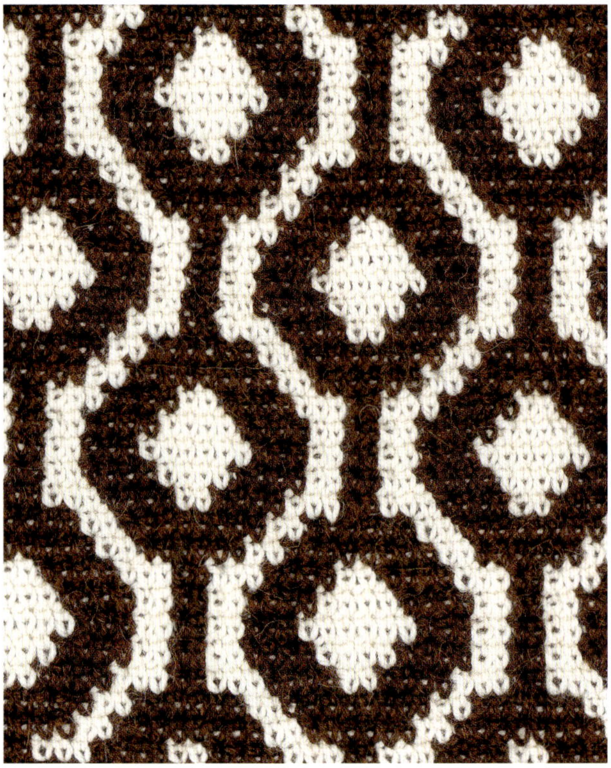

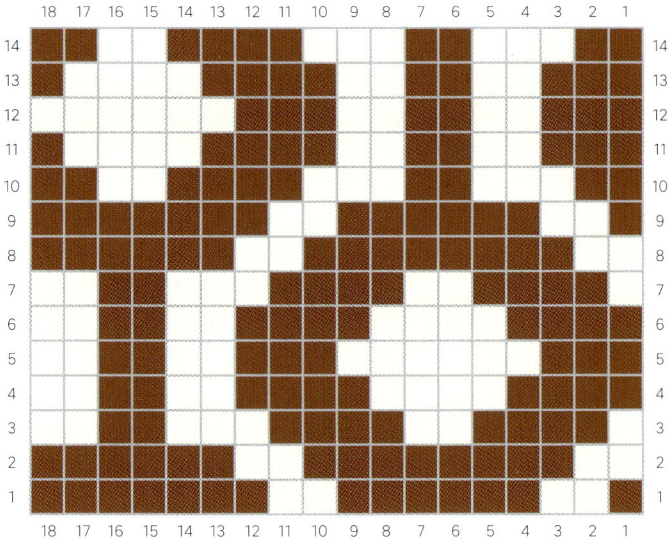

Großer Stern

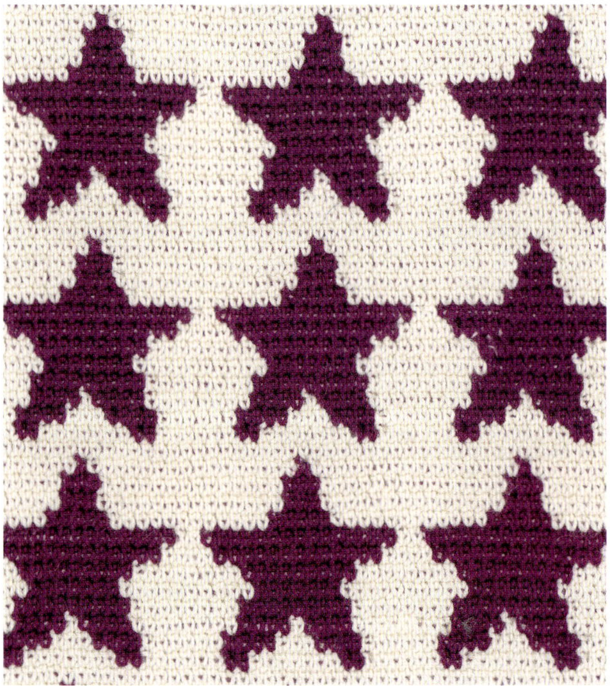

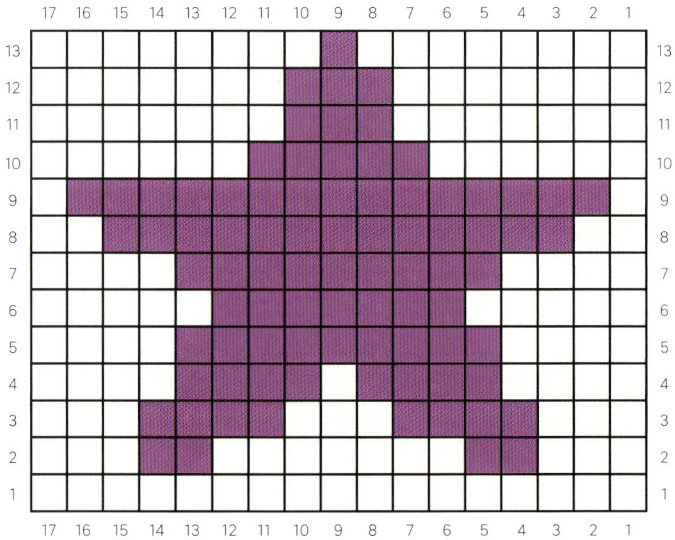

Bison

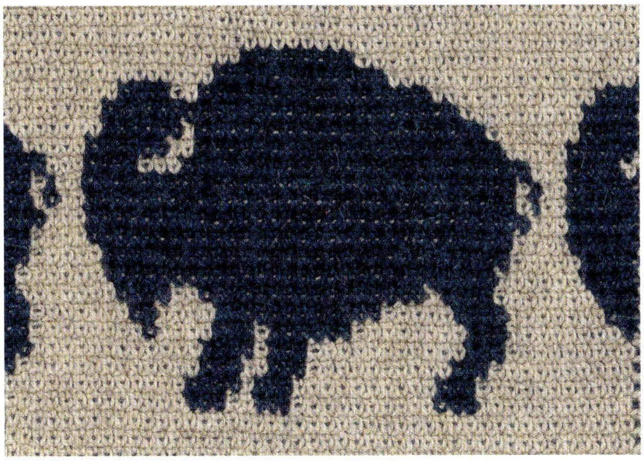

Tipp

Wir alle machen Fehler! Wenn Ihre Garne sich verknoten, ist es okay, einen Faden (oder sogar beide) abzuschneiden, um sie zu entwirren. Ja, Sie haben zwei weitere Enden, die Sie vernähen müssen, aber oft geschieht das schneller als das Lösen eines völlig verknoteten Garnknödels.

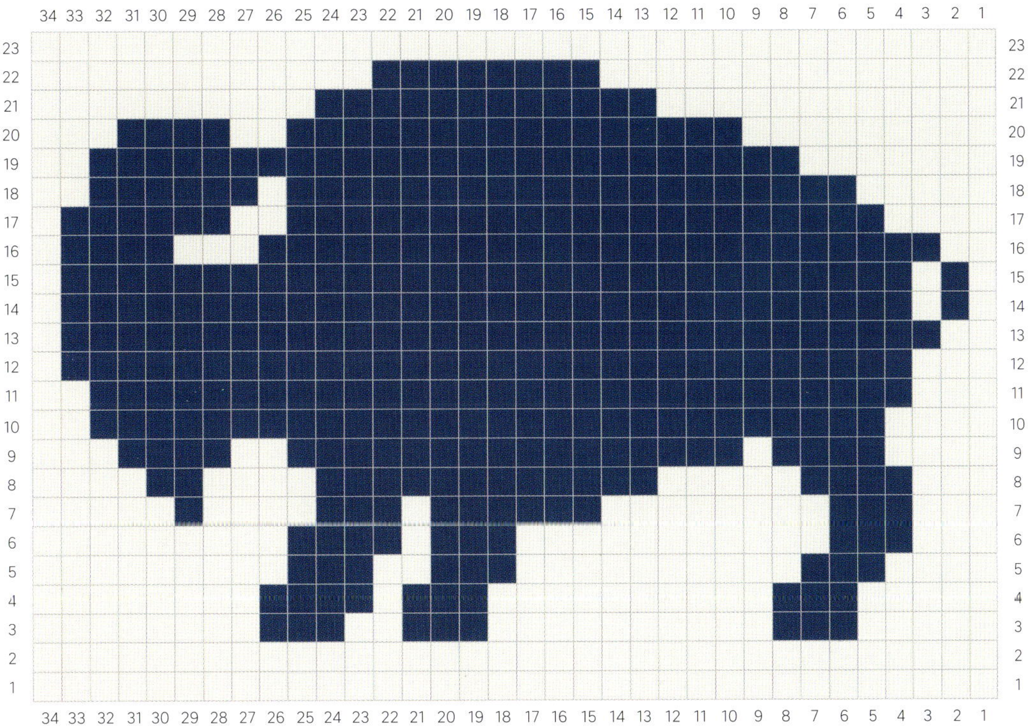

Verkettete Quadrate

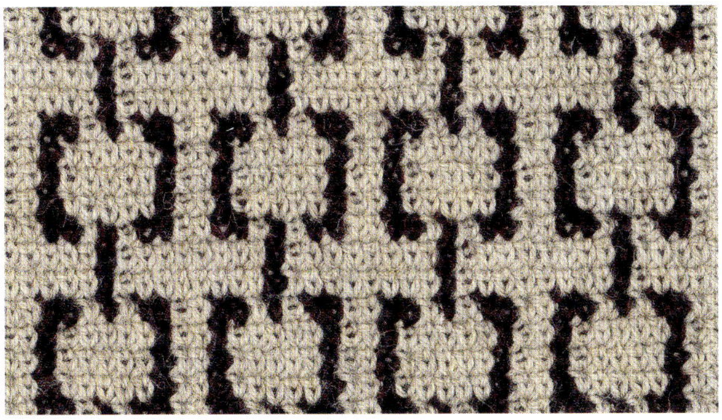

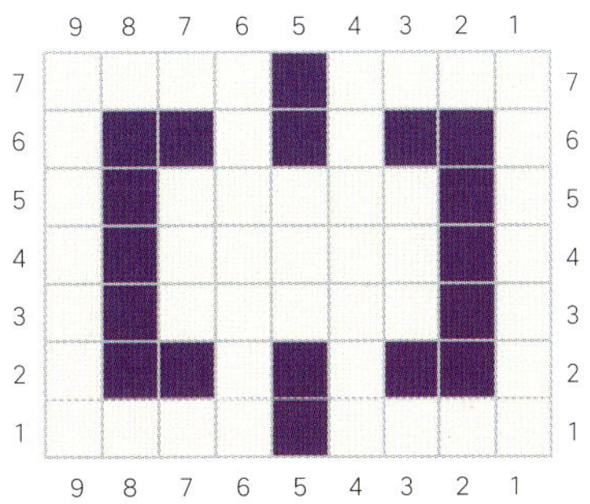

Unterbrochene Linien

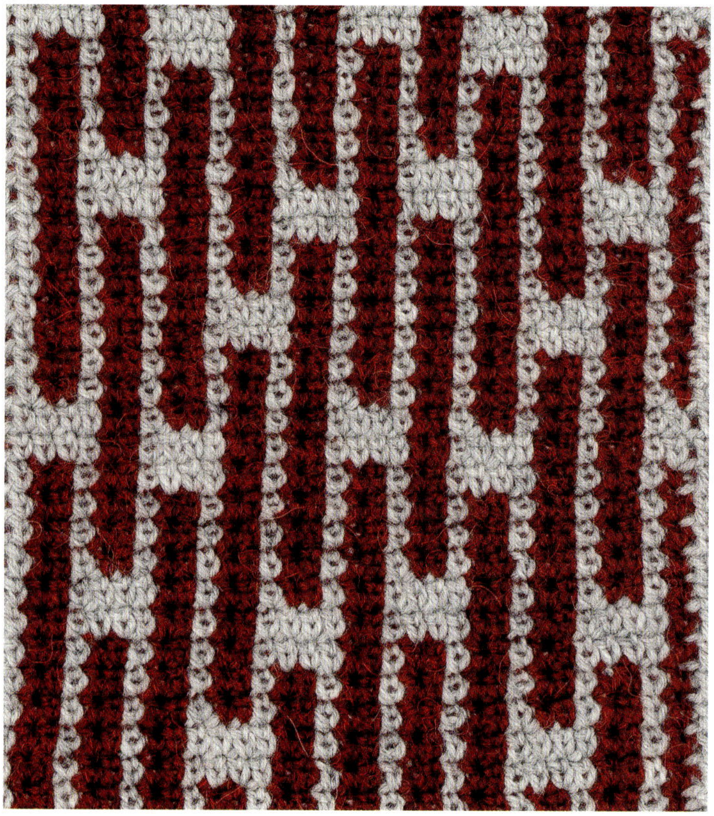

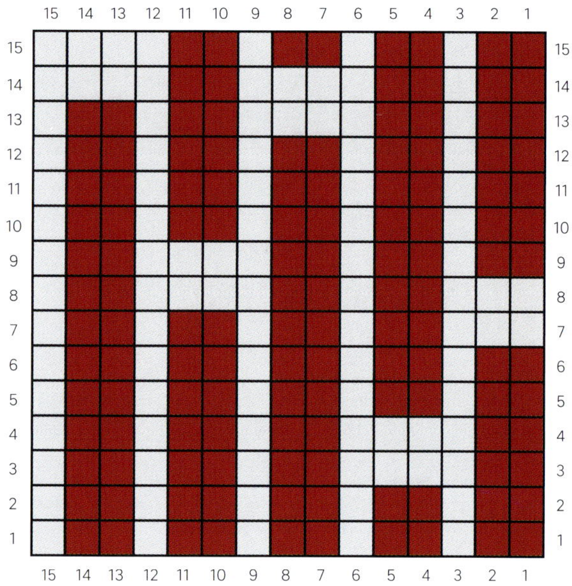

Zopf

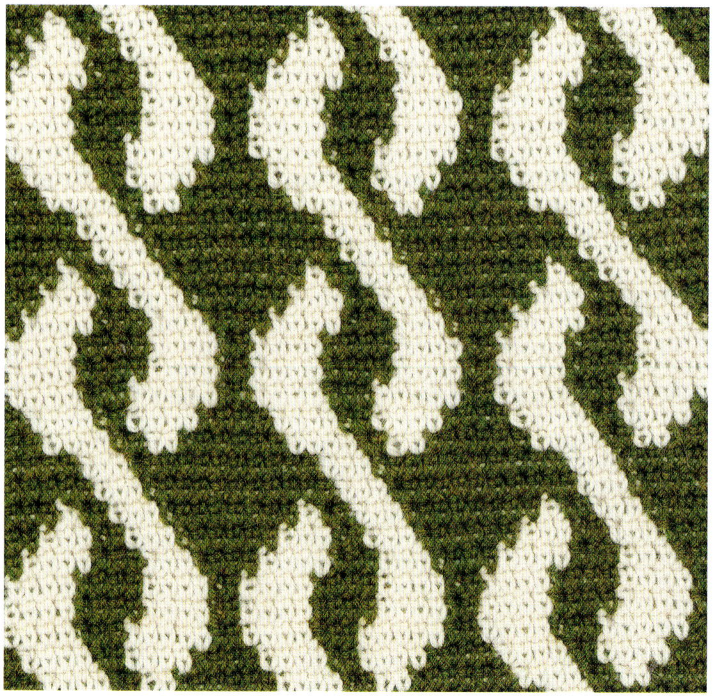

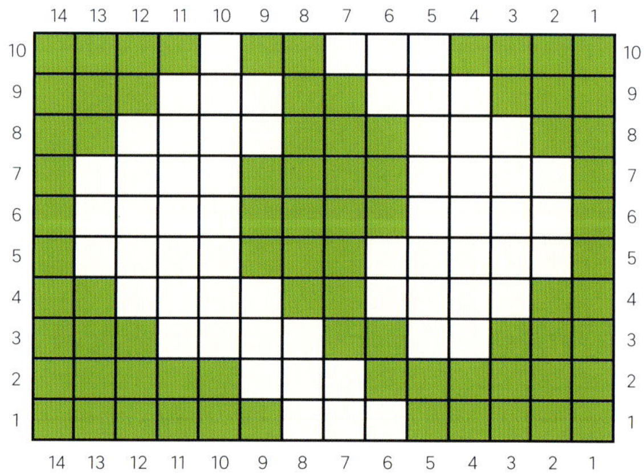

Holzfällermuster

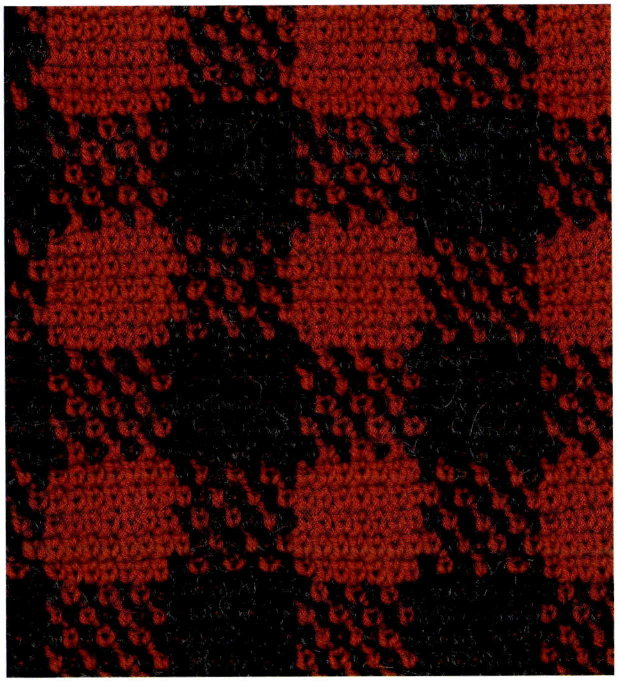

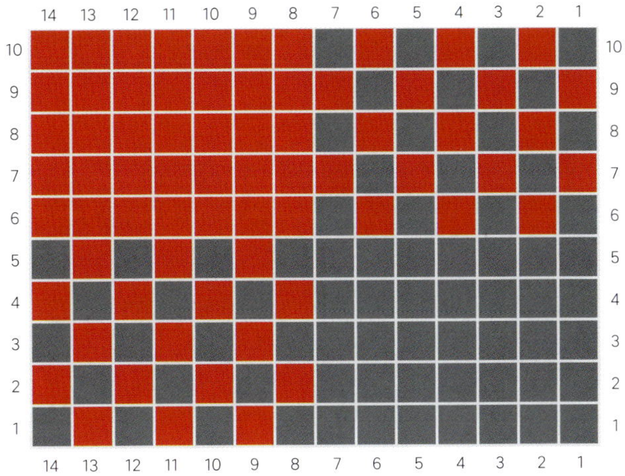

Kopfhörer

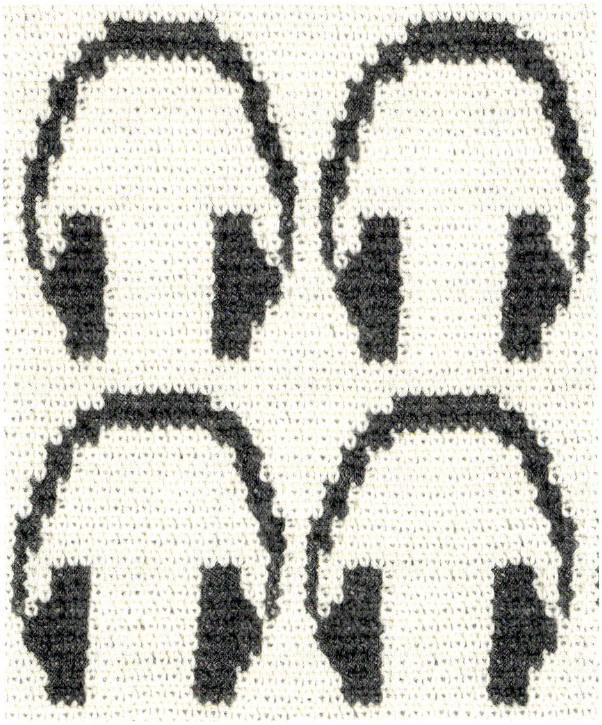

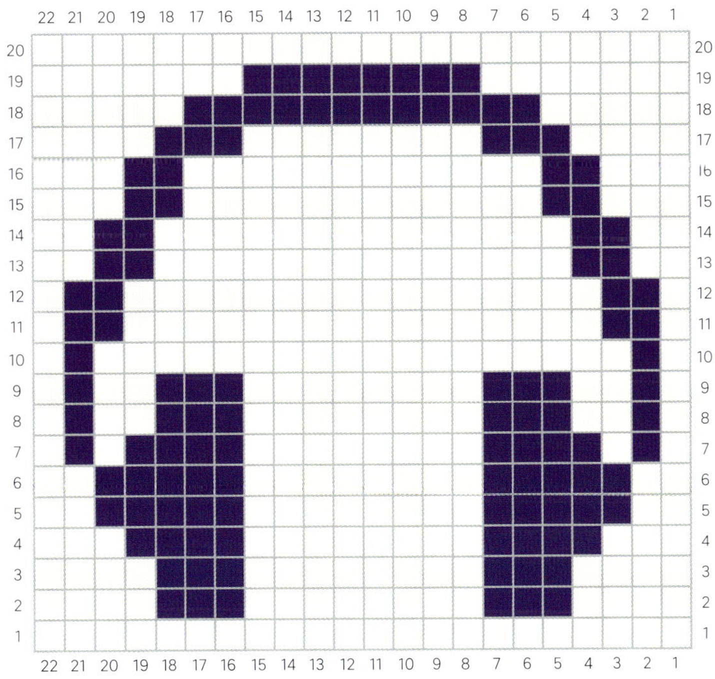

Kreise oder Quadrate?

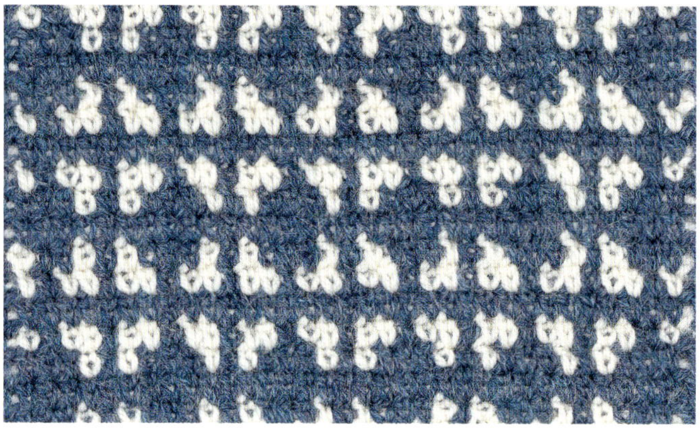

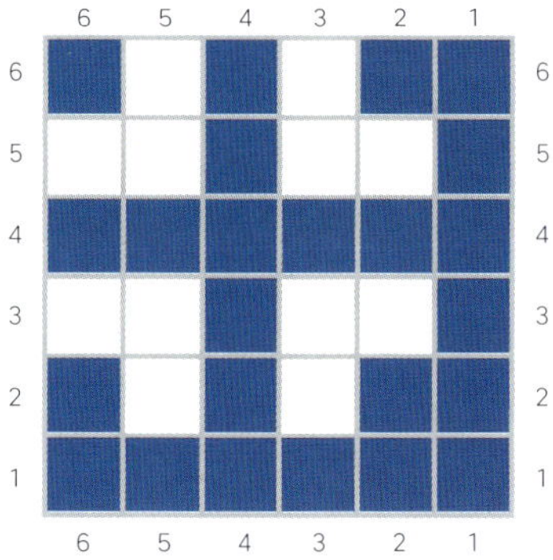

Diamond Mountain

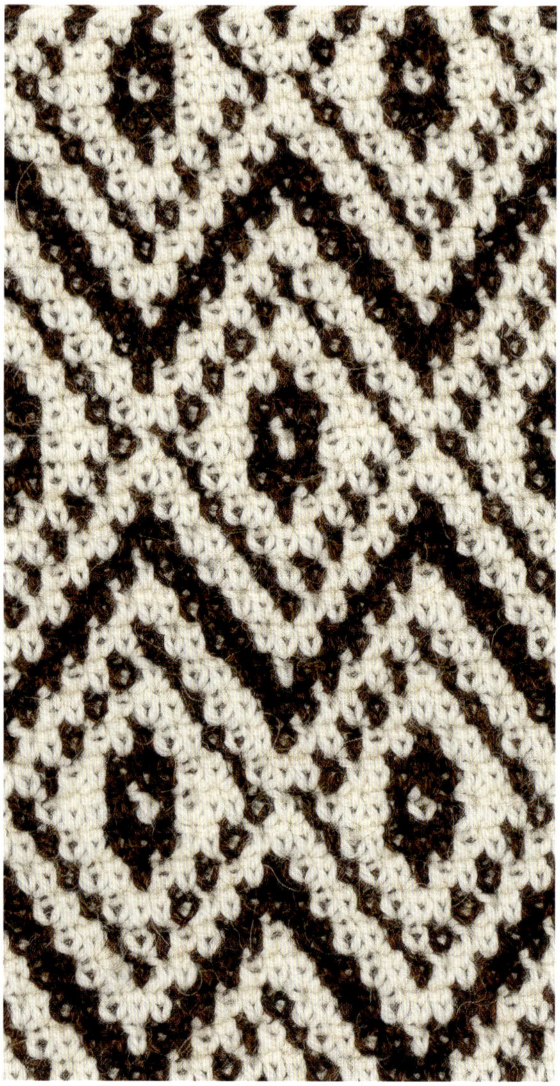

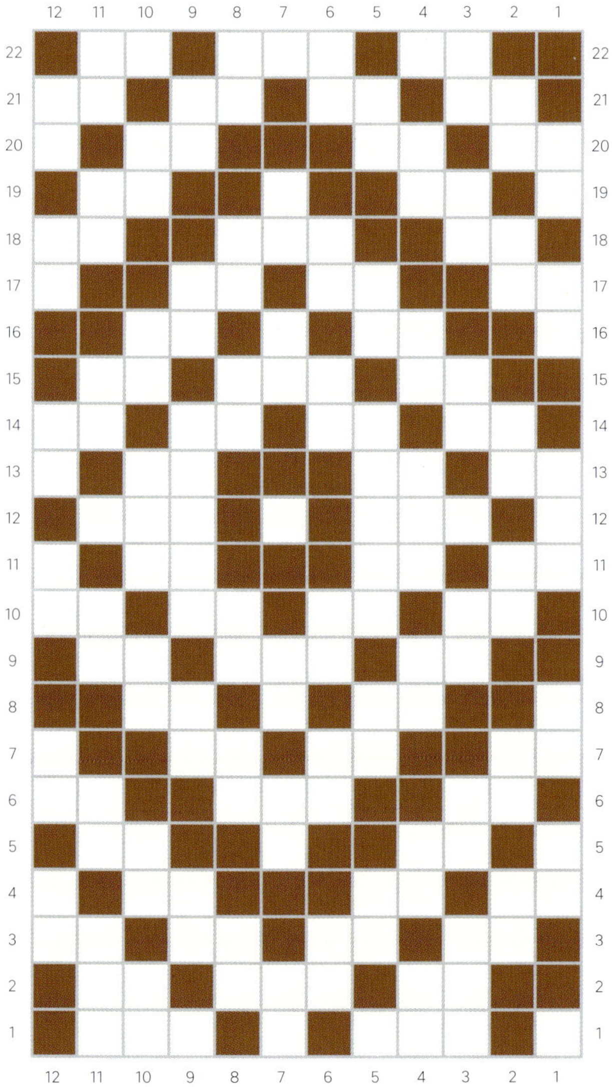

Deko

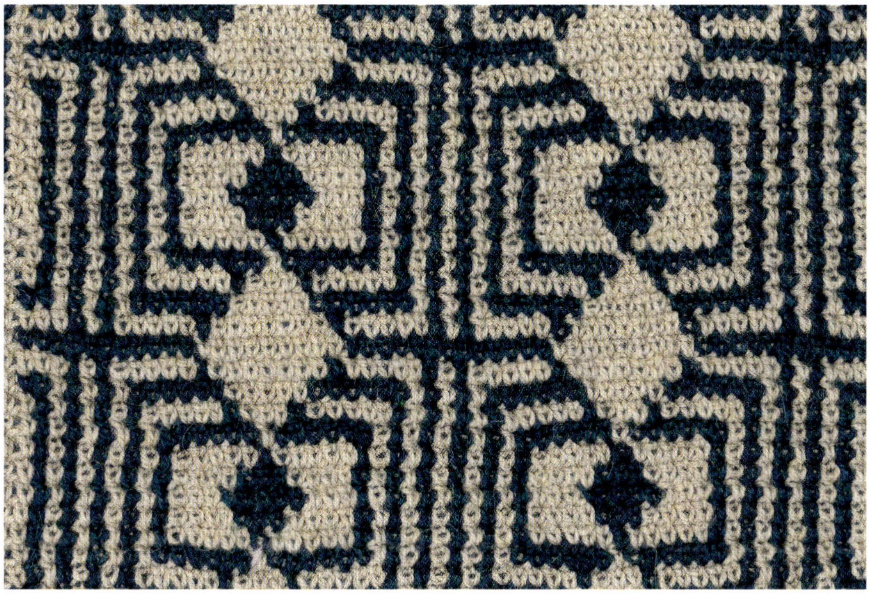

> **Tipp**
>
> *Wenn Sie hier und da eine dritte Farbe in das Muster bringen wollen, ist der über eine im Hintergrund liegende vfM (oder einen Strickstich) genähte Maschenstich eine leichte Option, die prima aussieht!*
>
> *Siehe „Maschenstich“ unter „Fehlerbehebung mehrfarbiger Arbeiten“ für die Anleitung (S. 135).*

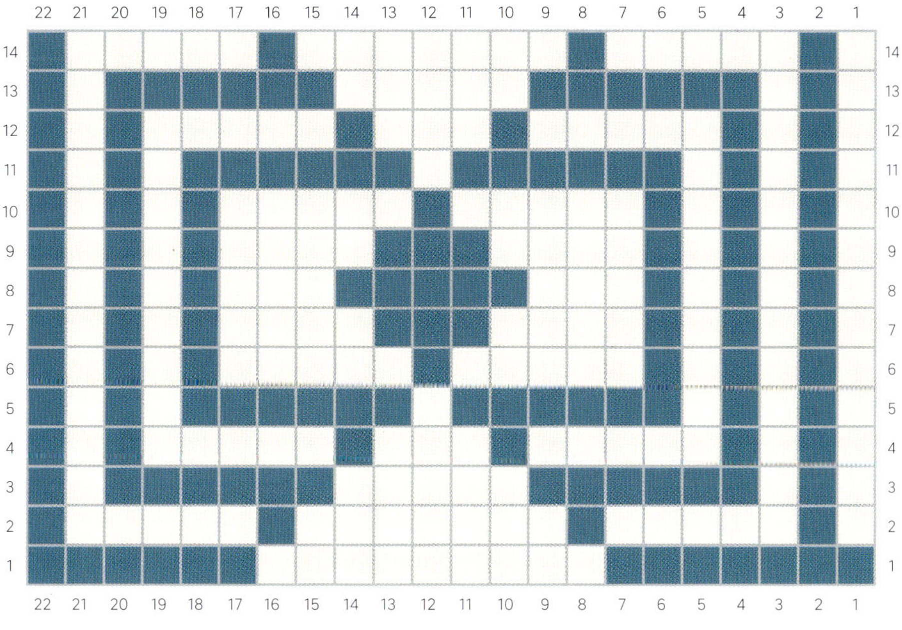

Kleines Hahnentrittmuster

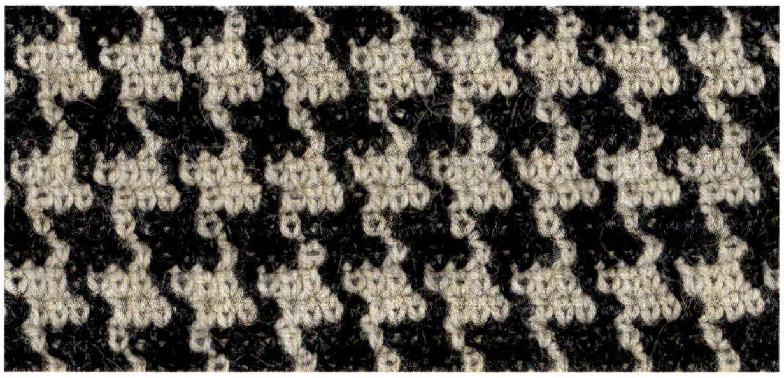

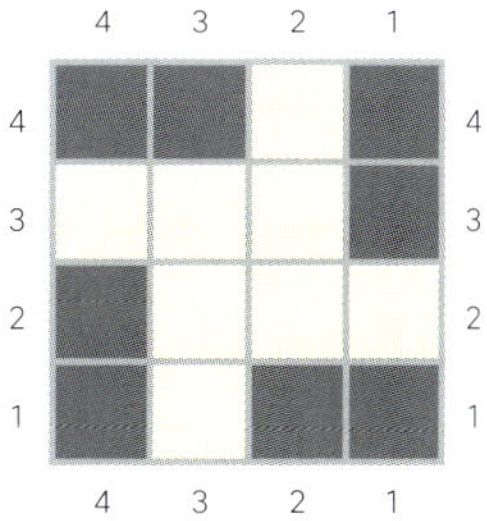

Quatsch zum Quadrat

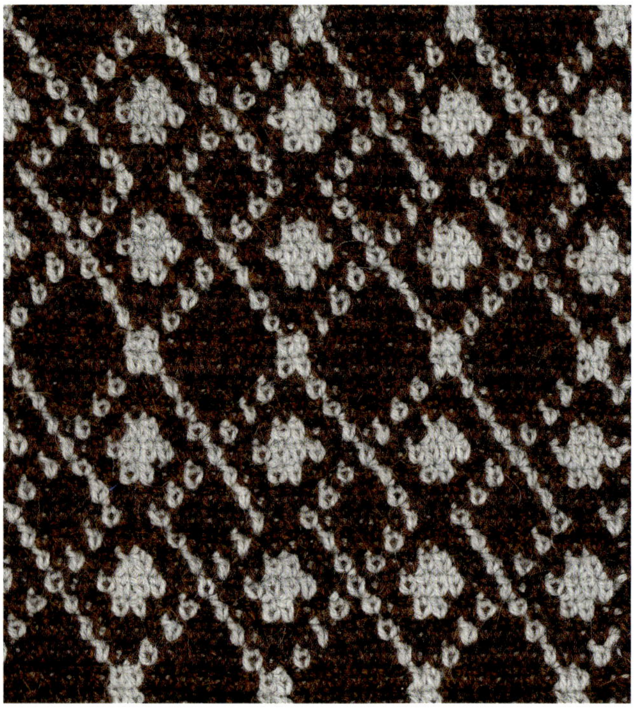

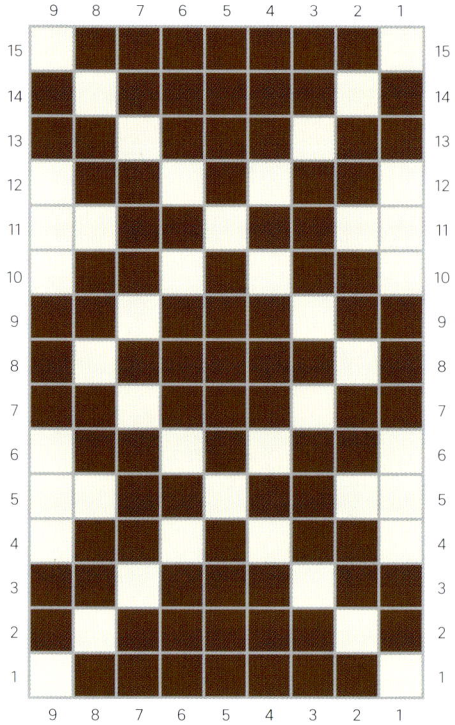

Cupcakes

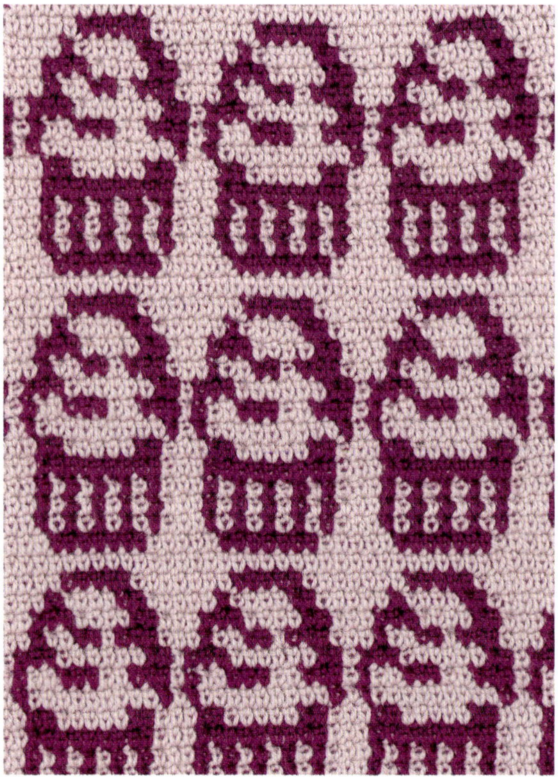

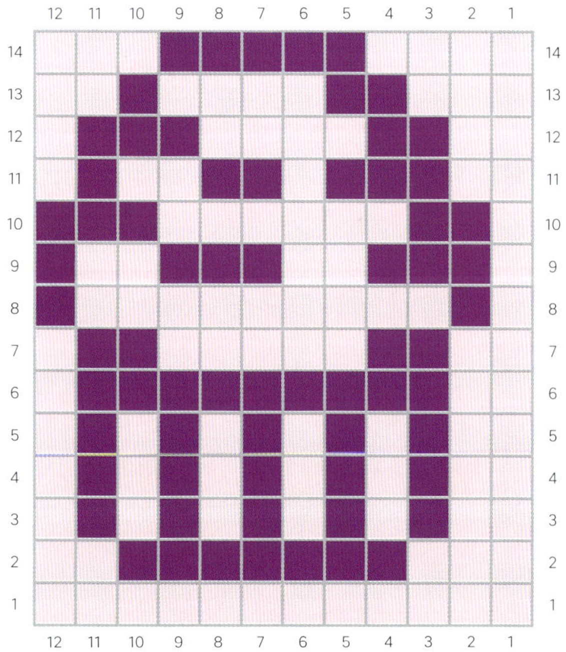

Hot Dog

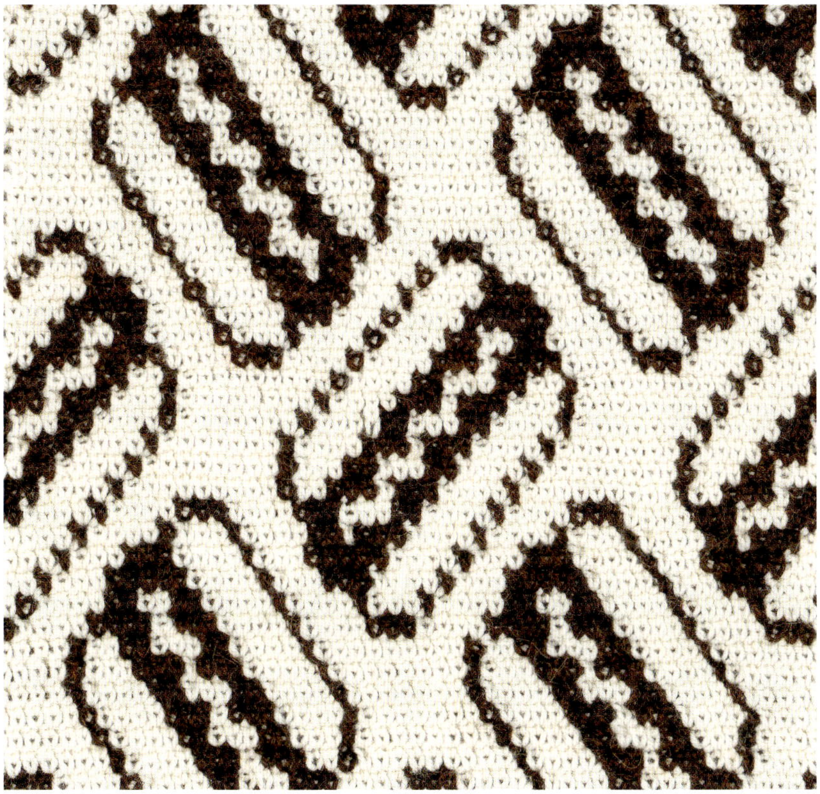

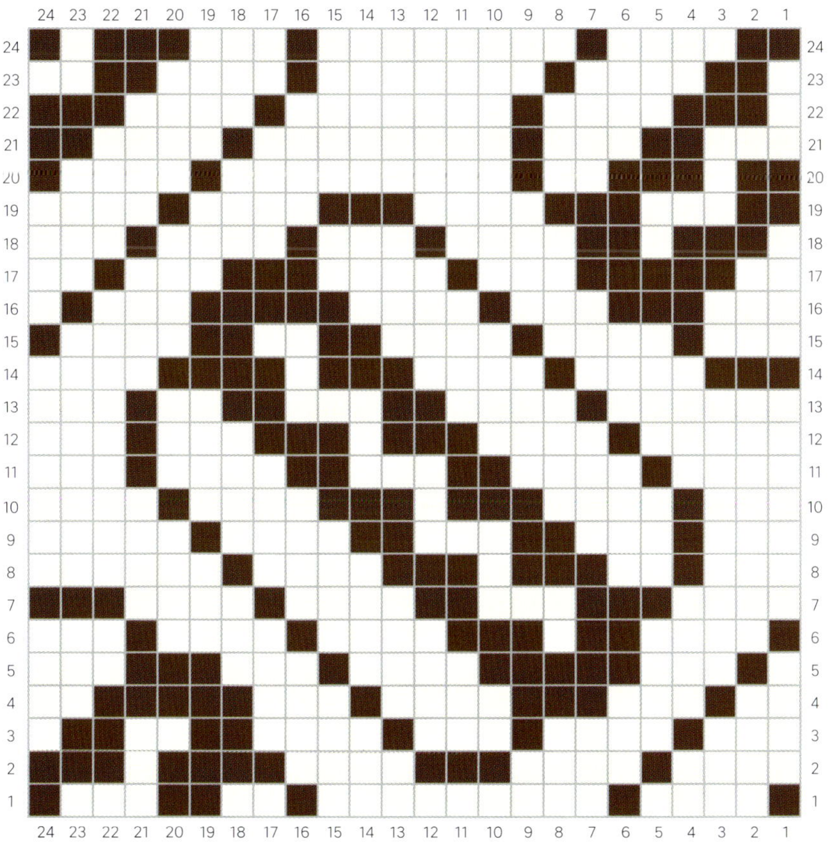

Escher Würfel

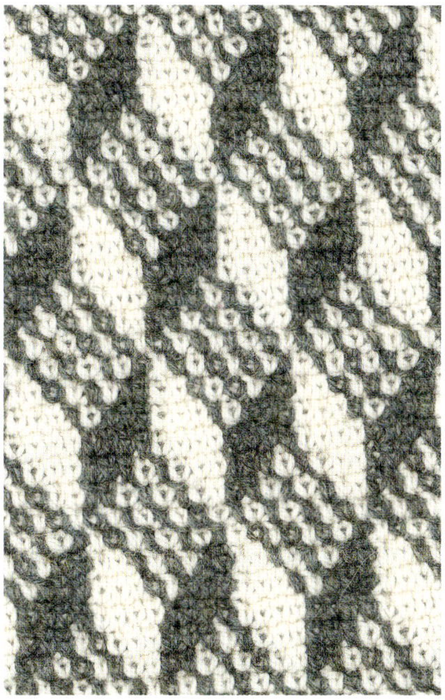

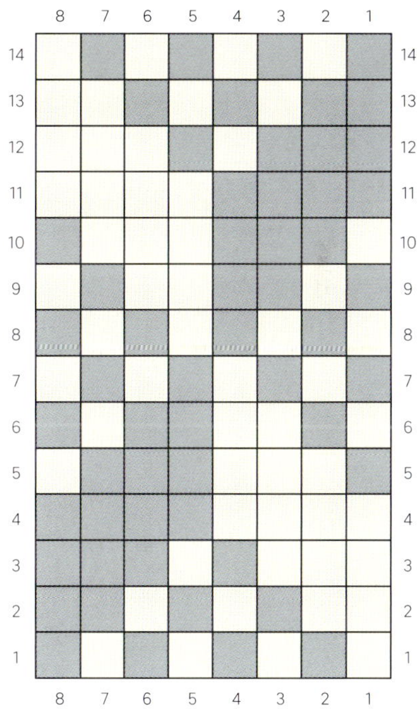

Fintan

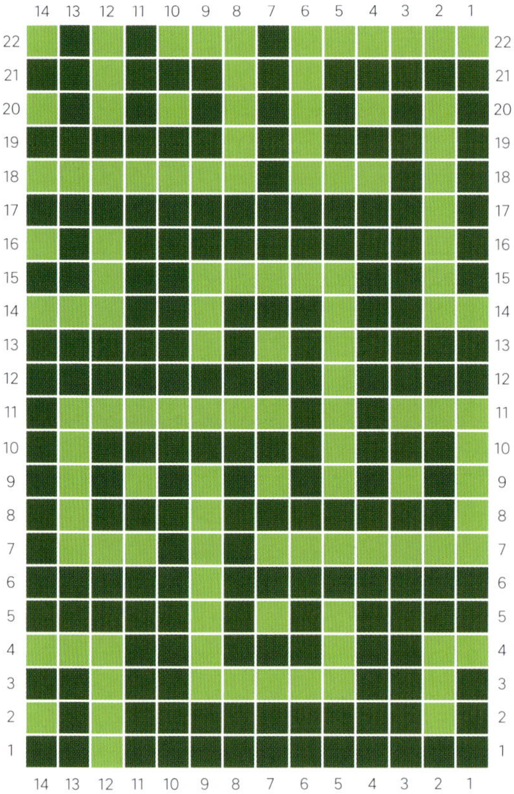

Girl's Best Friend

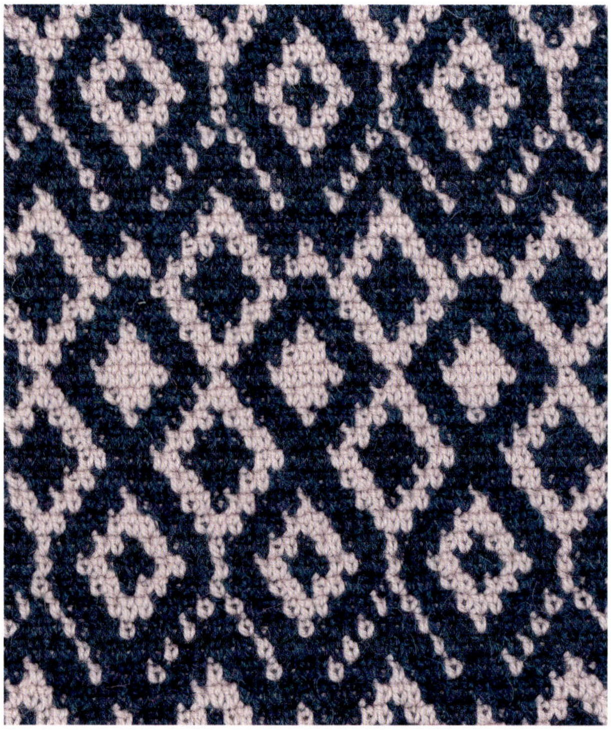

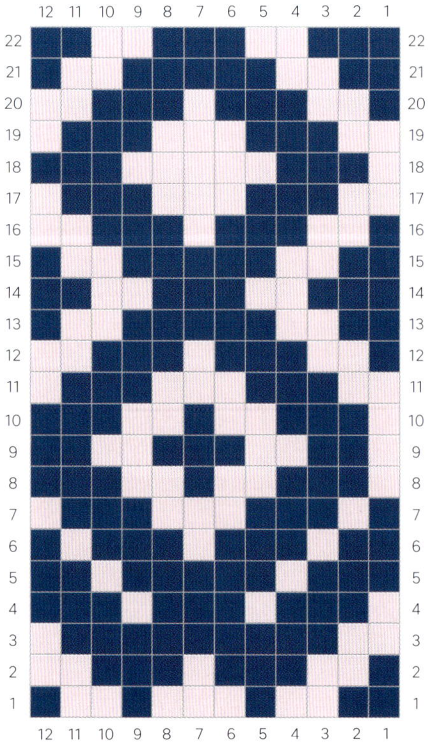

Donuts

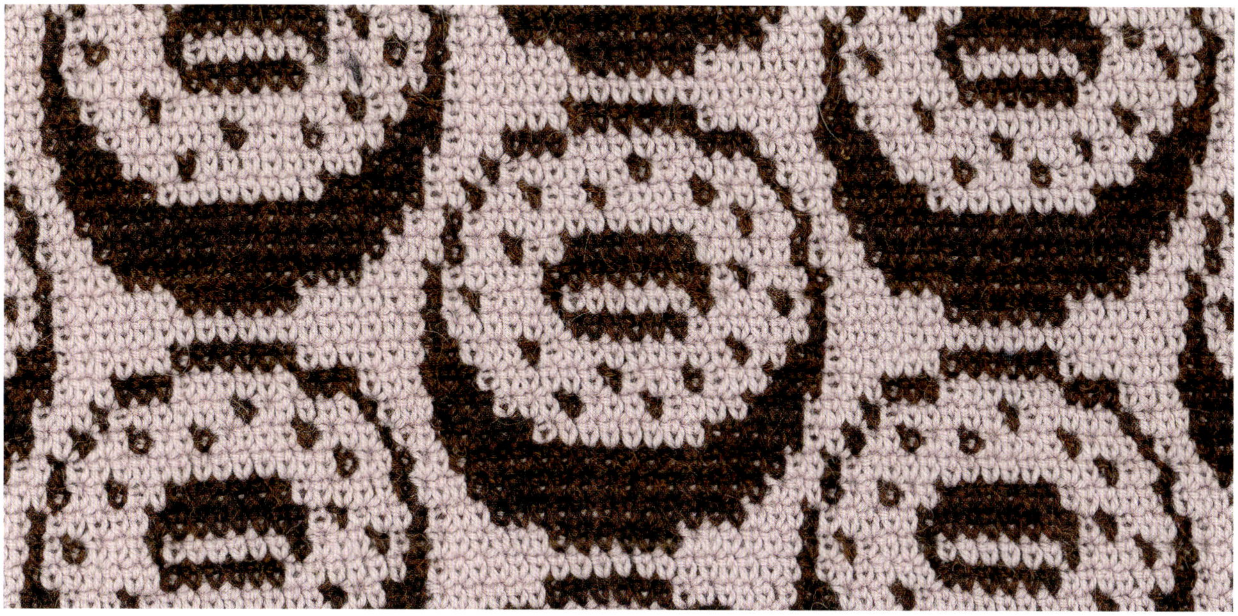

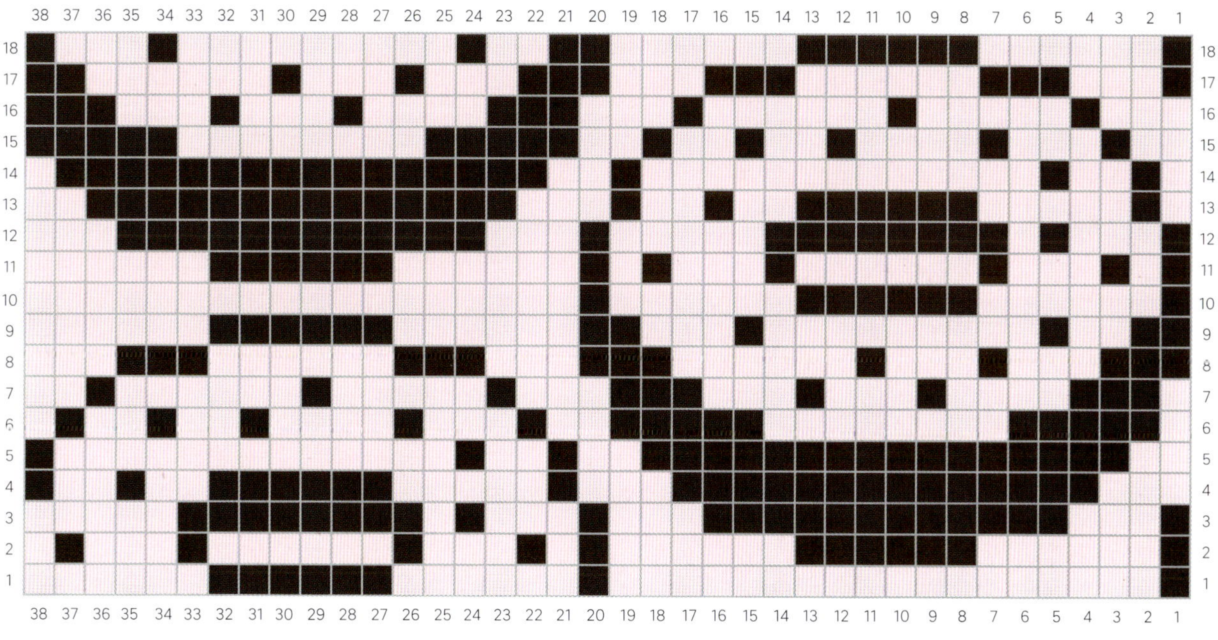

Schachbrettmuster

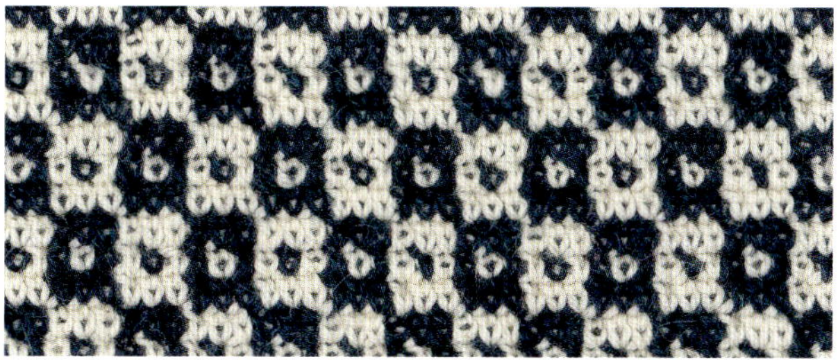

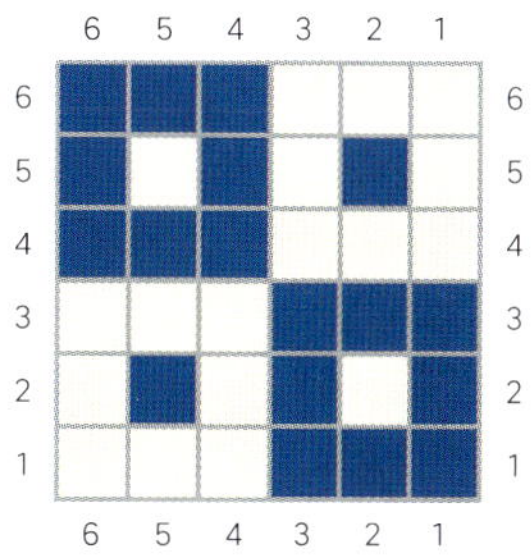

Wolfsgeheul

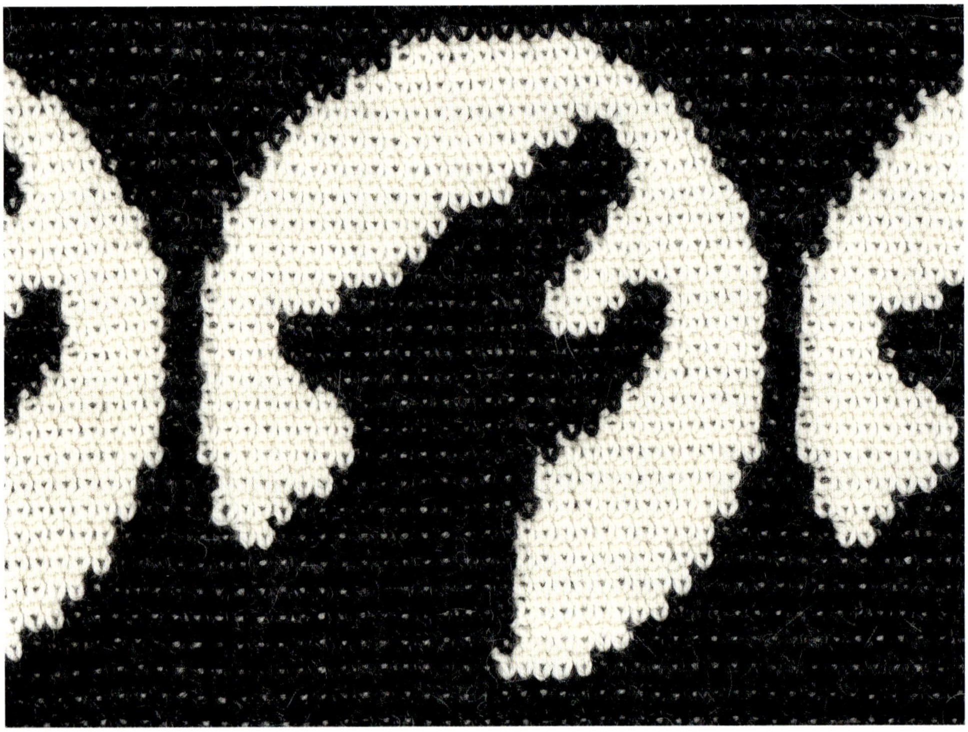

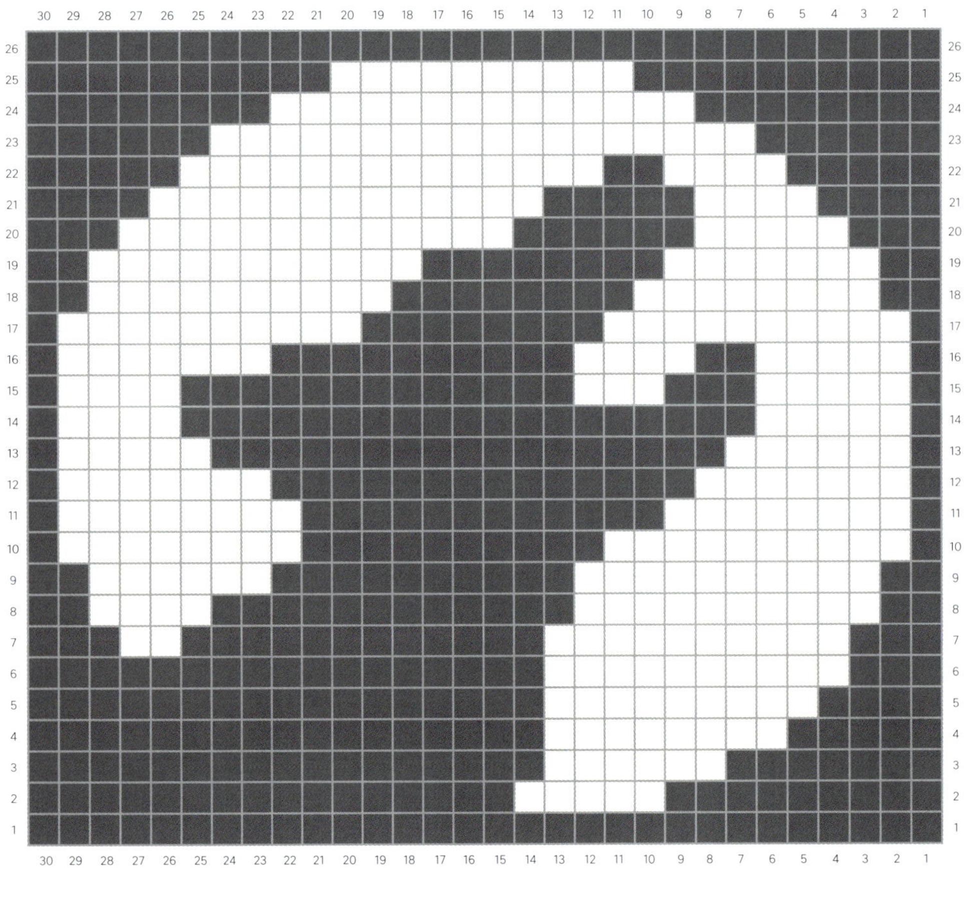

Vibrationen

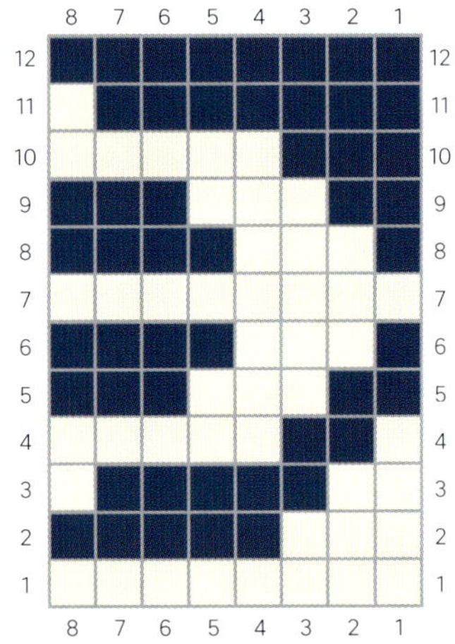

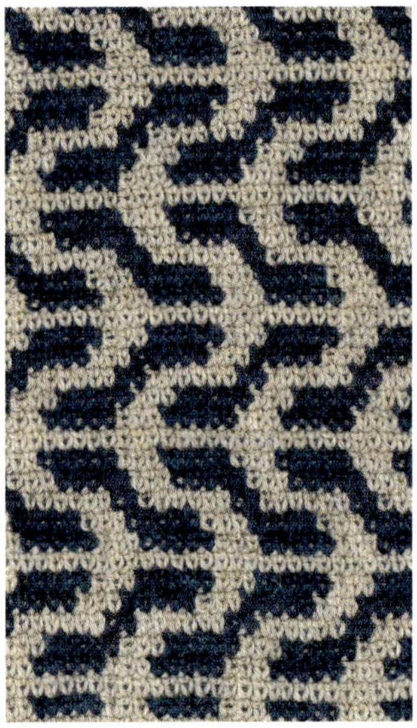

Pinienzapfen

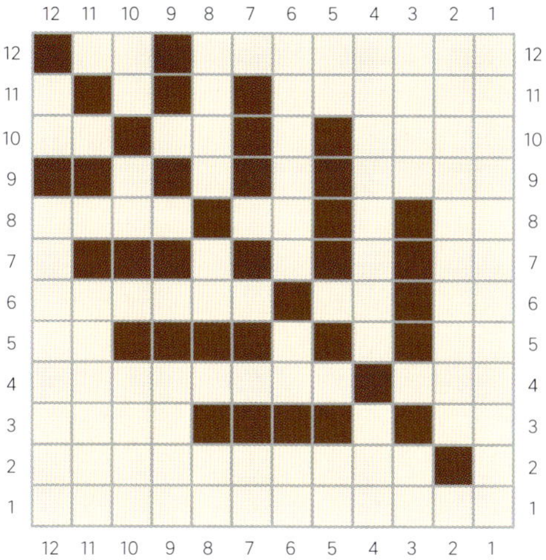

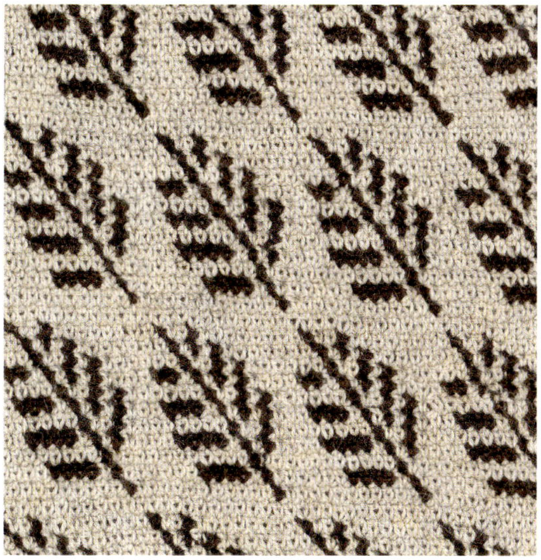

Indischer Palast

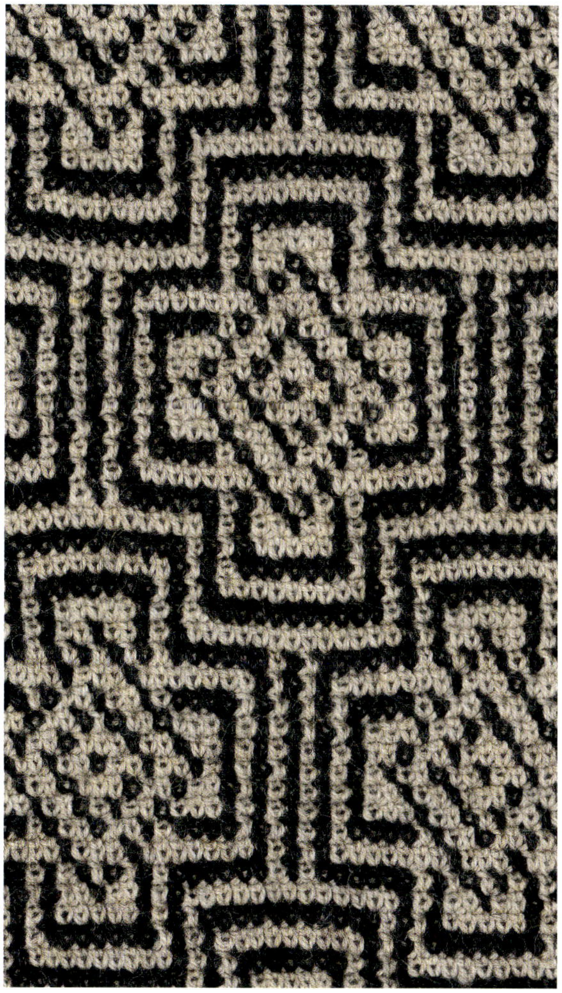

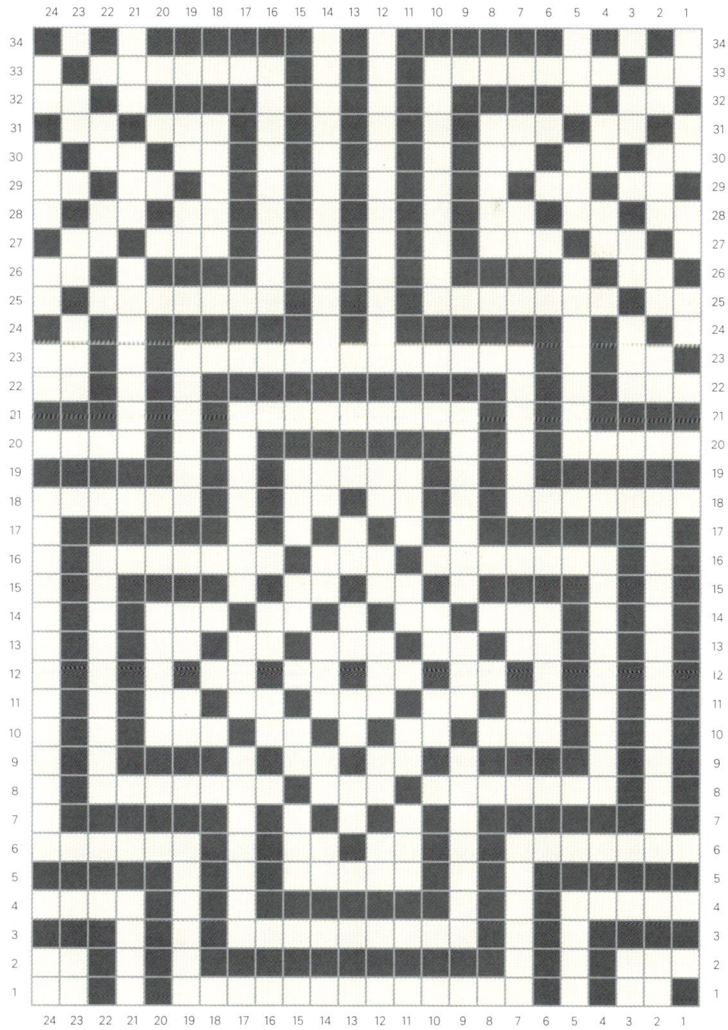

Leopardenmuster

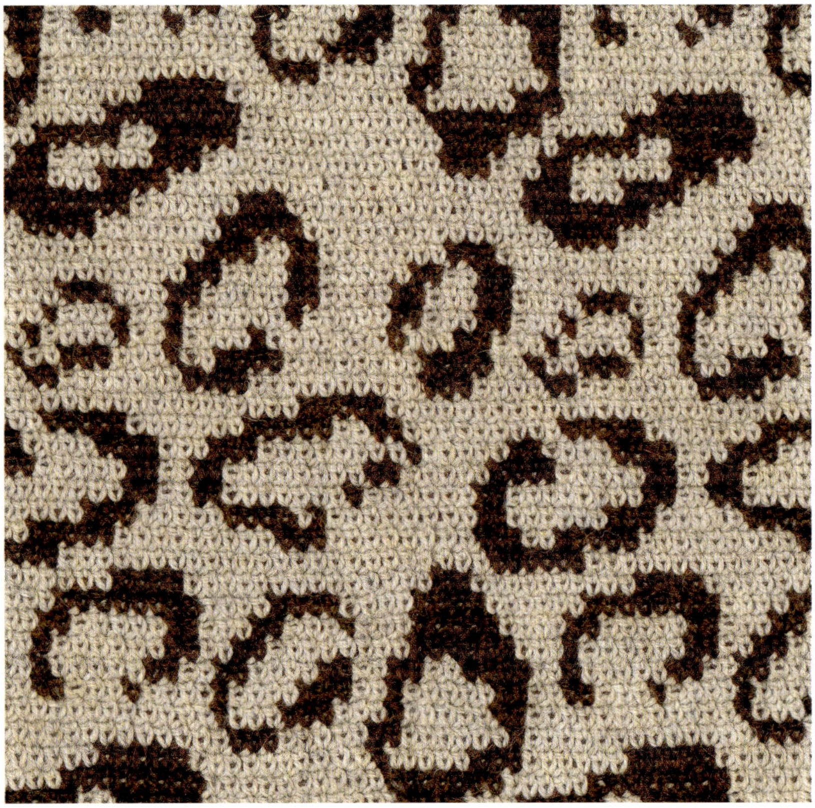

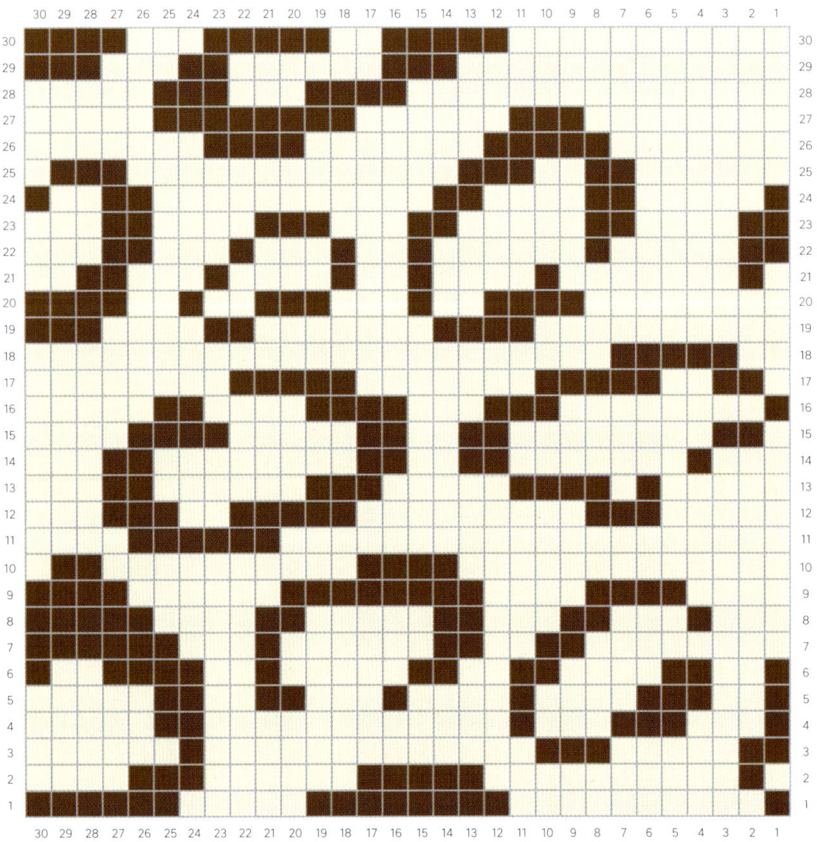

Looping

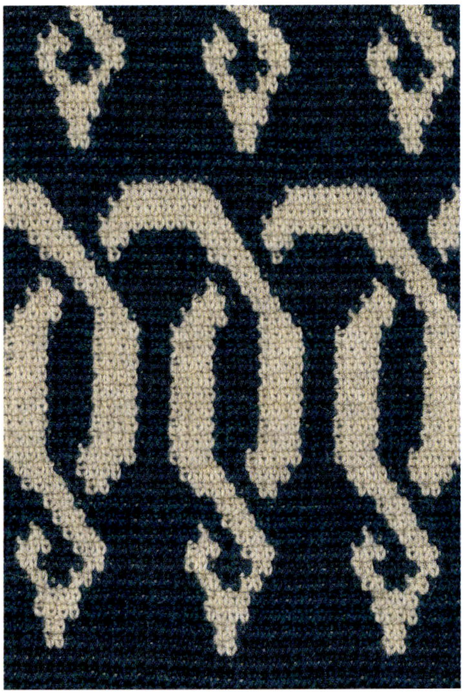

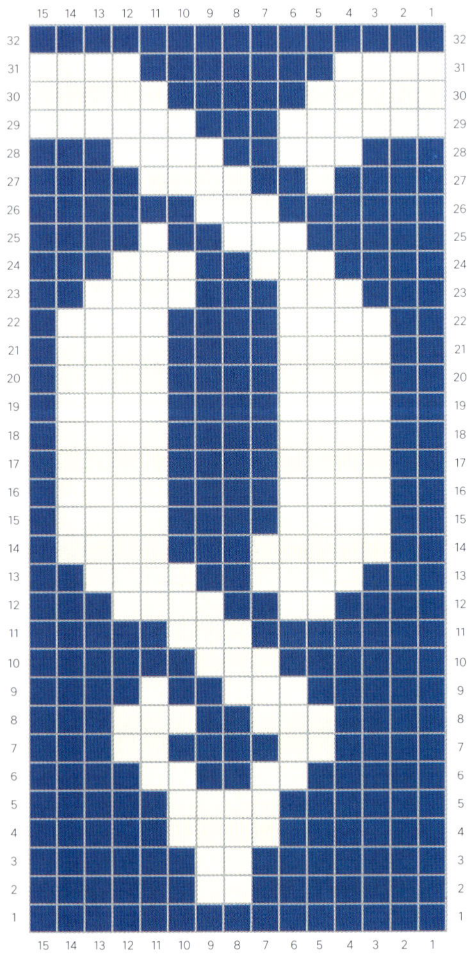

Mixtape

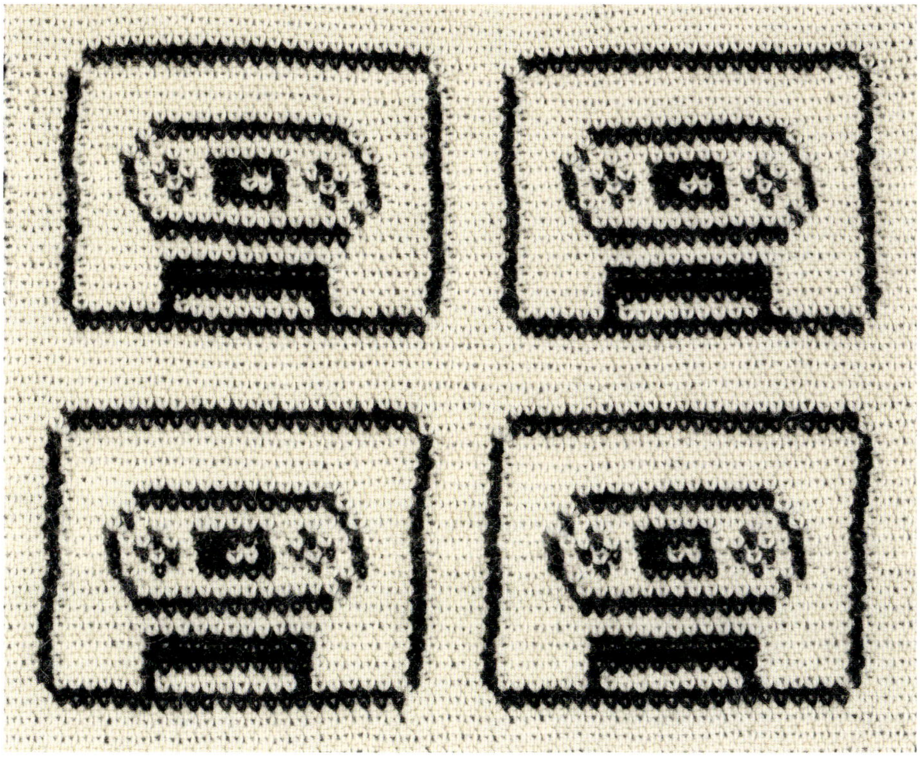

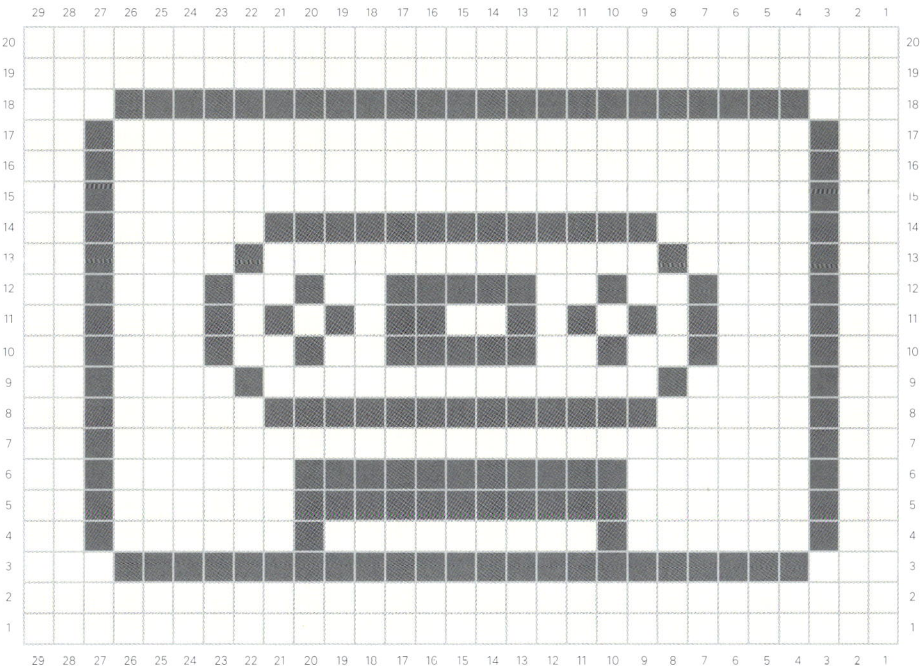

Offenes Gewebe

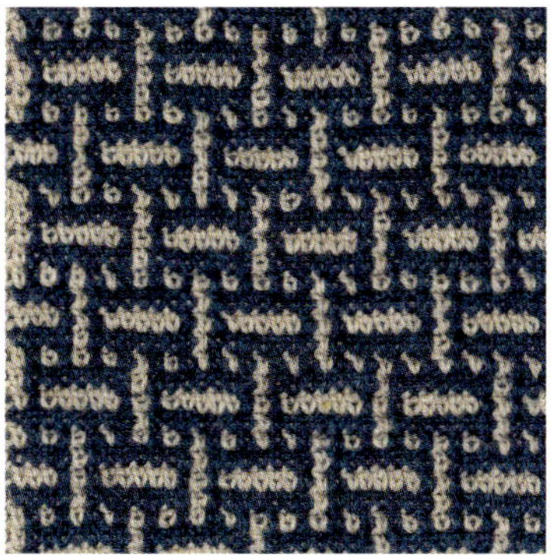

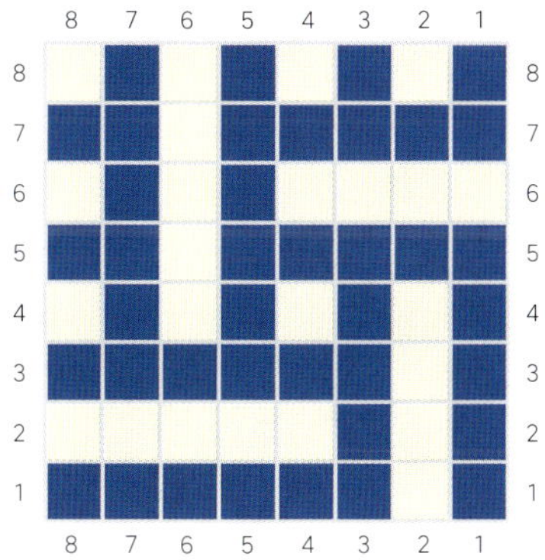

Tipp

Bei „Mixtape“ habe ich Runde 11 und 12 in vStr gehäkelt, den Rest in vfM.

Pint-Glas

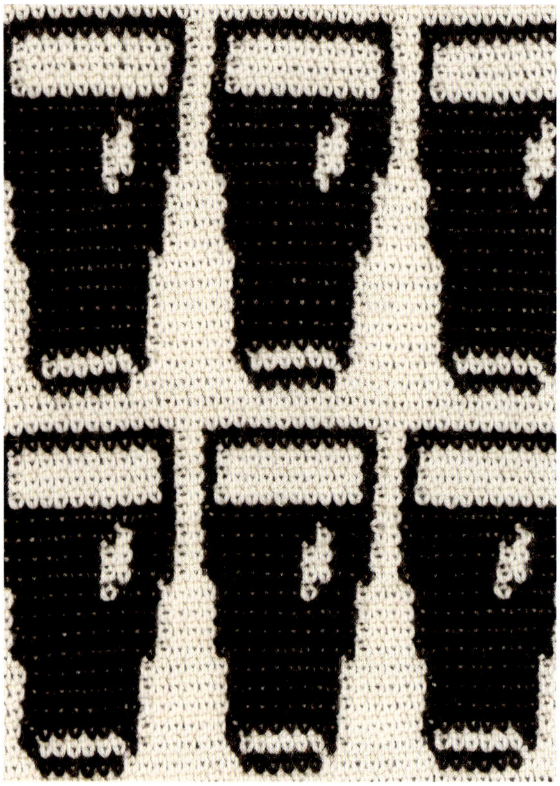

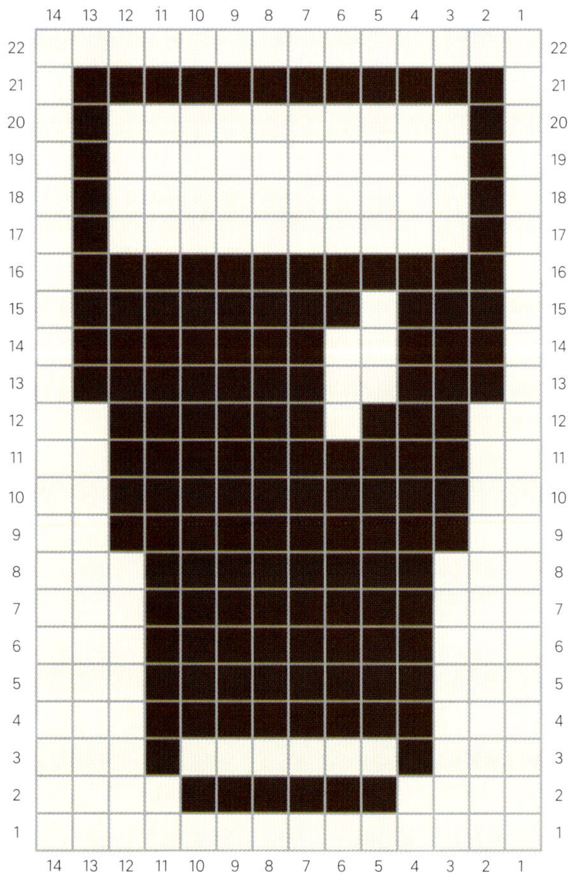

Einzelne Rose

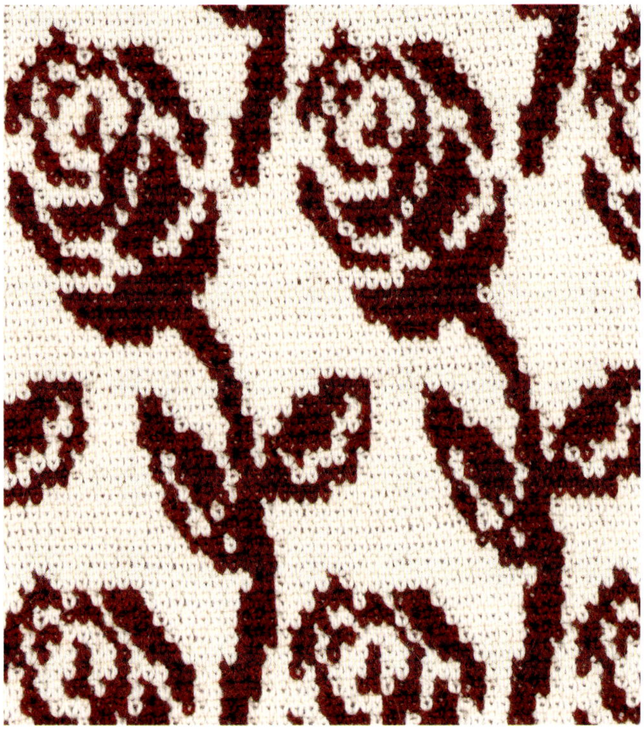

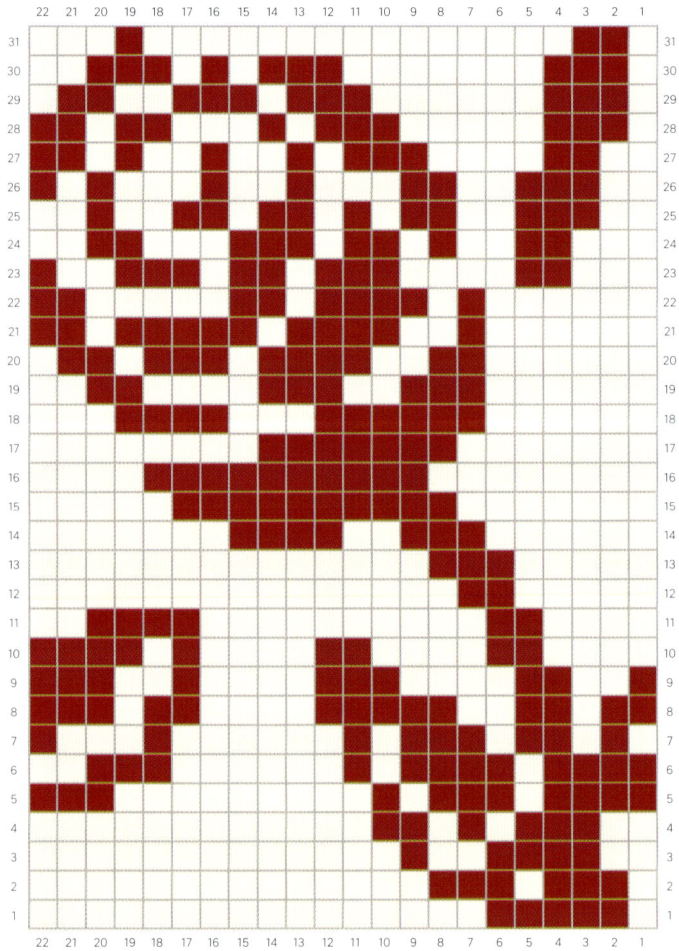

Miezen mit Gefühlen

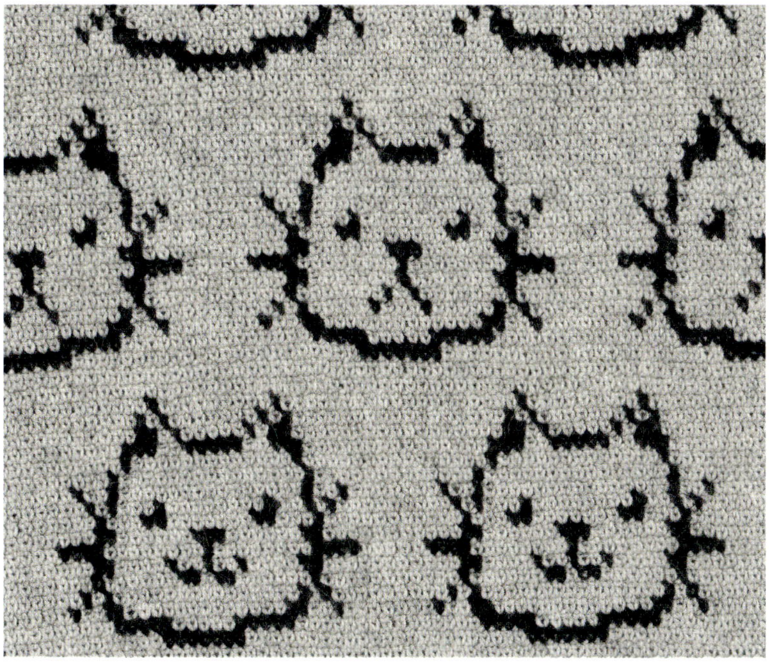

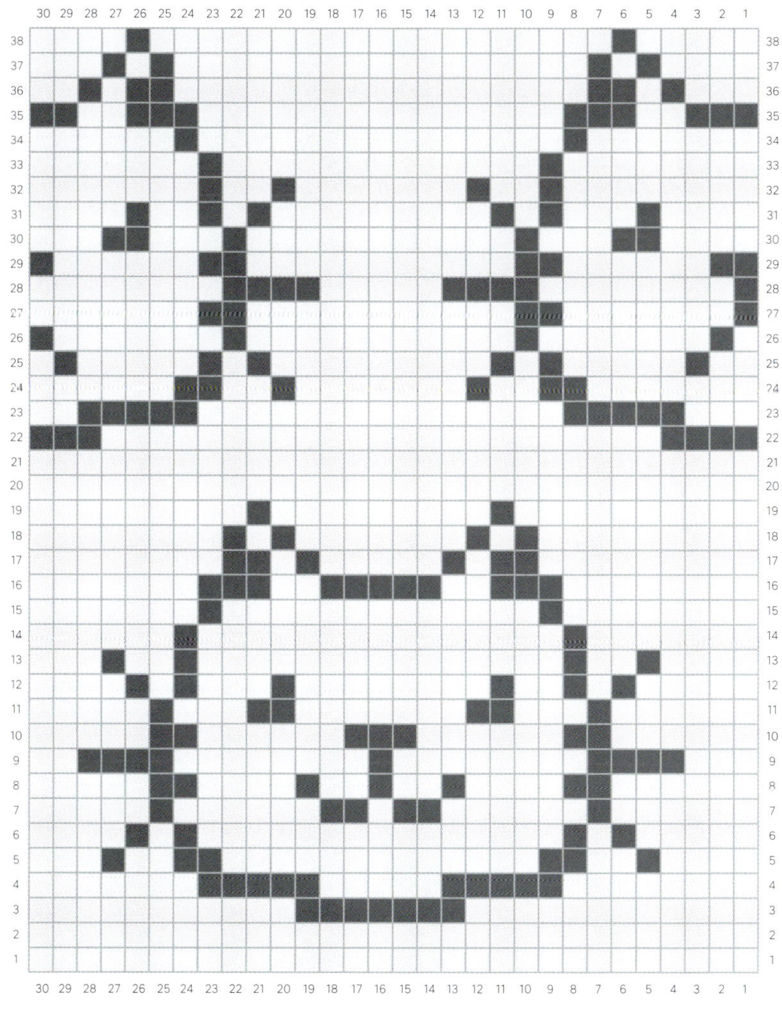

Profil

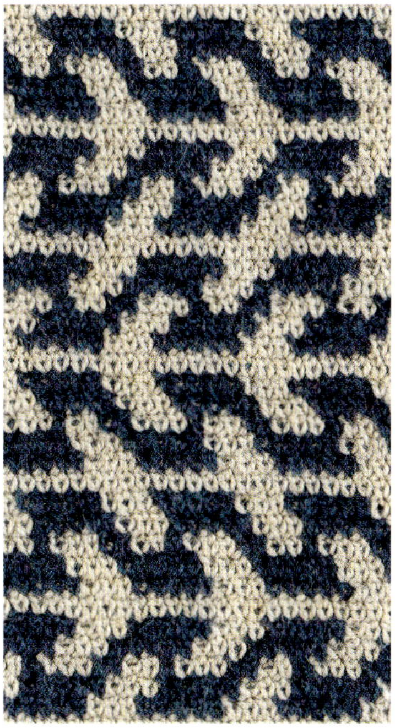

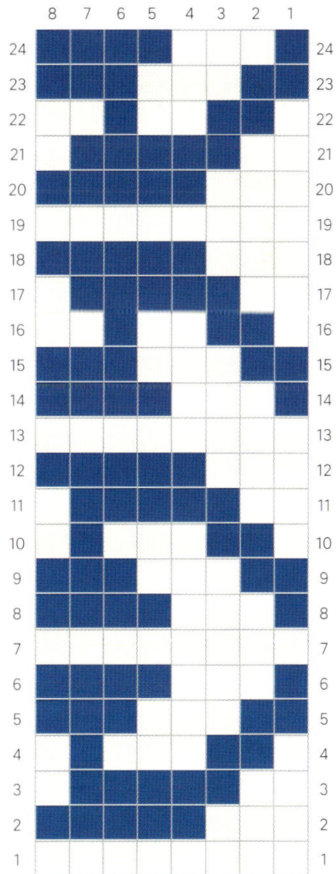

Bienenkönigin

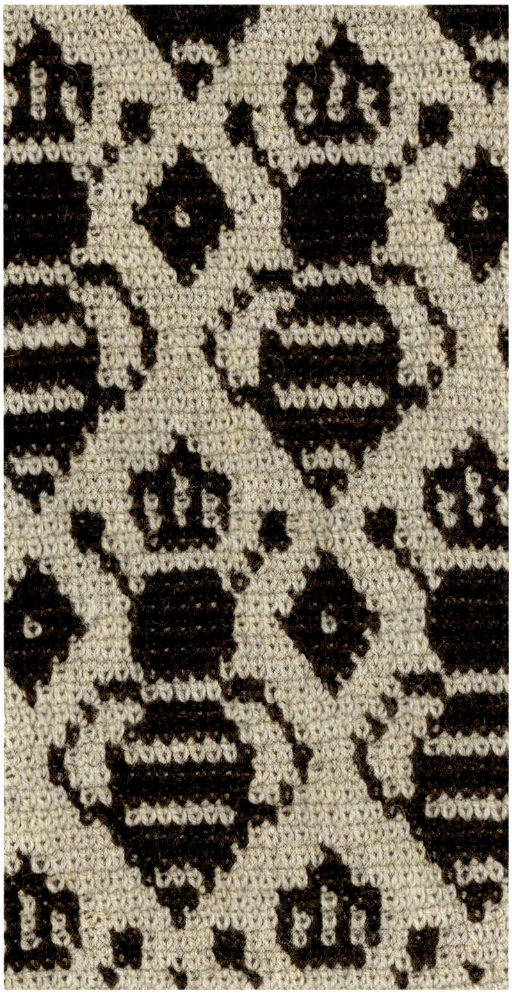

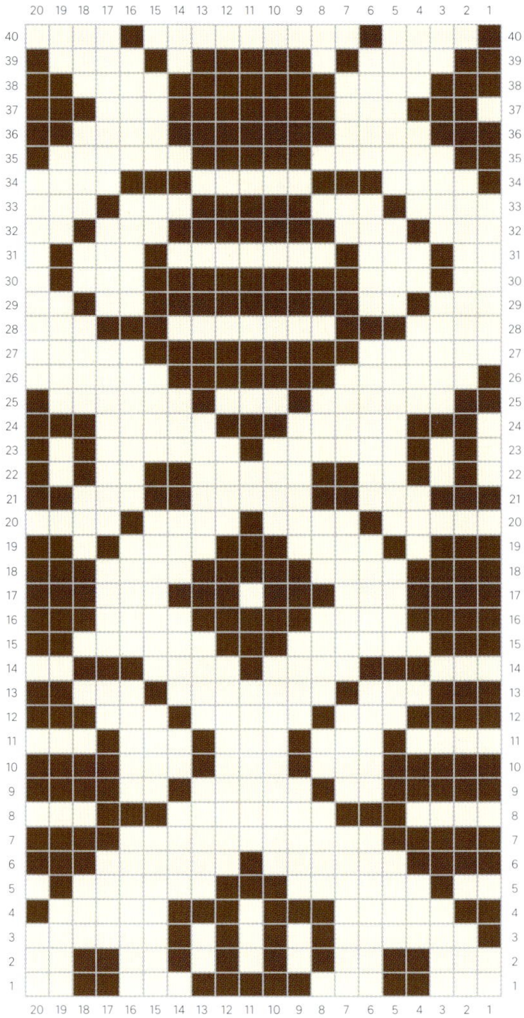

Softeis

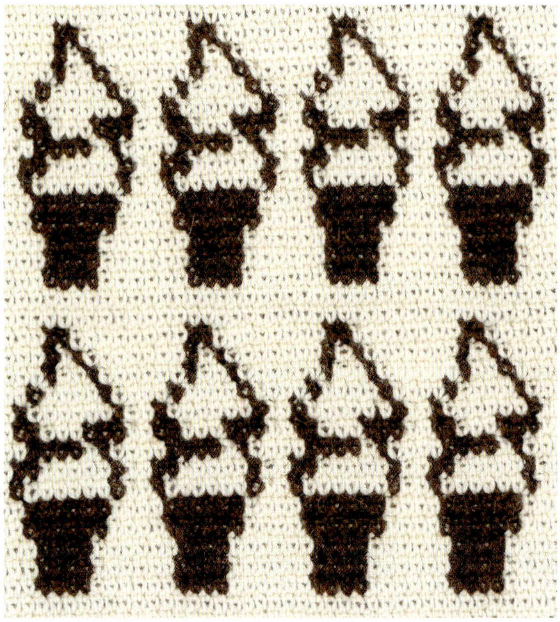

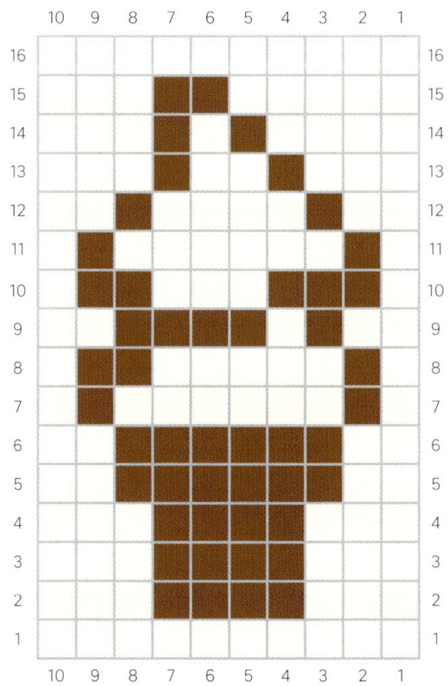

Regentag

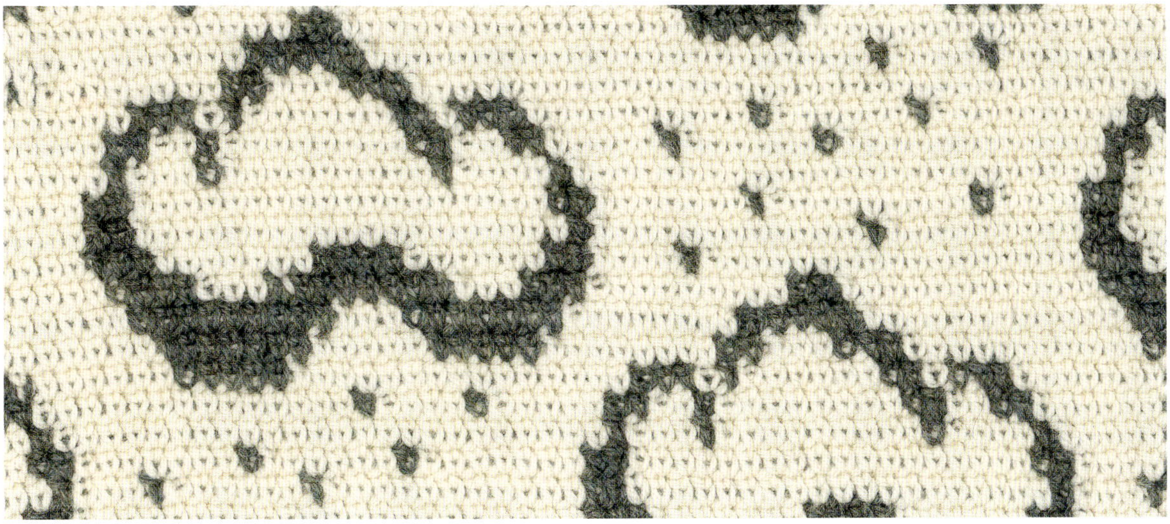

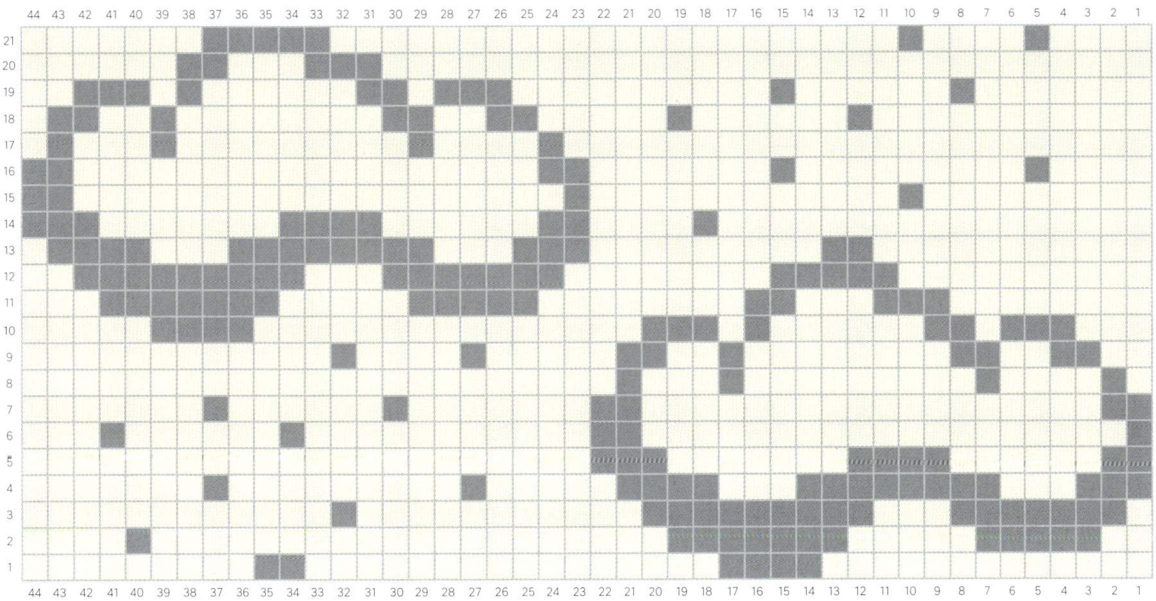

Nautisch

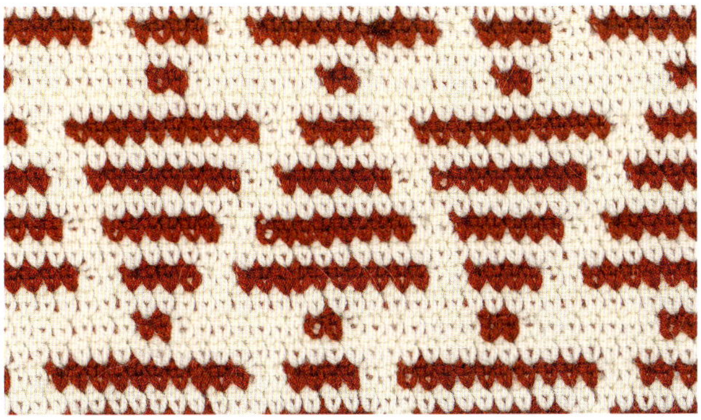

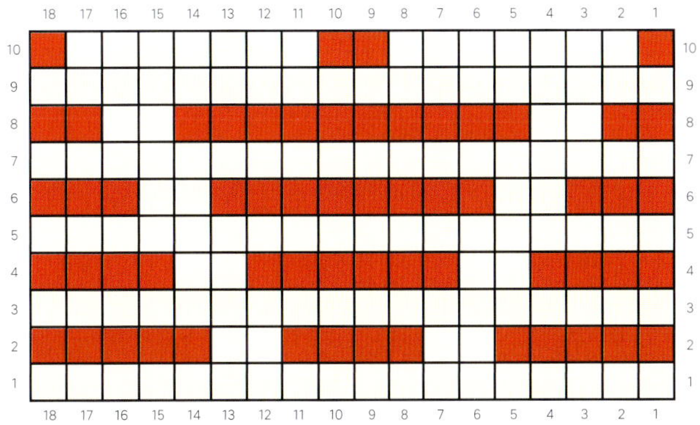

Federleicht

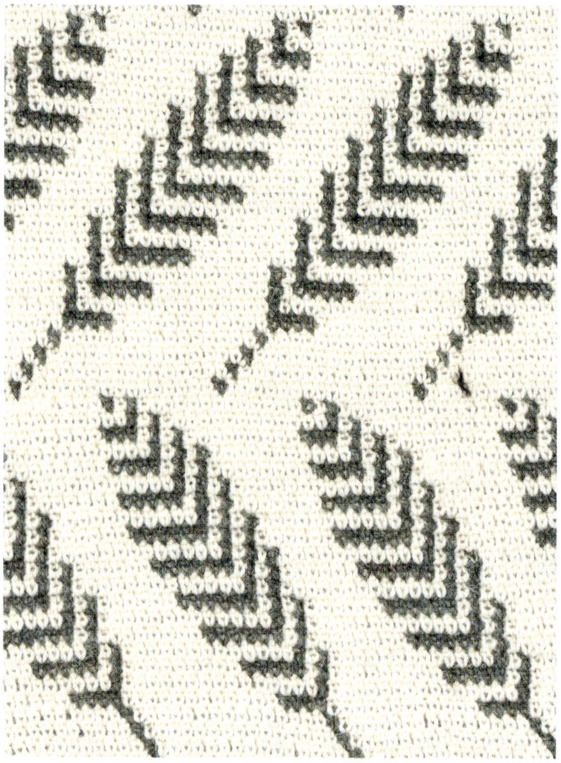

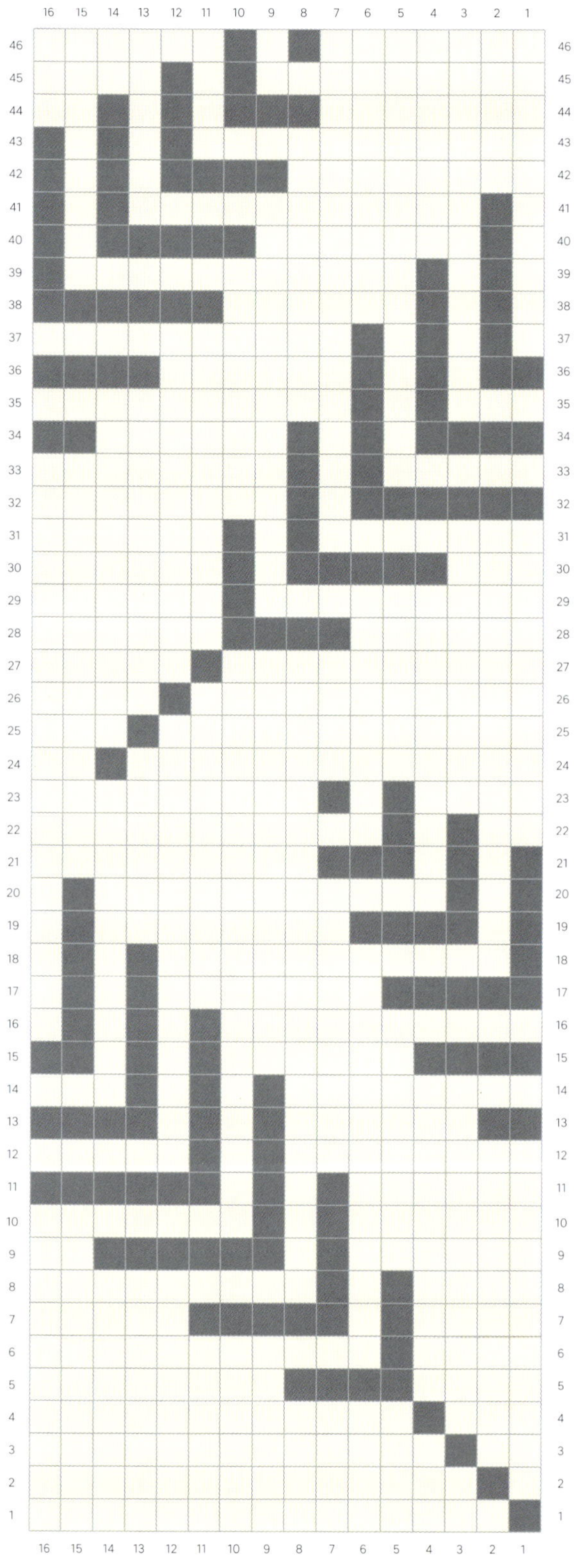

Verstreute Diamanten

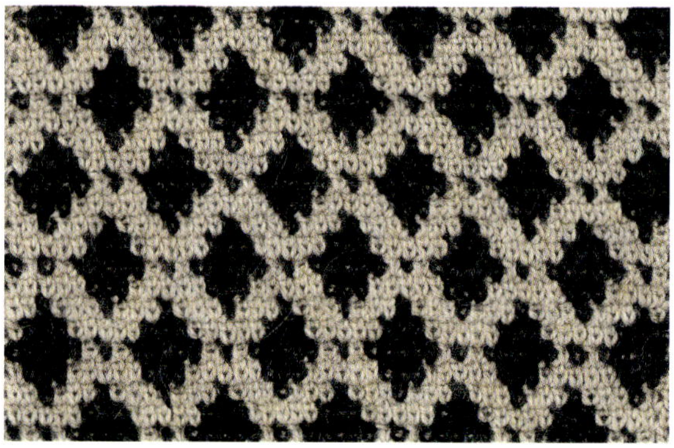

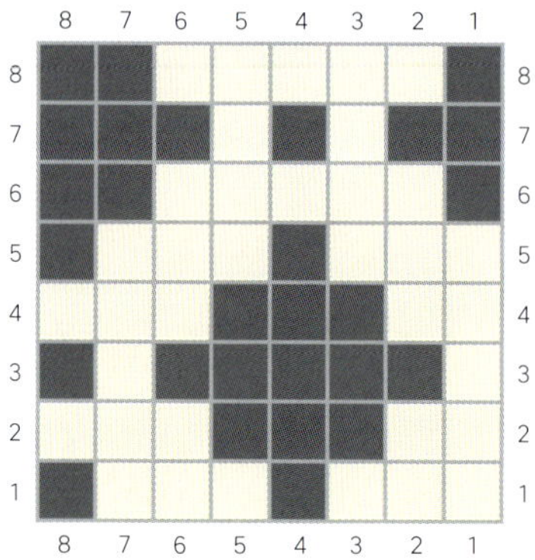

Mit Scheren rennen

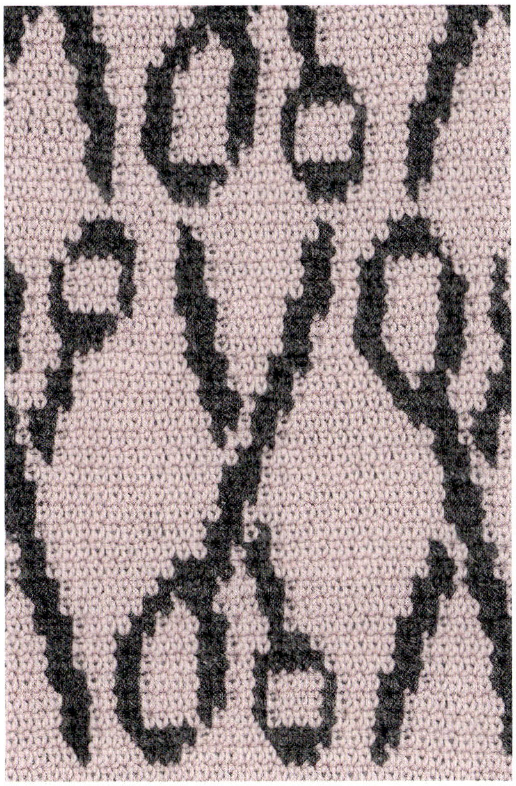

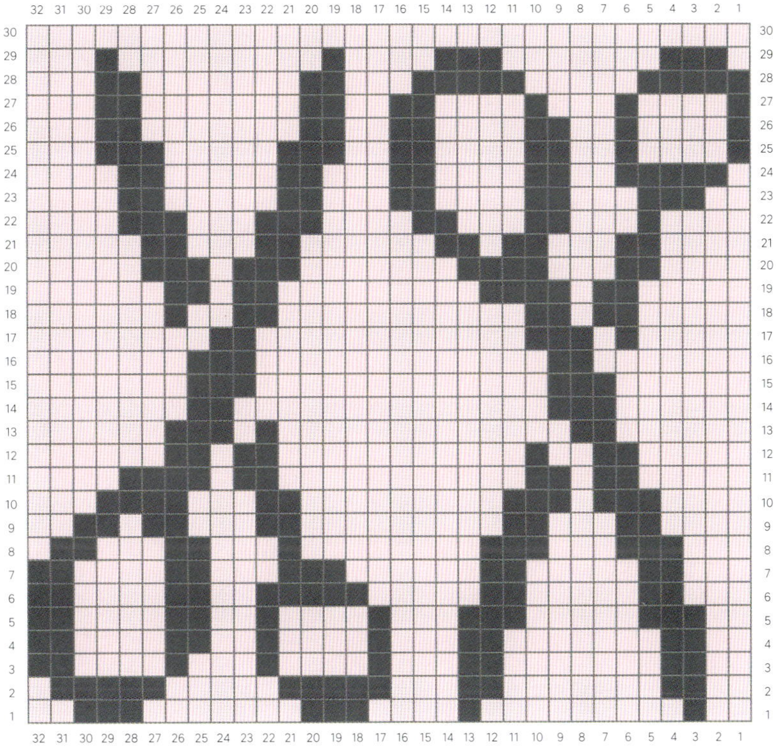

Solano

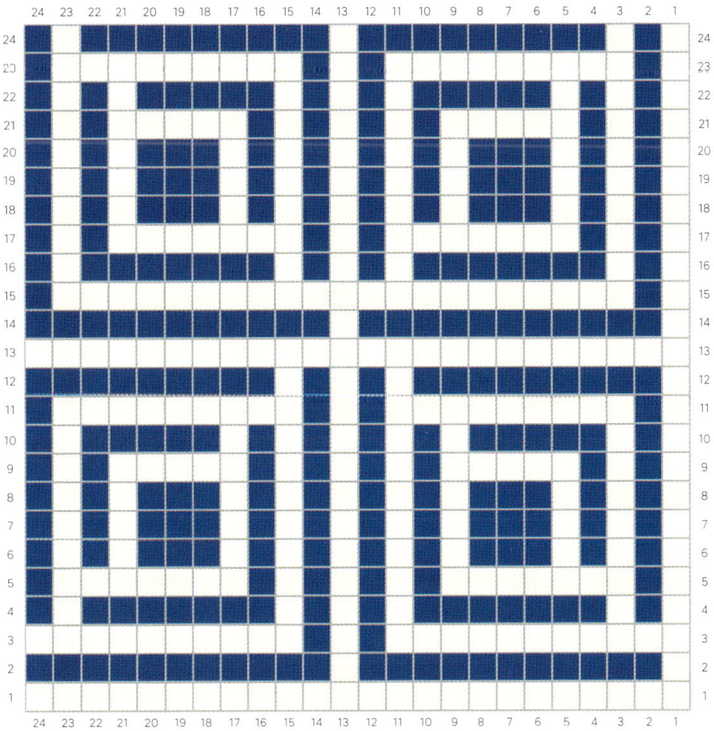

Gleichmäßige Rauten

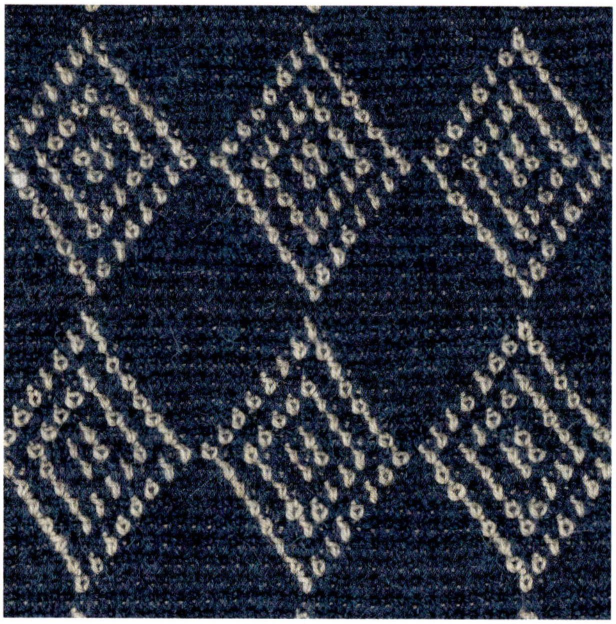

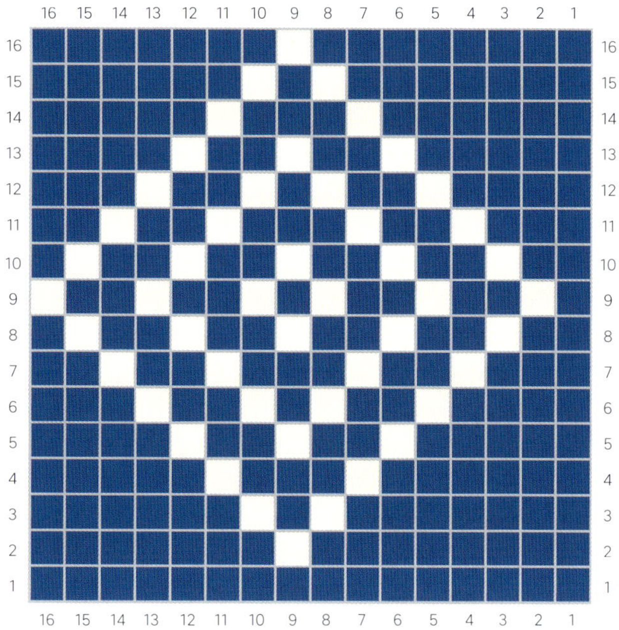

Peking

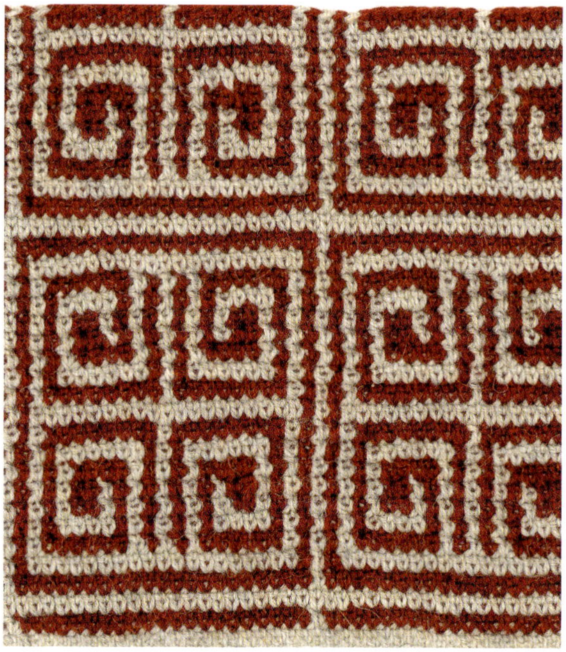

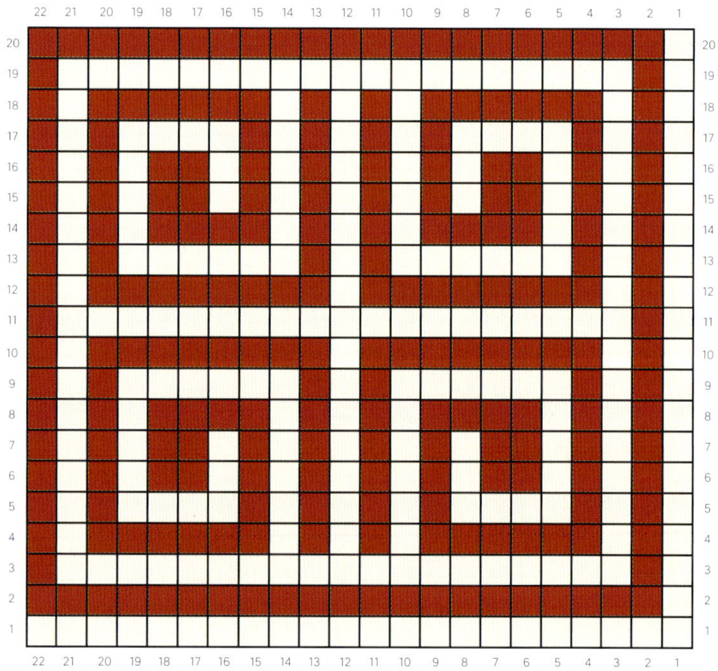

TV

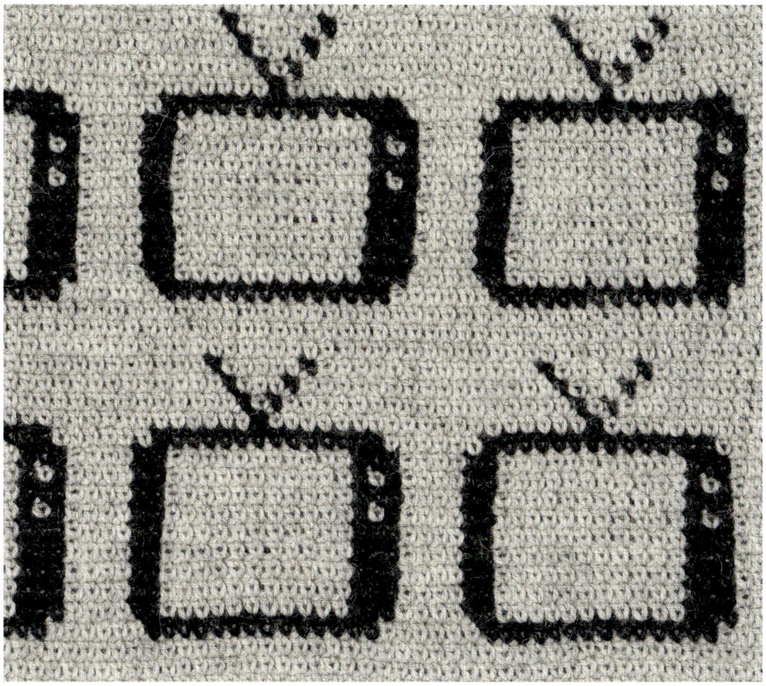

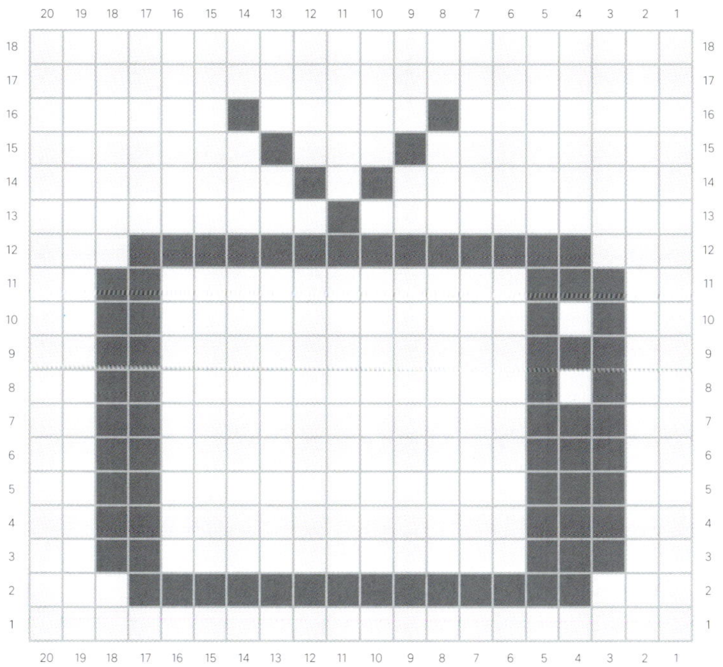

Gestreifte Federn

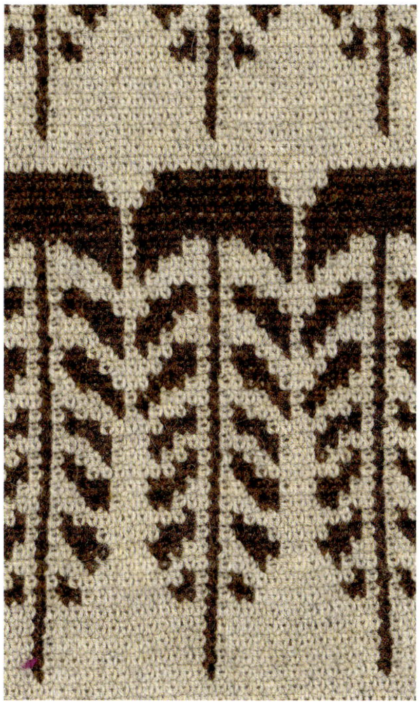

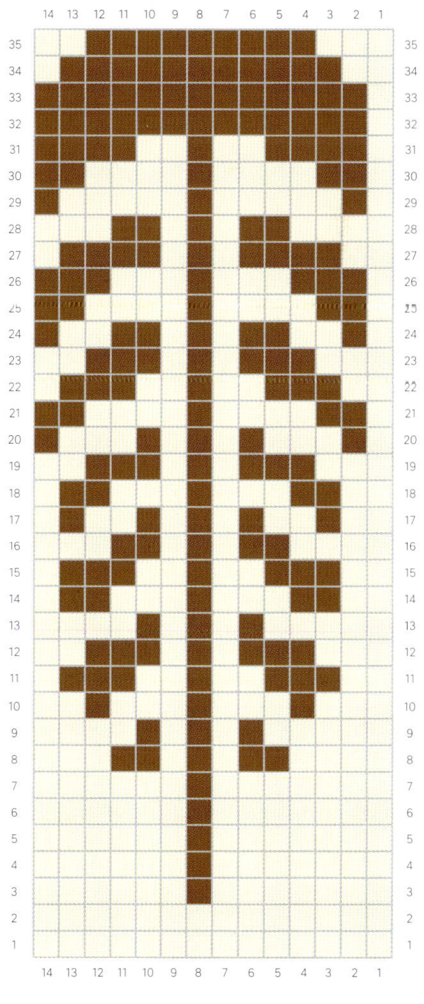

Schwalben

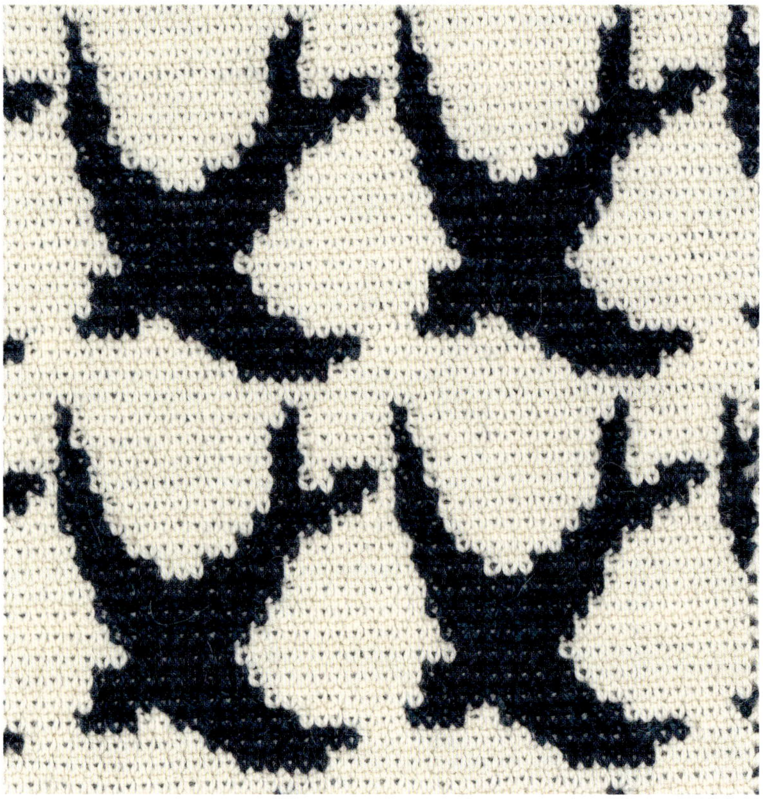

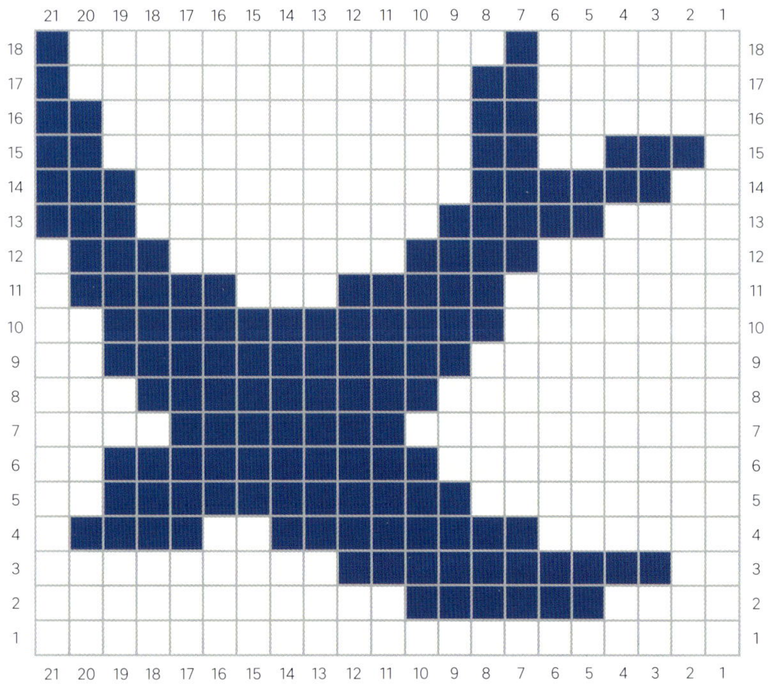

Unebener Boden

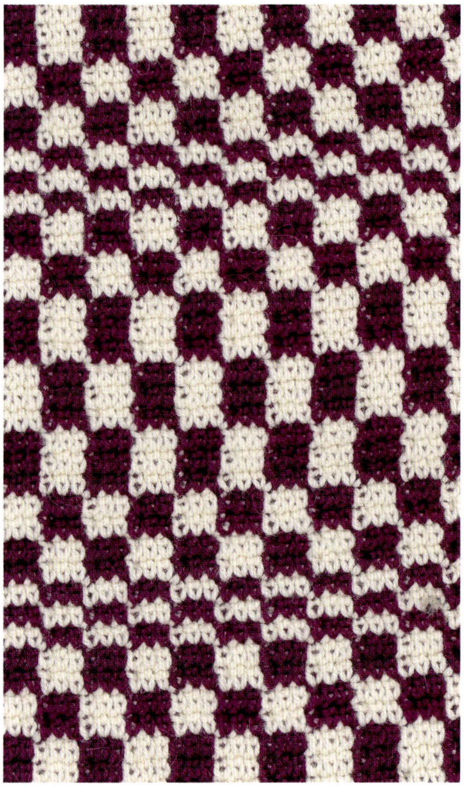

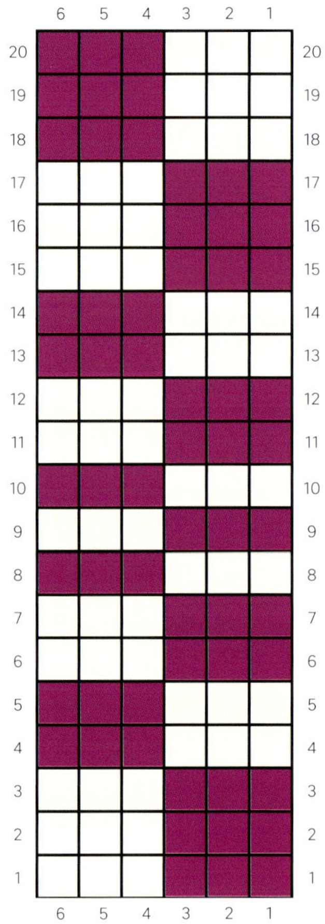

Teslaspule

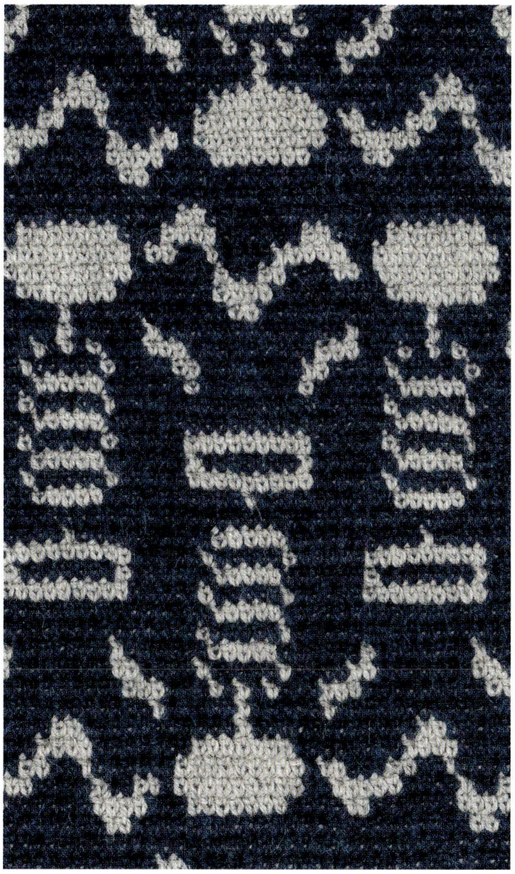

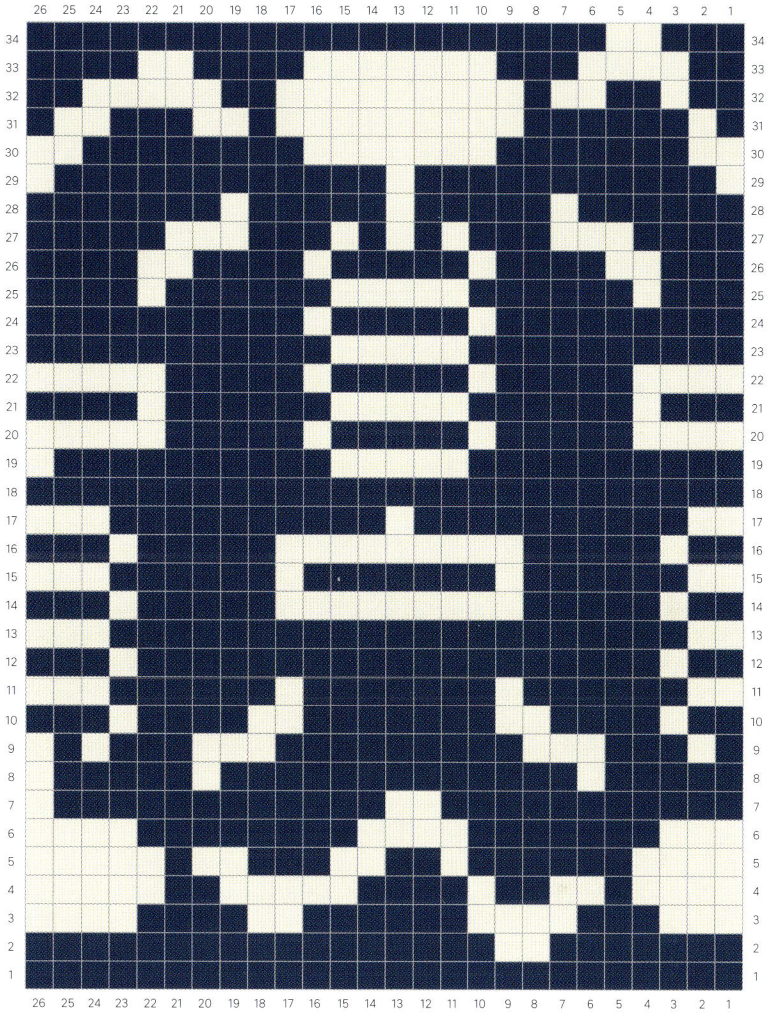

Quadrate in Streifen

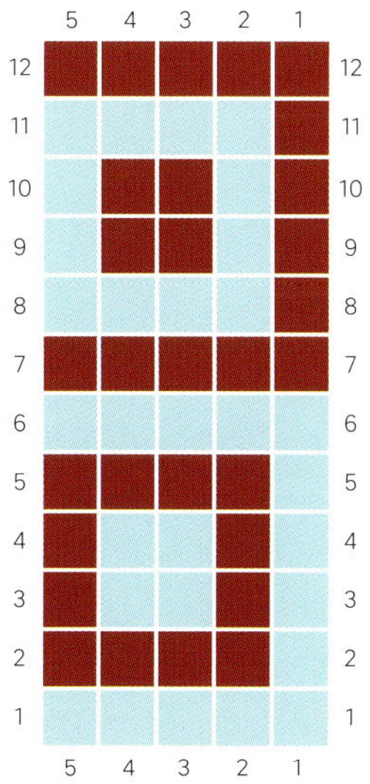

Tipp

Das erste Mal, dass ich mit vfM gehäkelt habe, habe ich einen Pullover mit Robotern entworfen, die perfekte rechte Winkel haben mussten – diese Masche war wie maßgeschneidert dafür!

Eiszapfen

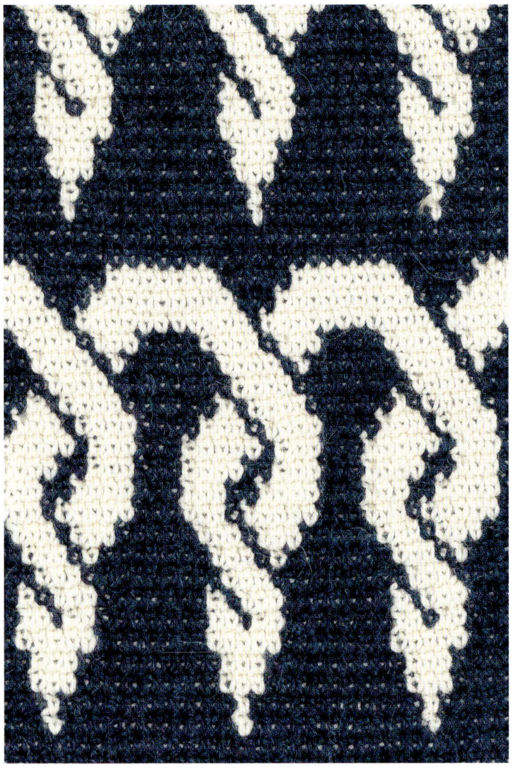

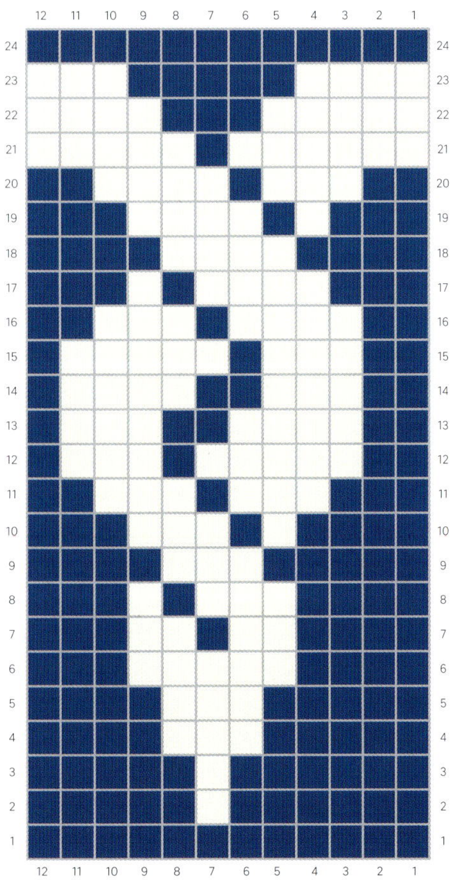

Getreide im Wind

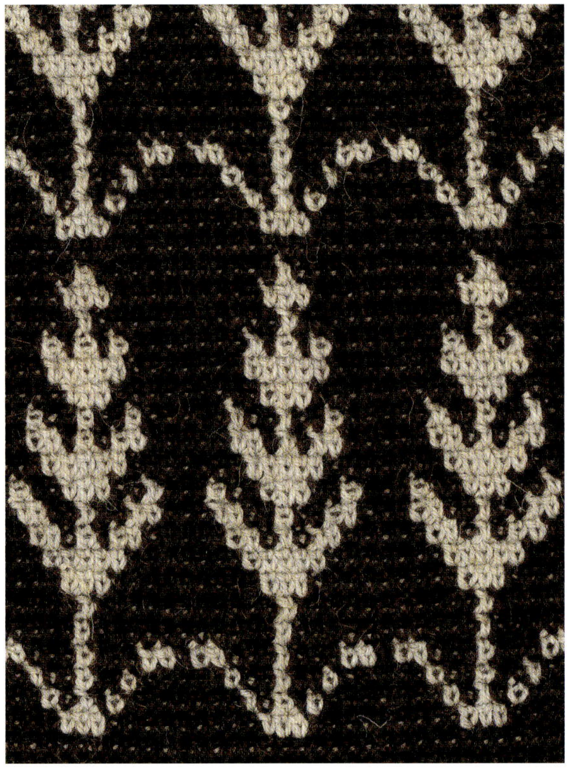

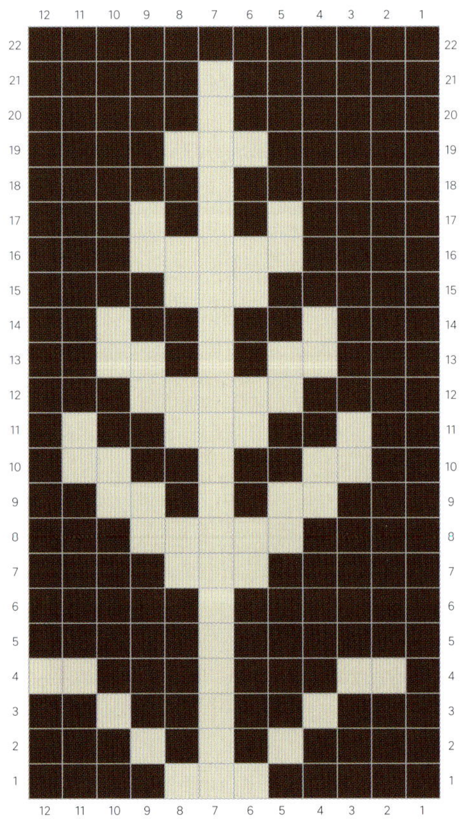

Great Divide

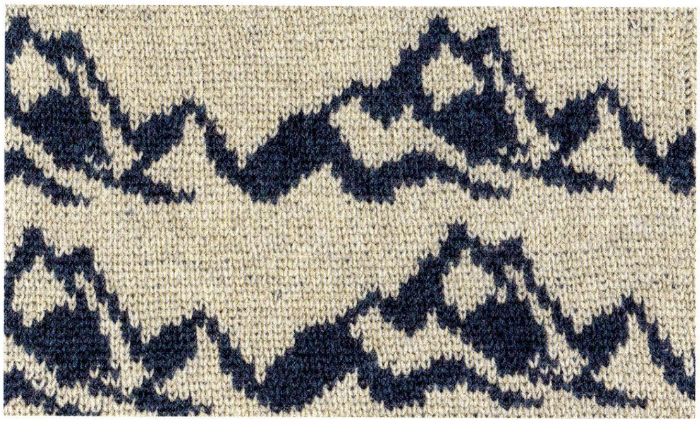

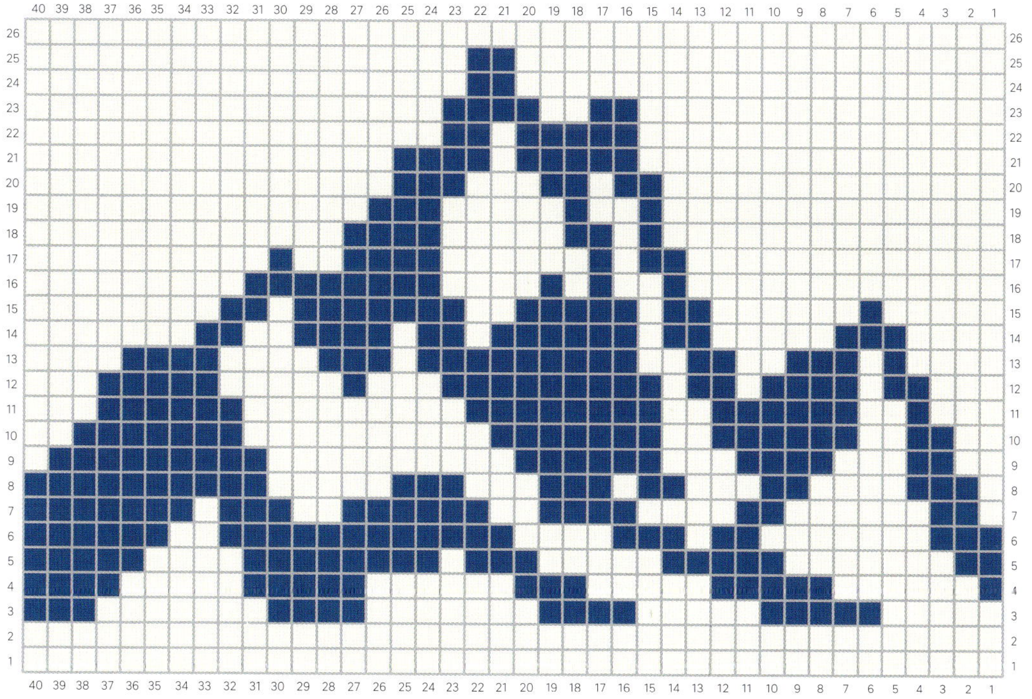

Ruf mich an!

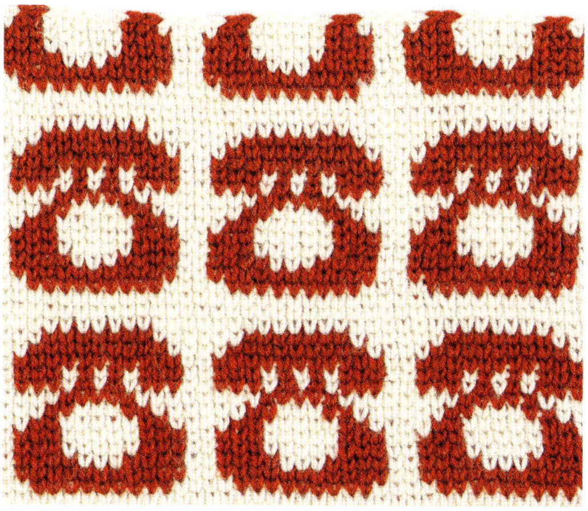

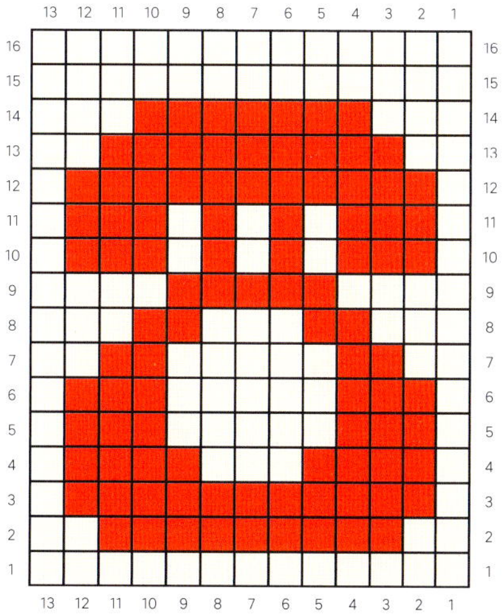

Alle Blicke auf dieses Muster!

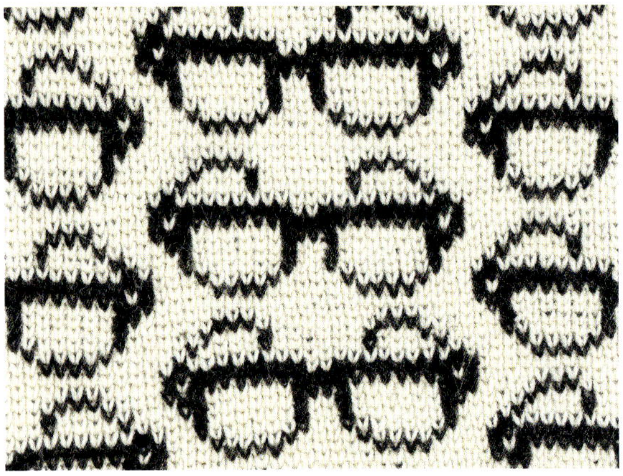

Tipp

Da das Muster im Strickstich dem Stricken so stark ähnelt, liefert es vorhersehbare Ergebnisse, wenn Sie mit Strickdiagrammen häkeln.

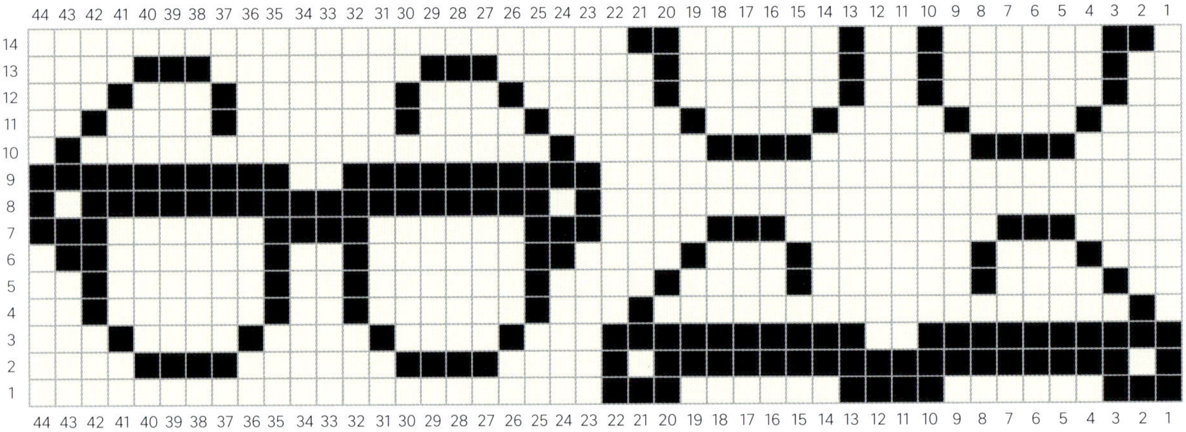

Bonbon

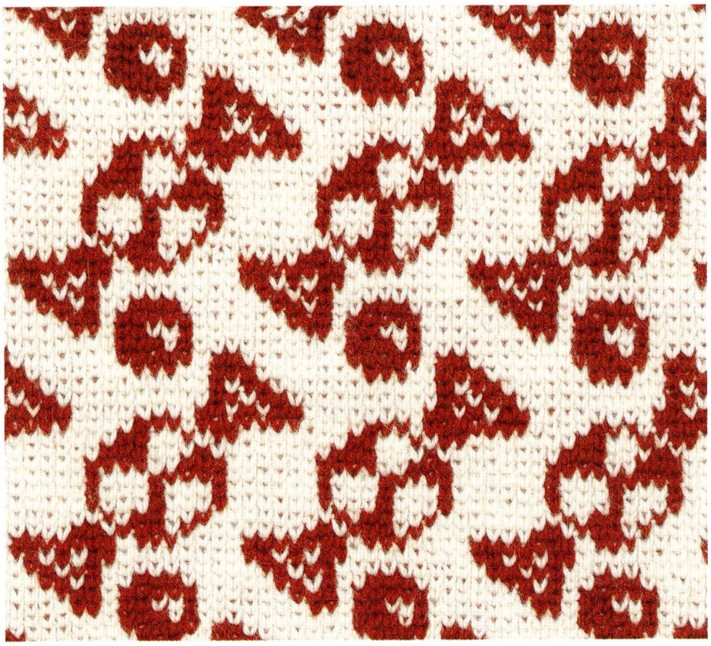

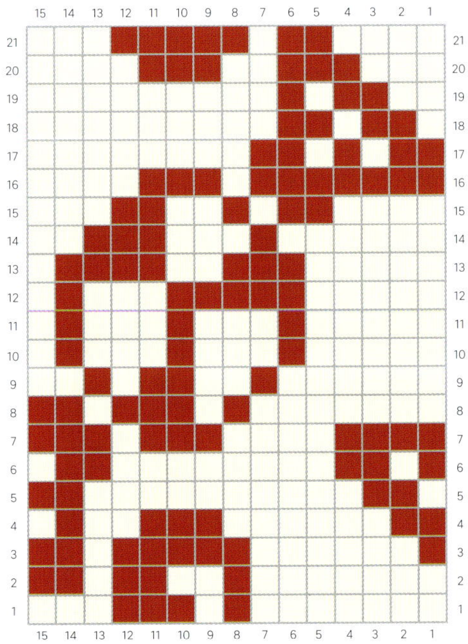

Versteckte Kreise

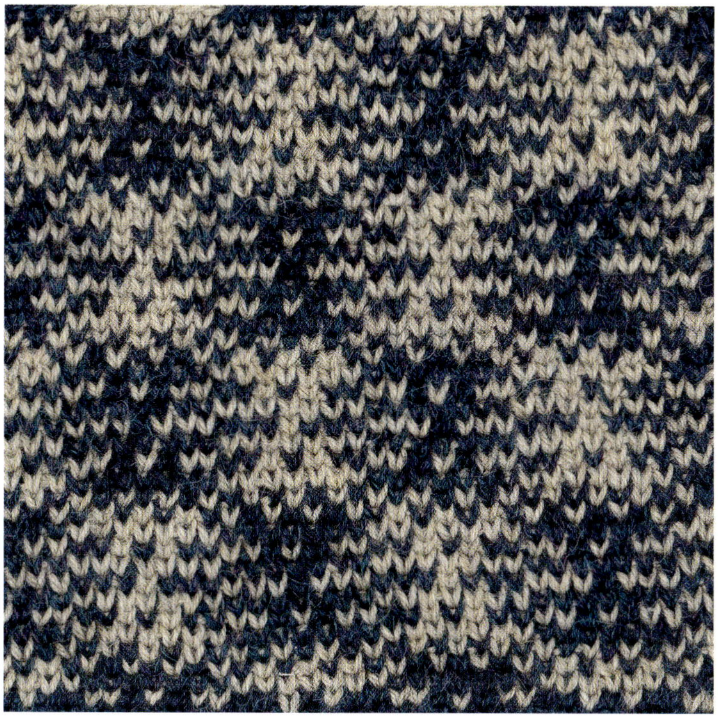

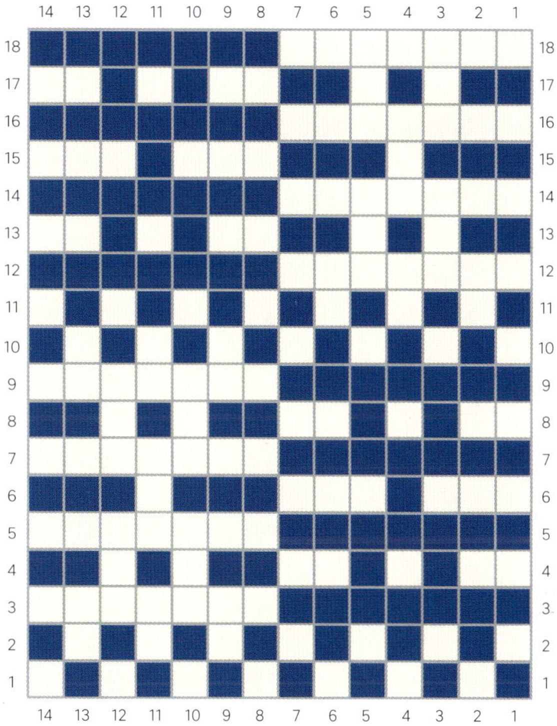

Phasen

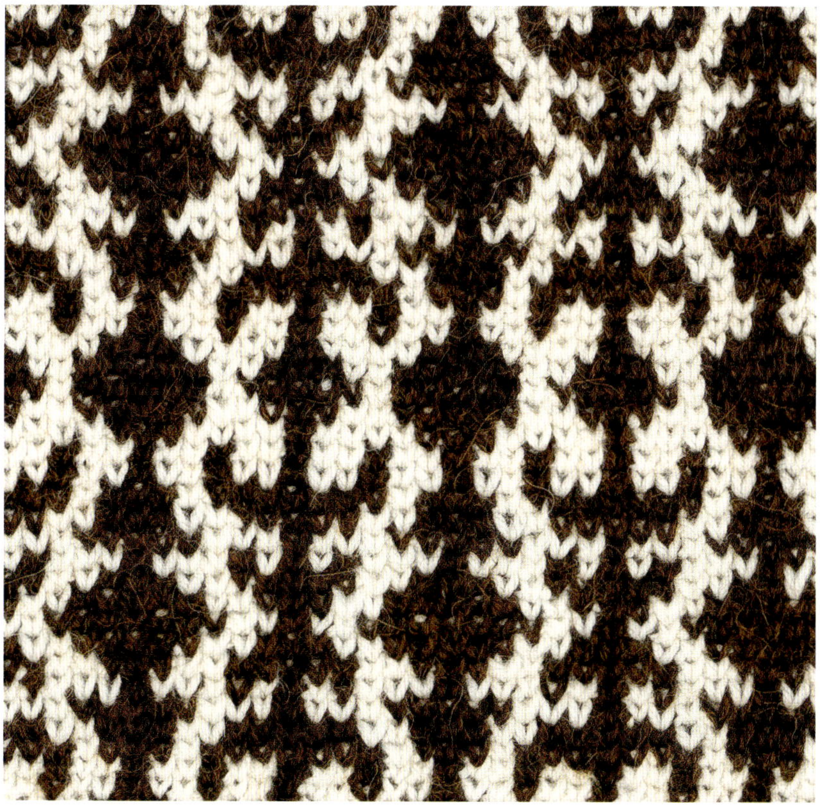

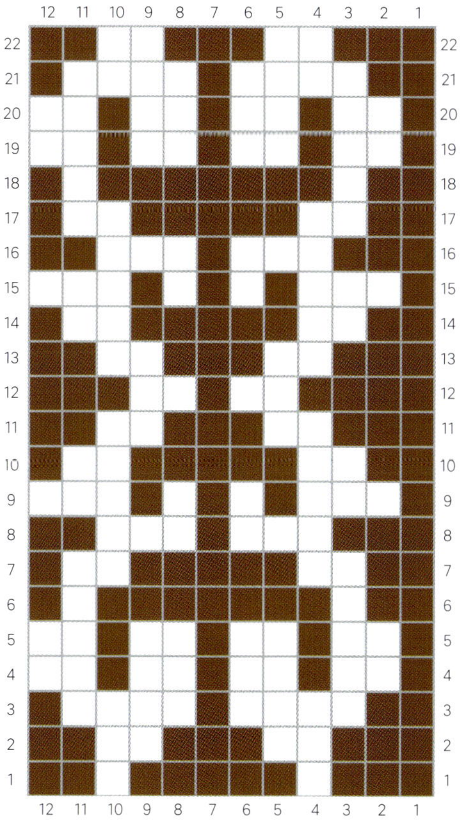

Verlegter Teppich

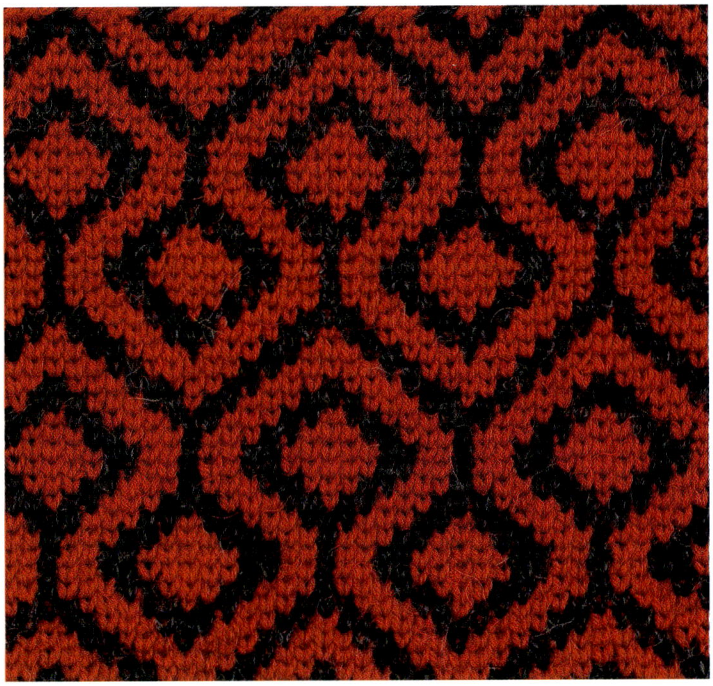

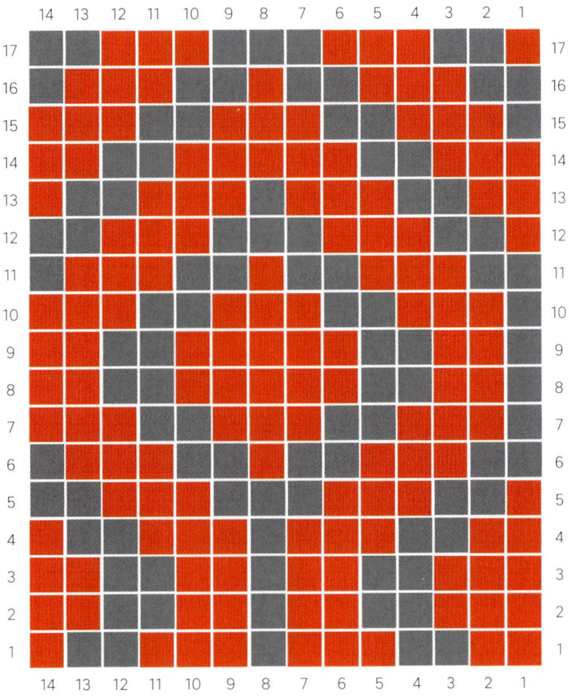

Wolpertinger

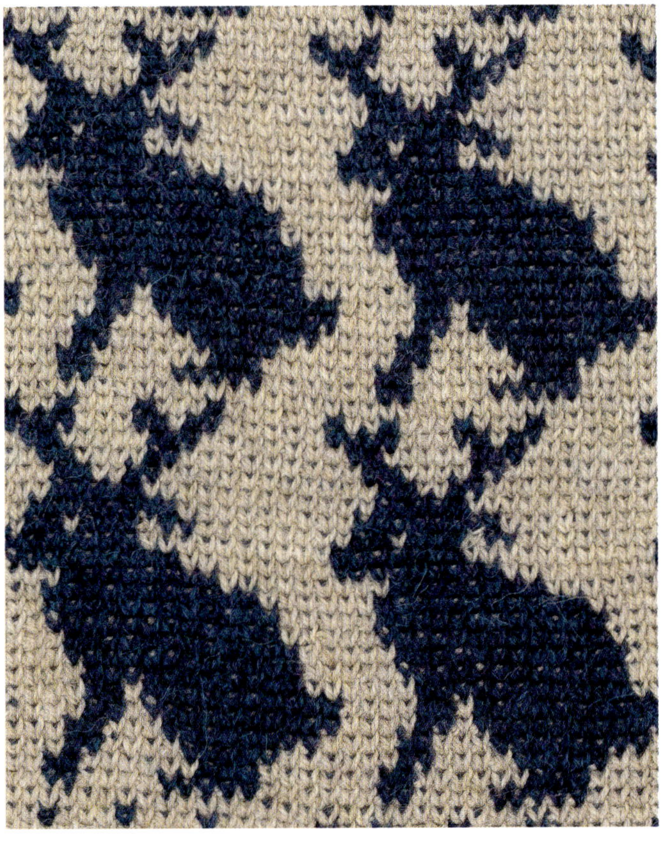

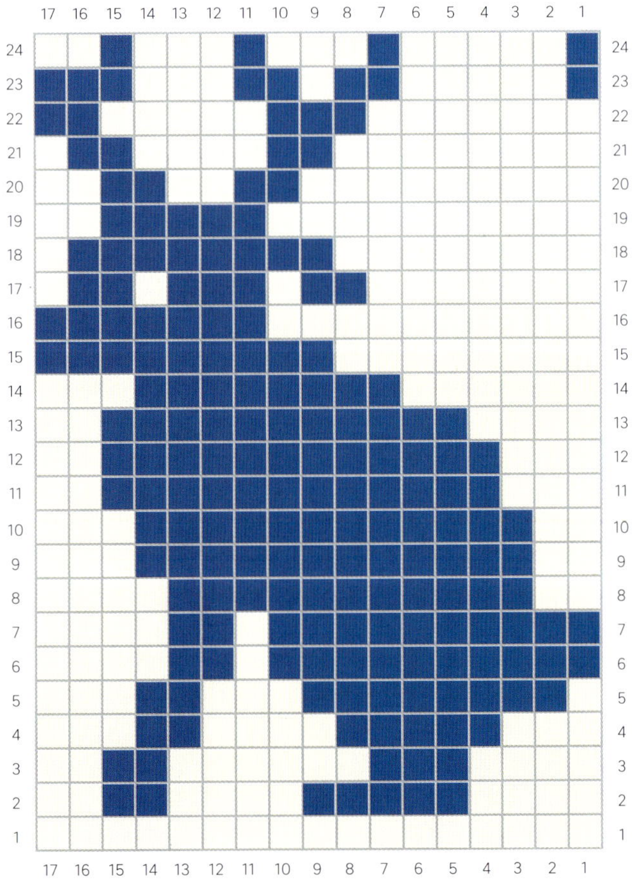

Kaffeetasse

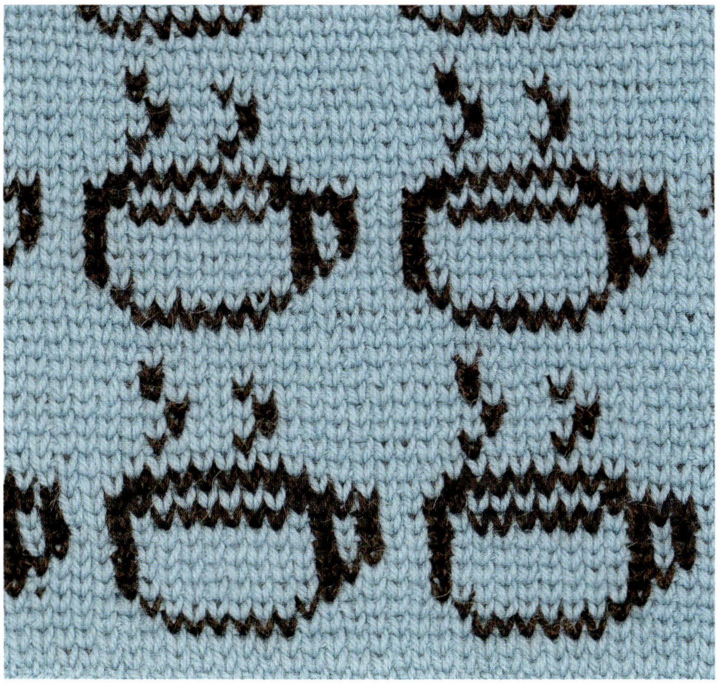

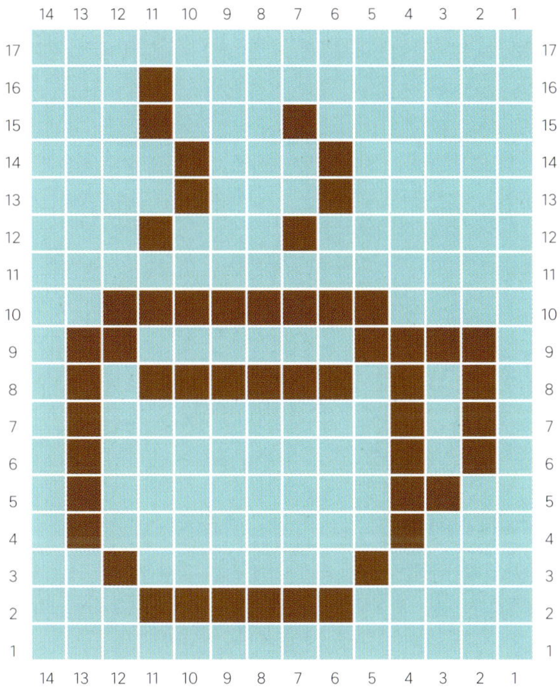

Frisch gepresst

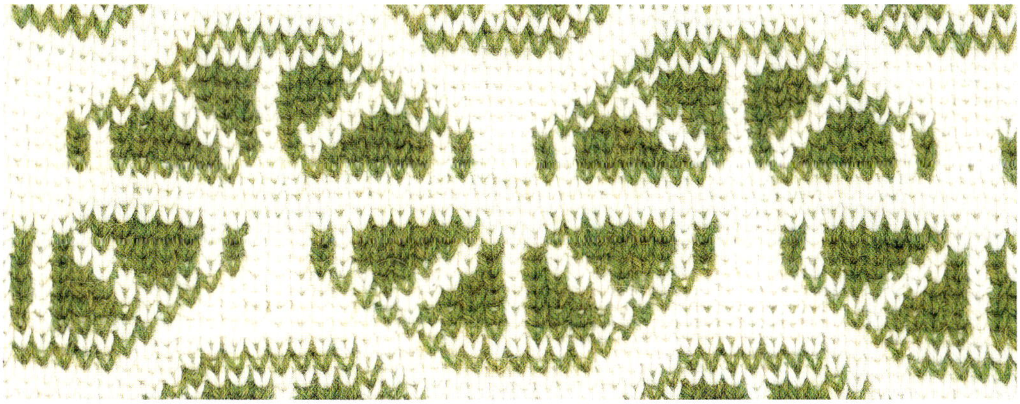

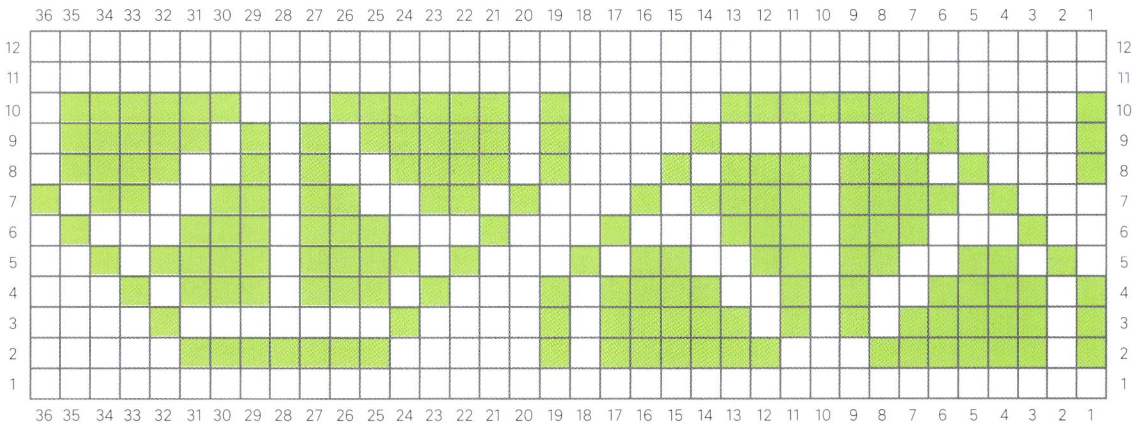

Gärten

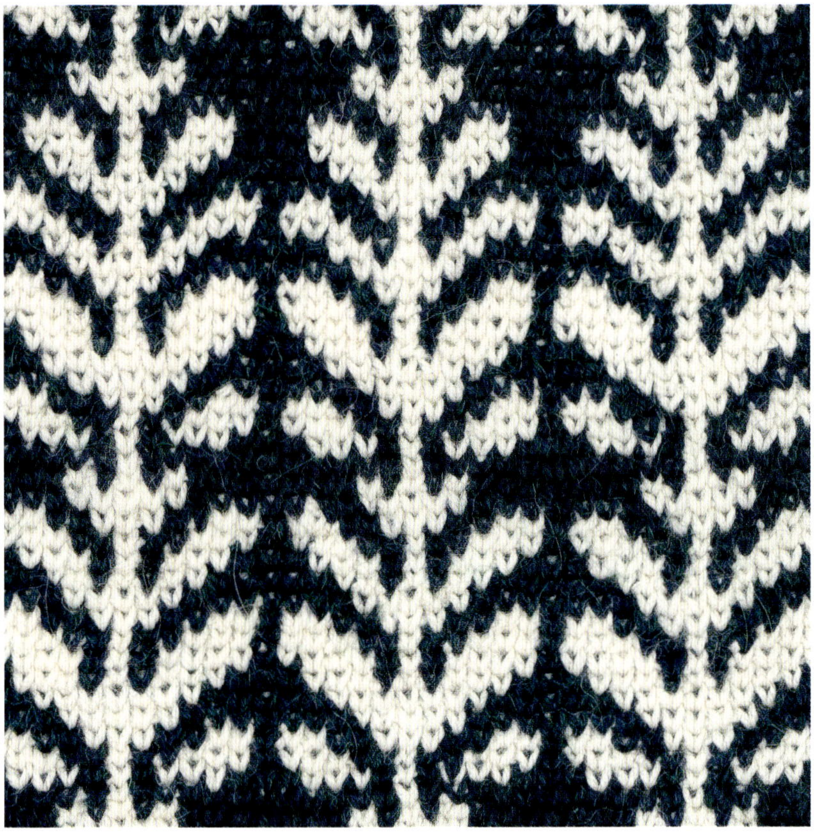

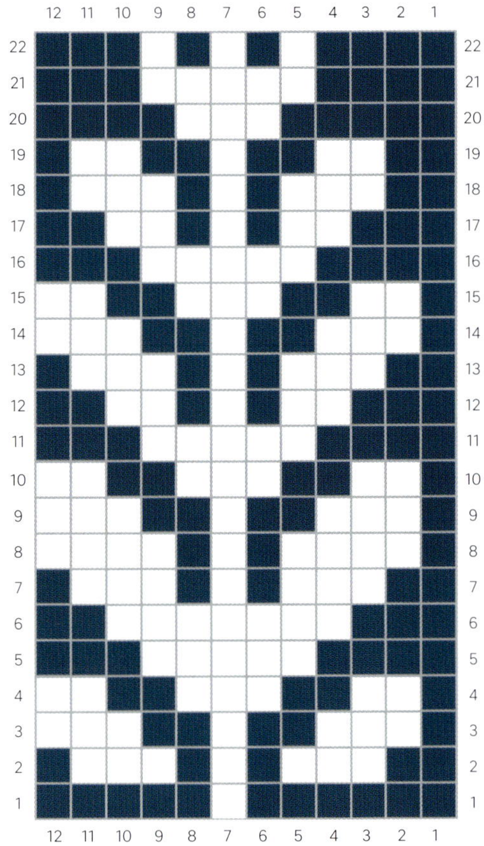

Herzensbrecher

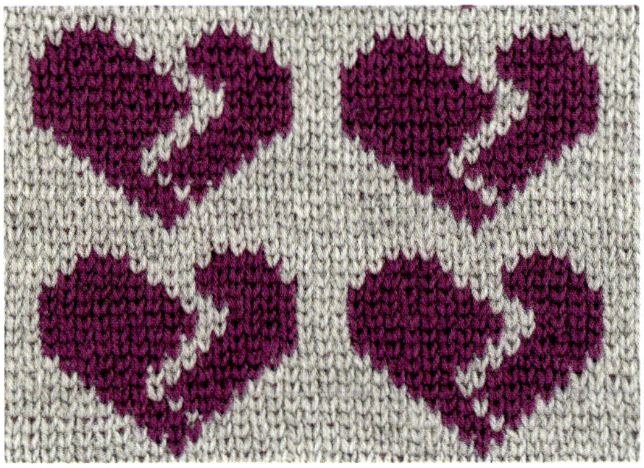

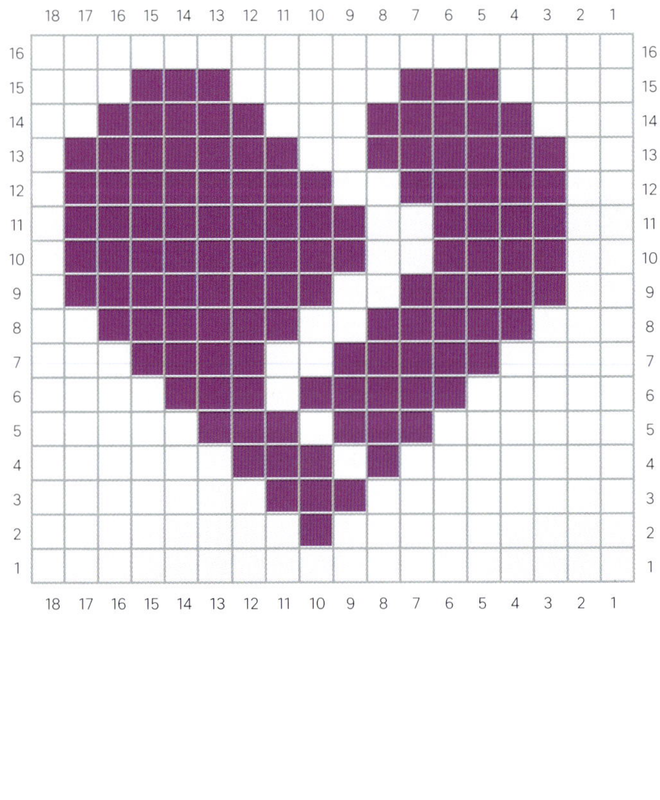

Berg und Tal

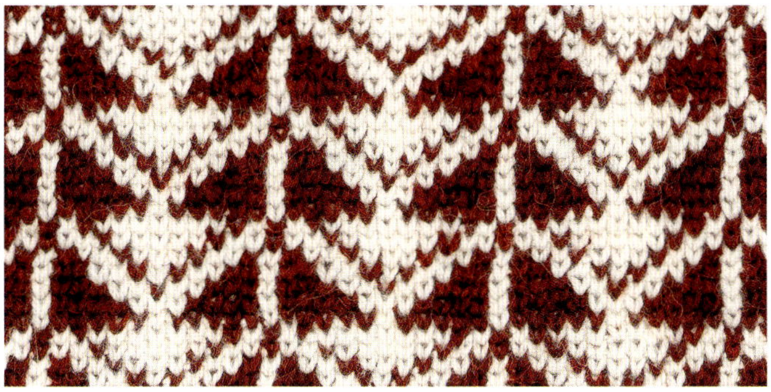

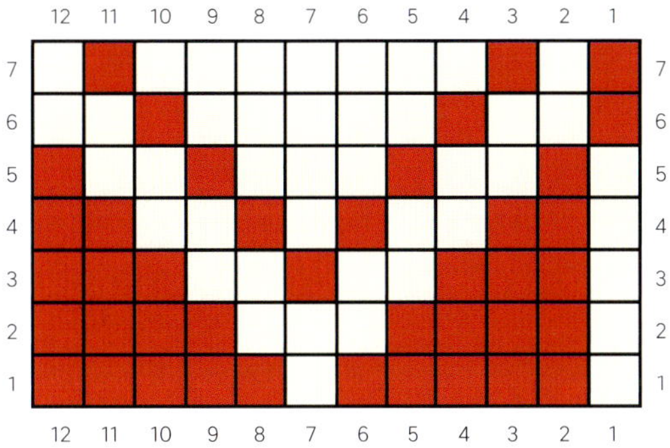

Ungleichmäßiges Zickzack

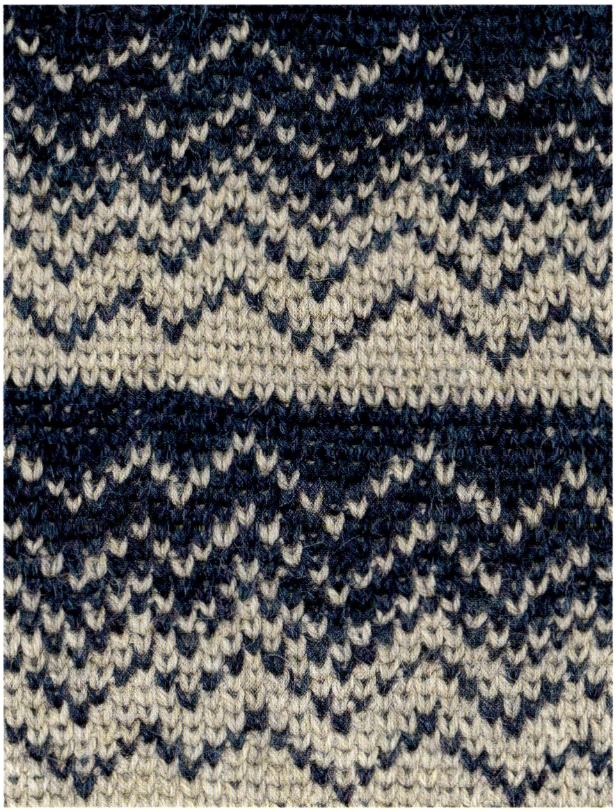

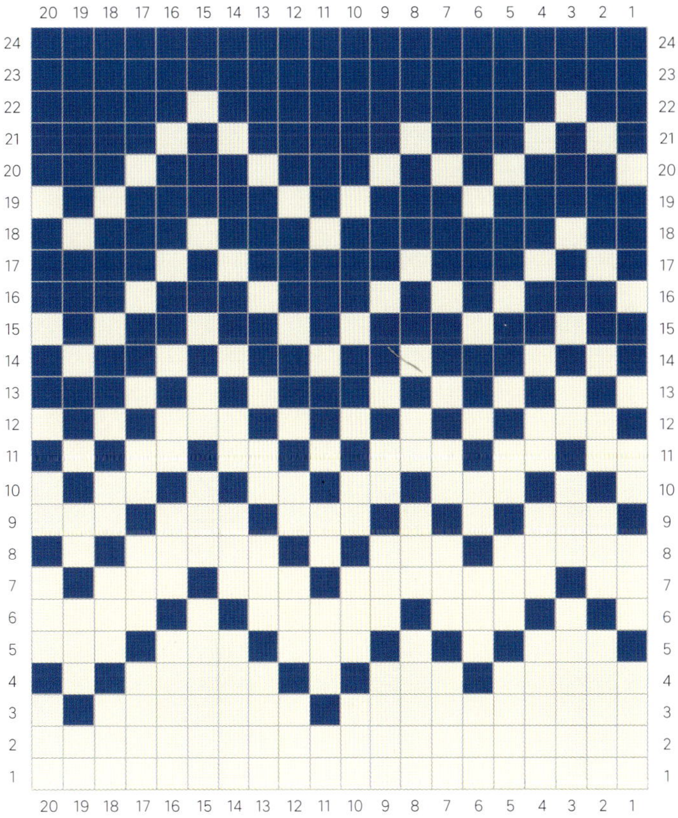

Bewaldet

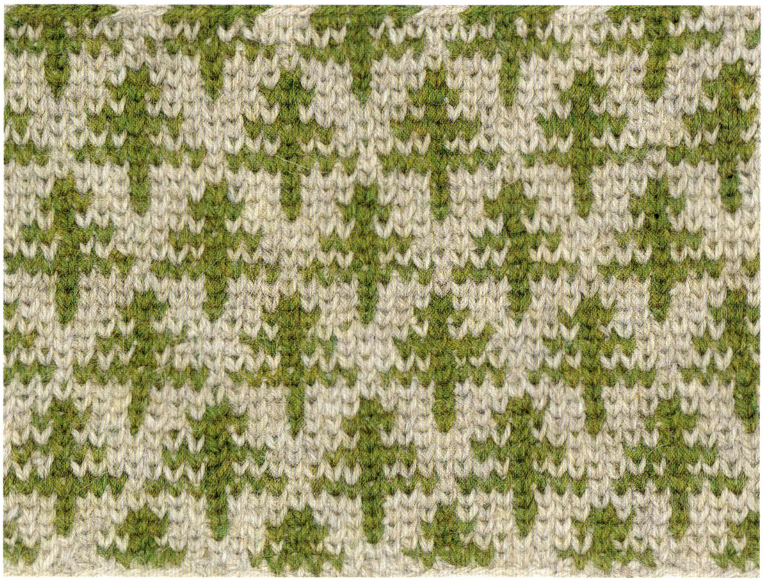

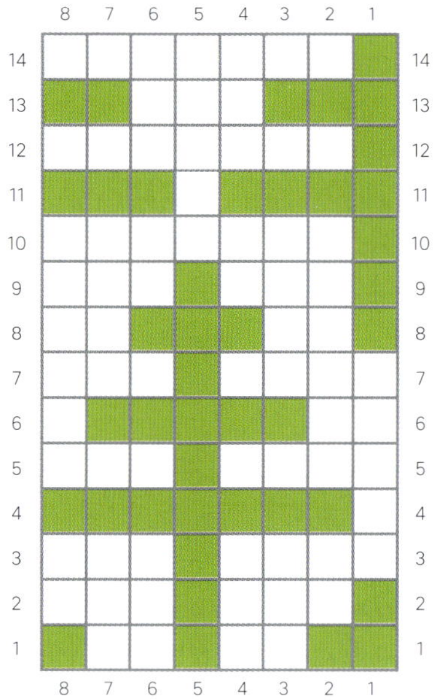

Peace & Love

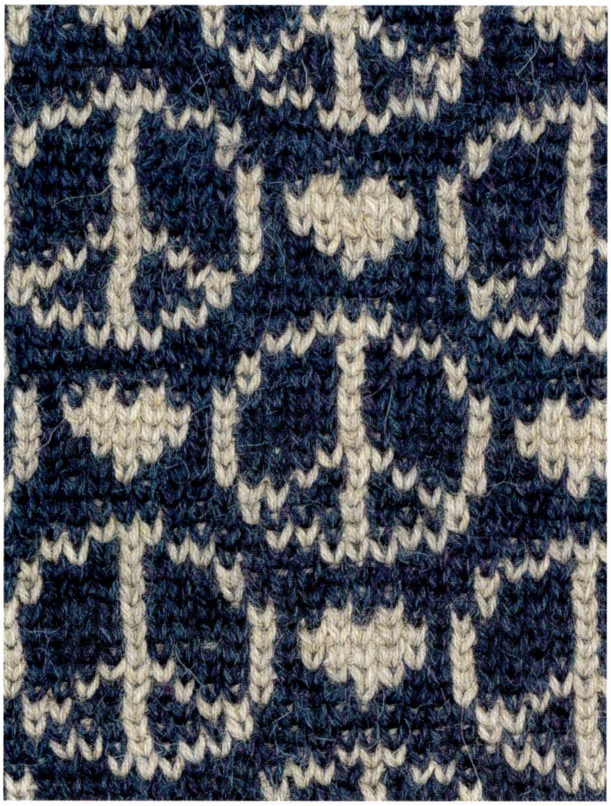

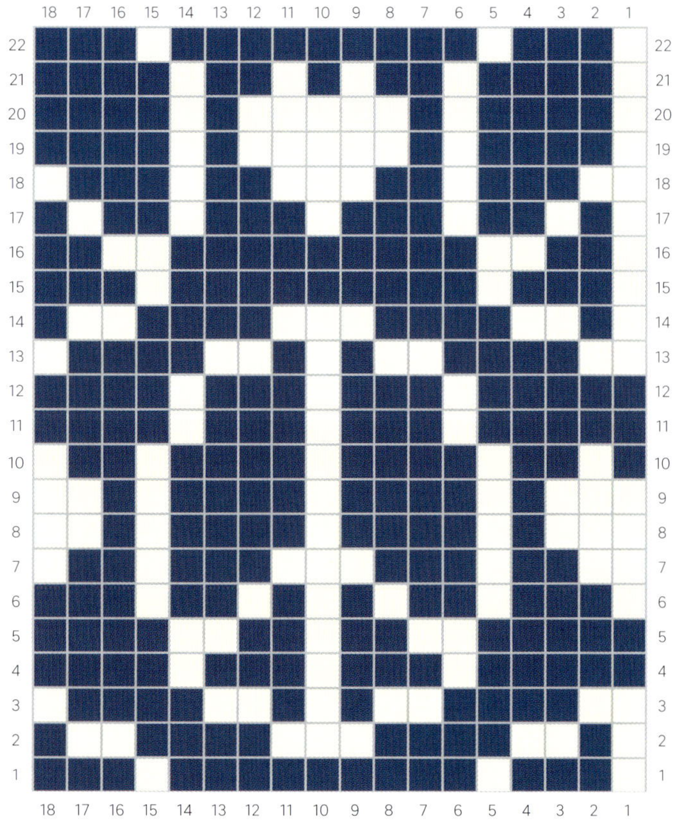

Keramik

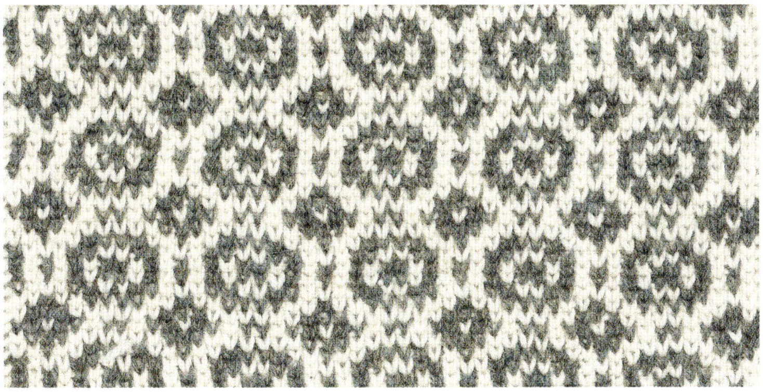

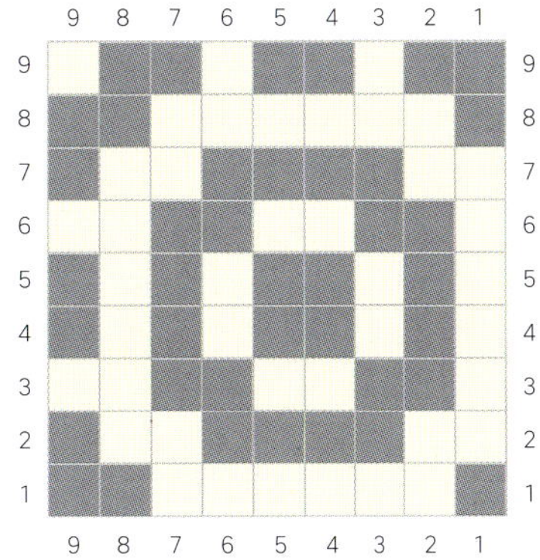

Nessie

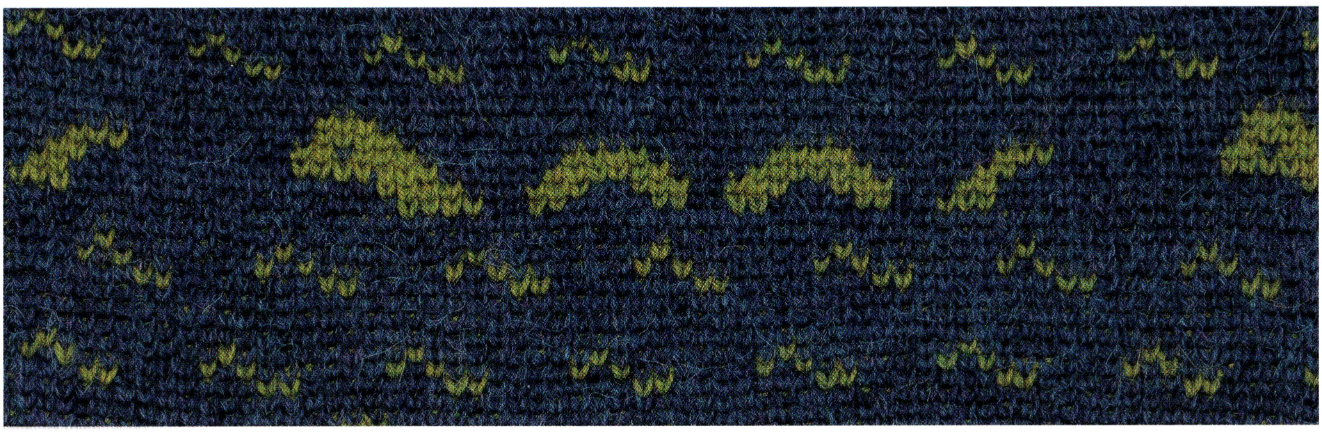

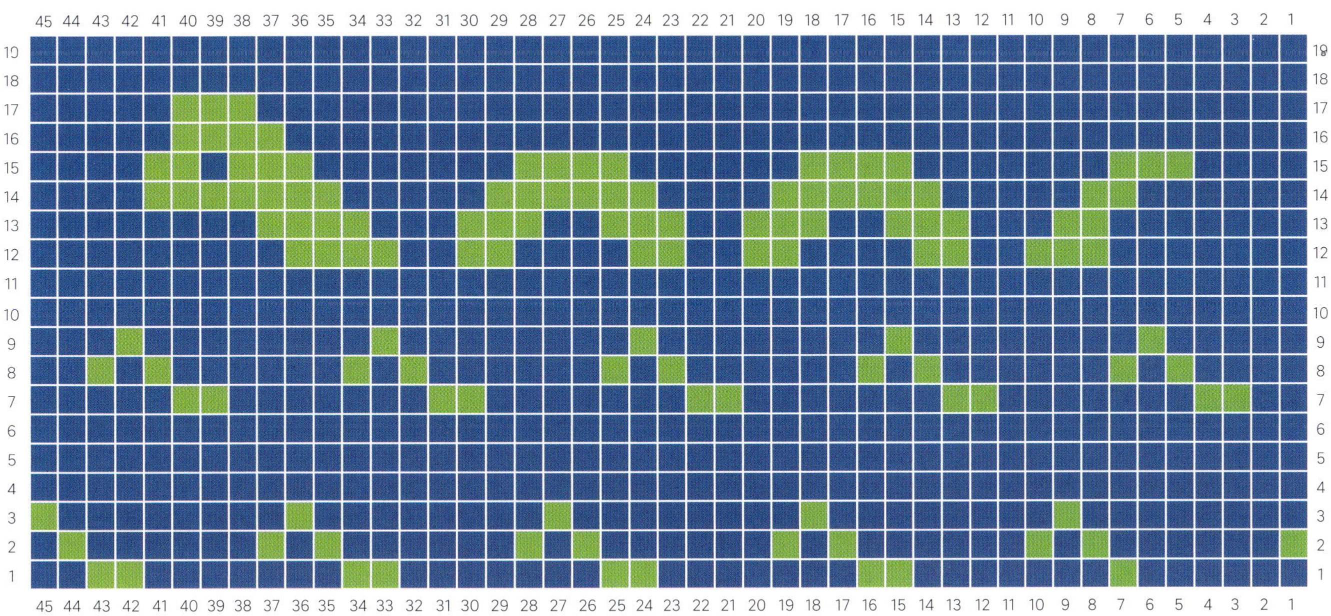

Die Geheimsprache des Garns

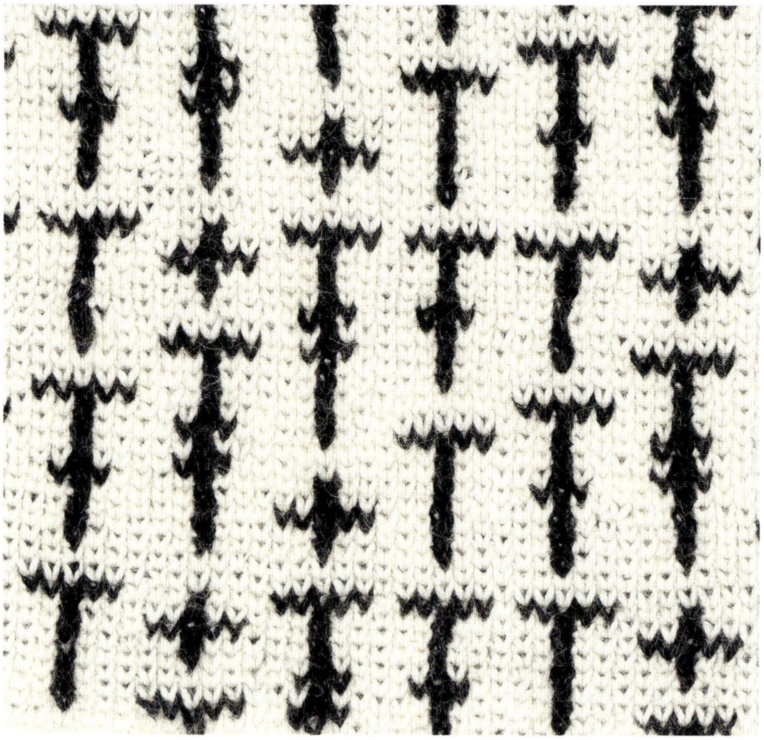

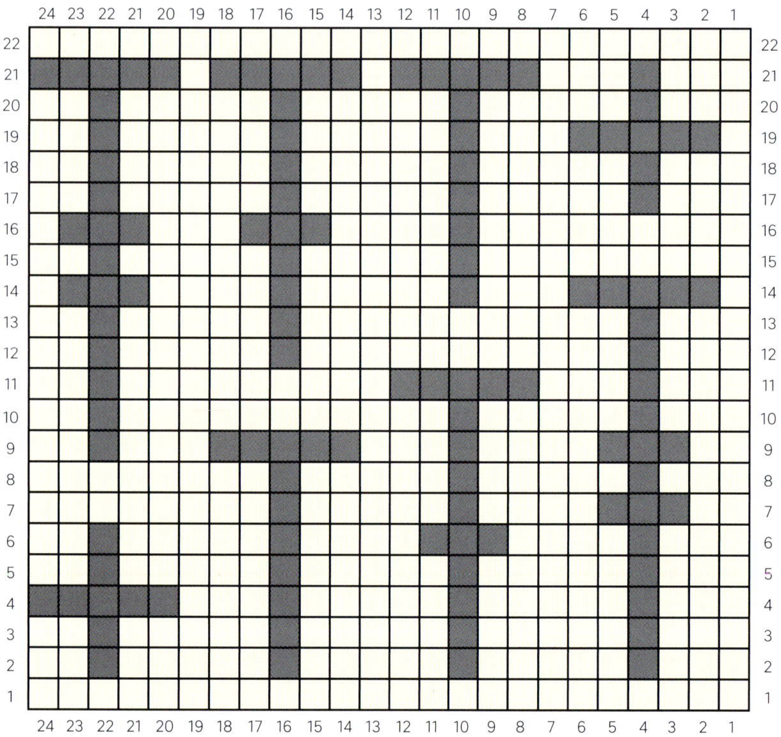

Seitenblicke

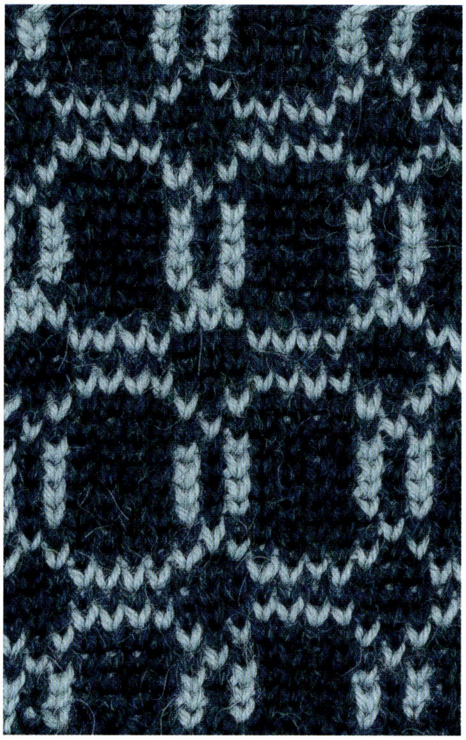

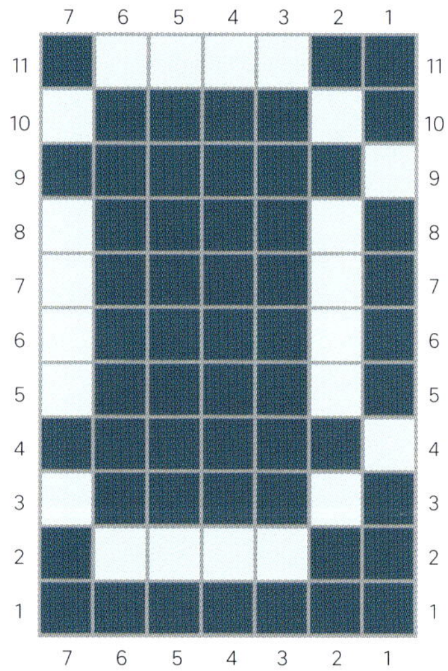

Steppdecke

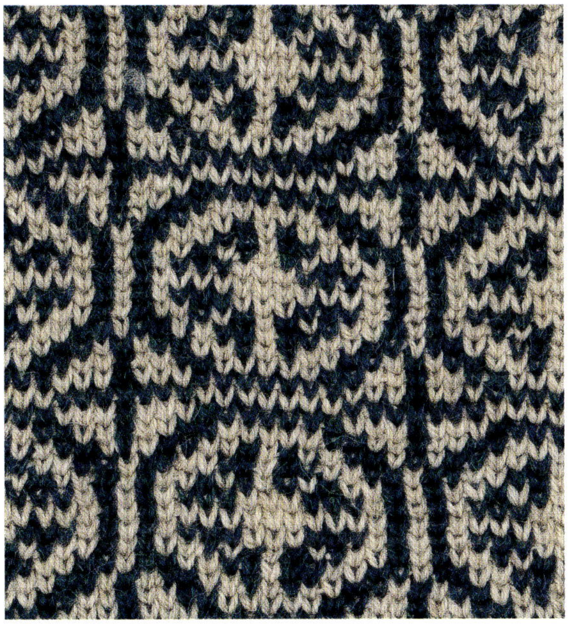

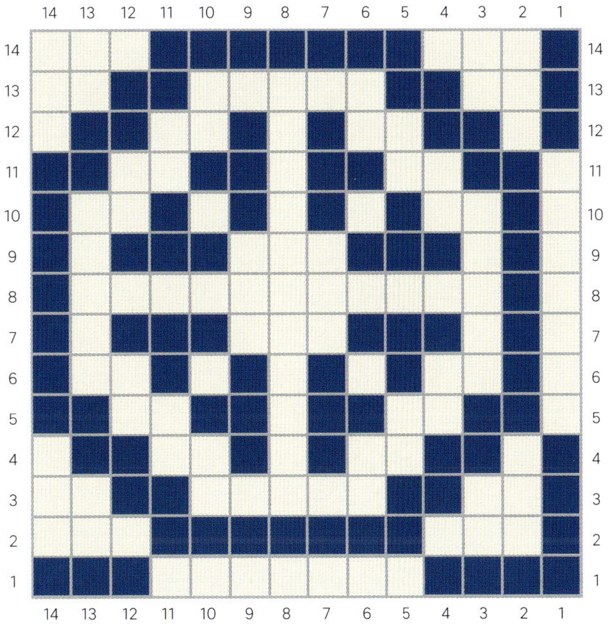

Feste Masche!

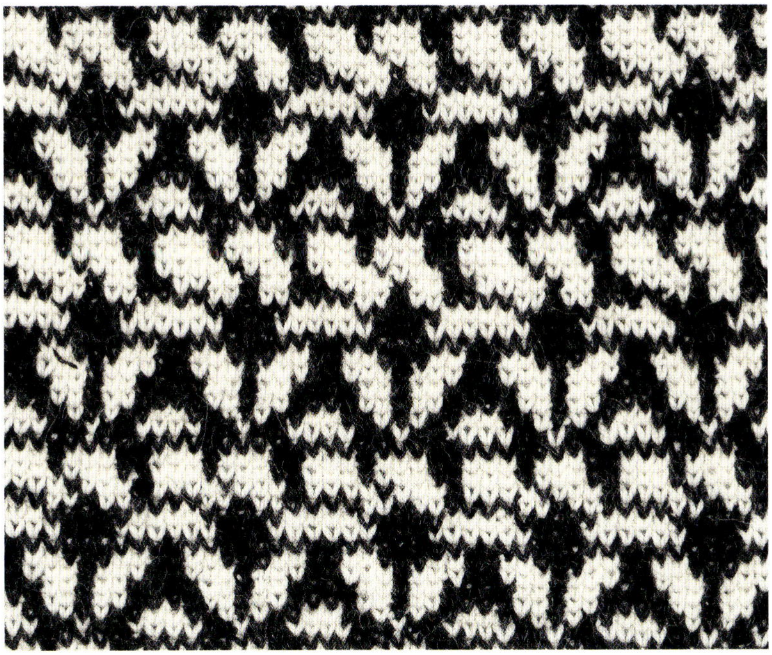

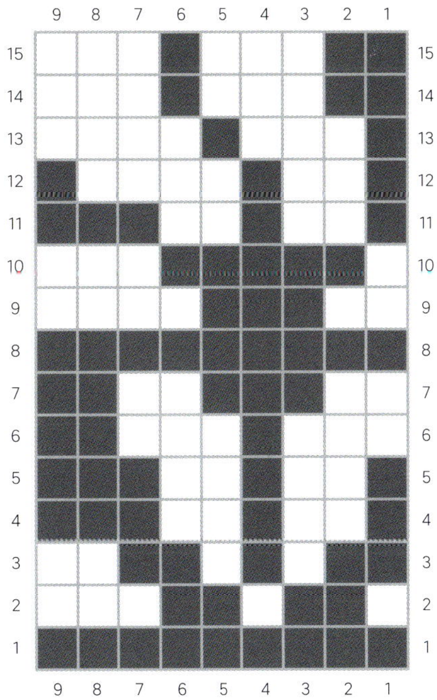

Farbspritzer

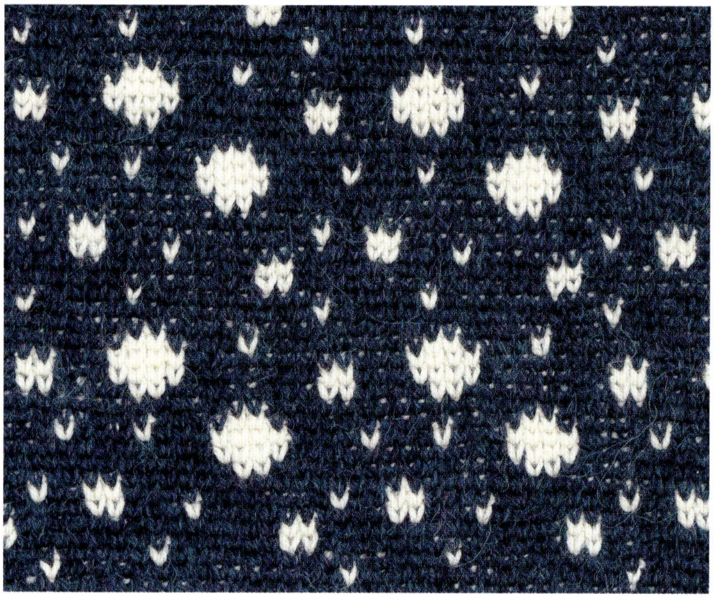

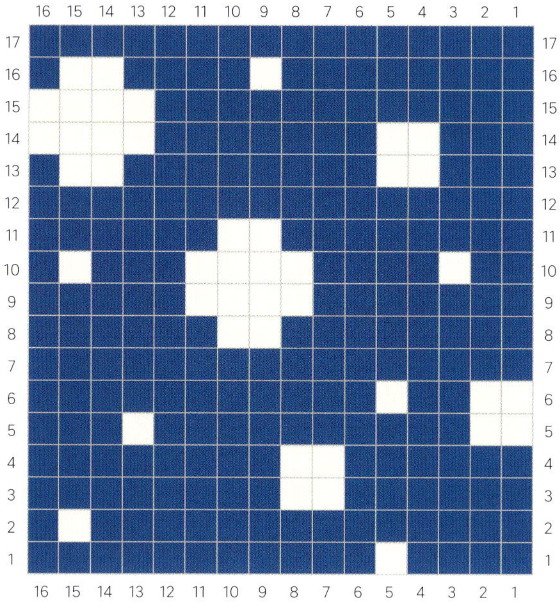

Nellie, der Elefant

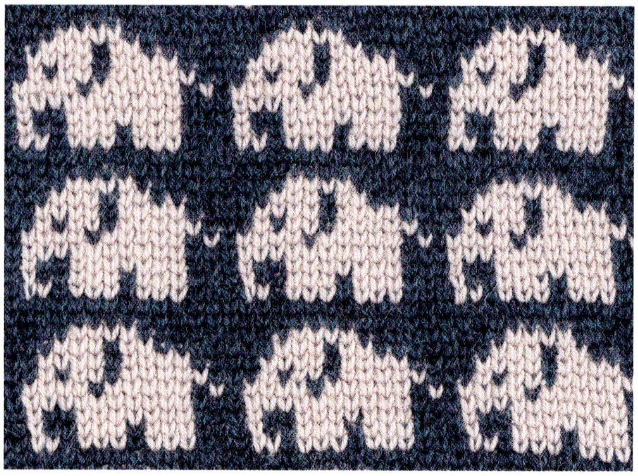

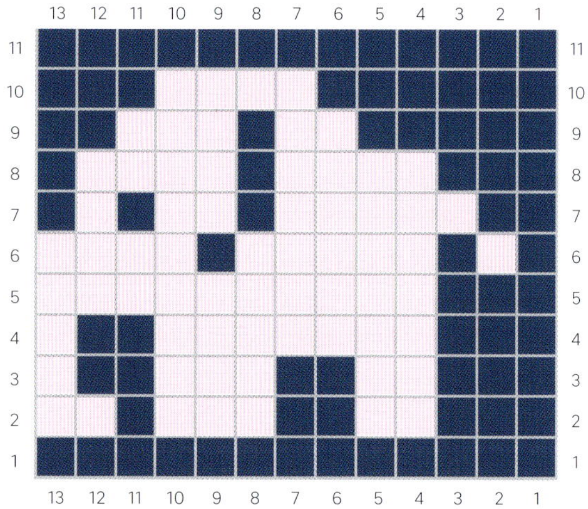

Kleiner Tänzer

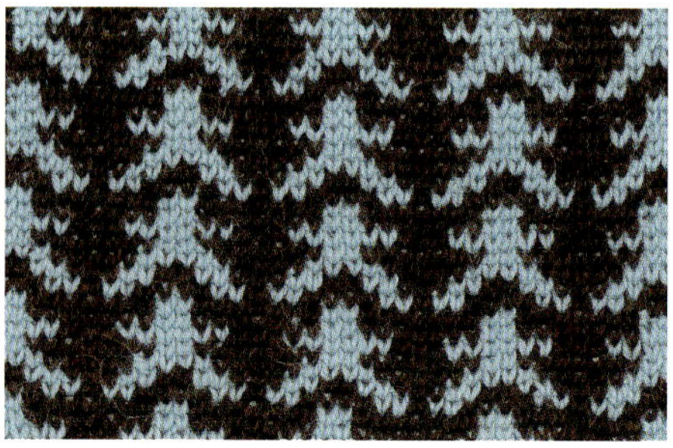

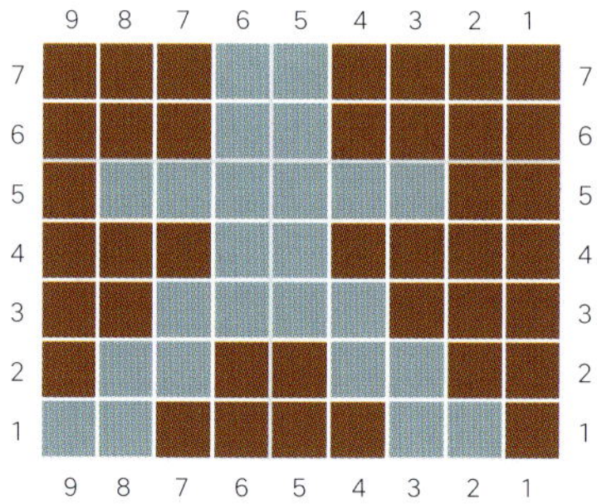

Auf die Mauer geschrieben

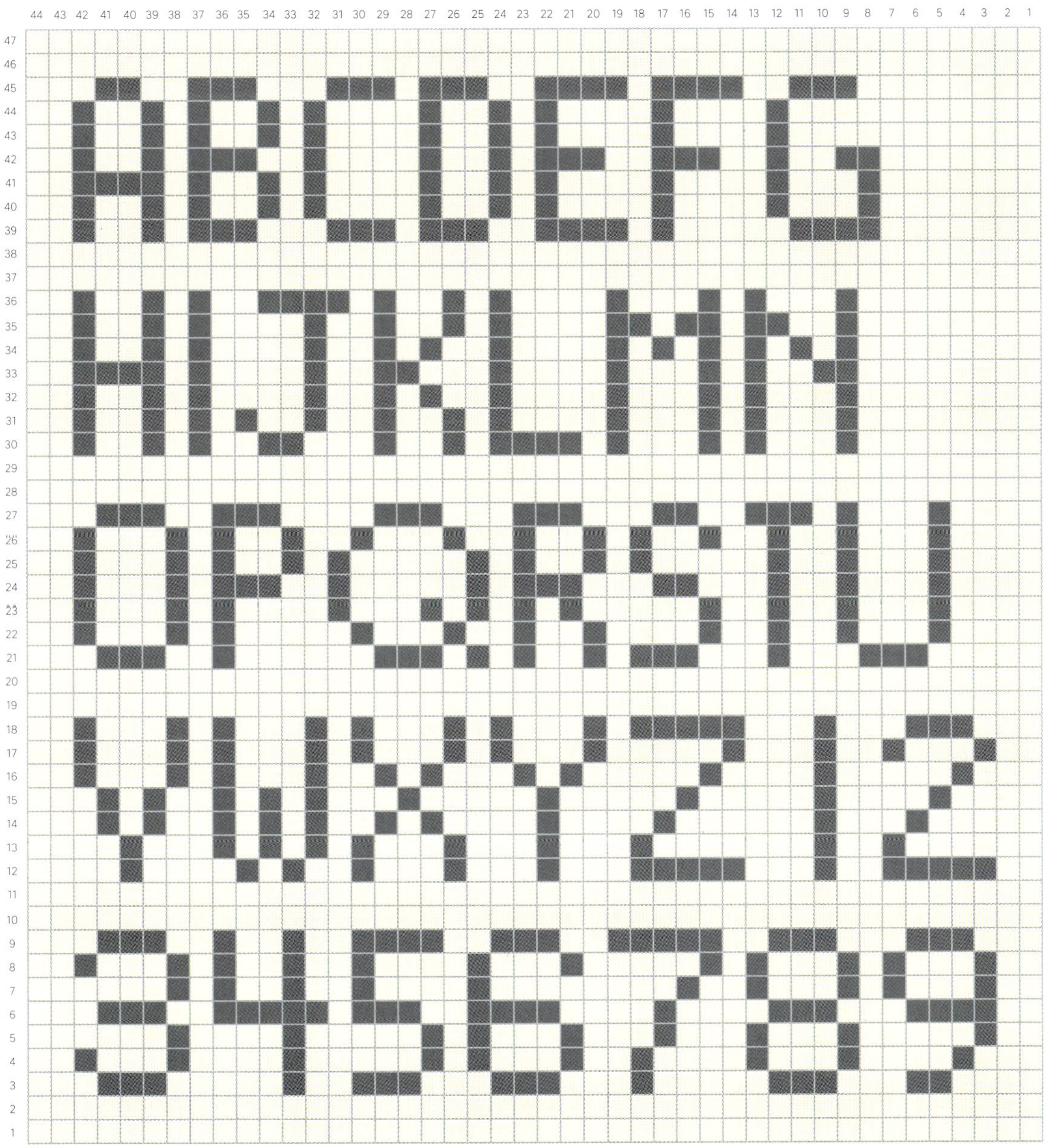

Sprechblasen

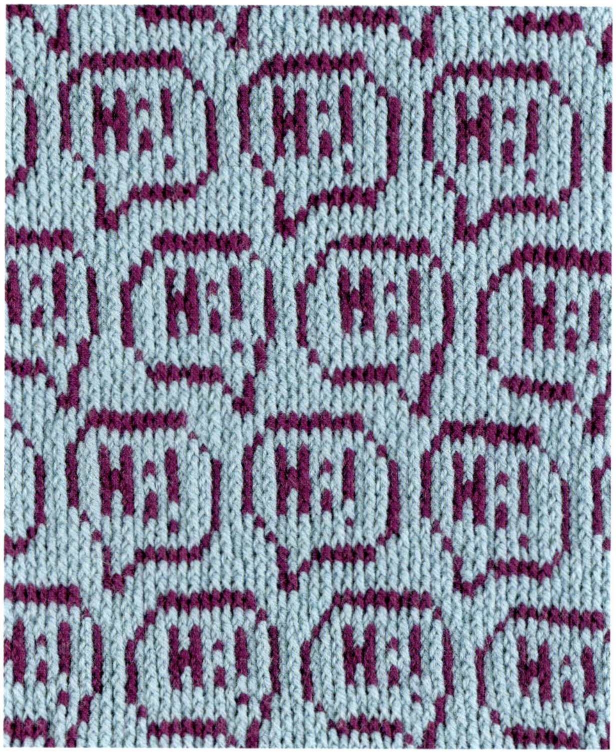

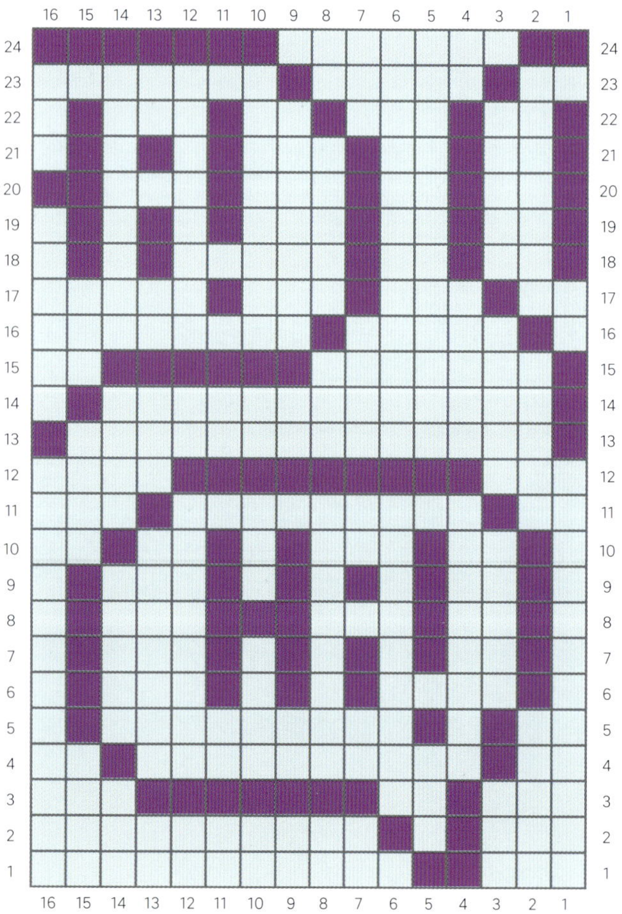

Häschenliebe

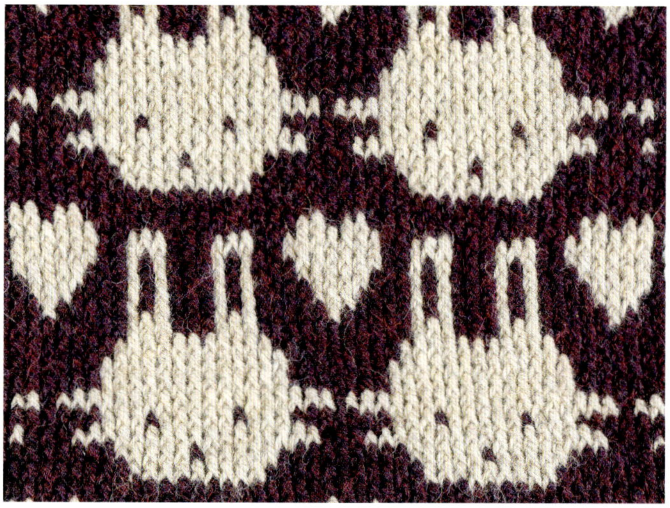

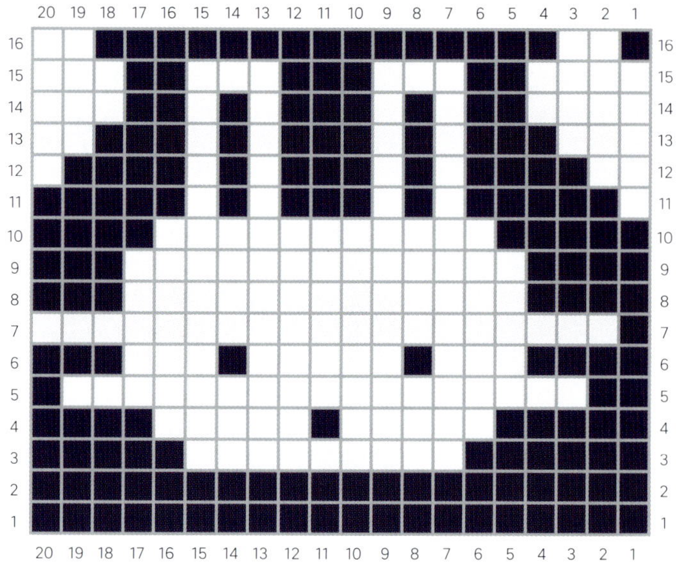

Tipp

Gewebe, das im vRStb gehäkelt wird, rollt sich gern nach rechts ein. Spannen schafft Abhilfe, planen Sie jedoch einen gerippten Abschnitt oder eine Borte entlang der Kanten ein, um ein Einrollen zu vermeiden.

Kirschen

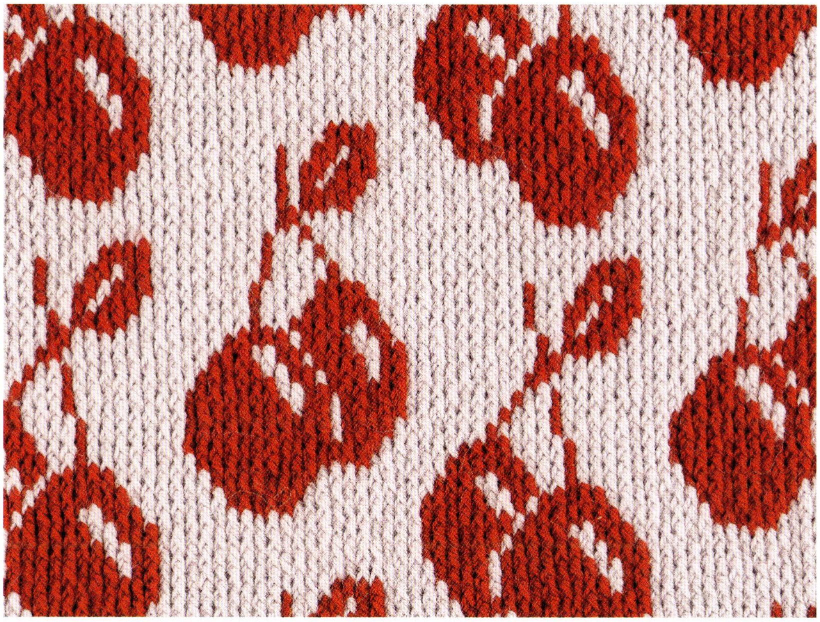

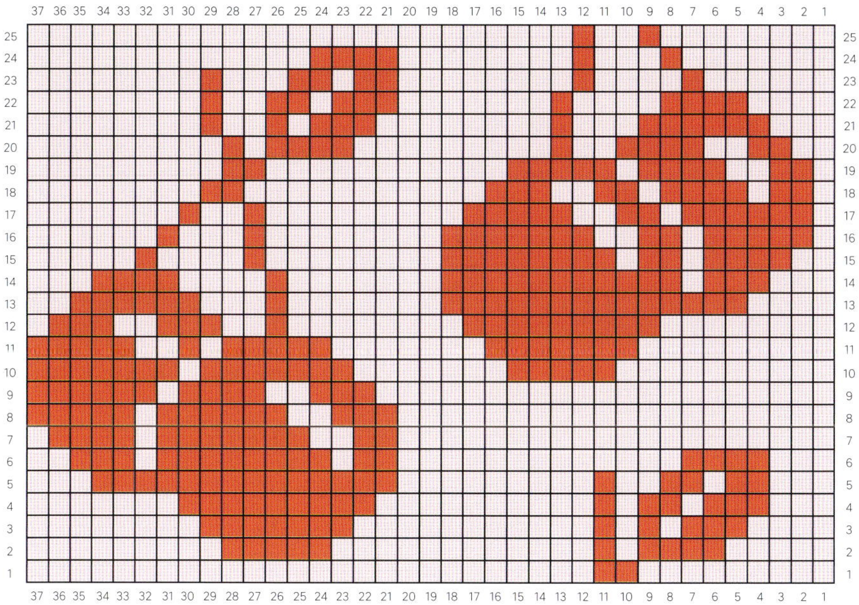

Geflecht

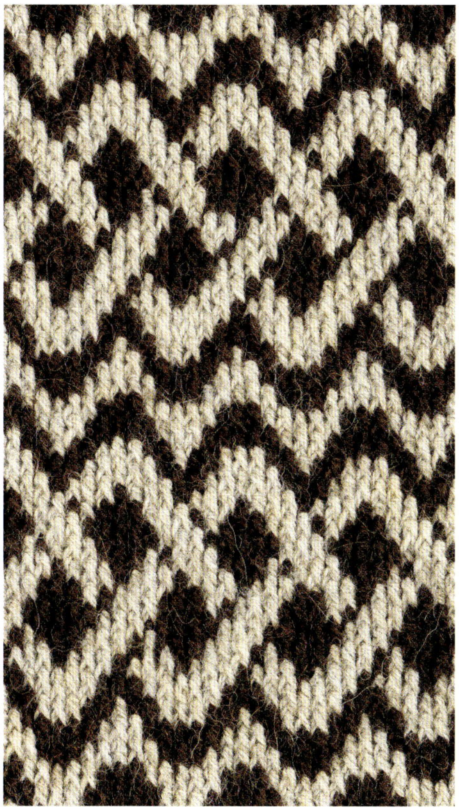

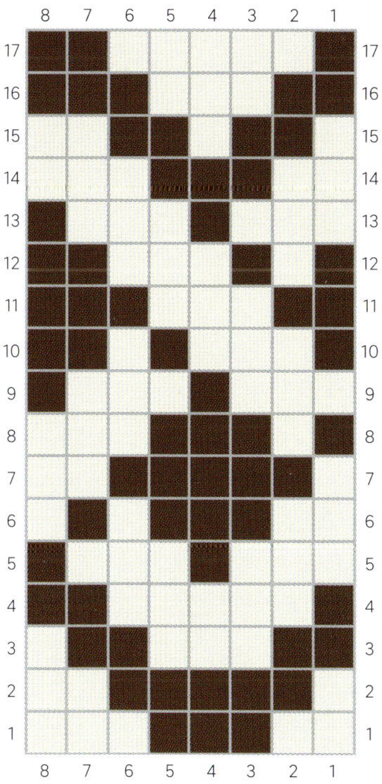

Delfter Keramik

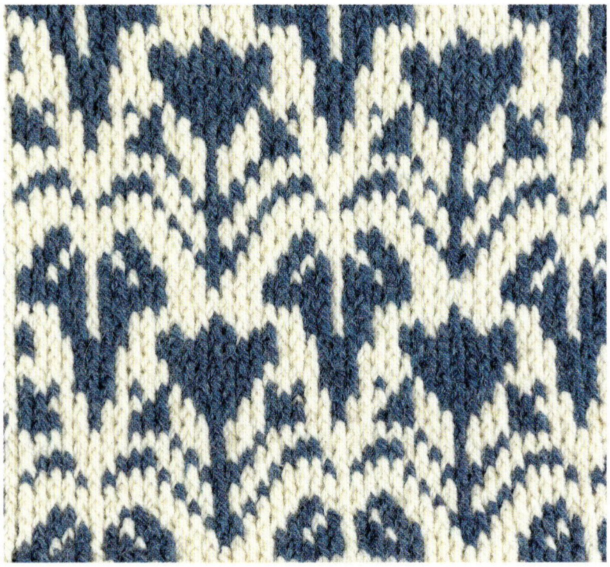

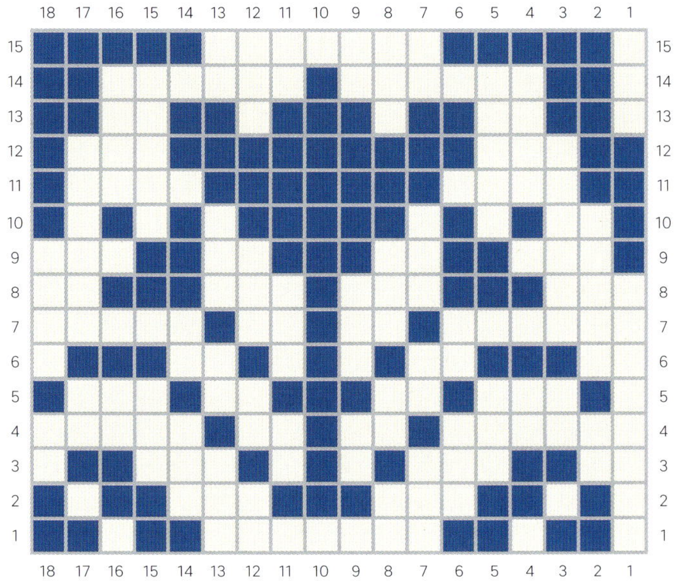

Hufeisen als Glücksbringer

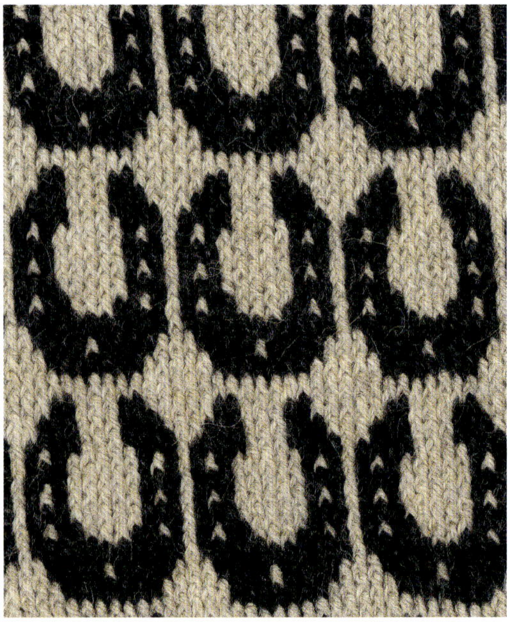

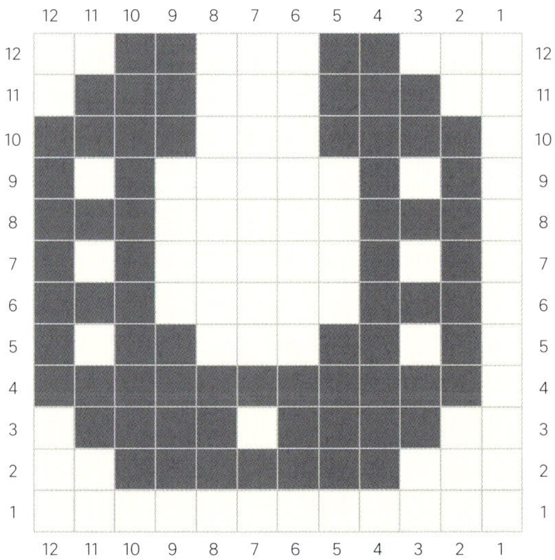

Karo

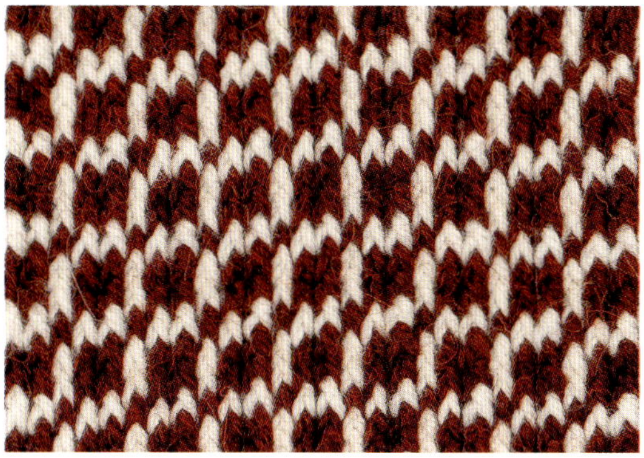

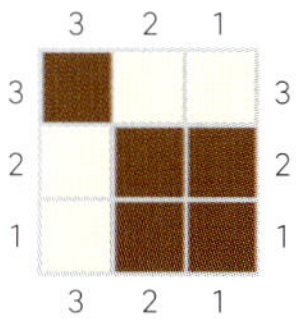

Tipp

Die erste und vielleicht auch die zweite Runde aus vRStb könnten etwas breiter werden als der Rest Ihrer Maschenprobe oder Ihres Projekts. Geschieht dies, löst Spannen das Problem. Versuchen Sie es das nächste Mal mit einer kleineren Häkelnadel am Beginn der Arbeit oder häkeln Sie in den ersten beiden Reihen etwas fester.

Camping

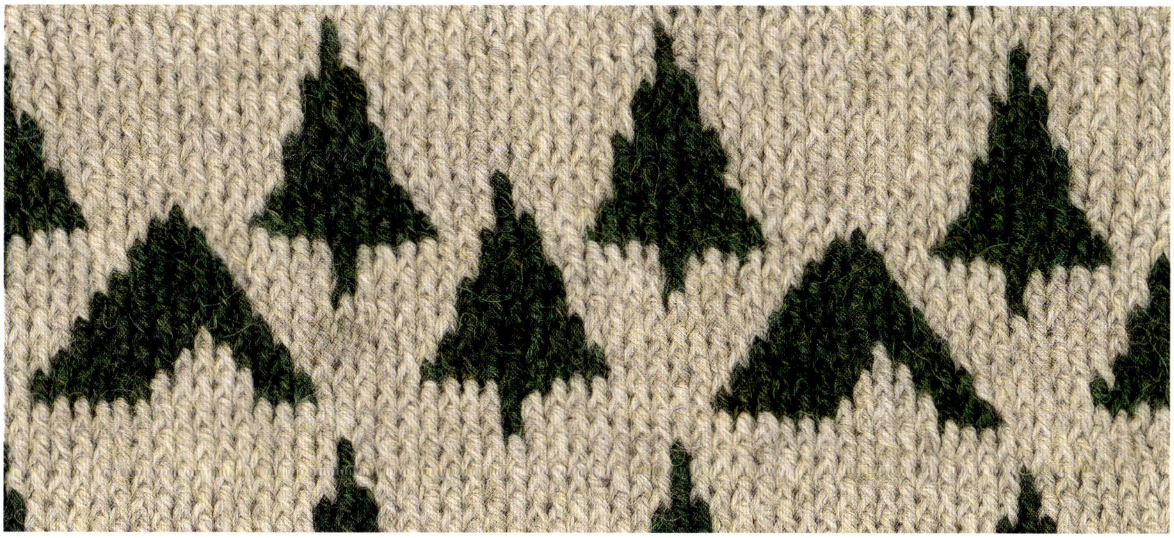

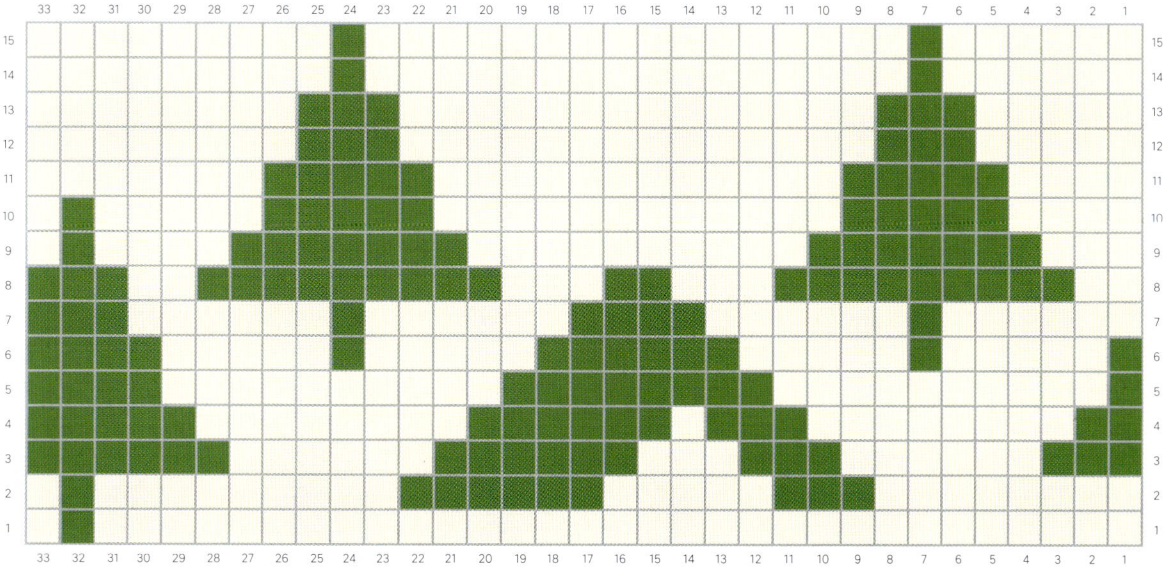

Verliebt

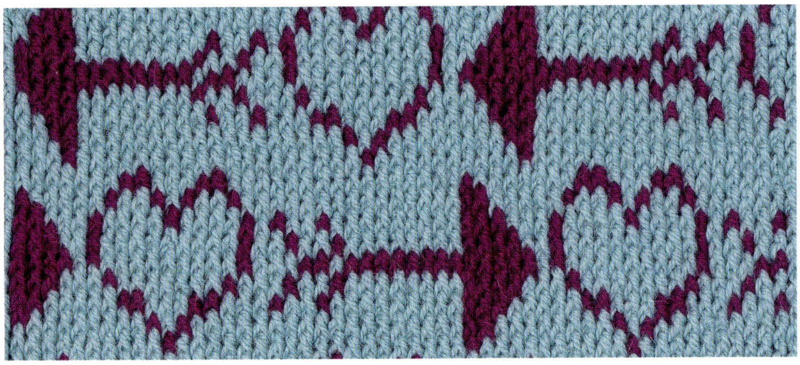

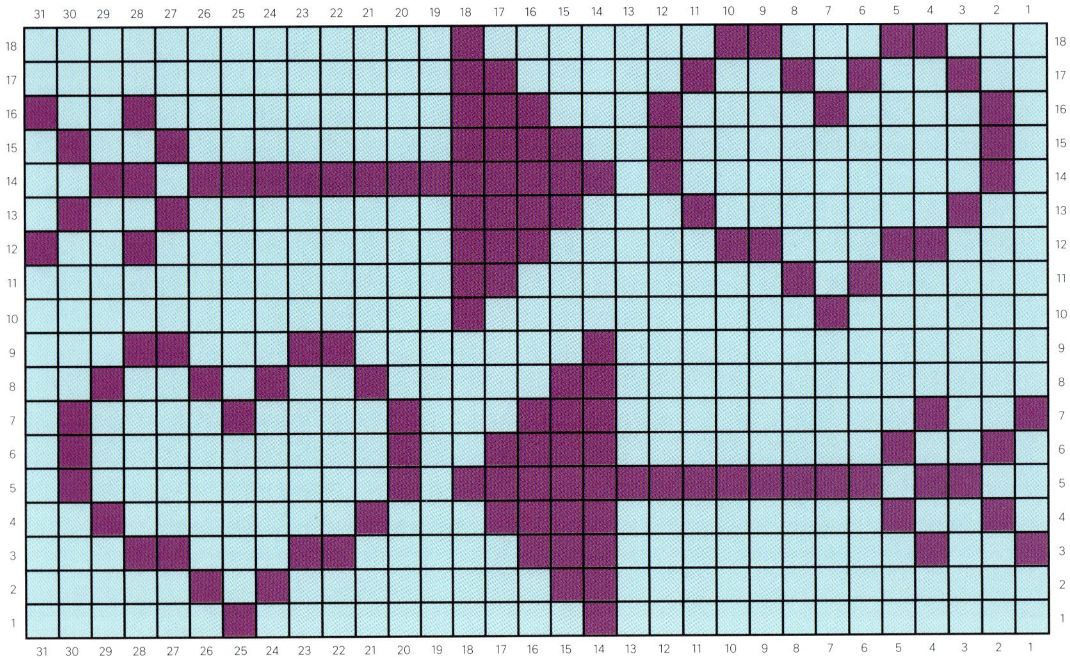

Straßenkarten

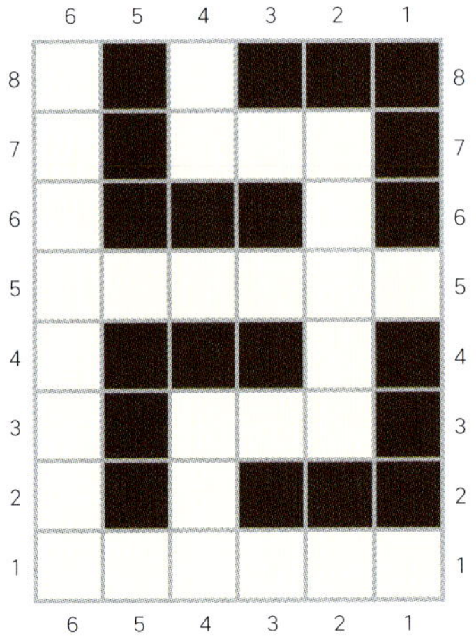

Tipp

Sie können Ihre Aufbaureihe (die Runde, bevor das Muster beginnt) aus kürzeren Maschen häkeln, z. B. halben Stäbchen oder sogar festen Maschen, wenn Sie möchten, dass sie weniger sichtbar ist. Denken Sie nur daran, dass Sie für Reliefstäbchen dennoch um den Maschenkörper herumarbeiten müssen.

Diamant-Klapperschlange

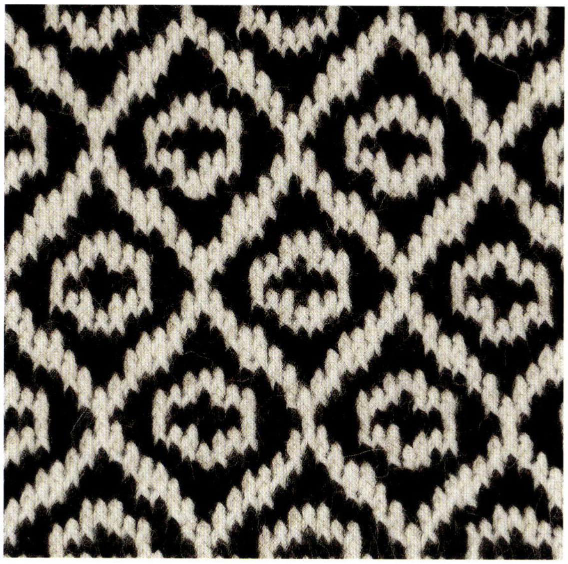

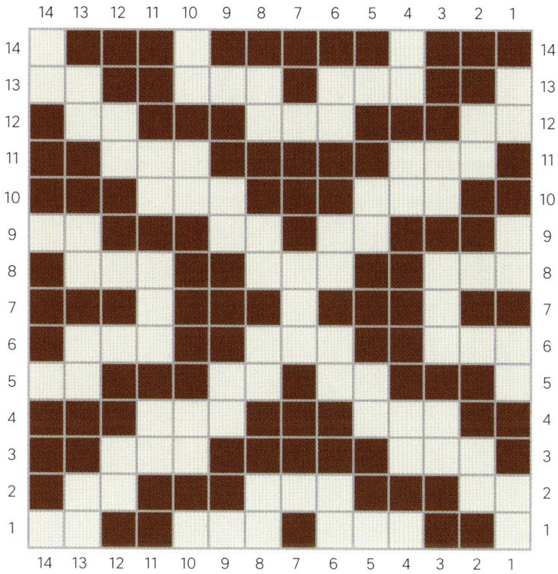

Handzeichen

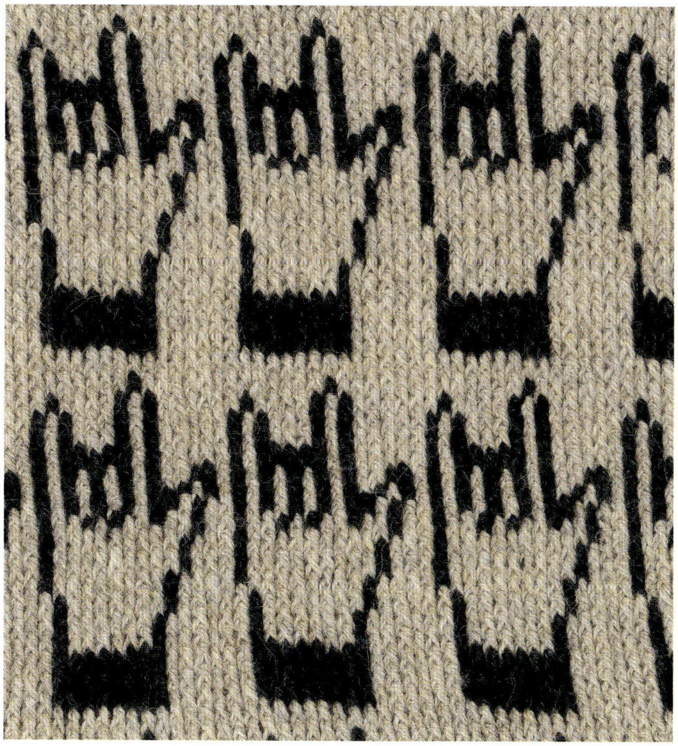

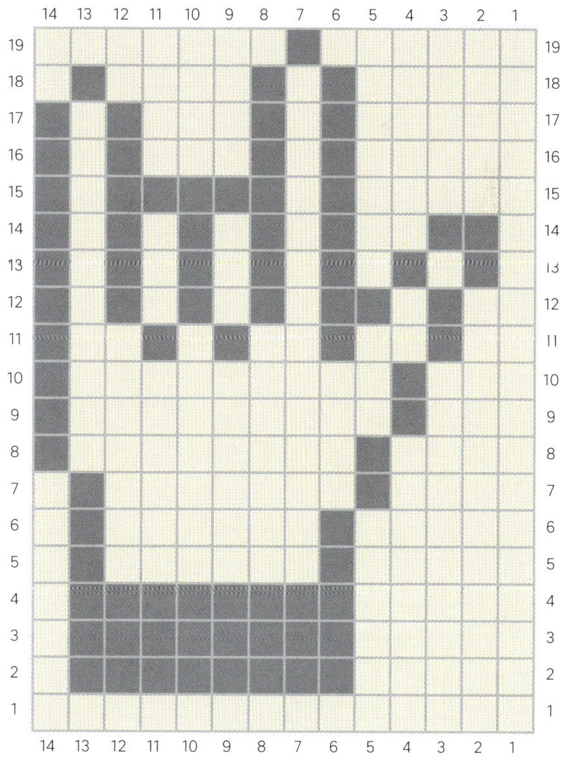

Laubbaum

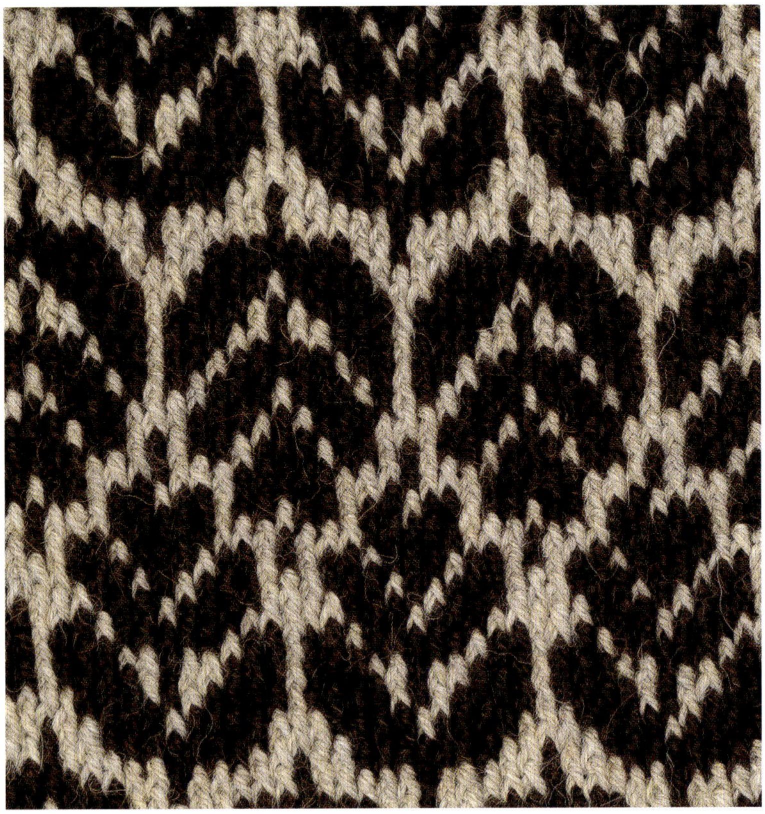

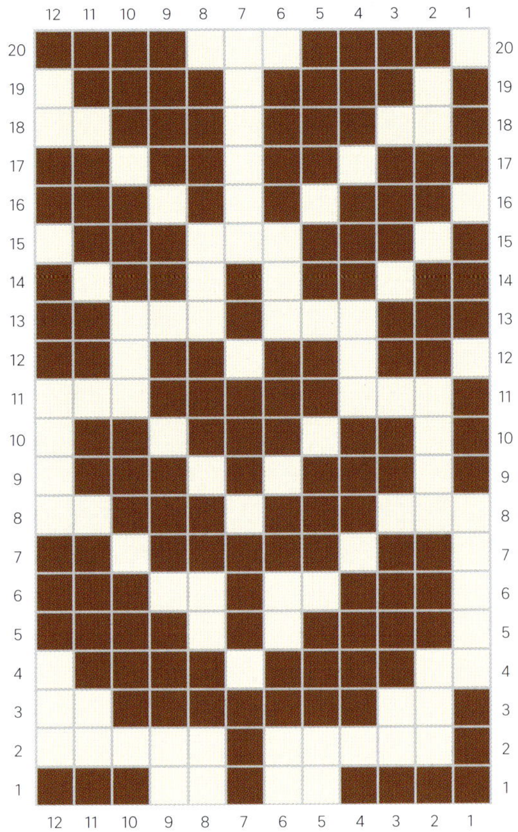

Gaunerschädel

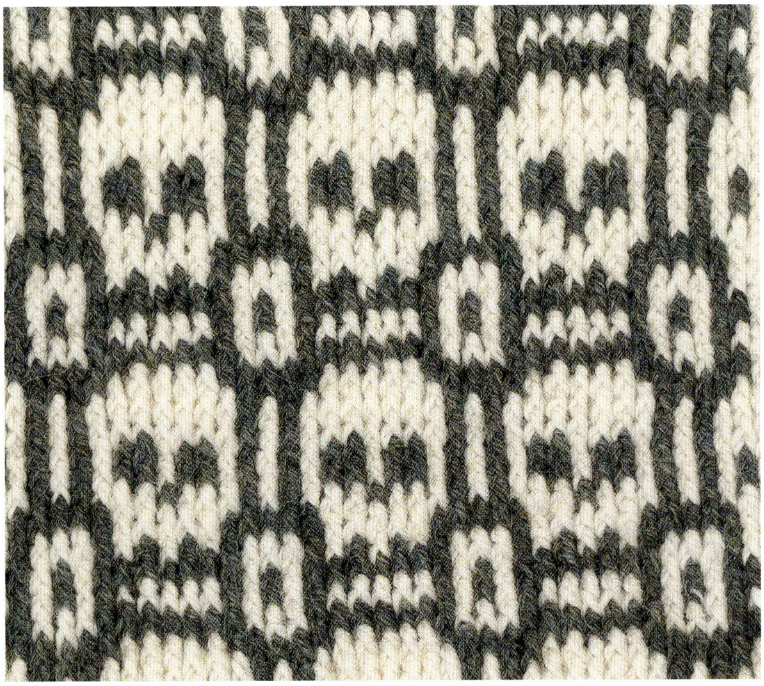

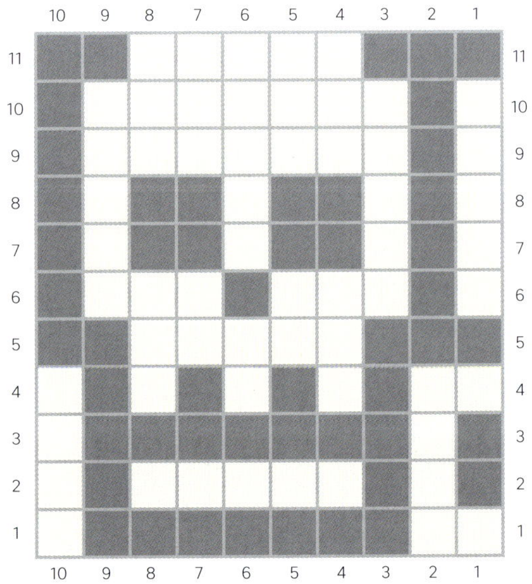

Kreuzsee

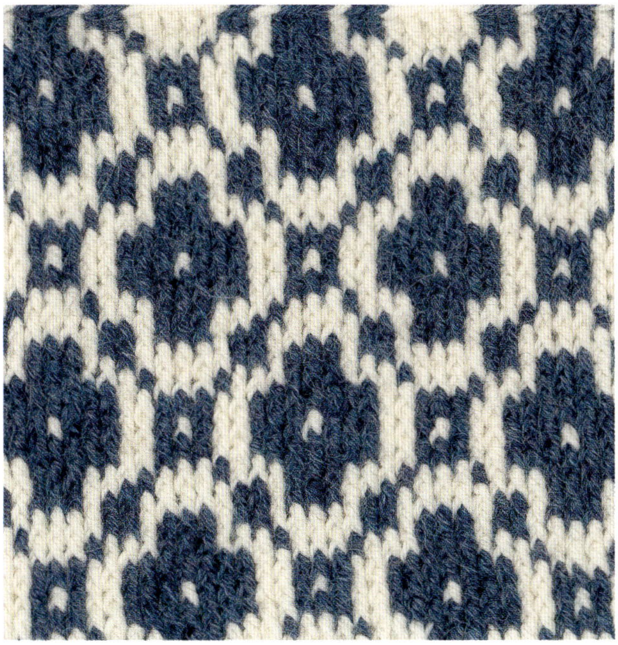

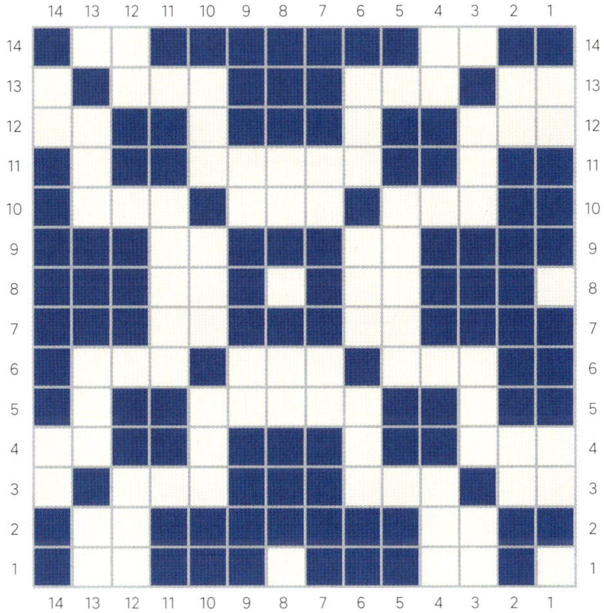

Maki

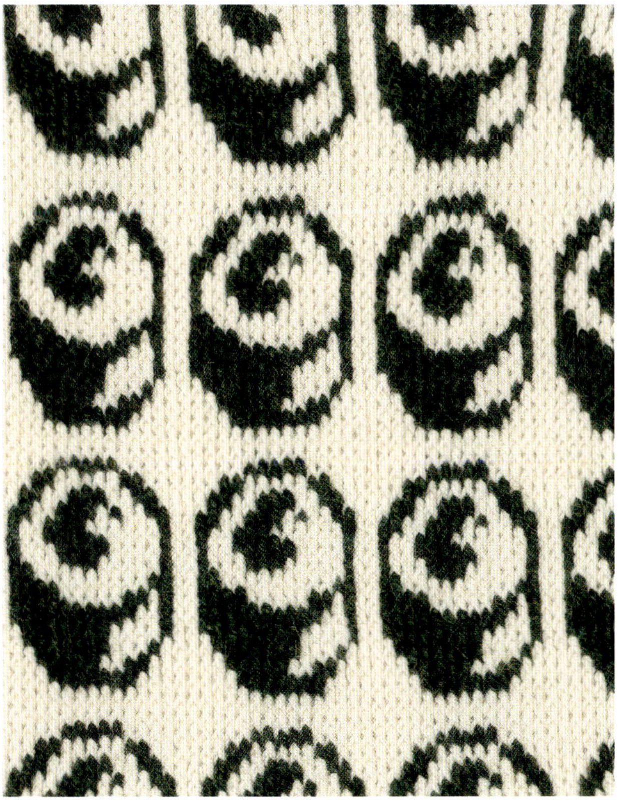

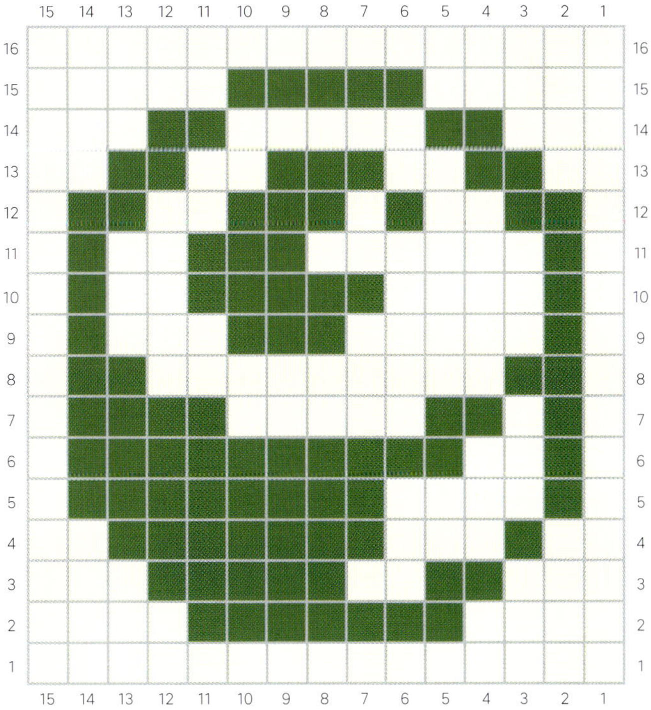

Verfugt

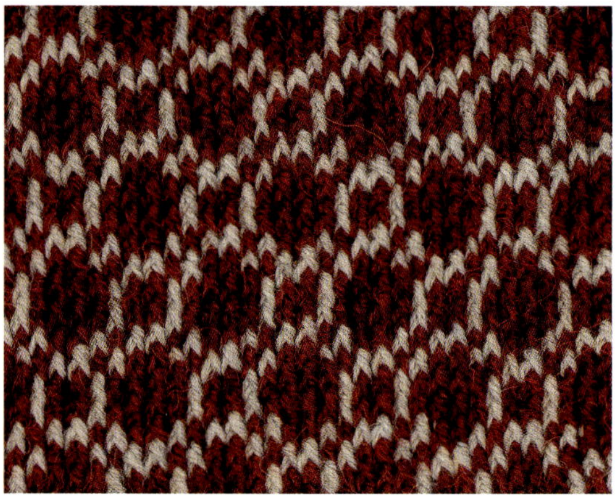

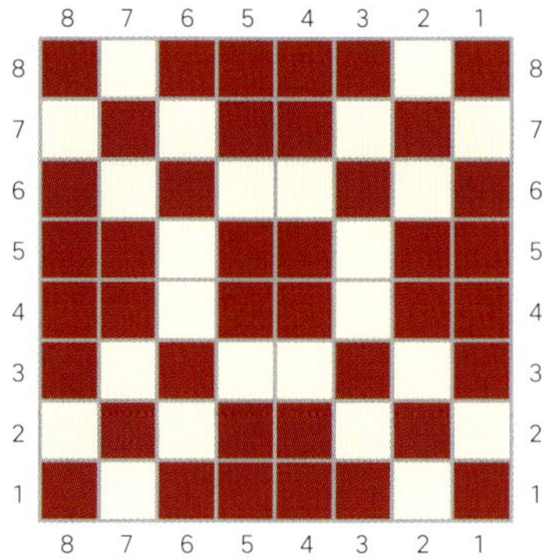

Welpenliebe

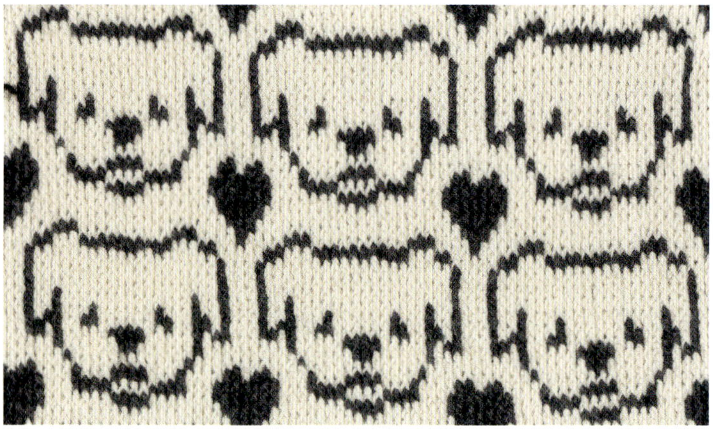

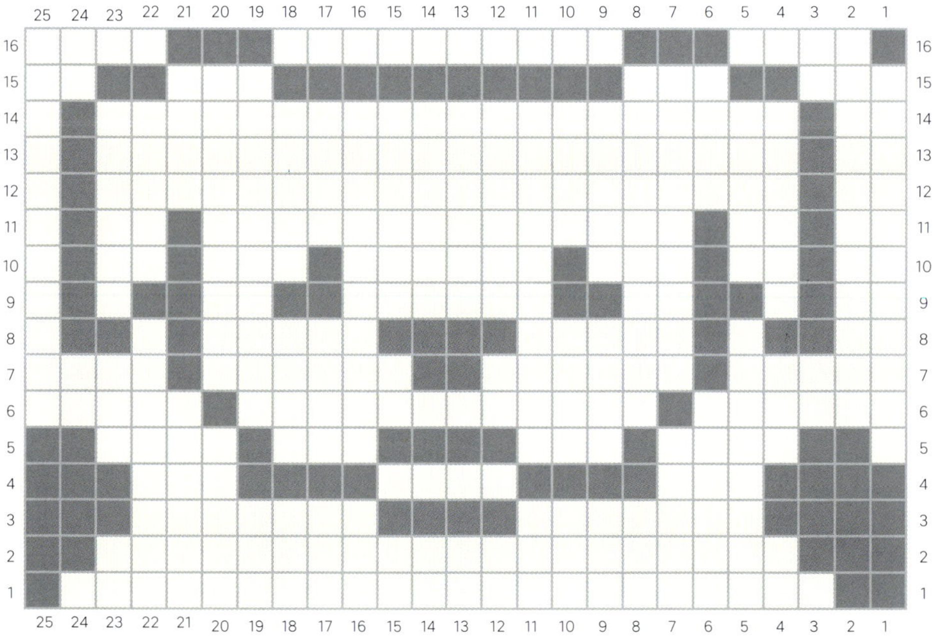

Sträußchen

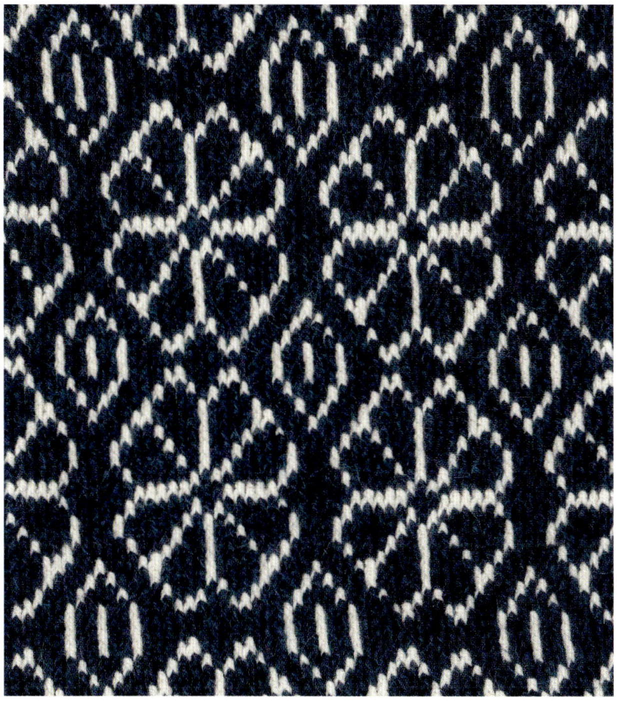

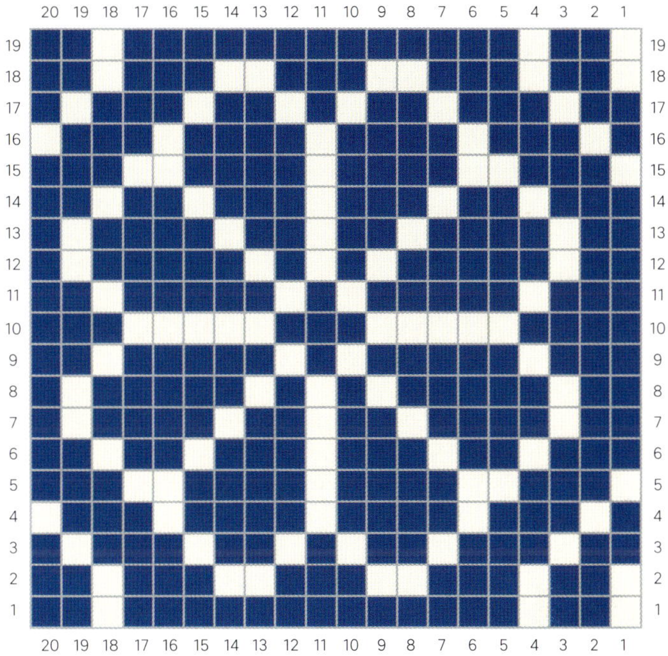

Dinos

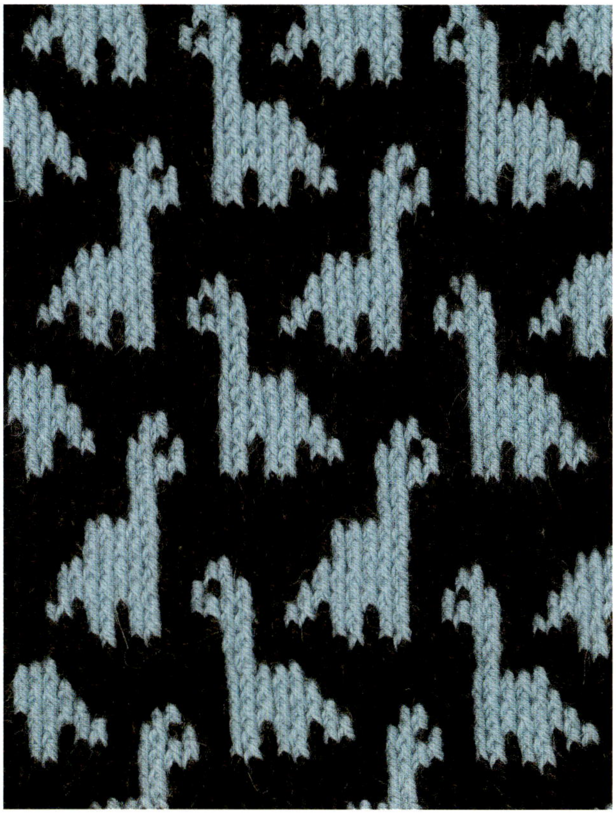

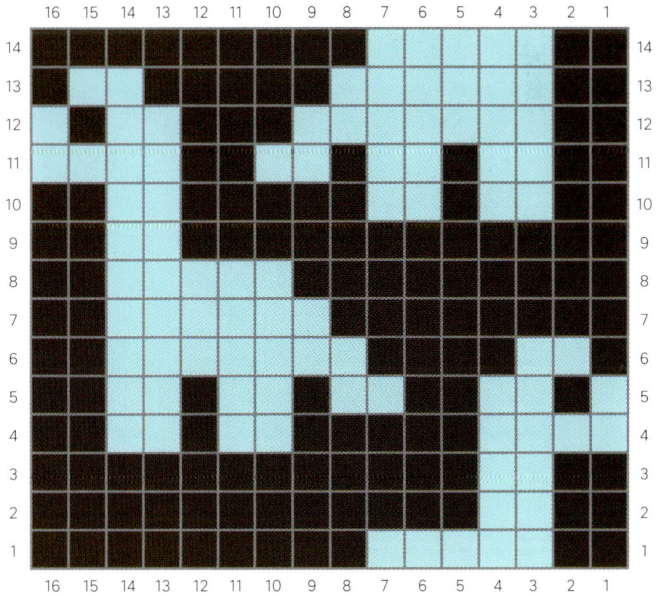

Schnittpunkte

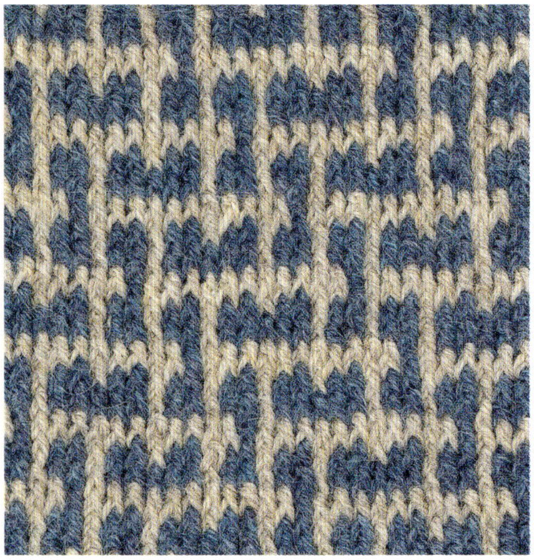

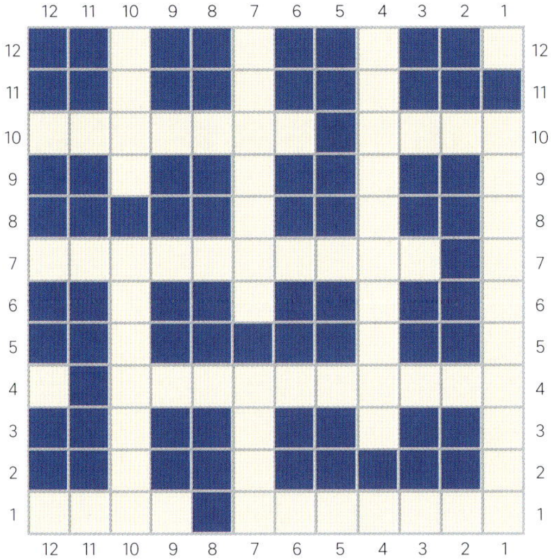

Spinnen

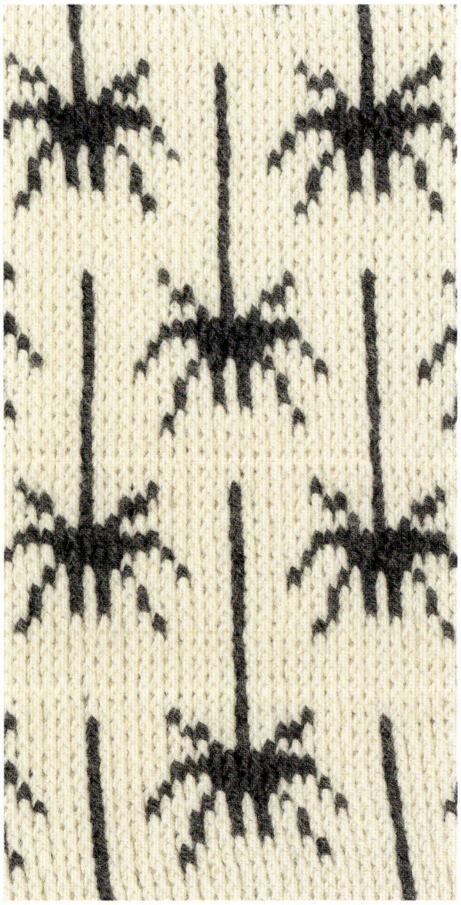

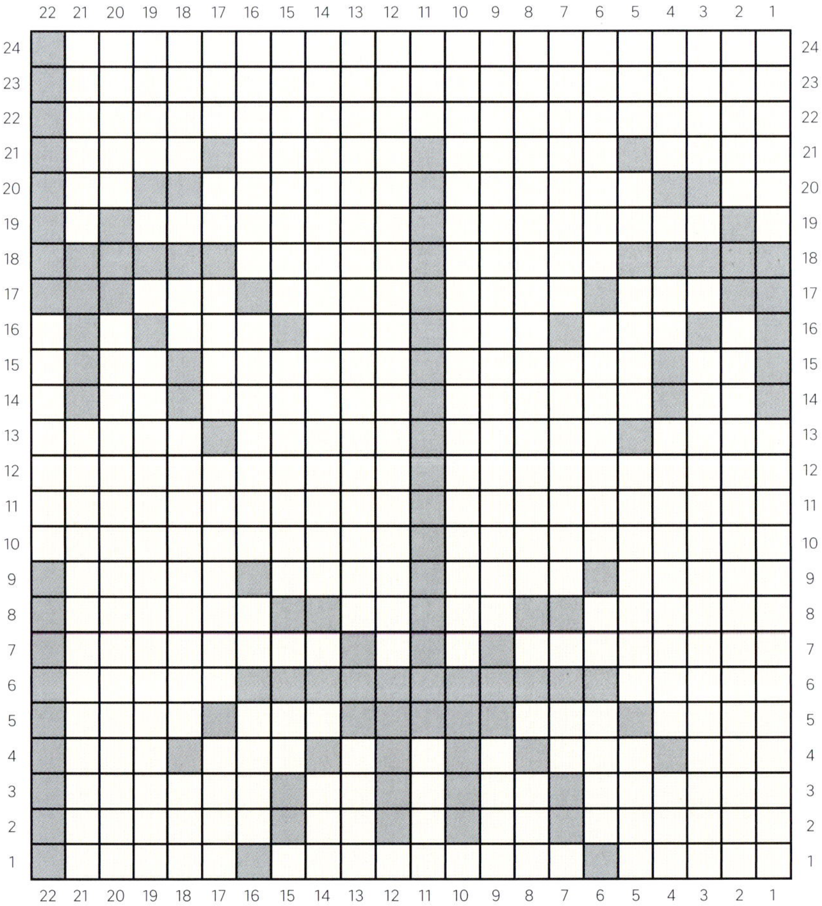

Wo Welten aufeinandertreffen

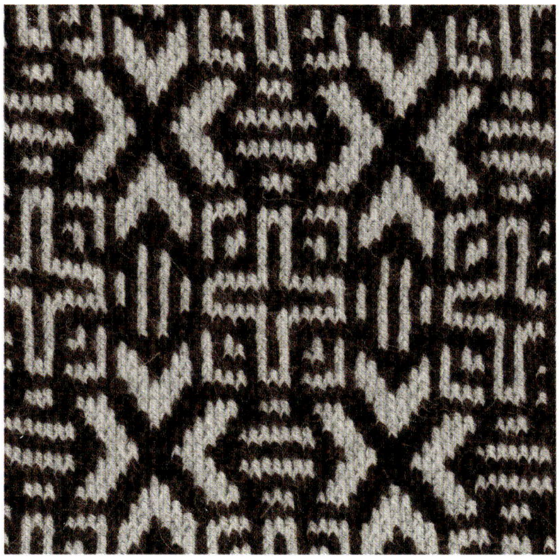

Backstein

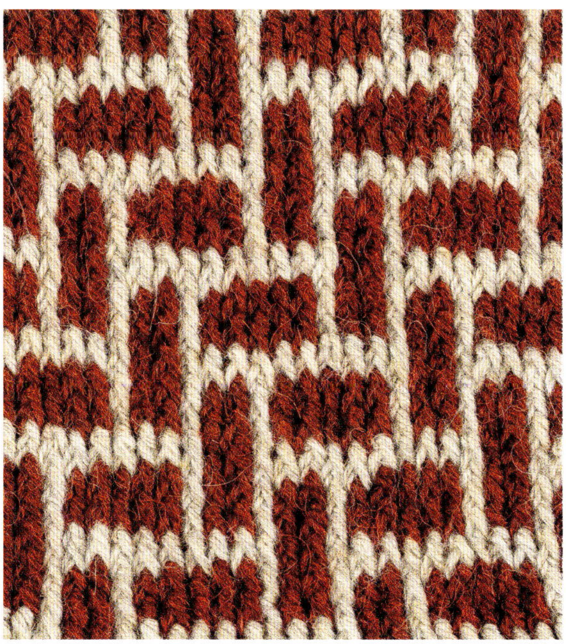

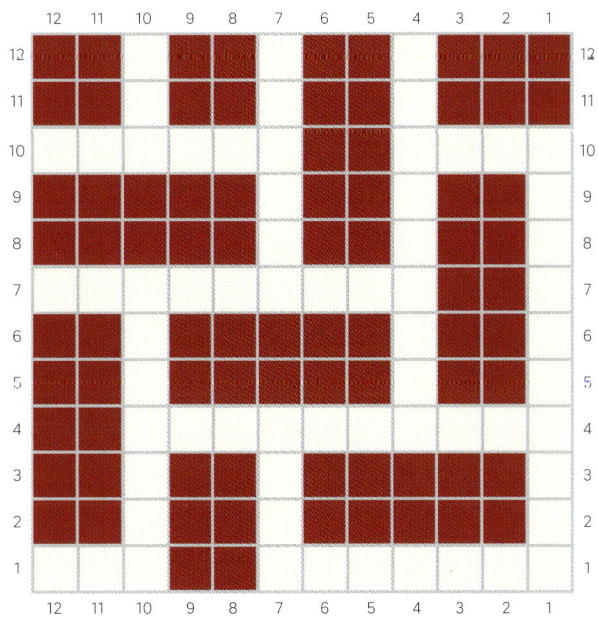

Wilder Wein

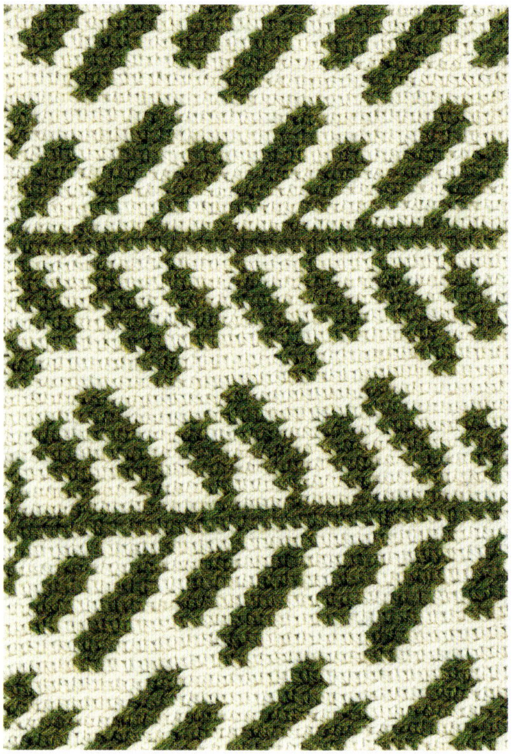

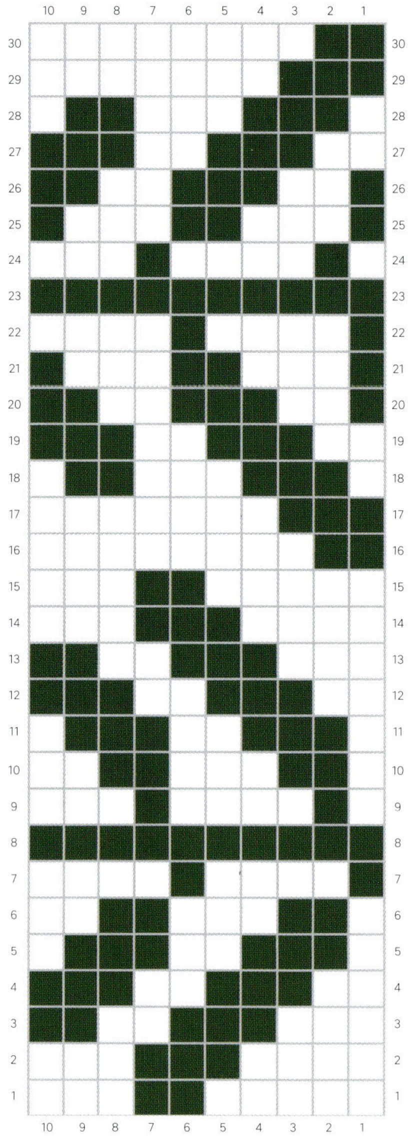

Kleines Einhorn

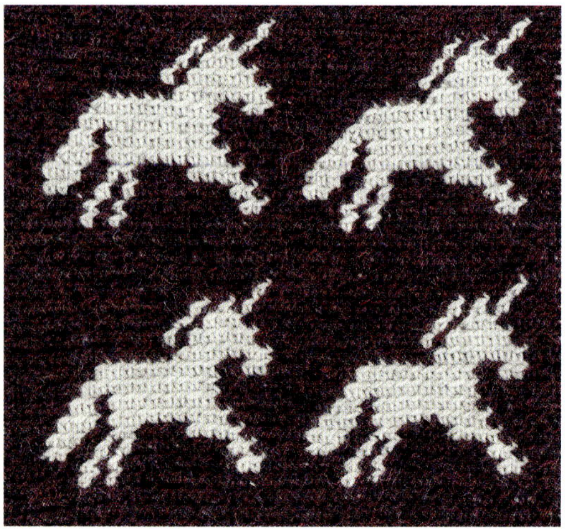

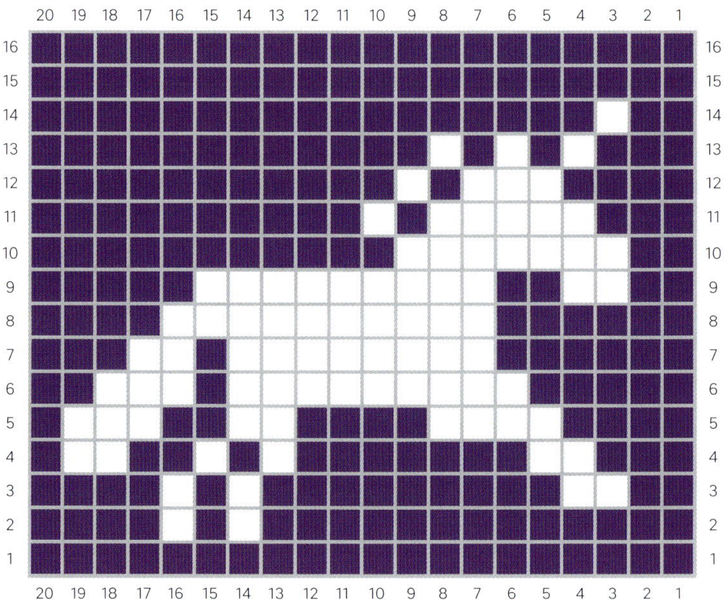

Rippströmung

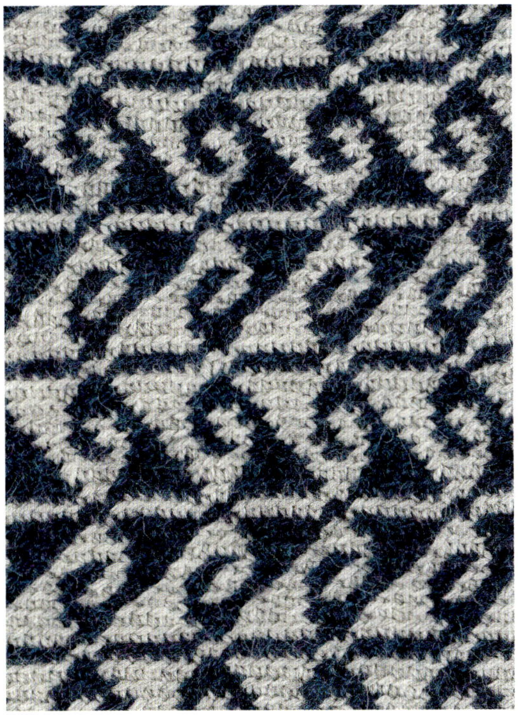

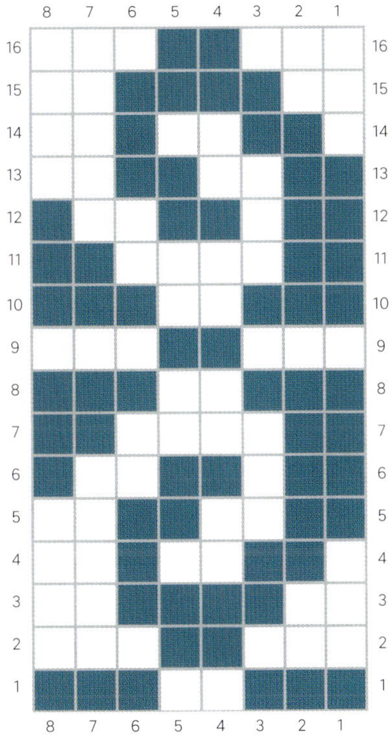

Flipflopschachteln

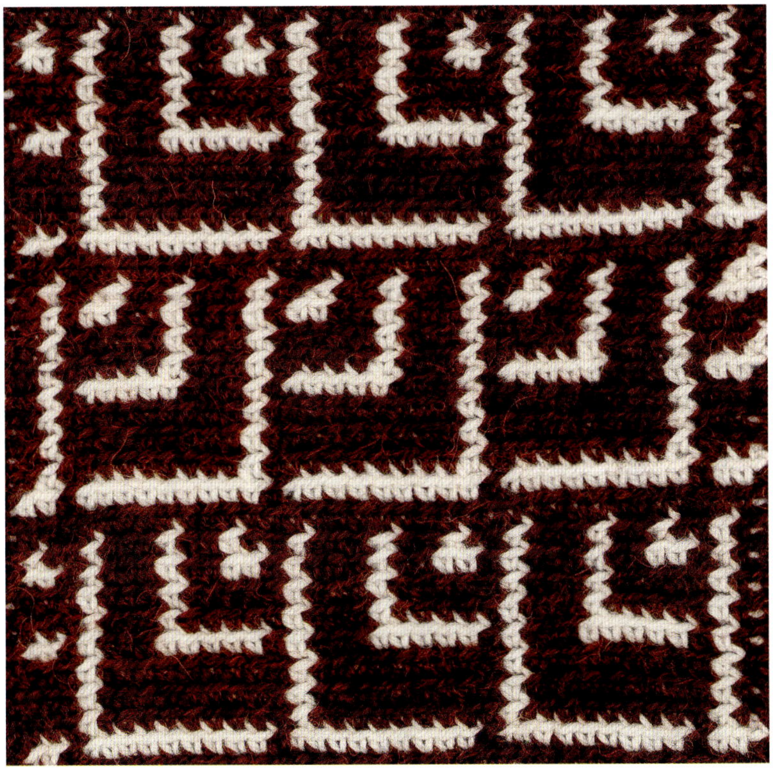

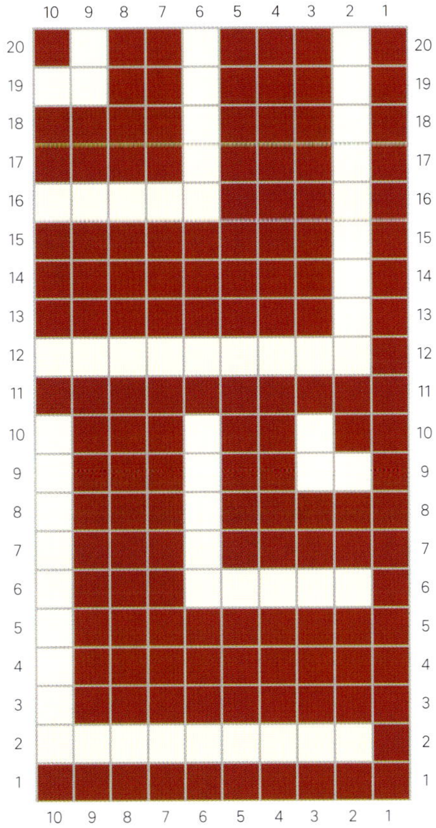

Luau

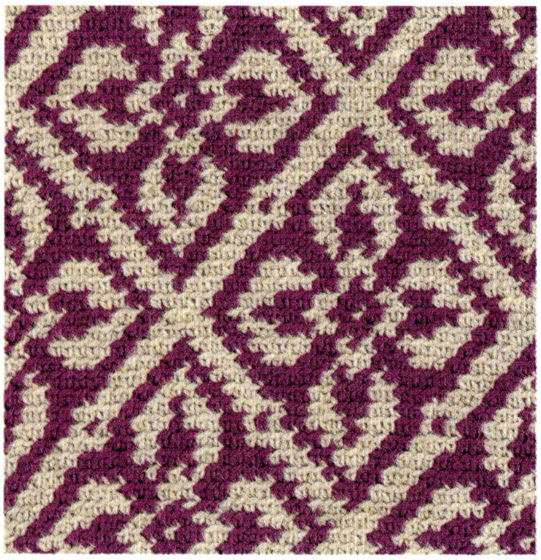

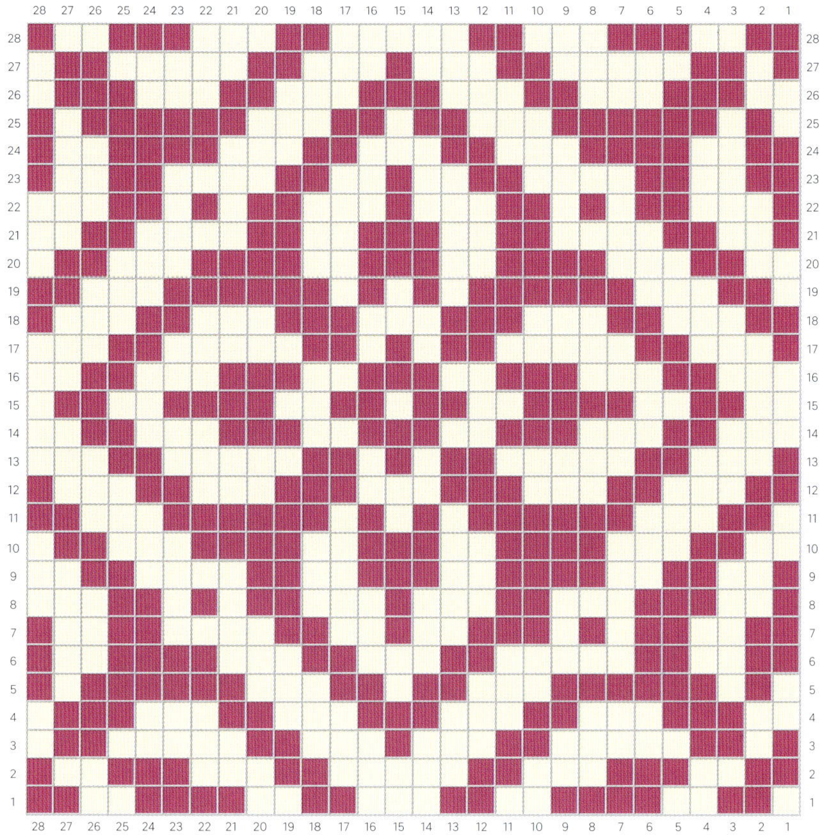

Bigfoot

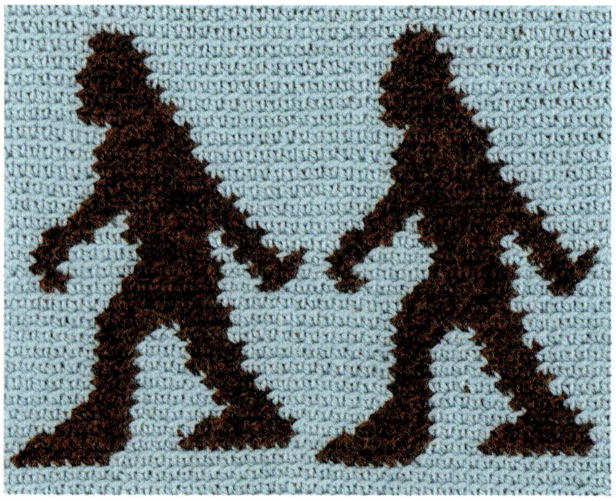

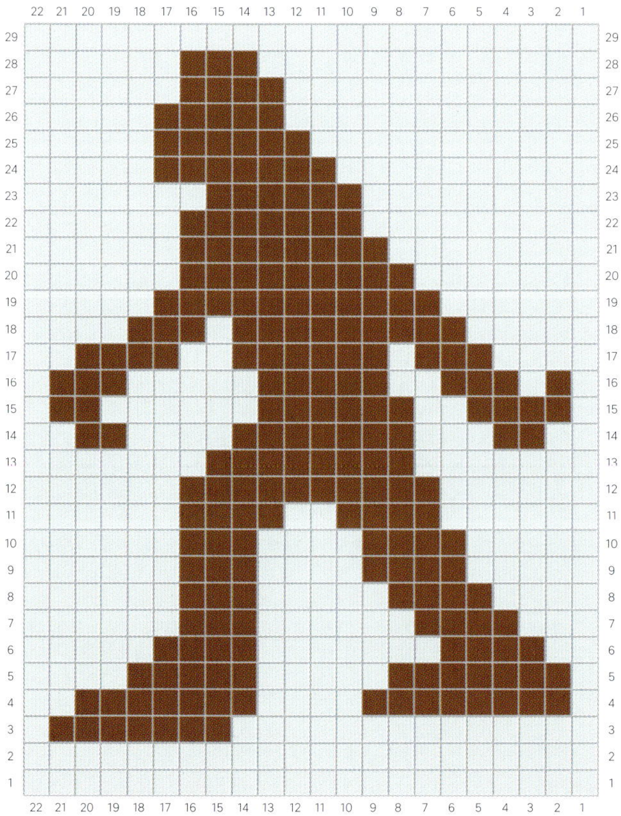

Wirbelsäule

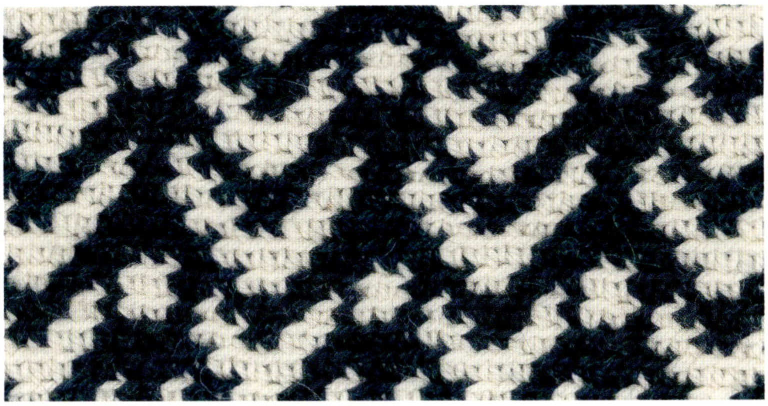

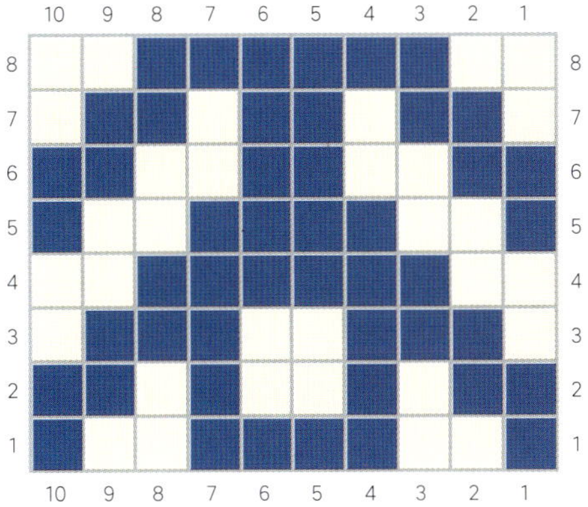

Wirbelsäule

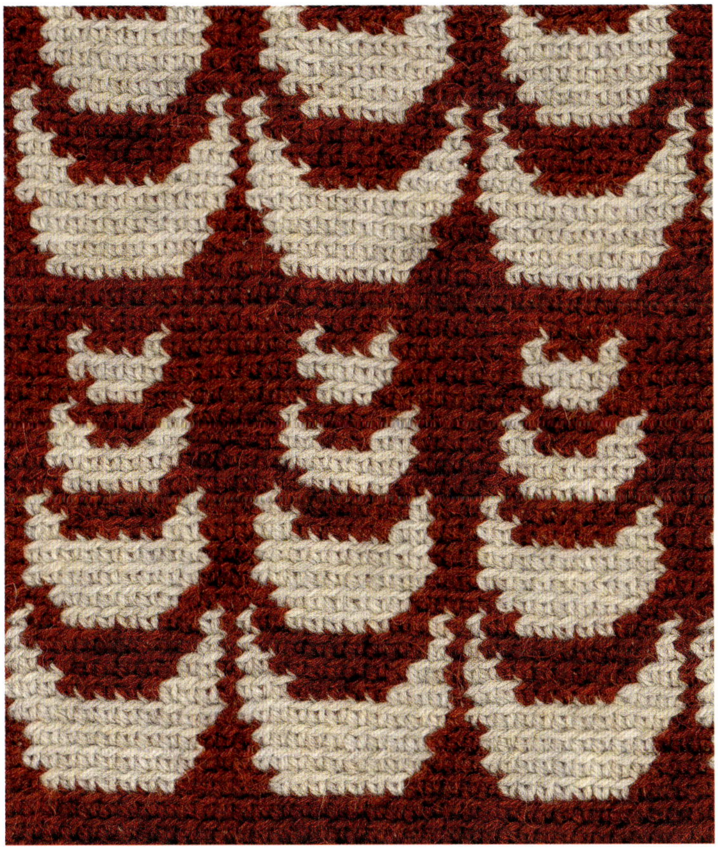

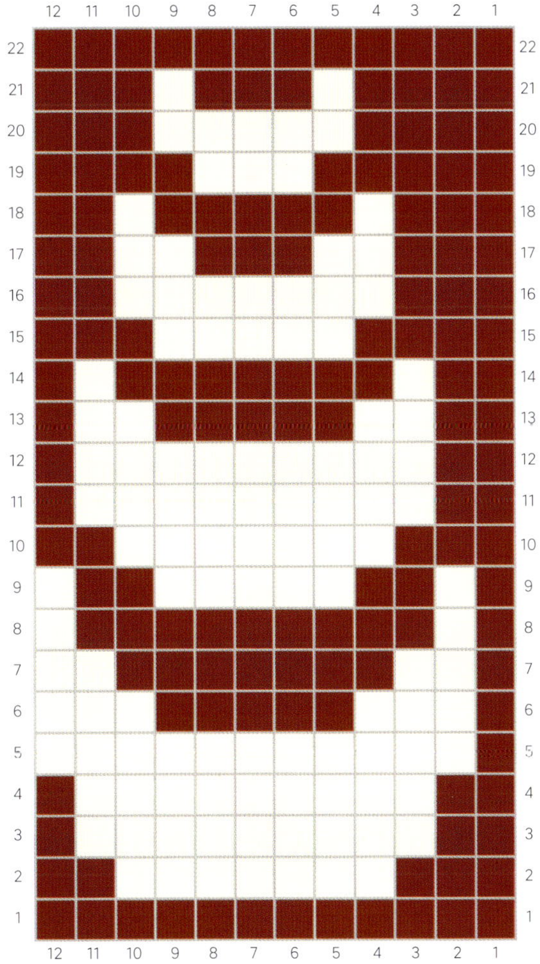

Verschnallt

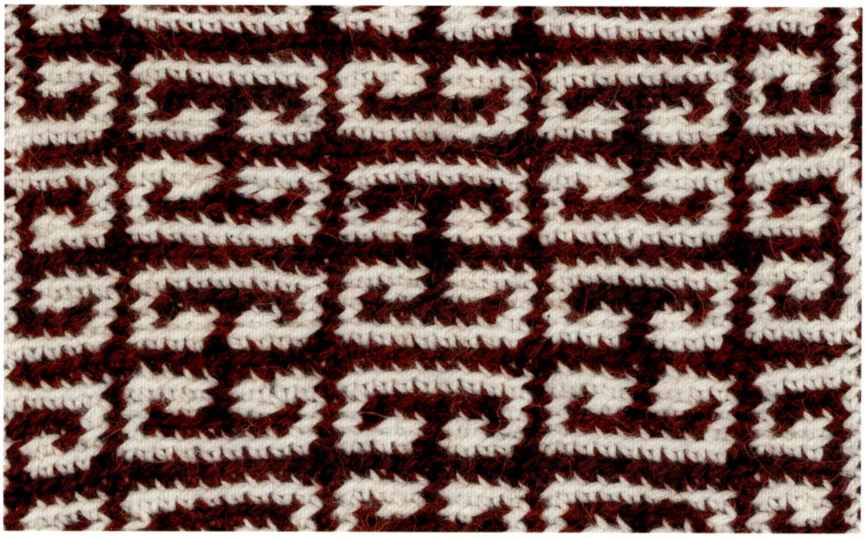

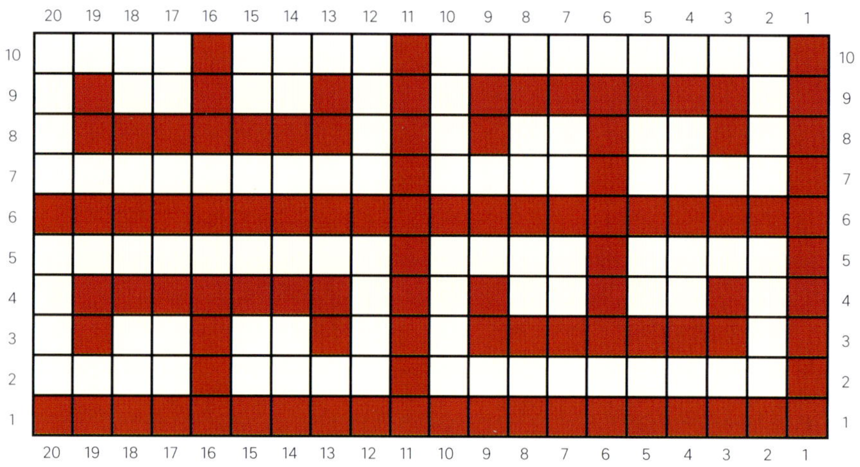

Osterinsel

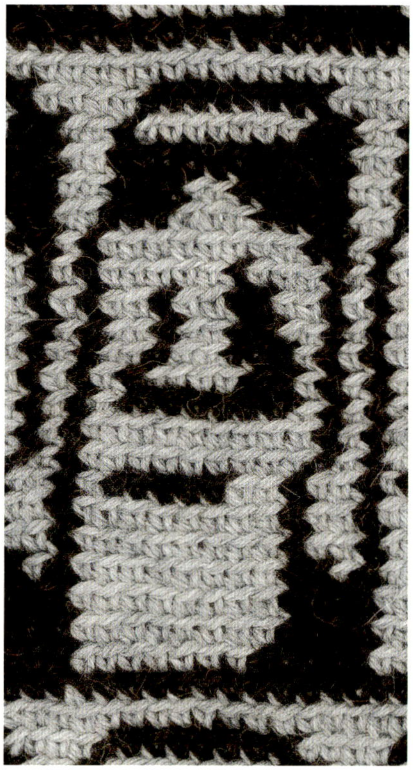

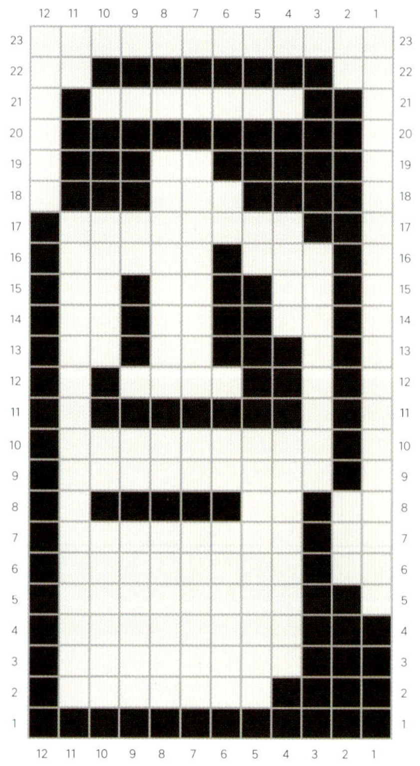

Tipp

Versuchen Sie beim Hochziehen der 1. Schlinge der fM ins hMg nicht zu fest zu ziehen – dies kann das hMg ausdehnen, in das Sie häkeln, und so ein Loch unter der neuen Masche verursachen.

Aus heiterem Himmel

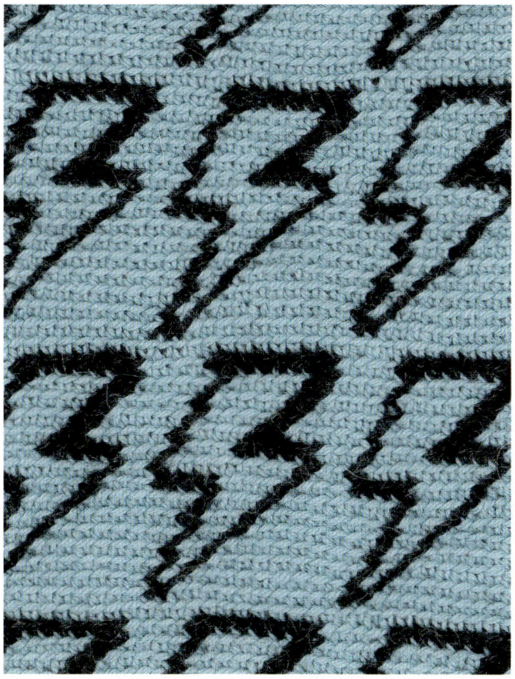

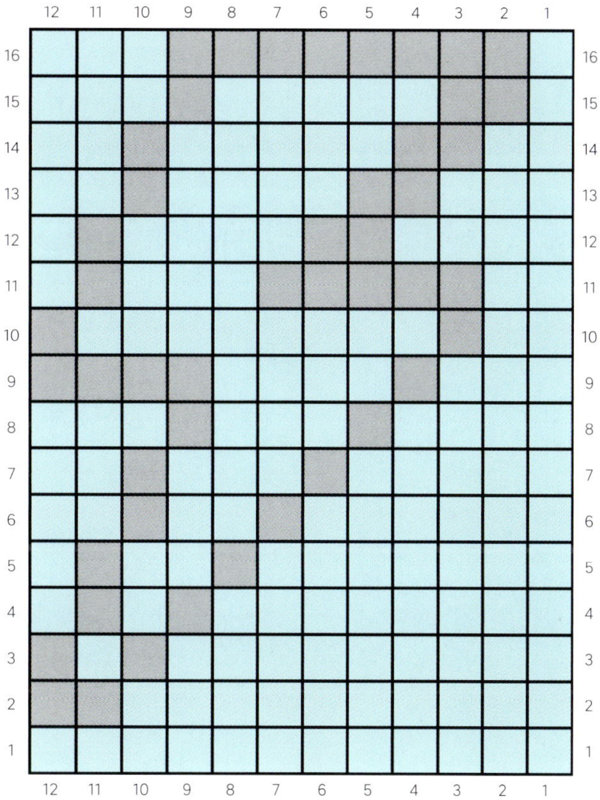

Zickzack

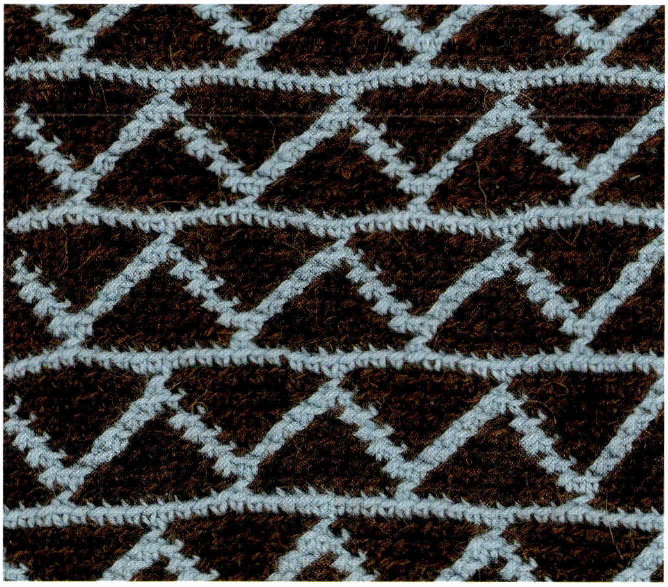

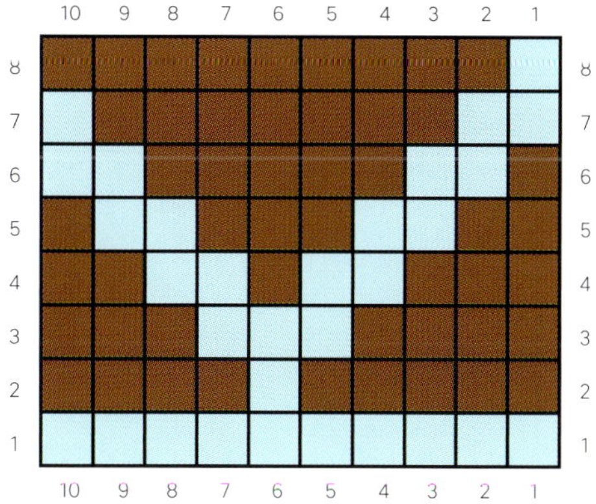

Freeway

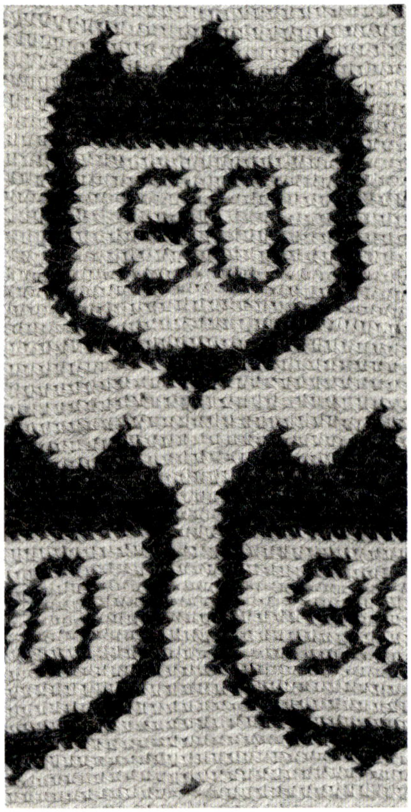

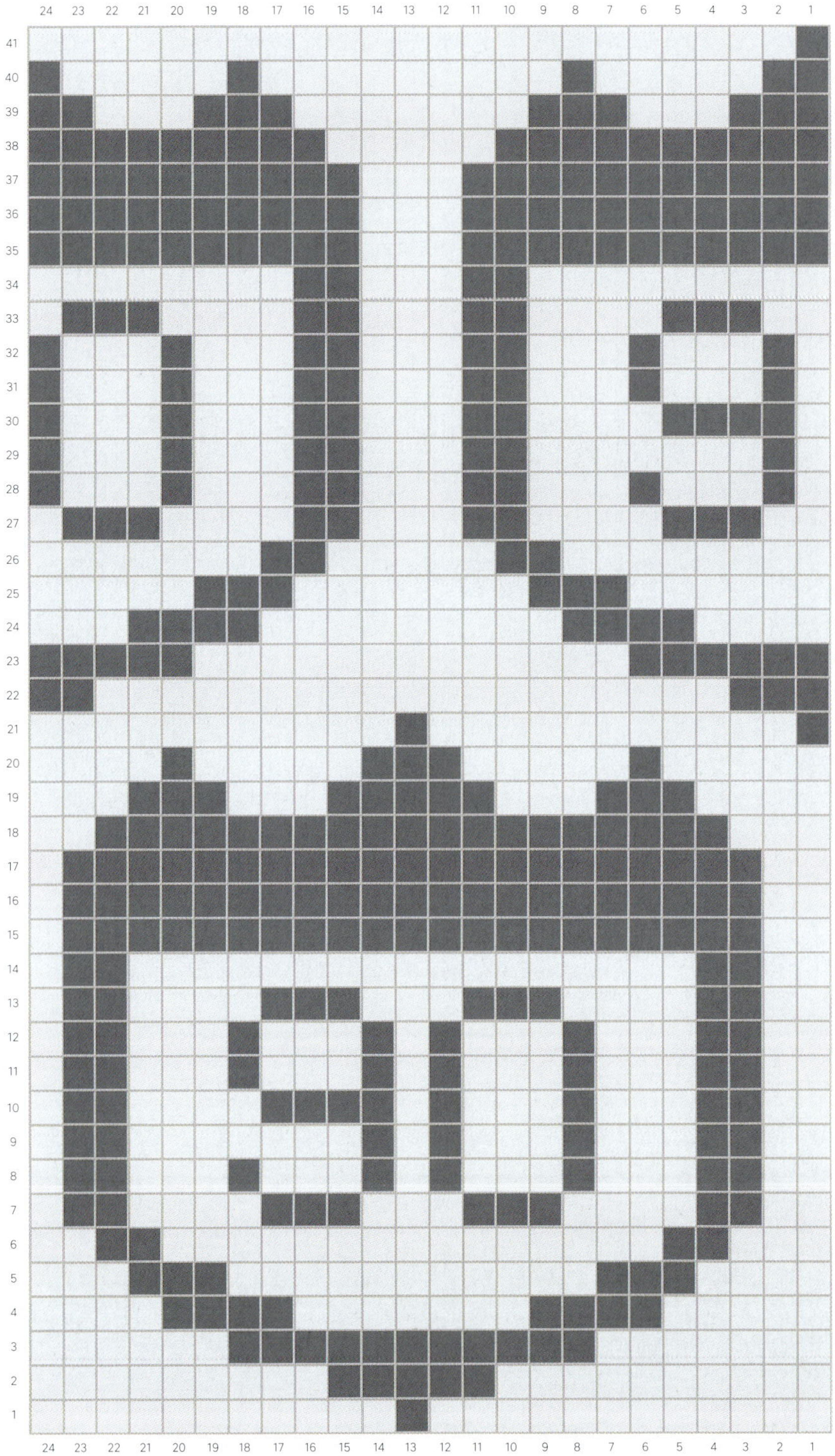

Schieberätsel

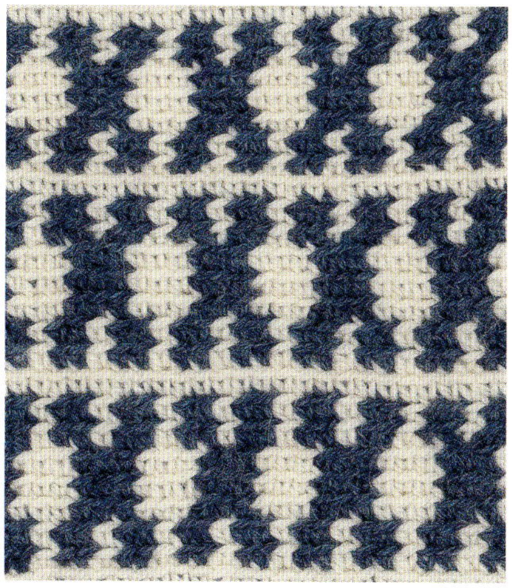

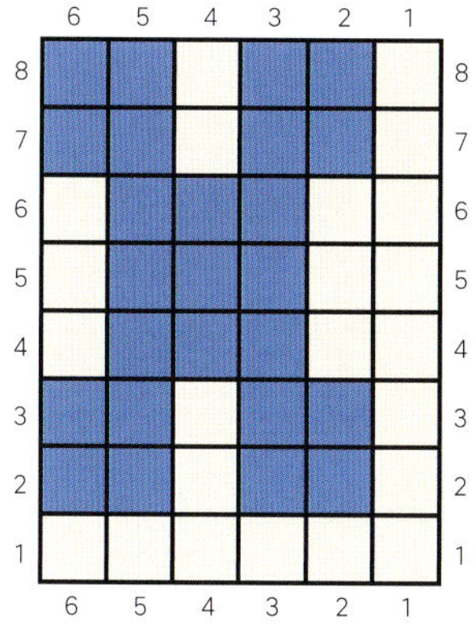

Blinker

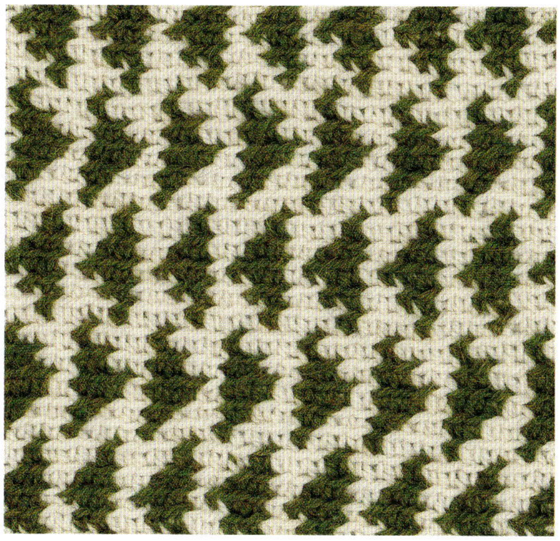

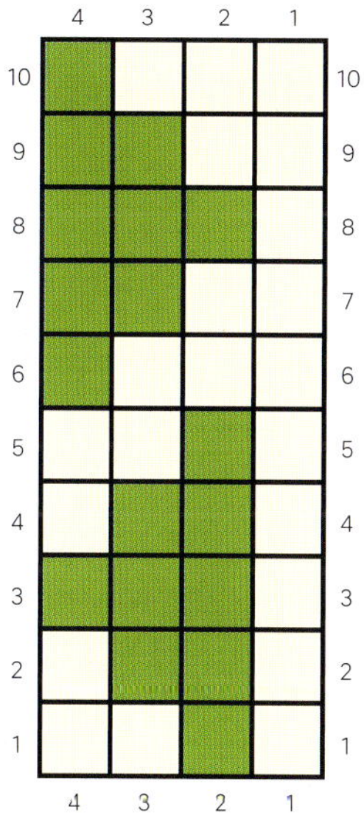

Helix

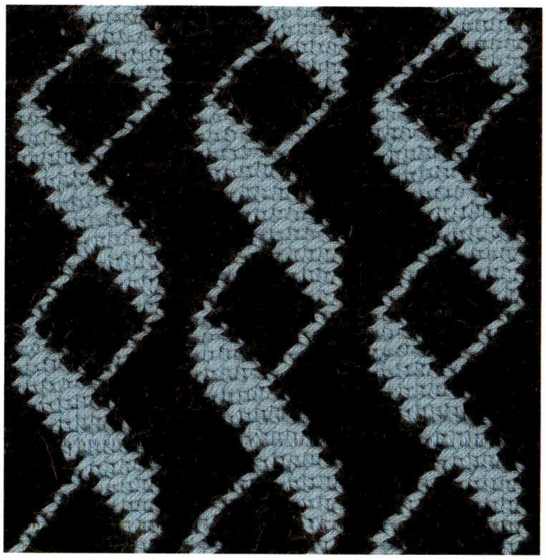

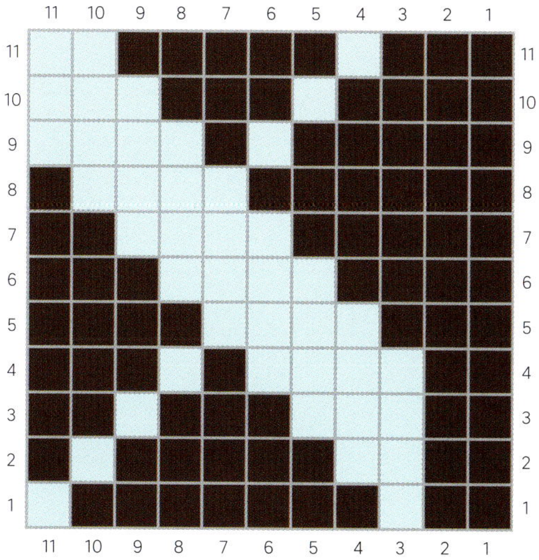

Tipp

Wenn Sie ein Farbmuster mit stark nach rechts verlaufenden Diagonalen wählen (z. B. „Aus heiterem Himmel“ auf S. 79 oder „Großes Hahnentrittmuster“ auf S. 83), sieht Ihre Arbeit gestochen scharf aus, wenn Sie fM ins hMg häkeln.

Untergehende Sonne

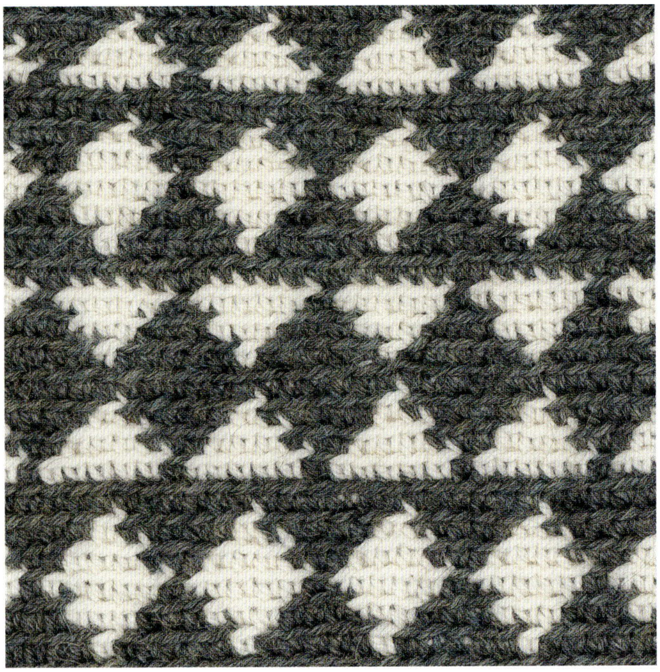

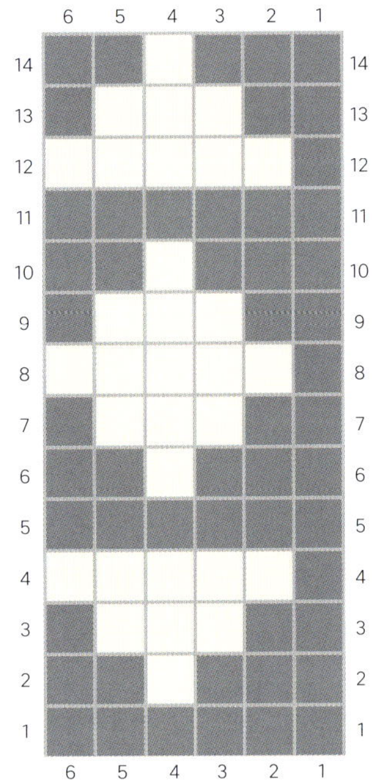

Verbundene Herzen

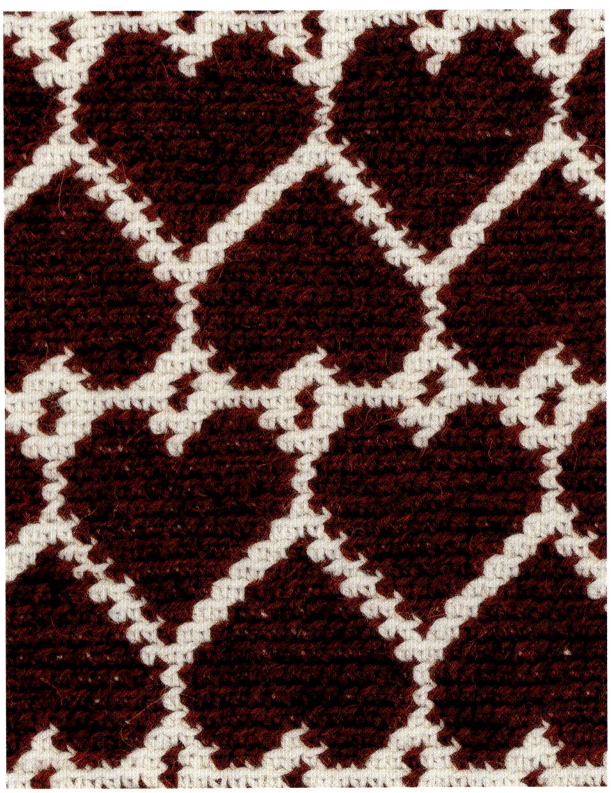

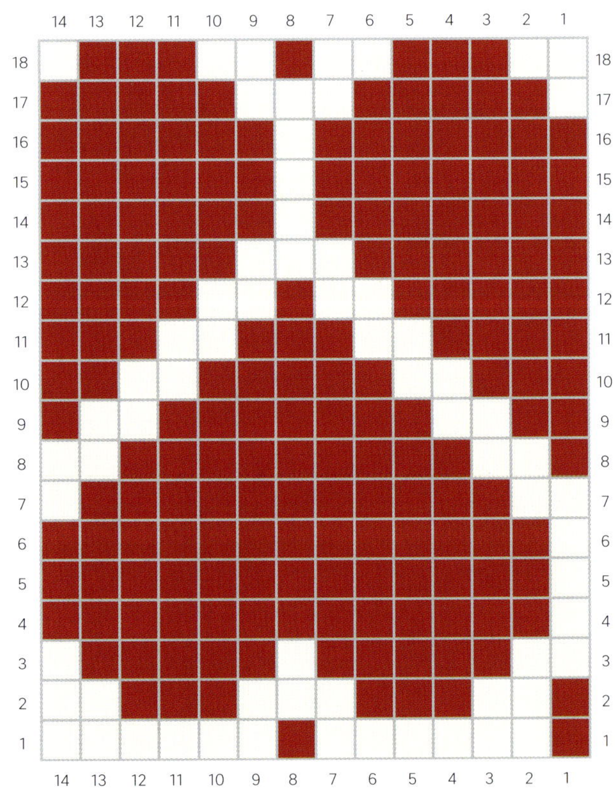

Großes Hahnentrittmuster

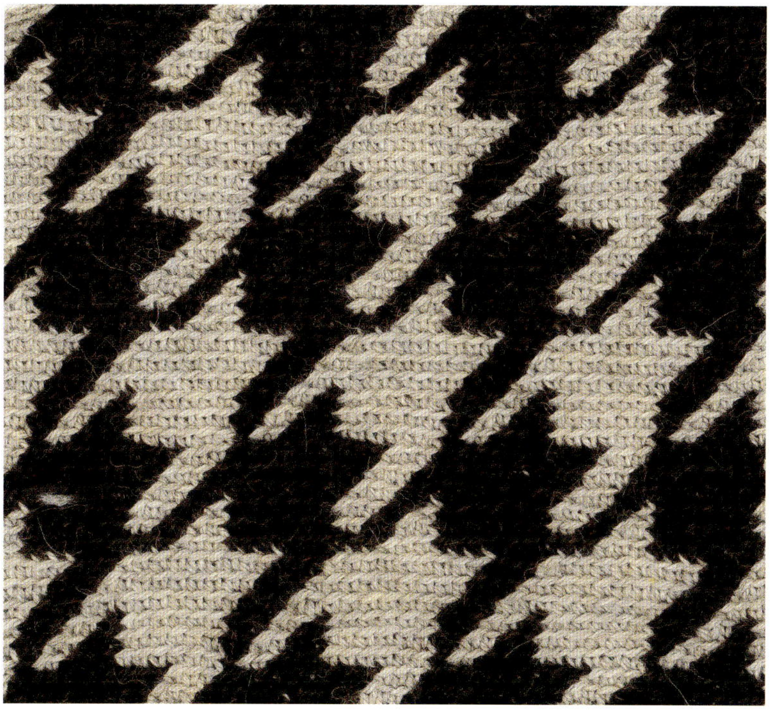

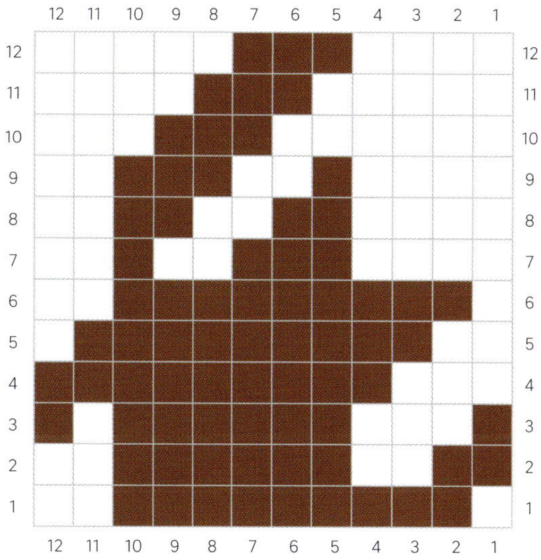

Riesenkaktus

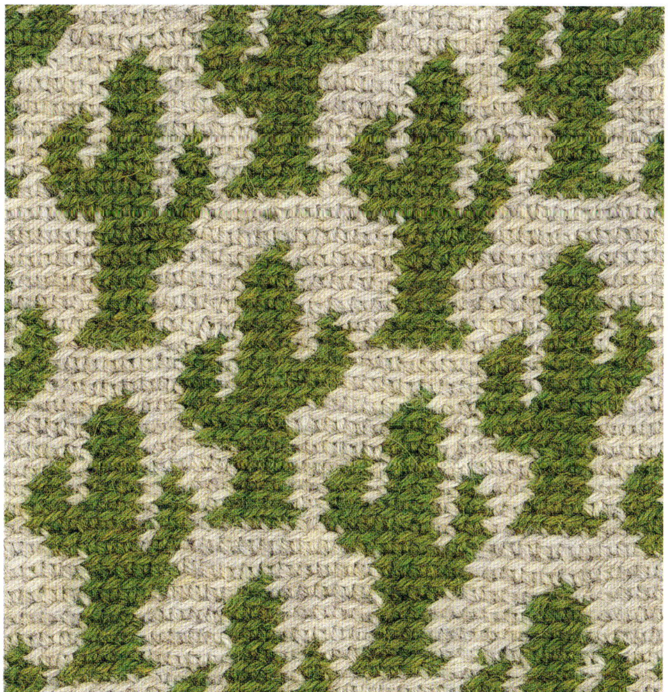

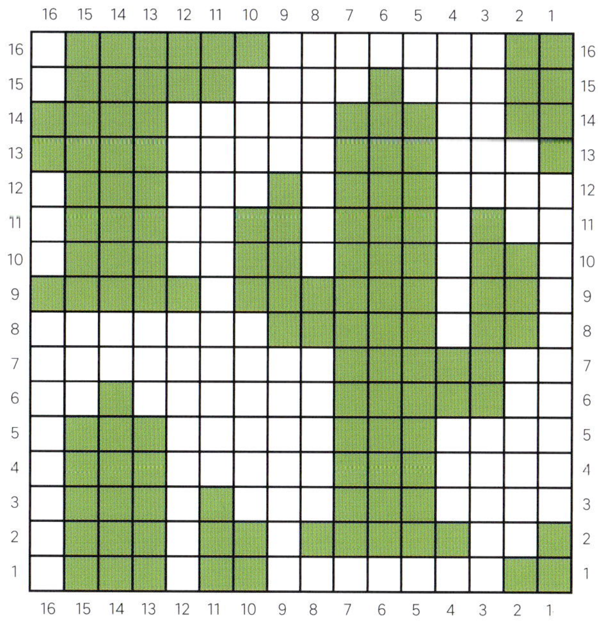

Zweifarbiges Herz

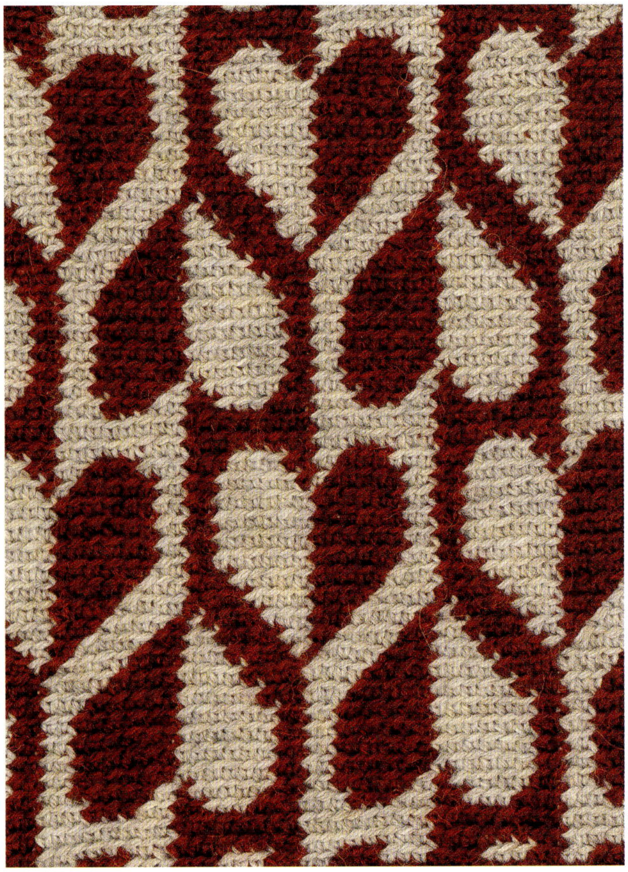

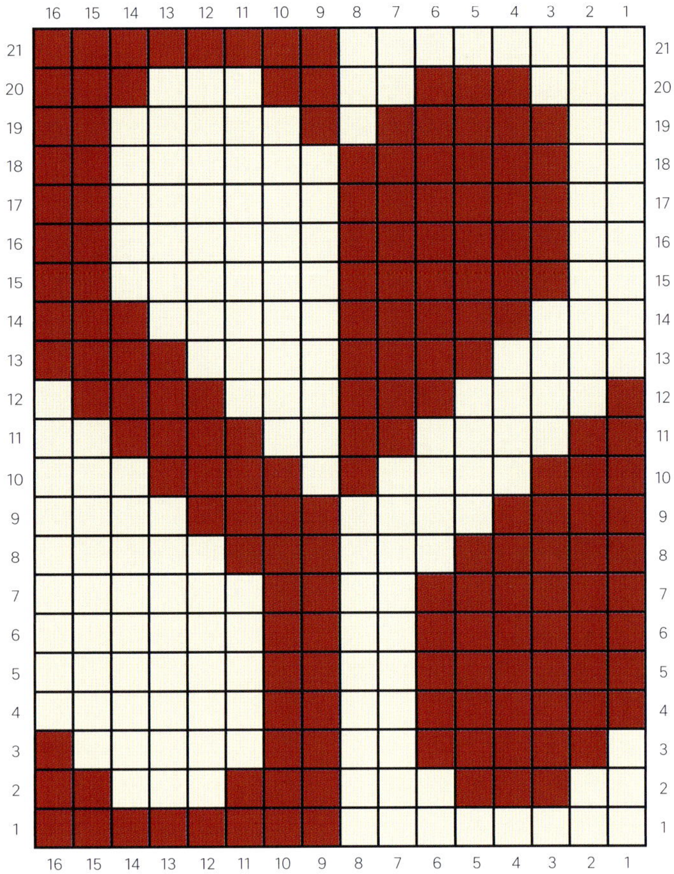

Regenschirm

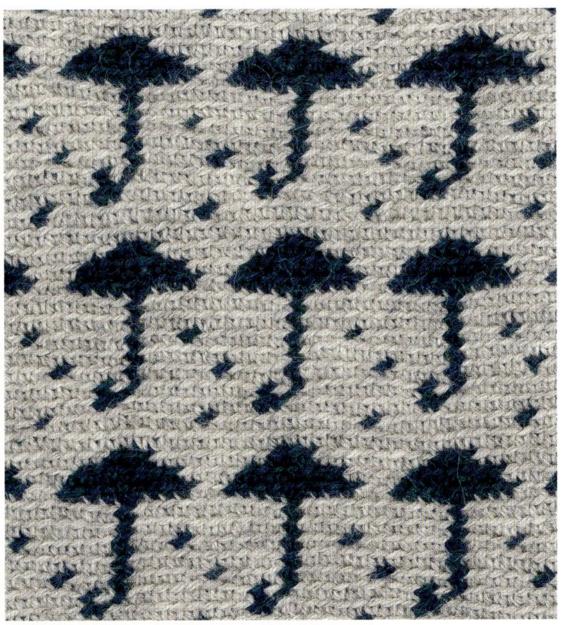

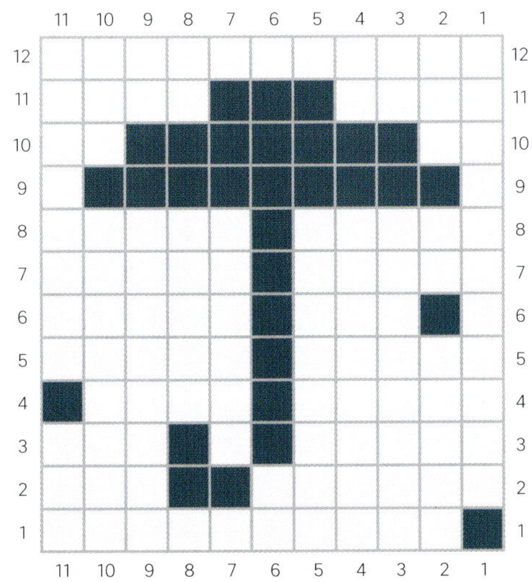

Dorf

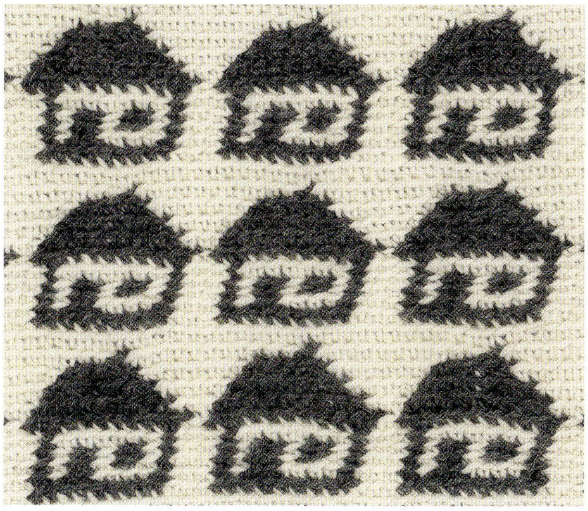

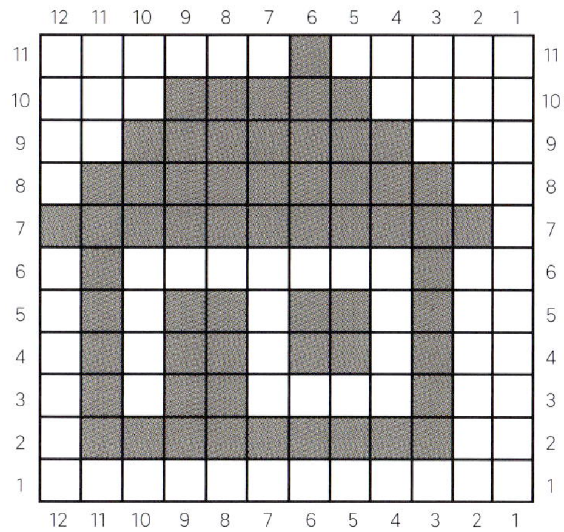

Ausstrahlen

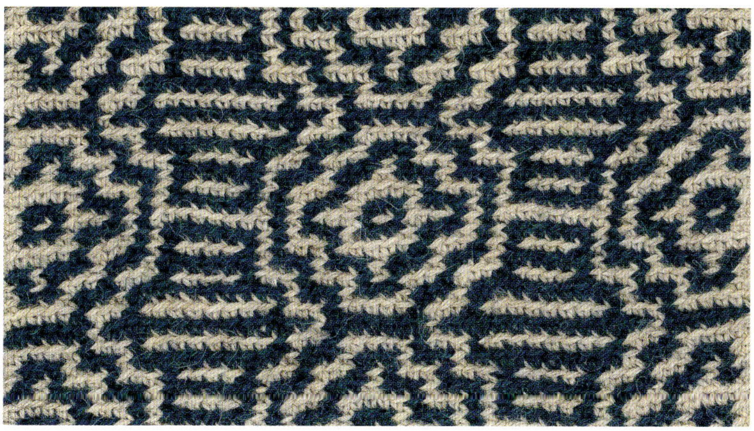

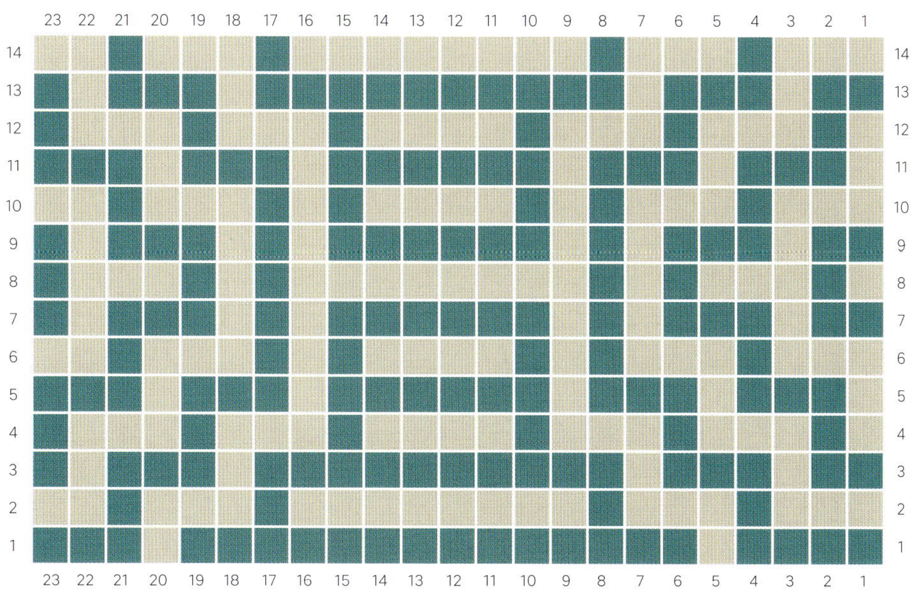

Narwalschule

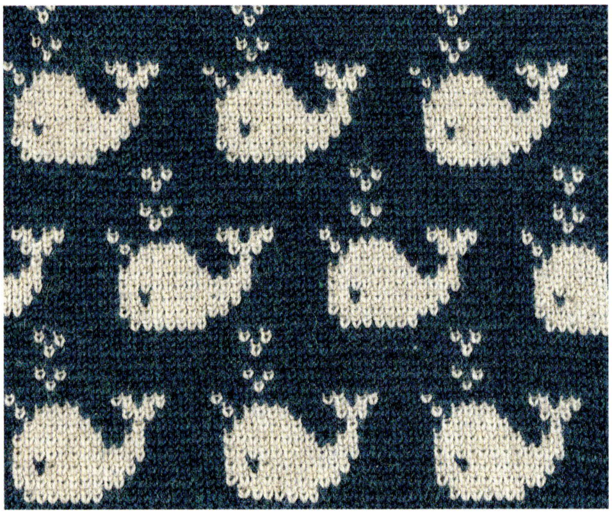

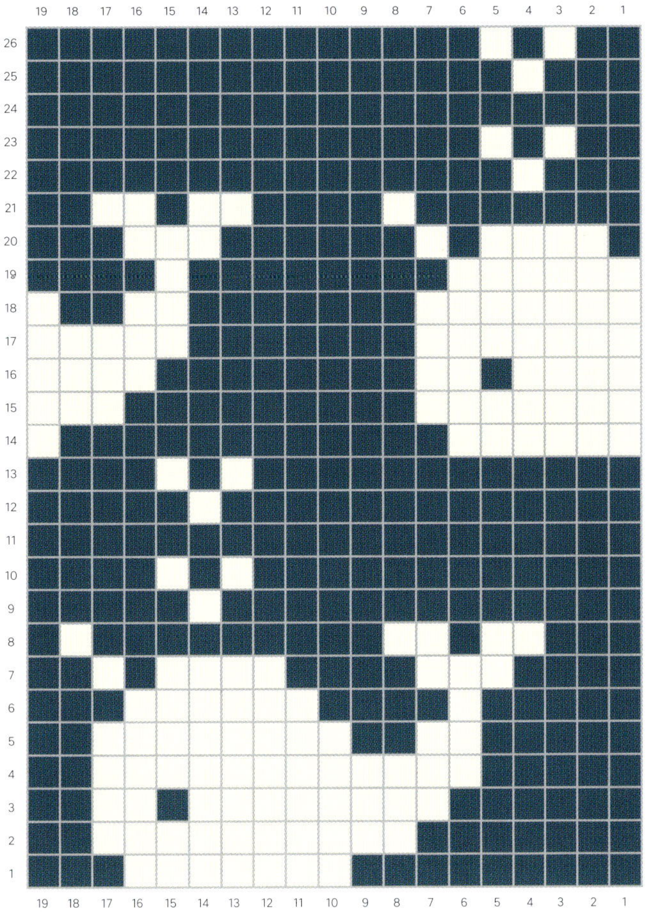

Claddagh

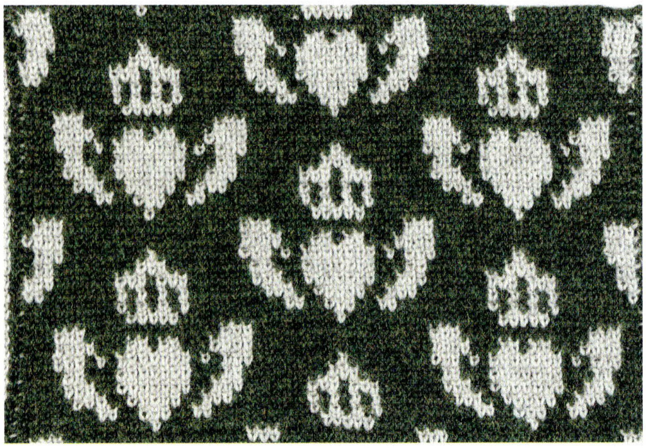

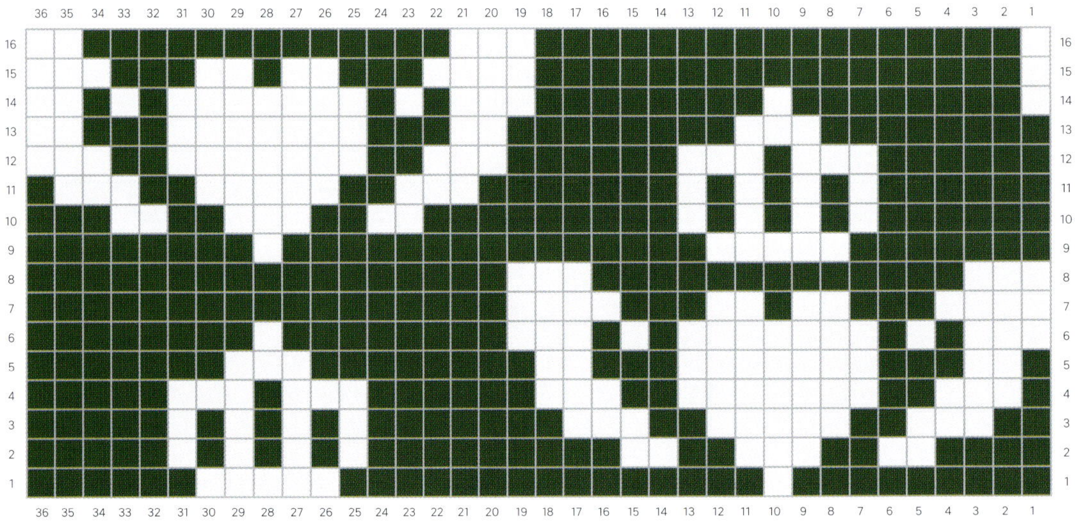

Großes florales Muster

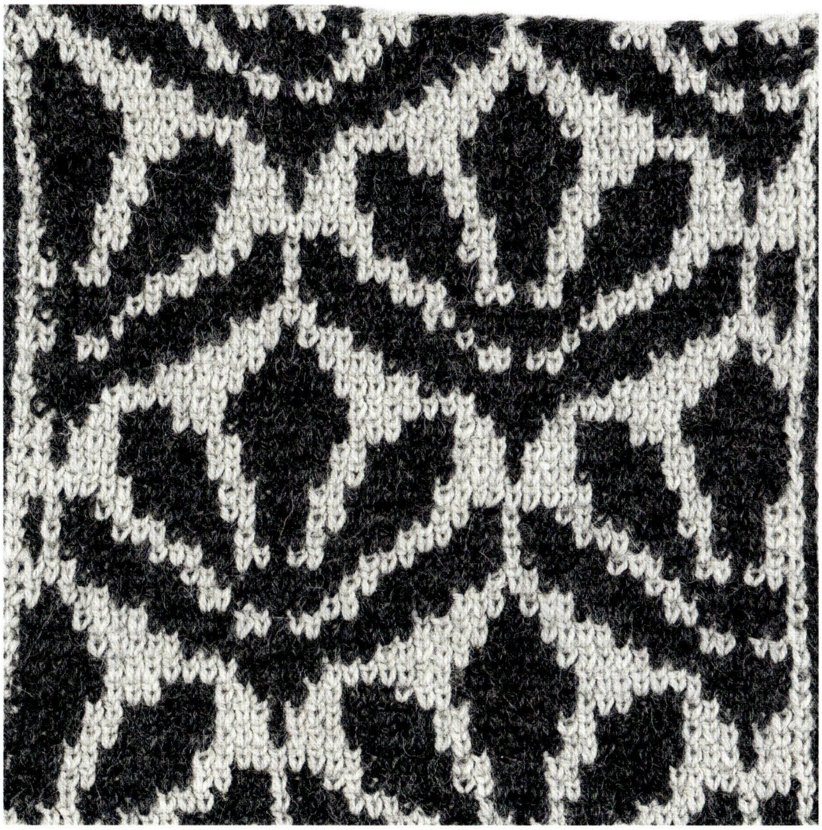

Einlegearbeit

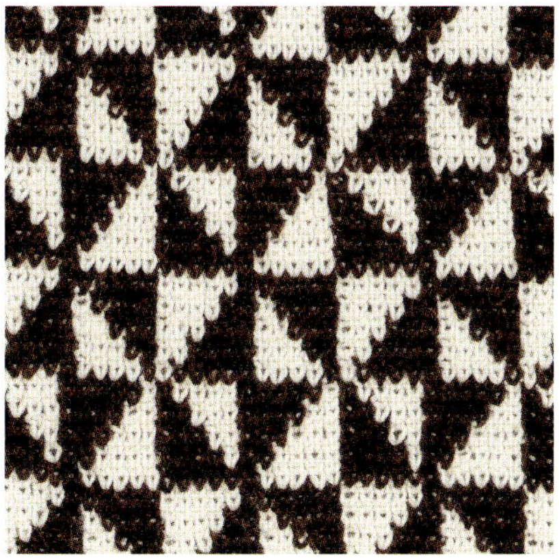

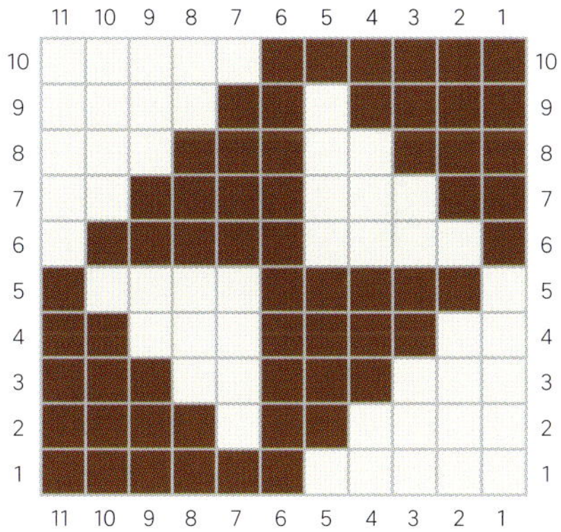

Getupft

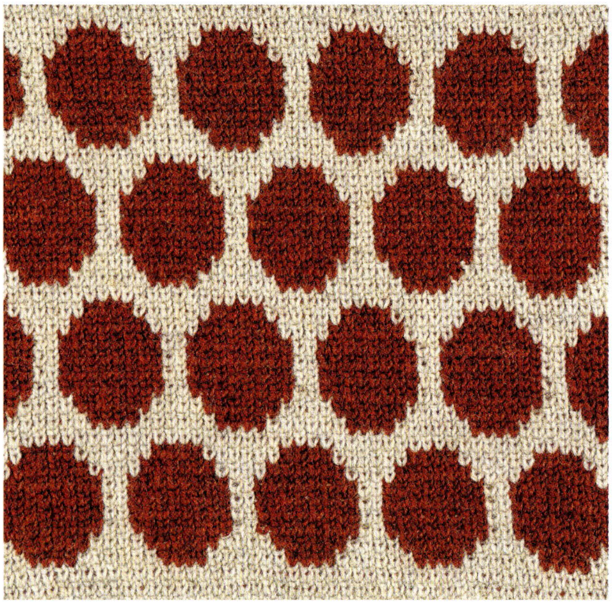

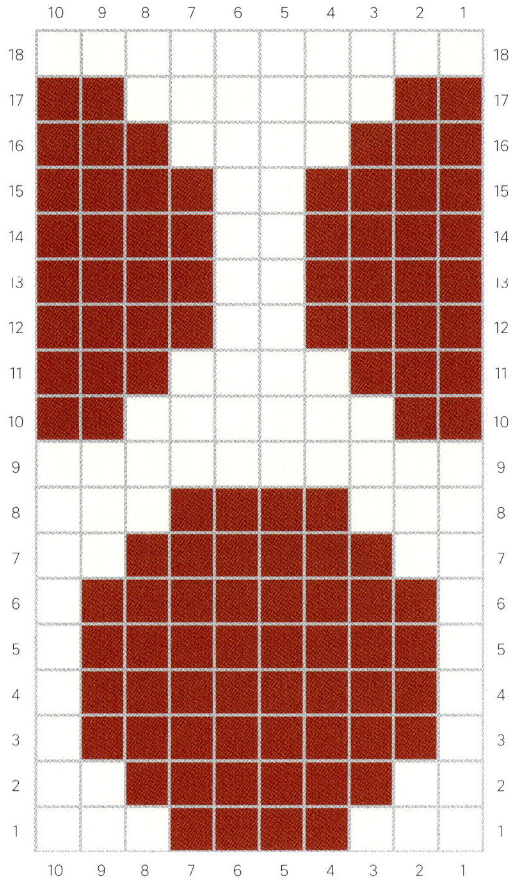

Unterbrochenes Zickzack

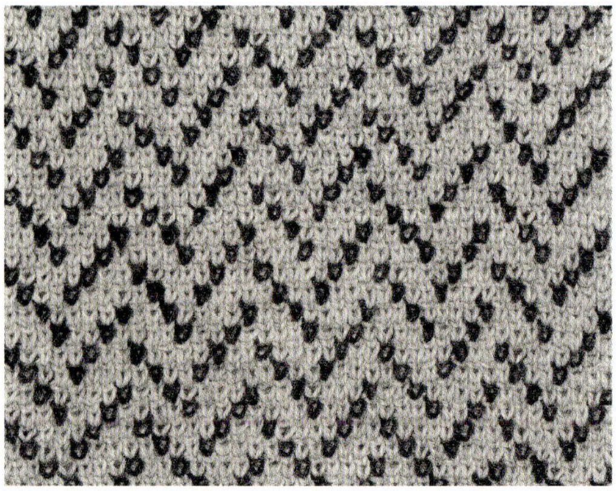

Tipp

Wenn Sie ein Muster aus dem vStr zum ersten Mal ausprobieren, vergewissern Sie sich, dass das Garn sich nicht leicht teilt. Es kann am Anfang ziemlich schwierig sein, die Nadel an der richtigen Stelle einzustechen, also lassen Sie sich Zeit, wenn Sie diese Masche lernen – mit ein wenig Übung wird es leichter!

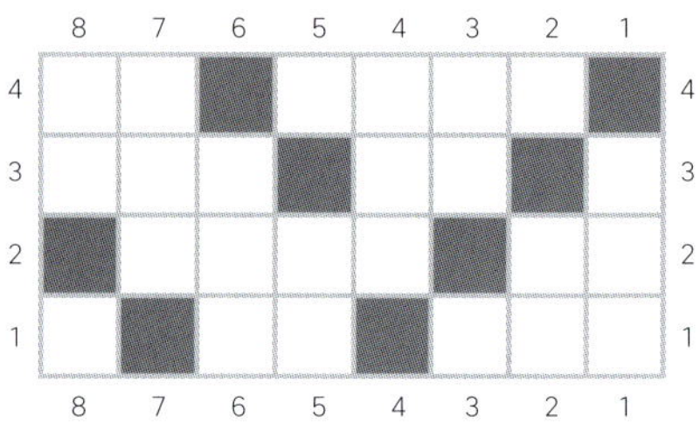

Feder, spring!

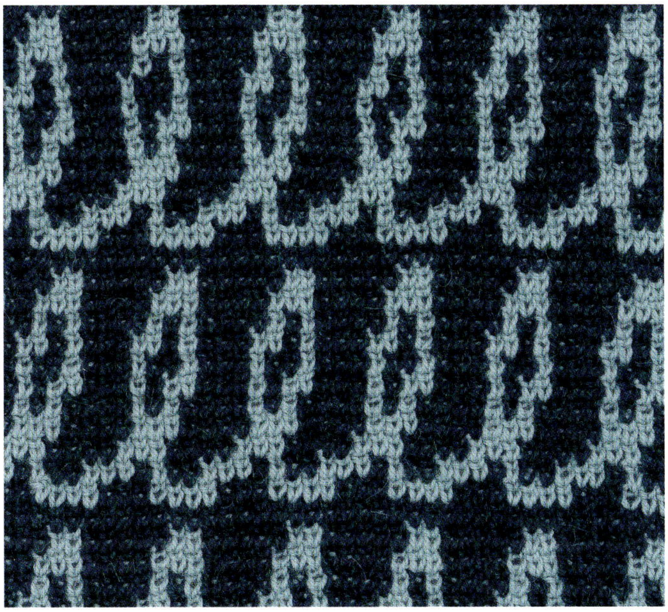

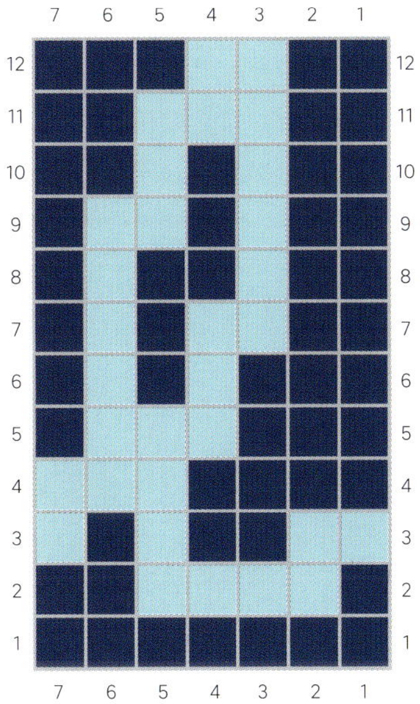

Filigranarbeit

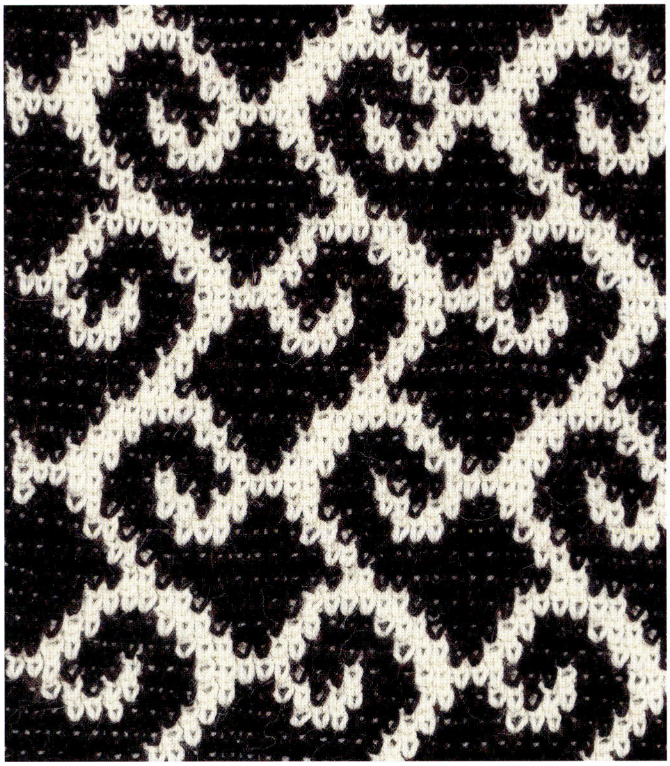

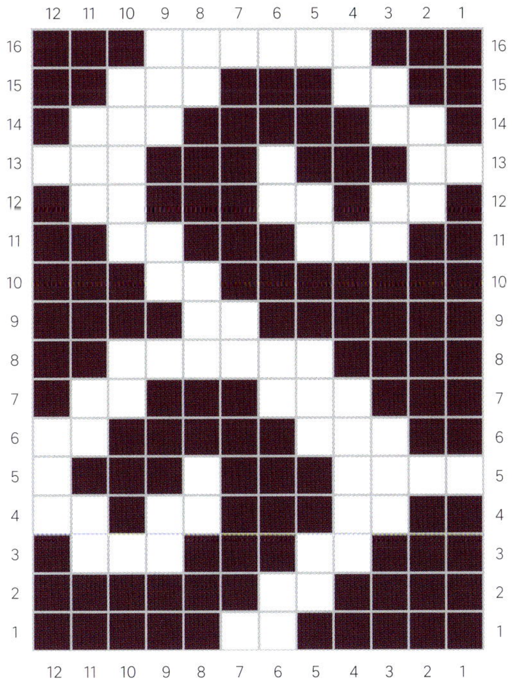

Schwebende Schleifen

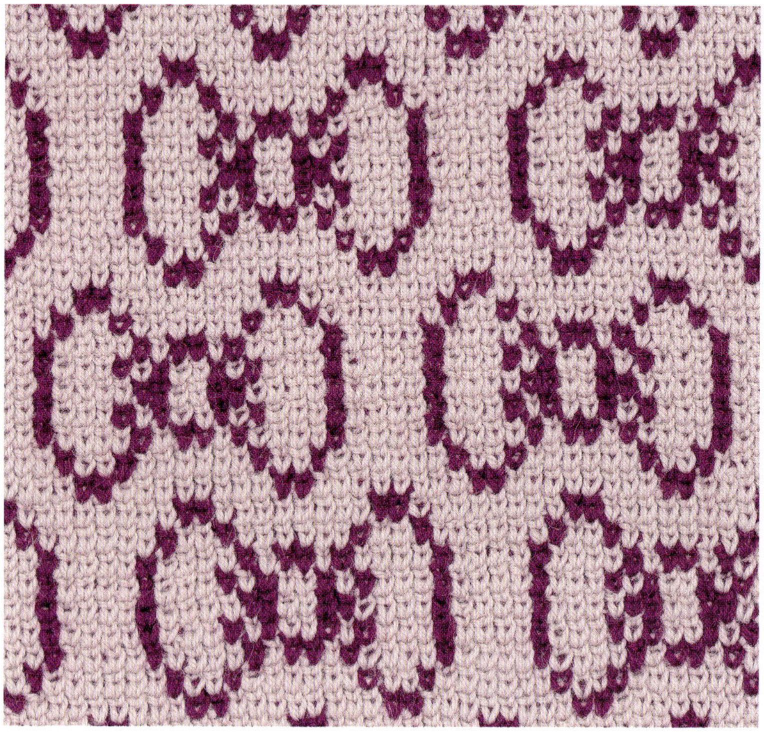

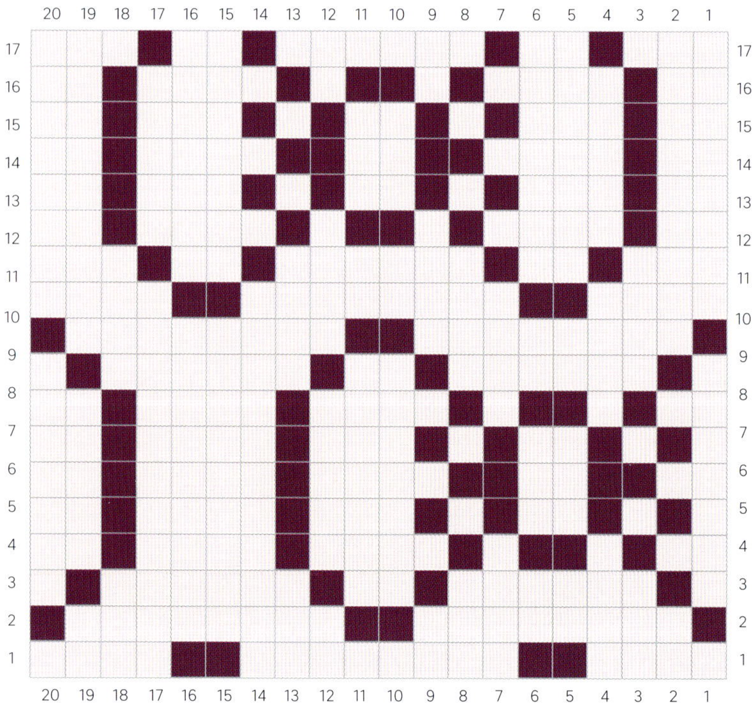

Wabenmuster

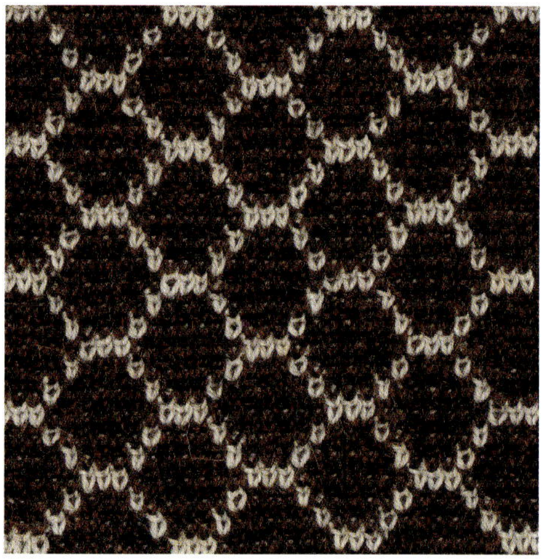

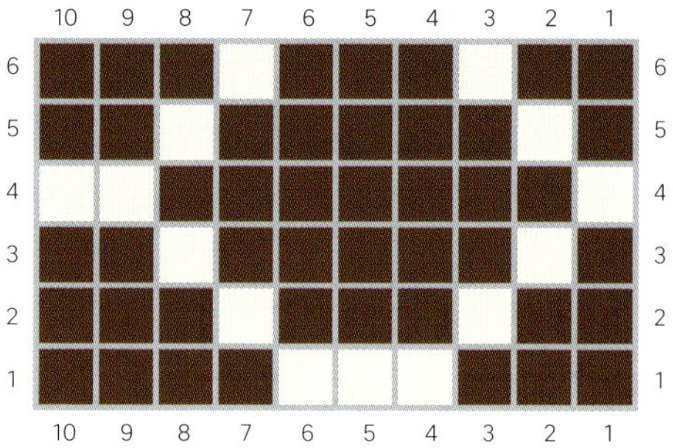

Tipp

Es hilft sehr, ein Muster aus dem vStr absichtlich etwas lockerer zu häkeln als sonst. Ziehen Sie die Schlingen etwas länger, da Sie sie durch die Masche ziehen. So wird es viel einfacher, die Nadel in die Maschen zu stechen.

Intarsien

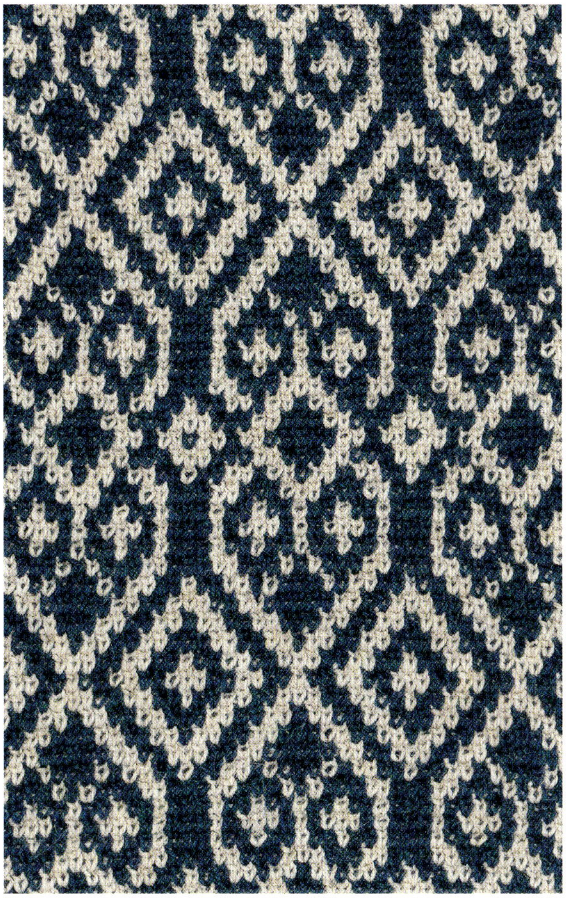

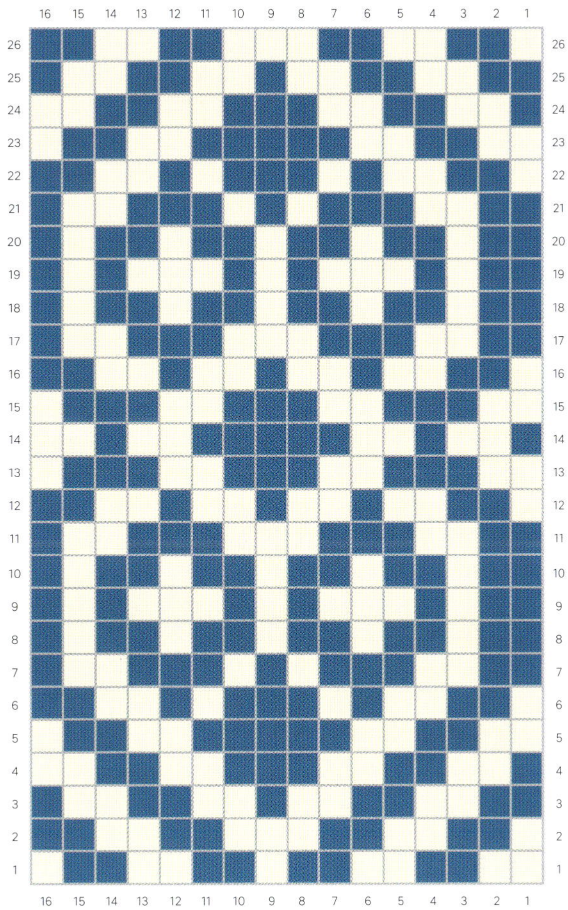

Meerjungfrauenschuppen

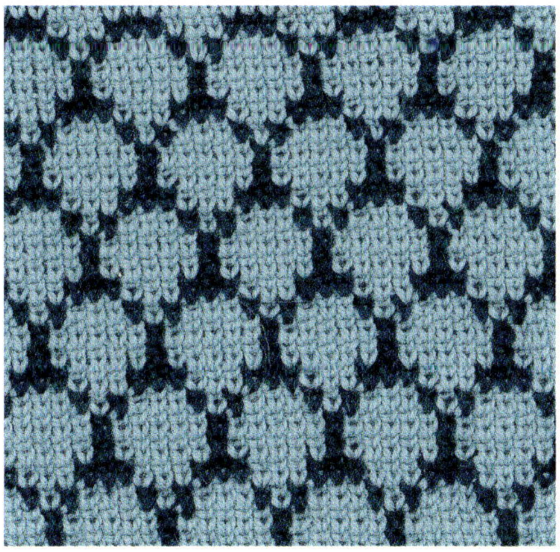

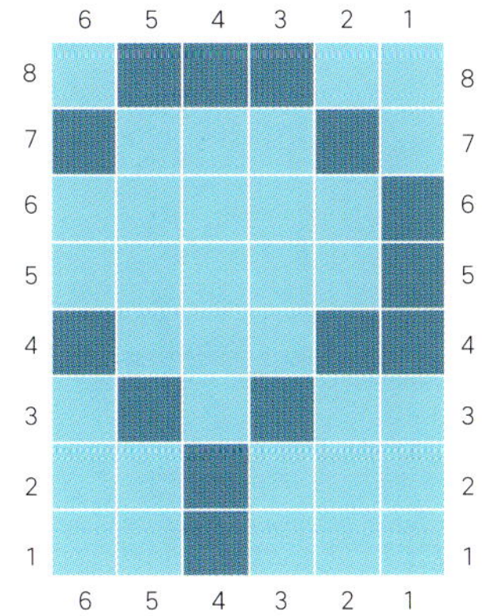

Blätter

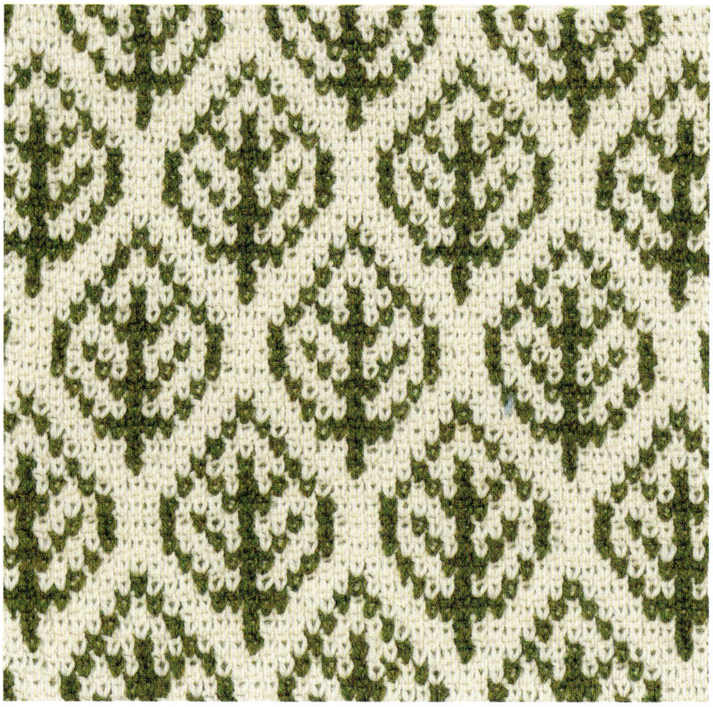

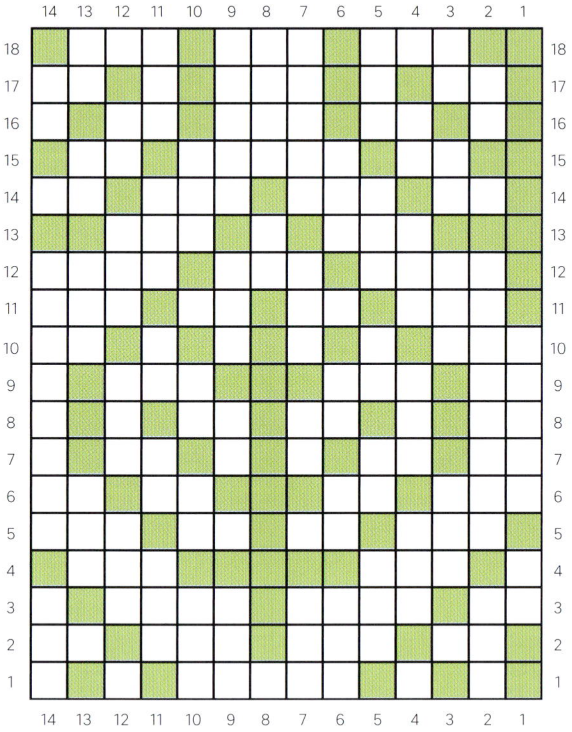

Martini

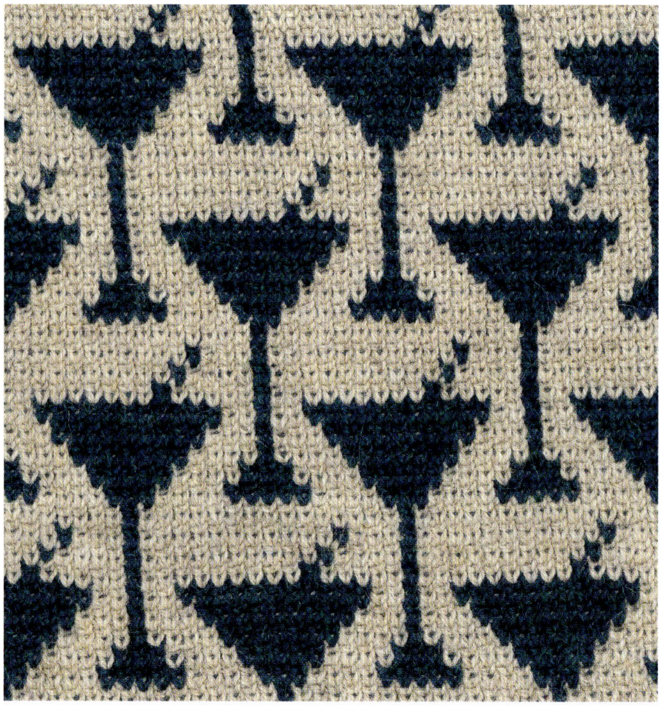

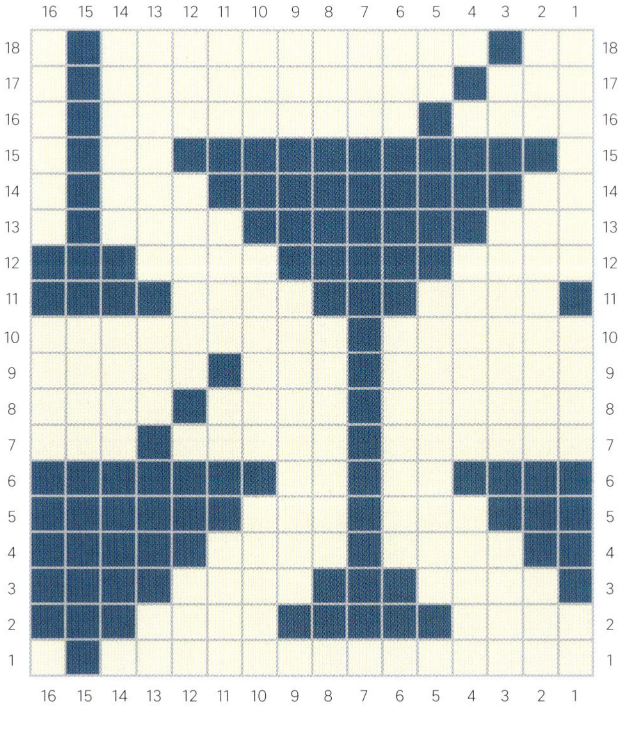

Ninjas

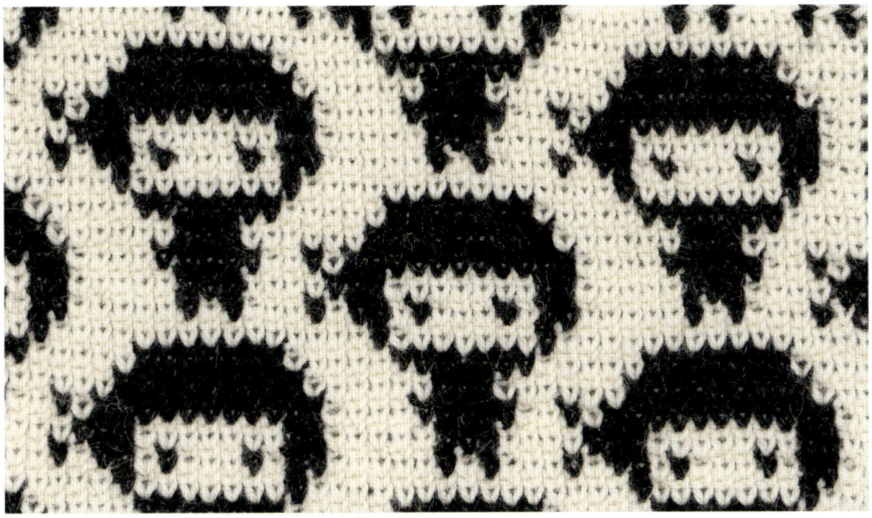

Tipp

Beim Häkeln vom vStr verwende ich den linken Mittelfinger, um auf der Maschenrückseite zu fühlen, wo meine Nadel durchsticht, um sicherzugehen, dass ich die Nadel unter den horizontal verlaufenden Faden steche.

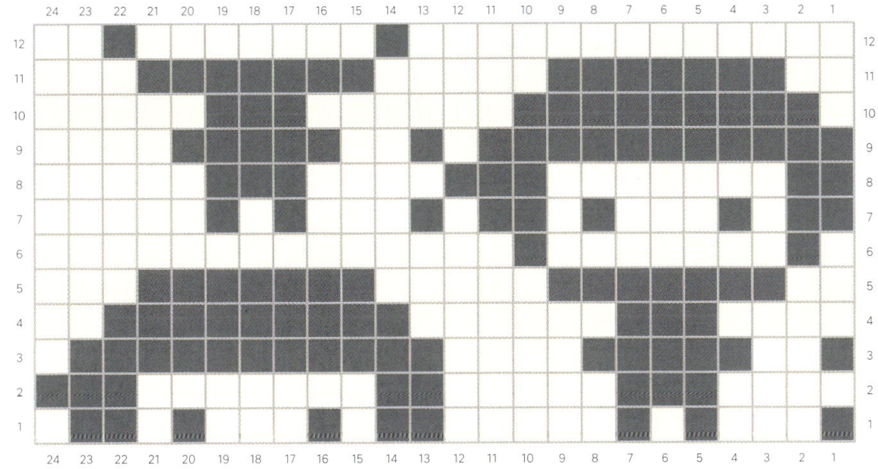

Miau!

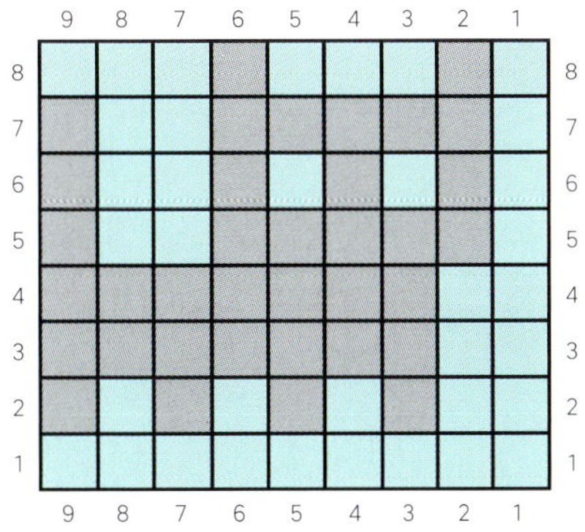

Labyrinth

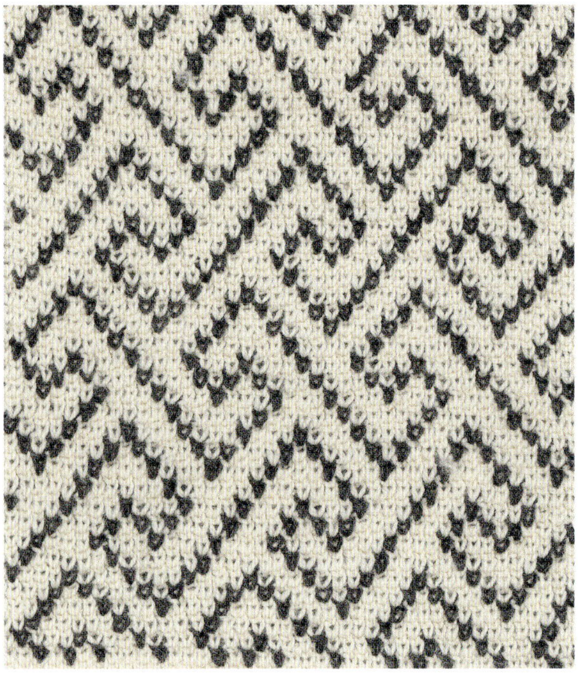

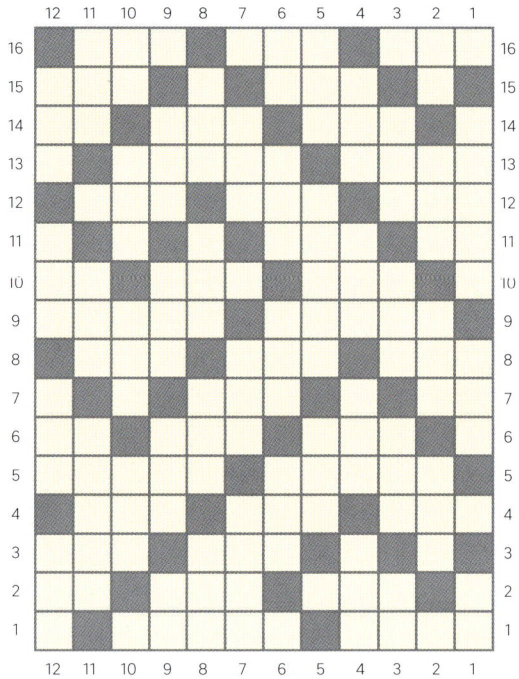

Junges Wachstum

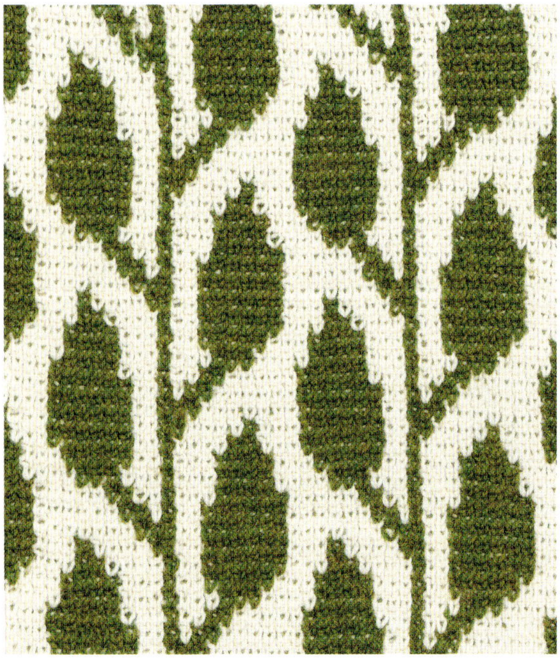

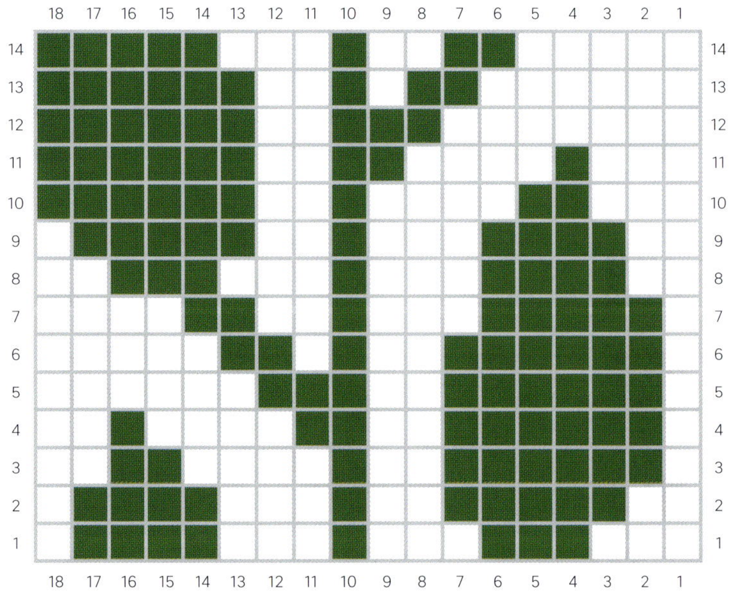

Verblassend

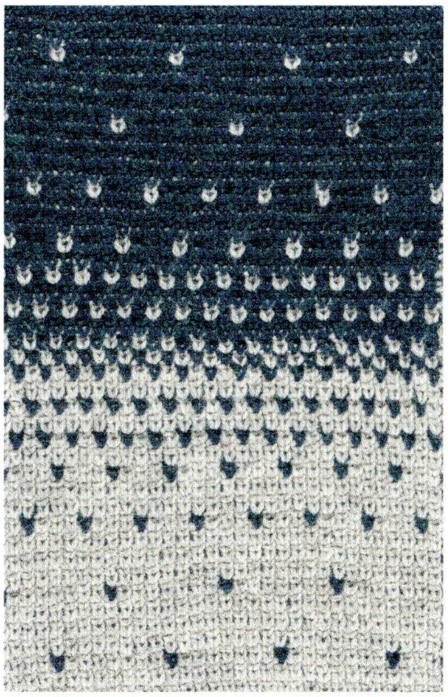

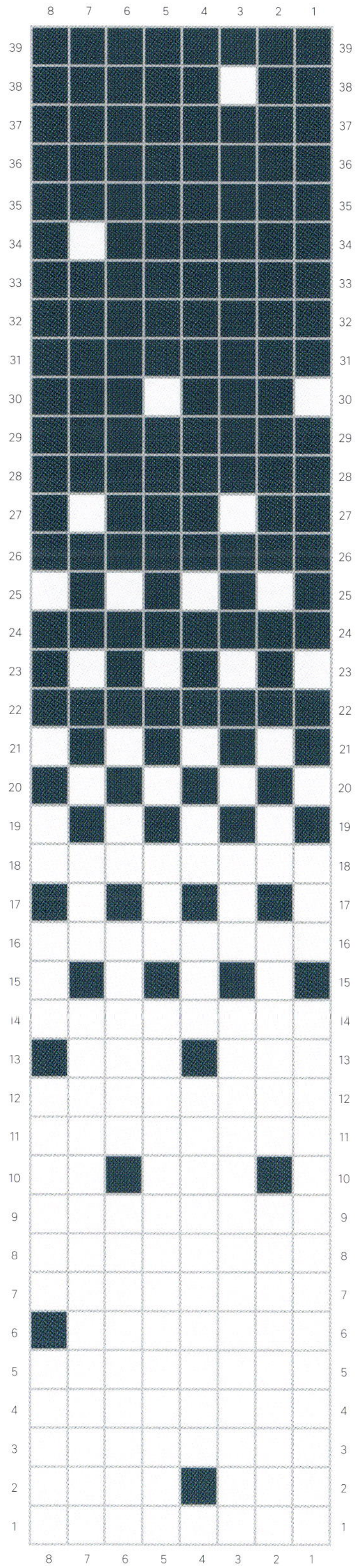

Schnippschnapp

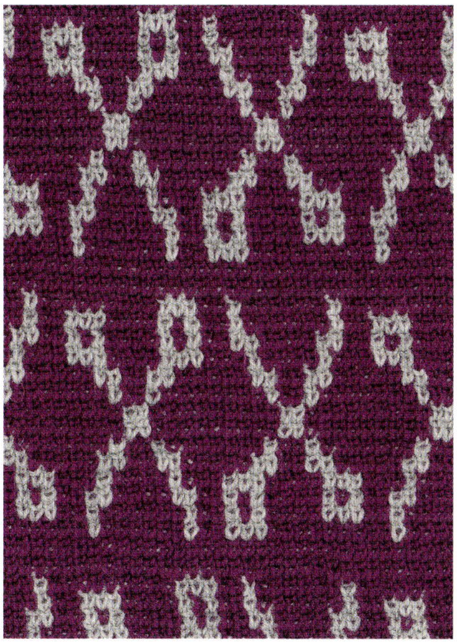

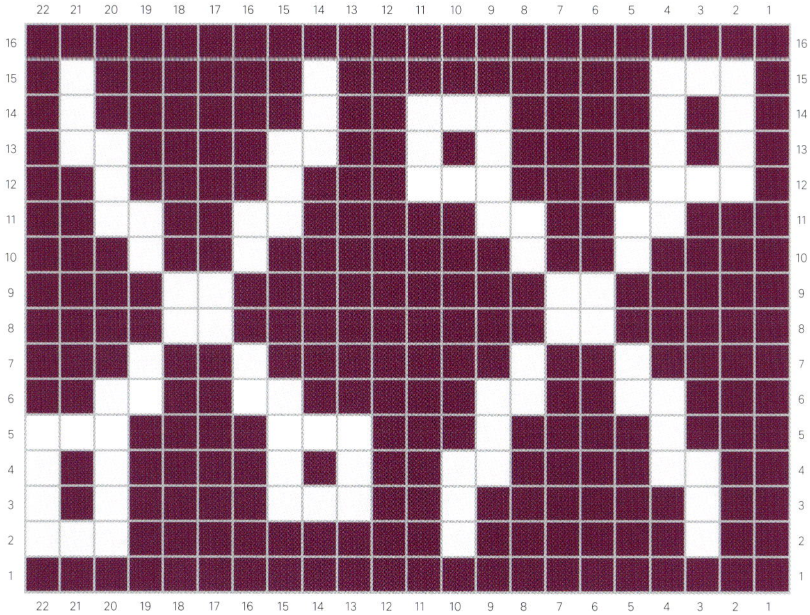

Die Projekte

Diese fünf Projekte wurden als zeitlose Muster entworfen, die immer und immer wieder gehäkelt werden können – jedes Mal individuell gestaltet mit einem neuen Farbmuster. Als Hilfestellung und zur Information über Anpassungen siehe „Austausch und Änderung von Mustern“ und „Projekte austauschen“ (S. 136–138).

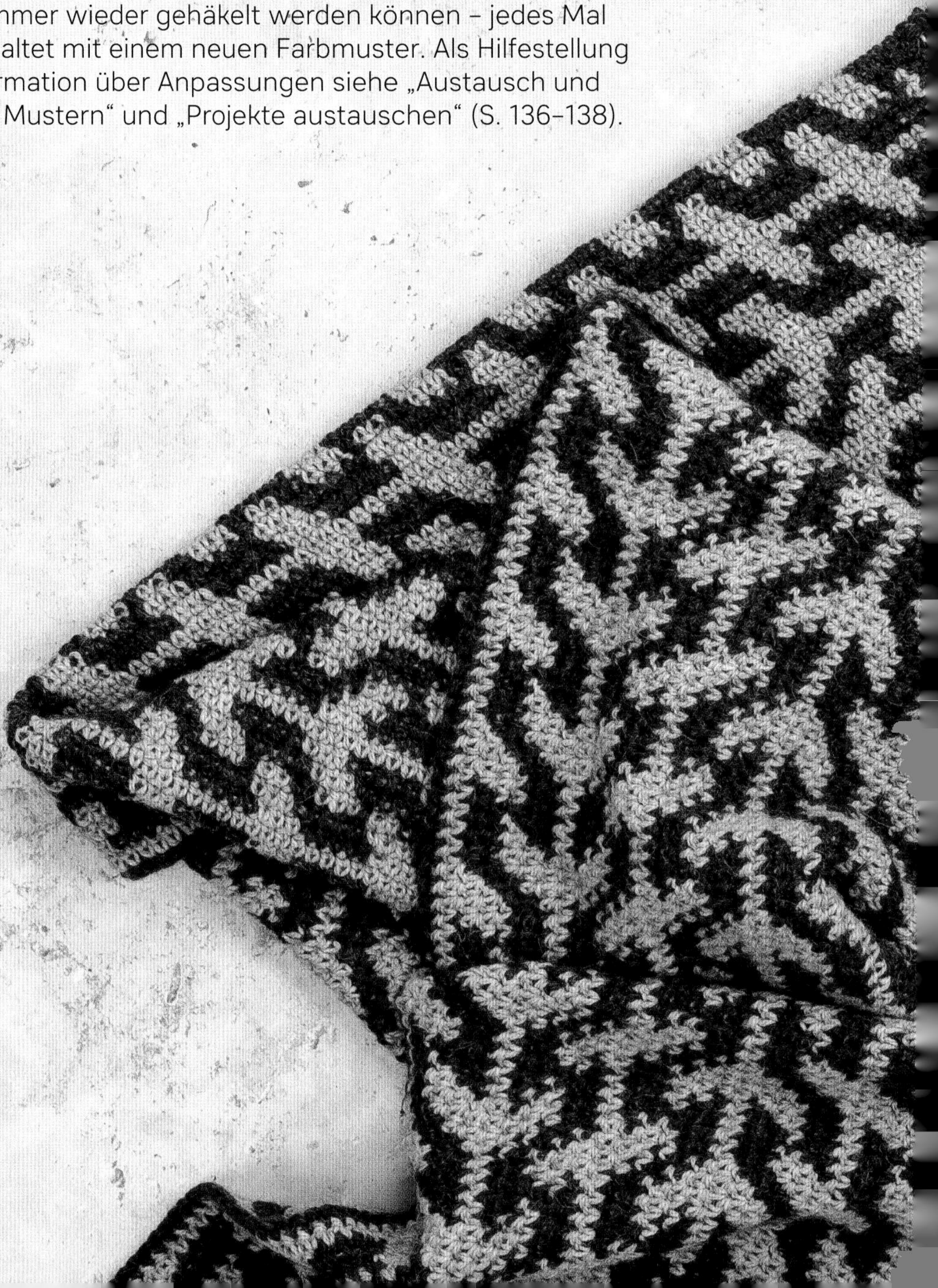

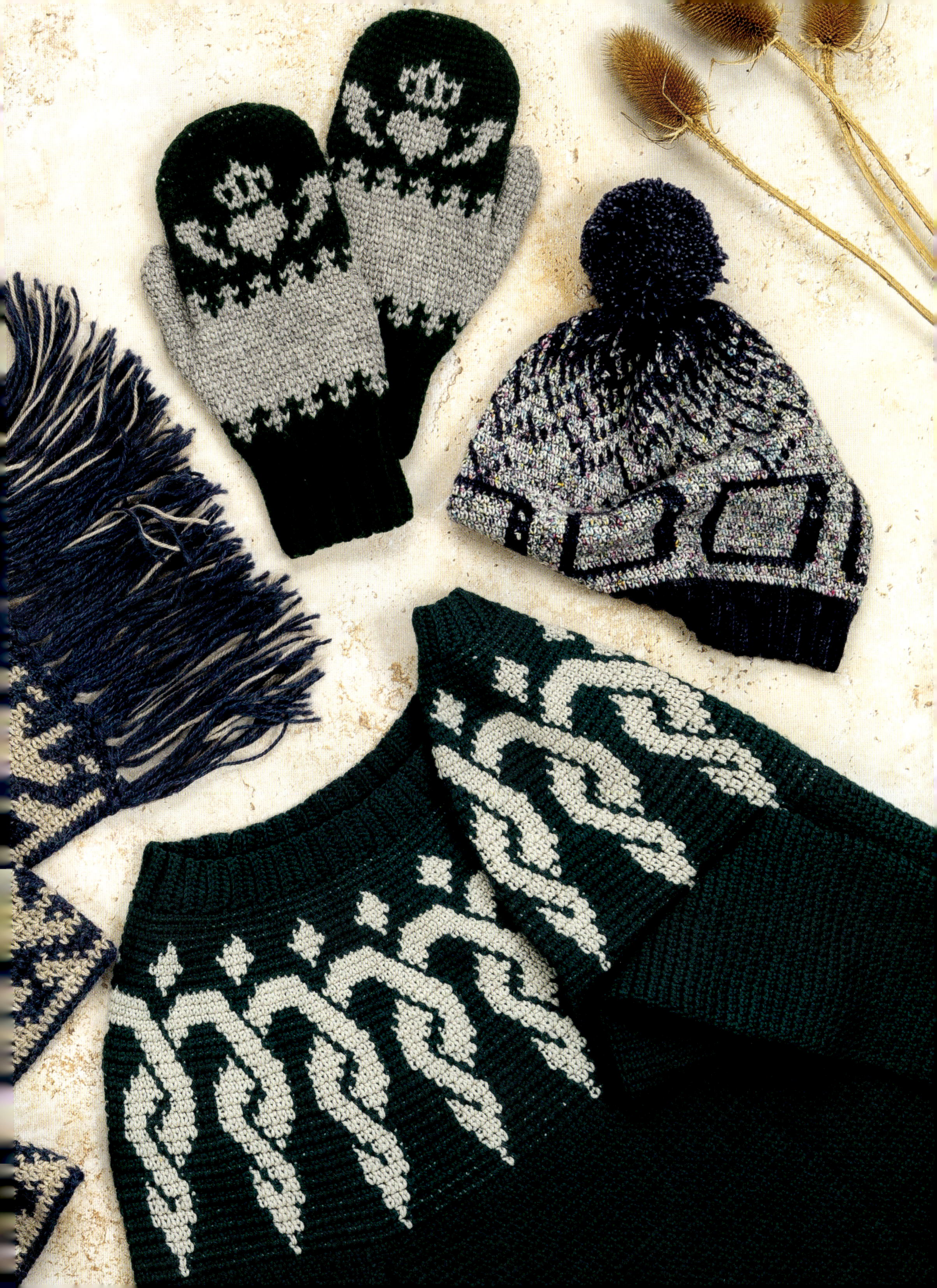

Schal mit Profil

Das ist das perfekte Projekt für Neulinge im zweifarbigen Häkeln! Sie müssen nicht über Formgebung, Größe oder irgendetwas anderes Kompliziertes nachdenken, während sich das Muster unter Ihren Fingern entwickelt. Das Häkelmuster ist simpel, beinhaltet relativ wenige Farbwechsel und es lässt sich leicht verfolgen, wo Sie gerade sind. Auch der Austausch des Farbmusters ist hier besonders einfach (siehe „Austausch und Änderung von Mustern", S. 136).

Größe bei Fertigstellung: 183 cm lang x 28 cm breit.

Garn: Berroco Ultra Alpaca Light (50 % Alpaka, 50 % Peruanische Wolle; 133 m/50 g): #4288 Blueberry Mix (HF); #42189 Barley (KF); 4 Knäuel pro Farbe.

Häkelnadel: 3,75 mm. Für eine korrekte Maschenprobe die Nadelgröße anpassen. Die Spannung ist hier nicht besonders wichtig – es ist wichtiger, ein Gewebe zu erhalten, das gut fällt. Die Spannung hat jedoch Einfluss auf die Größe bei Fertigstellung Ihres Schals und kann die Garnmenge verändern.

Benötigte Kurzwaren: Maschenmarkierer (optional); Nähnadel; ein Stück Pappe, ca. 19 cm breit (für die Fransen).

Maschenprobe (Spannung): 16 M x 14 Reihen = 10 x 10 cm, zweifarbig gehäkelt in vfM mit der 3,75-mm-Häkelnadel.

Dieser Schal wird in Reihen mit immer nach oben zeigender VS gehäkelt, weshalb Sie das Garn am Ende jeder Reihe abschneiden müssen. Dabei einen langen Faden stehenlassen, der in die Fransen eingearbeitet wird. Möchten Sie Ihre Maschenprobe auftrennen, um das Garn wiederzuverwenden, empfehle ich, sie rundzuhäkeln (und das Garn nicht abzuschneiden), siehe S. 16 „Maschenproben".

Warum dieses Garn?

Bei diesem Projekt wollte ich unbedingt mit dem Garn arbeiten, das ich für alle Muster in diesem Buch verwendet habe, um zu zeigen, wie es in einem größeren Stück, am Körper getragen, aussieht. Diese Alpaka-/Wollmischung ist hübsch und weich und schenkt so guten Stand und Wärme – und es gibt sie in vielen Farben. Sie war die perfekte Wahl für diesen üppigen Schal!

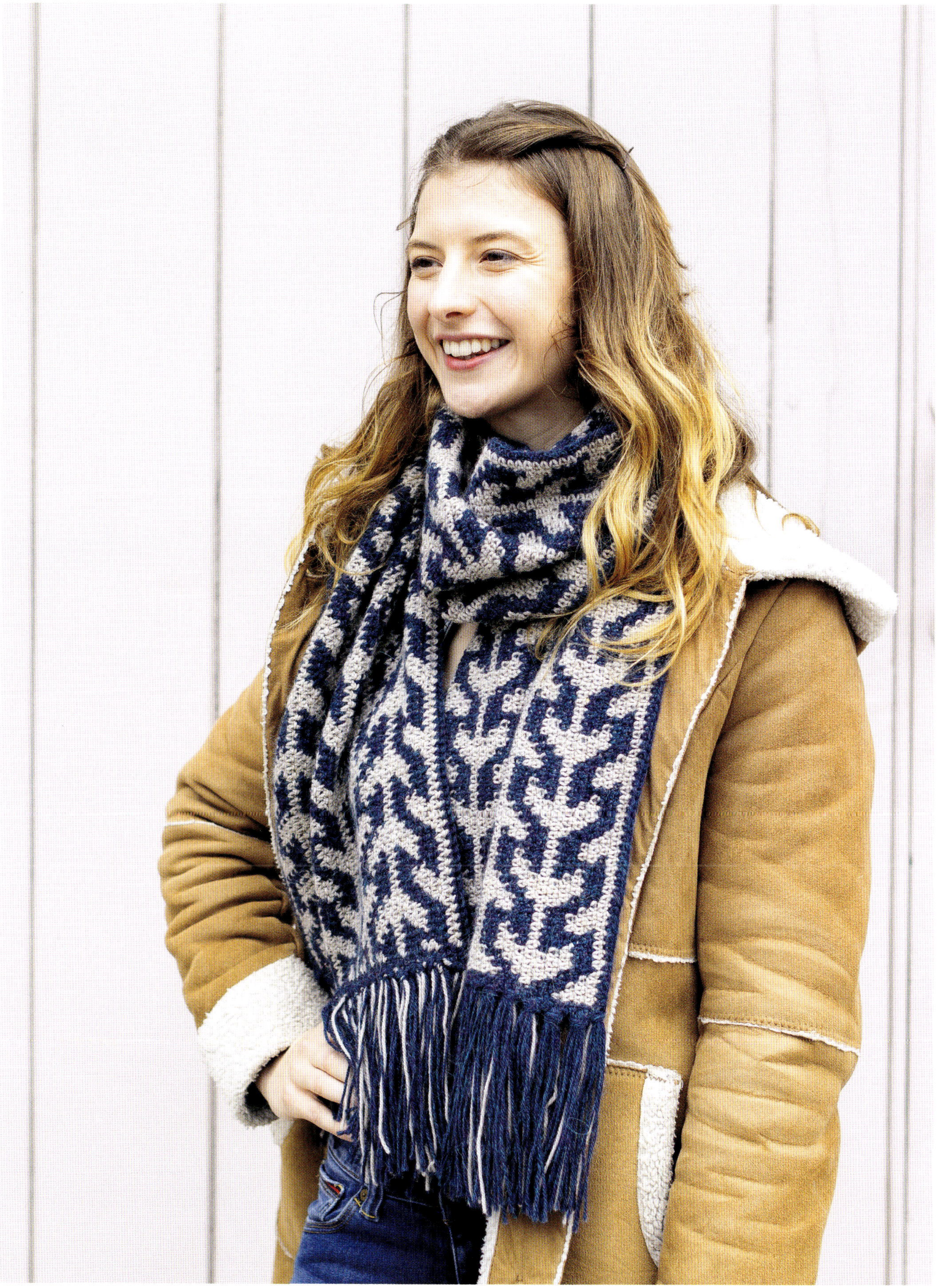

Anleitung für die Maschenprobe

33 Lm häkeln.

Runde 1: Darauf achten, die Lm nicht zu verdrehen, in die 2. Lm von der Nd arb, je 1 vfM in jd M bis zum Ende der Rd. (32 M)

Nicht verbinden, sondern in einer Spirale weiterarbeiten. MM setzen, um die 1. Rd im Blick zu behalten.

Runde 2–14: Die nächsten 13 Runden nach dem Farbmuster in vfM häkeln, dabei in jeder Rd 4-mal wdh (siehe „Arbeit mit Musterdiagrammen“, S. 14).

Anmerkungen

Der Schal wird seitlich in Reihen mit der VS nach oben gehäkelt. Lassen Sie am Beginn und Ende jeder Reihe Garnenden mit 20 cm stehen. Sie werden später zu den Fransen hinzugefügt, dann müssen Sie keine Enden vernähen (bis auf eingehäkeltes Garn). Auch wenn einige Reihen keine Farbwechsel beinhalten, häkeln Sie über das Garn der anderen Farbe, um eine gleichmäßige Spannung über den ganzen Schal aufrechtzuerhalten. Zusätzlich können Sie an diesen die Ränder fester ziehen, falls sie wellig oder zu gedehnt werden.

Arbeit mit dem Musterdiagramm

Da Sie in Reihen mit der immer nach oben zeigenden VS arbeiten, müssen Sie jeder Zeile des Musters von rechts nach links folgen. Sind Sie Linkshänderin, können Sie von links nach rechts arbeiten. Reihe 1 im Muster entspricht Reihe 1 im Schal.

Beim Häkeln nach dem Muster führen Sie die nicht aktive Farbe entlang der Maschenoberseite der Vorreihe mit. Zum Umhüllen des Garns mit Maschen um dieses herumhäkeln. Während der Arbeit sichergehen, dass das mitgeführte Garn Ihre Maschen nicht zusammenzieht. Alle paar Maschen nach einem Farbwechsel am Ende des mitgeführten Garns ziehen, damit es nicht zu locker wird; dann am Gewebe ziehen, damit es nicht zu fest wird. Müssen Sie die Farbe wechseln, den Arbeitsfaden fallenlassen und das mitgeführte Garn aufnehmen. Immer im letzten U der letzten M vor dem Farbwechsel zur neuen Farbe wechseln. Die HF immer auf der VS und die KF auf der RS fallenlassen, um ein Verheddern des Garns während des Häkelns zu vermeiden.

Dieses Foto zeigt die Rückseite des „Schals mit Profil“, die ebenfalls toll aussieht!

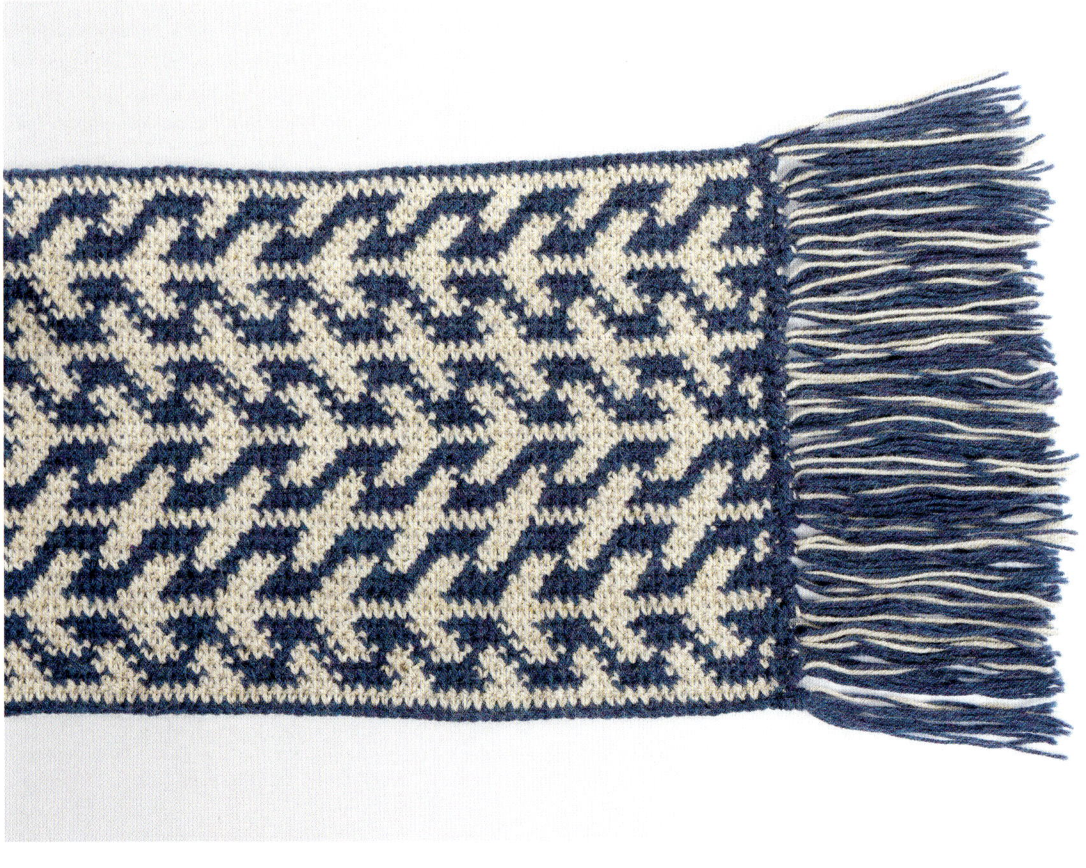

MUSTER FÜR DEN SCHAL

292 Lm in der HF häkeln.

TIPP: Dies ist eine ganze Menge Lm, die es im Blick zu behalten gilt. Sollten Sie sich verzählen und zu viele haben, können Sie nach der ersten Reihe ein paar M auftrennen und sie erneut zählen. Wenn Sie jede 25. oder 50. Lm mit einem MM markieren, ist es einfacher, den Überblick über die bereits gehäkelten Lm zu behalten.

Aufbaureihe: In der HF weiterarb, dabei unten in die Lm und über das Garn in KF arb, je 1 vfM in die 2. Lm von der Nadel und jd Lm bis zum Ende der R. (291 M)

Das Garn befestigen, abschneiden und ca 20 cm lange Enden am Ende dieser und aller folgenden Reihen stehenlassen. Nicht wenden.

Reihe 1–24: Ca. 20 cm Garn am Reihenanfang über den Rest des Musters stehenlassen (sie werden in die Fransen eingearbeitet). Immer dieselbe Seite oben behalten und über das Garn in KF arbeiten, die Nadel in die 1. vfM der Aufbaureihe (nicht die 1. Lm stechen), U mit der HF und eine Schlinge hochziehen, 2 Lm (zählen durchgehend nicht als M), 1 vfM in dieselbe M wie die 1. Lm, mit Reihe 1 des Farbmusters in vfM über die nächsten 288 M arb bis zu den letzten 2 M, je 1 vfM in die letzten 2 M in HF, das Garn befestigen und ein 20 cm langes Ende stehenlassen. (291 M, 36 Musterwdh, [2 Lm, 1 vfM] in der HF am Beg der R, 2 vfM in der HF am Ende der R). Nicht wenden.

Reihe 25–37: Reihe 1–13 wdh.

Reihe 38: Garn im Muster einhäkeln und 2 Lm am Beg häkeln. In derselben M beg und weiterarb, um über den Faden in der KF zu arb, in vfM entlang der Reihe in der HF arb. (291 M)

Das Garn befestigen und ein 20 cm langes Ende stehenlassen.

FERTIGSTELLUNG

Das Garn befestigen, die Enden vernähen und die Arbeit spannen.

FRANSEN

Für ein Ende des Schals: Das Garn locker 80-mal um das 19 cm breite Stück Pappe wickeln, dann die Schlingen an einer Seite aufschneiden, um 80 Fransen zu je ca. 40 cm zu erhalten. 20 Fransen an jedem Ende des Schals befestigen – dies bedeutet, dass an jedem Reihenende ein Fransenstück hinzugefügt wird. Jeder dieser 20 Abschnitte besteht aus vier (zusammengenommenen) Fäden und wird wie folgt angebracht: Die Nadel von der RS auf die VS durch das Ende des Schals einstechen. Vier Fransen nehmen, in der Mitte falten und die Mitte auf die Nadel legen. Diese gerade so weit durchziehen, dass Sie 2 Finger durch die Schlinge stecken können. Die Schlinge erfassen, die acht Fäden und etwaige Garnenden vom Häkeln durch die Schlinge ziehen. Zum Befestigen die Fransen festziehen. Mit den restl Fransen entlang des Rands wiederholen.

Die Anleitung für die Fransen am anderen Ende des Schals wiederholen. Alle Fransen auf ca. 15 cm zuschneiden.

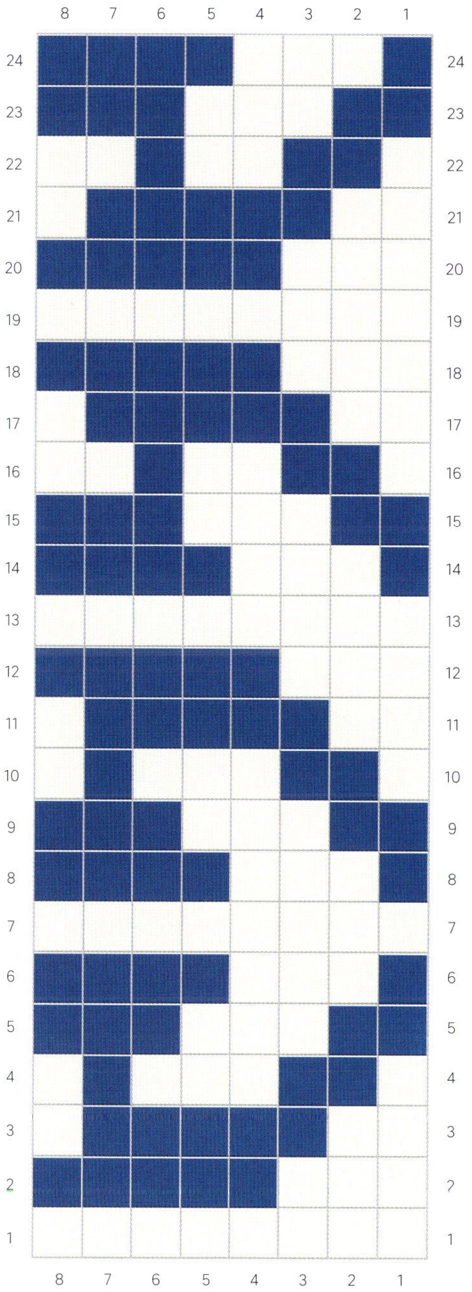

LEGENDE

Jedes Quadrat steht für 1 M. Das Muster von rechts nach links lesen (Linkshänderinnen: von links nach rechts).

Mütze mit verschneitem Bild

Wissen Sie noch, in den alten Zeiten, als der Fernseher wegen des schlechten Empfangs ein verschneites Bild hatte? Manchmal konnte man noch gerade so erkennen, was geschah. Hier ist eine kleine Anspielung auf diese einfacheren Zeiten ... Ich liebe es, wie das gesprenkelte Garn das Motiv des Fernsehers ein bisschen verdeckt – und man trotzdem noch erkennt, was es ist. Es ist immer wichtig, dass die Garne genügend Kontrast haben (sonst sieht man das Farbmuster nicht), aber wenn Sie ein gesprenkeltes oder ein Ombre-Garn verwenden, bei dem die Farben ab und an übereinstimmen, kann das wirklich cool aussehen!

Größe bei Fertigstellung: Passend für durchschnittliche Frauen/Teenager; 48 cm Umfang am Bündchen x 26,5 cm Höhe nach dem Spannen.

Garn: Malabrigo Mechita (100 % Superwash-Merinowolle; 384 m/100 g): #MTA052 Paris Night (HF); #MTA729 Double Bass (KF); 1 Knäuel pro Farbe.

Häkelnadel: 2,25 mm und 2,75 mm. Die Nadelstärke für eine korrekte Maschenprobe anpassen, falls notwendig.

Benötigte Kurzwaren: Maschenmarkierer (MM); Nähnadel; ein Stück Pappe, ca. 11,5 cm breit und 12,5–15 cm lang (für den Bommel).

Maschenprobe (Spannung): 22,5 M x 15,5 Reihen = 10 x 10 cm, zweifarbig gehäkelt in vfM mit der 2,75-mm-Häkelnadel

Warum dieses Garn?

Ich brauchte ein sehr dünnes, einfädiges Garn, damit ich das große Muster mit einem feinen Maschenbild häkeln konnte. Vor allem habe ich dieses Garn gewählt, weil es sooooo weich ist und es eine Freude ist, damit zu arbeiten, aber auch, weil es sowohl gesprenkelte als auch einfarbige Varianten gibt. Ich wollte unbedingt, dass diese Mütze leicht zu tragen ist – aufsetzen und schon sieht's gut aus. Dank dem unglaublichen Faltenwurf und der Weichheit liefert diese Mütze wirklich ab!

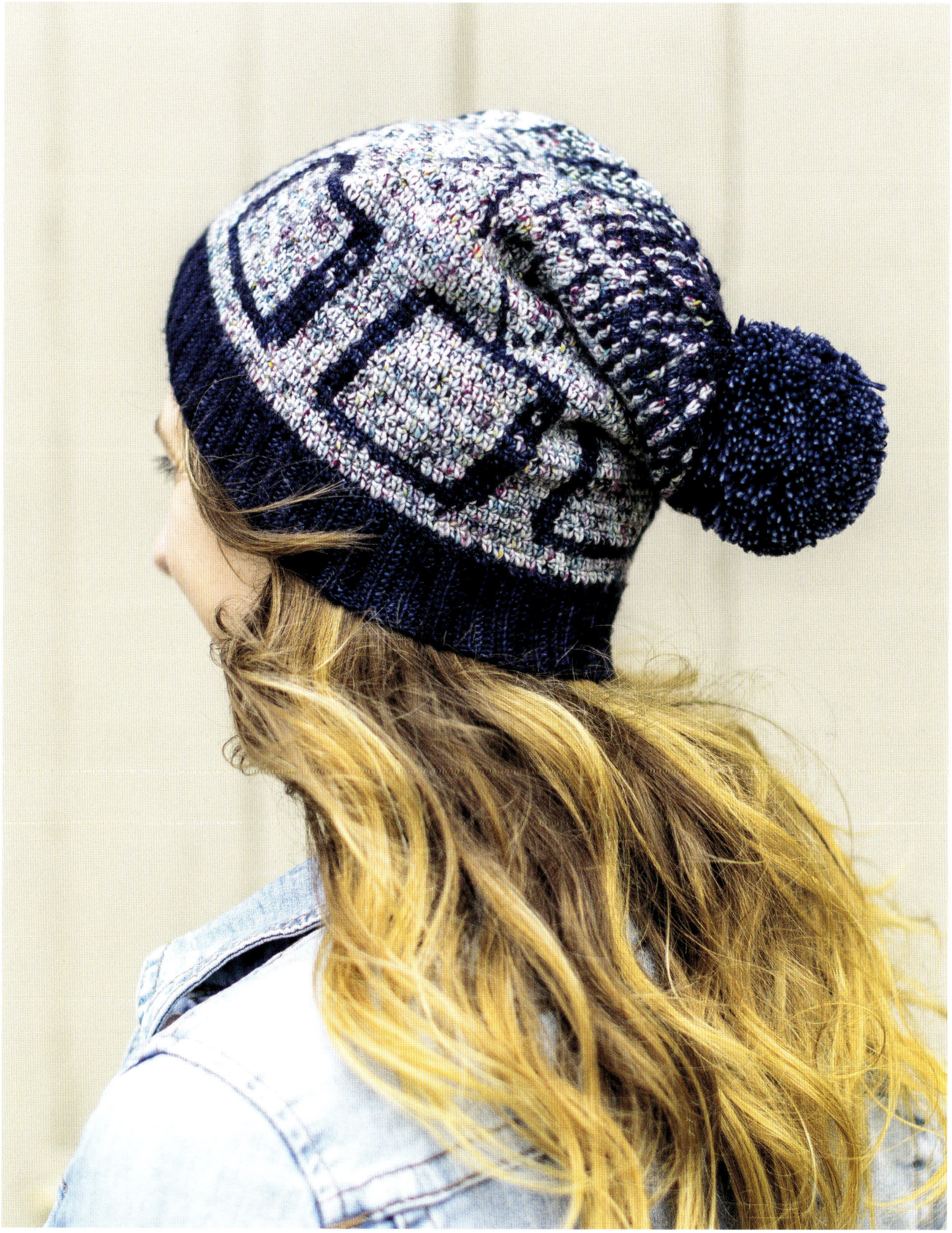

Anmerkungen

Diese Mütze wird von unten nach oben gehäkelt. Zuerst wird das Bündchen in sich umkehrenden Reihen gehäkelt, dann die Enden mit Km zu einem Ring verbinden. Die Maschen werden in verbundenen Runden auf diesen Ring gehäkelt. Beim Wechsel von einer Farbe zur anderen das Garn nicht befestigen oder abschneiden, sondern an der Oberkante mitführen und darüberhäkeln (die M umhüllen).

Verbindungen: Im letzten U der letzten M der Rd die Farbe der 1. M der Rd verwenden. Mit 1 Km in die 1. M in derselben Farbe verbinden.

Farbe der Luftmaschenketten am Rundenanfang: In diesem Muster zählen die Lm am Rundenanfang nicht als M. Häkeln Sie diese in derselben Farbe wie die 1. M jeder Rd. Wenn die 1. M der nächsten Rd eine andere Farbe hat, als Sie auf Ihrer Nadel nach dem Häkeln der Verbindung haben, U mit der neuen Farbe und am Garnende der alten Farbe ziehen, bis die letzte Schlinge in der alten Farbe verschwindet, dann die Lm am Rundenanfang und die 1. M häkeln (in dieselbe M wie die Verbindung).

Leitfaden für Häkelmaschen

vfM (verlängerte feste Masche): Die Nadel in die nächste M stechen, U und eine Schlinge hochziehen, U und nur durch eine Schlinge ziehen, U und durch 2 Schlingen ziehen.

2 mod vfM zus abm (2 modifizerte verlängerte feste Maschen abmaschen): Dies wird über die nächsten 2 M gehäkelt und verringert die Maschenanzahl um 1 M. Die Nadel nur unters vMg der nächsten M stechen, dann die Nadel unter beide Schlingen der nächsten M stechen (von vorn nach hinten, wie üblich), U und eine Schlinge hochziehen, U und nur durch eine Schlinge ziehen, U und durch 2 Schlingen ziehen.

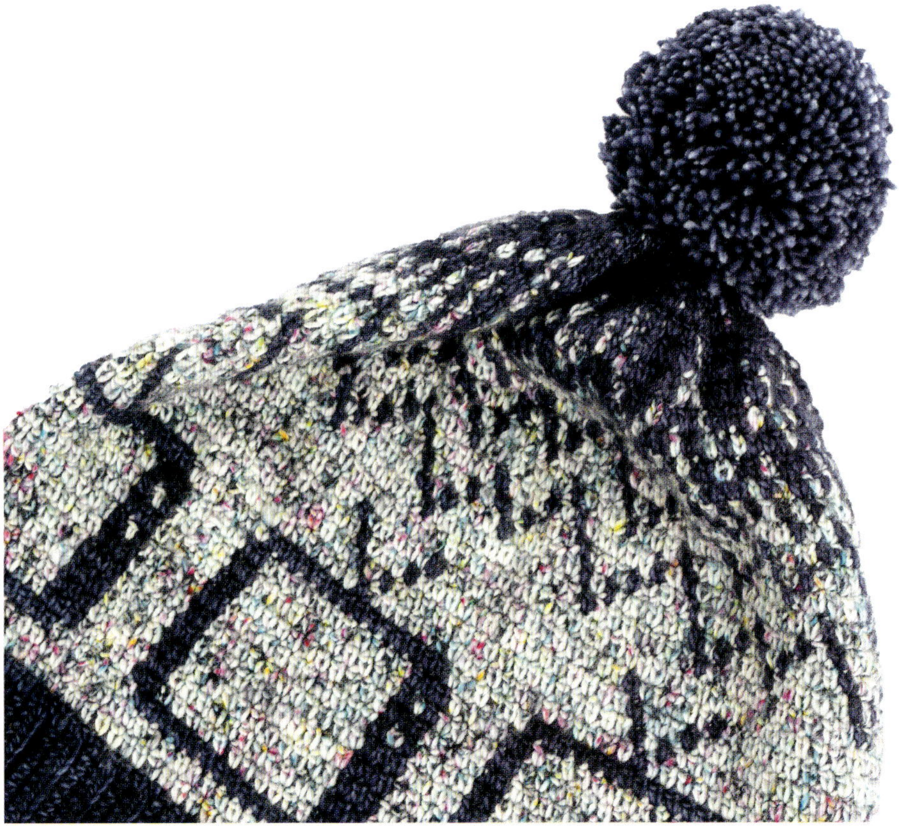

MUSTER FÜR DIE MÜTZE

BÜNDCHEN

Mit der 2,25-mm-Häkelnadel und Garn in der HF 14 Lm häkeln.

Reihe 1: In der 3. Lm von der Nadel beg und unten in die Lm arb, je 1 hStb in jd Lm bis zum Ende der R, wenden. (12 M)

Reihe 2–96: 2 Lm, je 1 hStb ins hMg jeder M bis zum Ende der R, wenden. (12 M)

Randreihe: 1 Lm, wenden wie zum Häkeln einer weiteren Reihe, den Rand zum Anfangen direkt vor die letzte gehäkelte R bringen und die Ränder mit Km durch das hMg jeder Randmasche zusammenhäkeln. (12 Km)

Das Garn nicht befestigen. Die Arbeit wenden, damit der Km-Saum auf der Innenseite liegt.

HAUPTTEIL DER MÜTZE

Aufbaureihe: 1 Lm, das Werkstück drehen, um in die Enden der R zu arbeiten: MM setzen, um Bündchen in 4 Abschnitte zu teilen und je 30 fM in jd Abschnitt häkeln. 1 MM in die 1. M der Rd. (120 M entlang des Bündchens)

Zur 2,75-mm-Häkelnadel wechseln.

Runde 1 (Farbmuster beginnt): U in KF und eine Schlinge hochziehen. Am Garnende in HF ziehen, bis die letzte Schlinge in HF verschwindet, aber das Garn nicht abschneiden. Über die nicht verwendete Farbe häkeln und mit Rd 1 des Musters beg, die nächsten 34 Rd häkeln und nach jd Rd verbinden (siehe Anmerkungen: Verbindungen).

SCHEITEL DER MÜTZE

Weiter über die nicht verwendete Farbe arbeiten, damit die M sich weniger ausdehnen und gleichmäßiger aussehen. Außerdem wird die Oberseite der Mütze fester, sodass der Bommel sie nicht aus der Form bringt. Ziehen Sie von Zeit zu Zeit vorsichtig am nicht verwendeten Garn, um die M geradezuziehen und zu verhindern, dass die nicht verwendete Farbe durchscheint. Scheint zu viel Farbe durch, häkeln Sie stattdessen über einen Faden in der HF.

ABNAHMEN:

Runde 35: 2 mod vfM zus abm rundherum, verbinden. (60 M)

Runde 36: VfM rundherum, verbinden.

Runde 37: 2 mod vfM zus abm rundherum, verbinden. (30 M)

Runde 38: 2 mod vfM zus abm rundherum, verbinden. (15 M)

Runde 39: [2 mod vfM zus abm] 7-mal, 1 vfM in die letzte M, verbinden. (8 M)

Das Garn befestigen. Mit der Nähnadel das Garn durch die hMg der restl 8 M fädeln und festziehen, um die Oberseite der Mütze zu schließen.

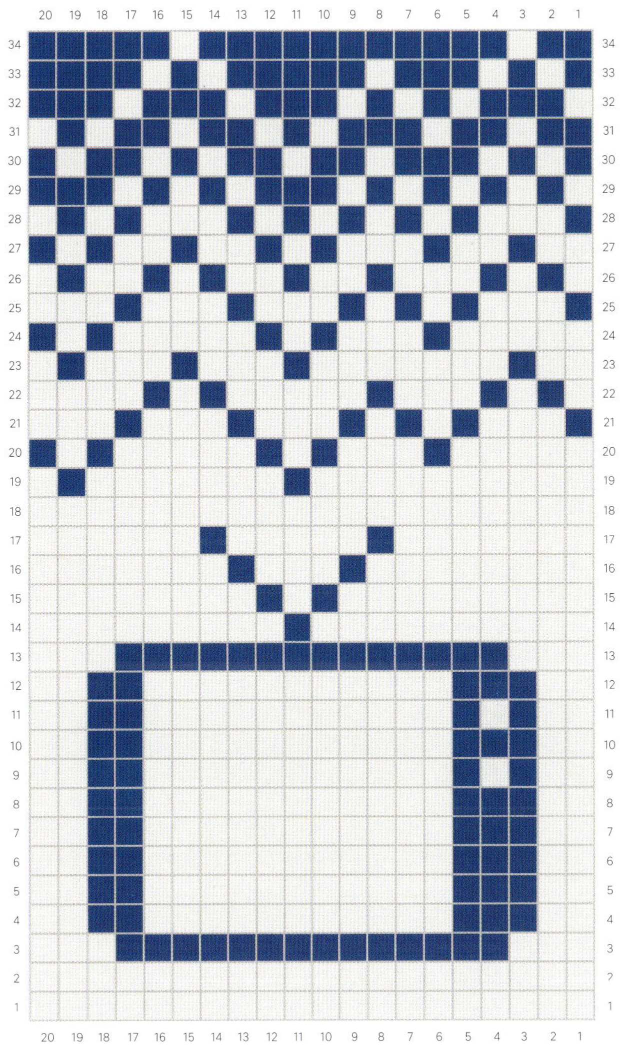

LEGENDE

Jedes Quadrat steht für 1 M.

Das Muster von rechts nach links lesen (Linkshänderinnen: von links nach rechts).

FERTIGSTELLUNG

Die Enden vernähen und die Mütze leicht spannen.

BOMMEL

2 Garnstücke auf 40 cm zuschneiden und beiseitelegen. Das Garn locker ca. 350-mal um die Pappe wickeln. Die Schlingen vorsichtig von der Pappe nehmen und über beide Garnstücke legen. Beide Garnstücke zusammennehmen und in der Mitte mit einem sehr festen Knoten verknoten. Mit der Schere alle Schlingen des Bommels aufschneiden und darauf achten, nicht in die längeren Fäden, mit denen diese zusammengeknotet sind, zu schneiden. Den Bommel durchstrubbeln und zu einer Kugel mit einem Durchmesser von 7,5 cm zuschneiden. Mit einer Nähnadel und den langen Fäden oben an der Mütze annähen.

Claddagh-Fäustlinge

Halten Sie sich die kalte Luft mit dem Strickstich vom Leibe! Diese Maschen sorgen für ein unglaublich warmes, dichtes Gewebe, das Ihre Hände den ganzen Winter über warmhält. Hängen Sie Ihr Herz nicht an Ihren Pulli, wenn Sie doch Ihre Handschuhe haben!

Größe bei Fertigstellung: Passt einer durchschnittlichen Frauenhand: 21,5 cm Umfang ohne Daumen; Bündchen: 7,5 cm lang; Handteil (ohne Bündchen): 19 cm lang. Anweisungen zum Verlängern oder Verkürzen der Fäustlinge sind im Muster enthalten.

Garn: Brown Sheep Nature Spun Sport Weight (100 % Wolle; 168 m/50 g): #N25S Enchanted Forest (HF); #N03S Grey Heather (KF); 1 Knäuel pro Farbe – verlängern Sie die Fingerspitzen um mehr als 1 cm, brauchen Sie mehr Garn in HF. Verlängern Sie Handfläche und Daumen um mehr als 1 cm, brauchen Sie mehr Garn in KF.

Häkelnadel: 2,75 mm und 3,25 mm. Die Nadelstärke für eine korrekte Maschenprobe anpassen, falls notwendig.

Benötigte Kurzwaren: 4 Maschenmarkierer; Nähnadel.

Maschenprobe (Spannung): 19 M x 24 Runden = 10 x 10 cm im Farbmuster, gehäkelt im Strickstich mit der 3,25-mm-Häkelnadel.

Es ist normal, dass eine mehrfarbige Maschenprobe etwas fester wird; vielleicht müssen Sie auf eine größere Nadel umsteigen, damit die Spannung gleichmäßig bleibt, oder Sie häkeln den mehrfarbigen Teil für den Erhalt der gleichmäßigen Spannung absichtlich ein bisschen lockerer.

Warum dieses Garn?

Dieses kuschelige Garn gehört für mich zur Grundausstattung. Ich verwende es oft, weil es in schier unendlich vielen Farben zu haben ist, den Geldbeutel schont und so viele andere tolle Eigenschaften hat! Es hat einfach die richtige Struktur für Fäustlinge ¬– stabil genug, um auch nach häufigem Tragen immer noch die Form zu behalten (und strapazierfähig, sogar wenn es ein bisschen Nässe abbekommt), aber weich genug, um nicht zu kratzen.

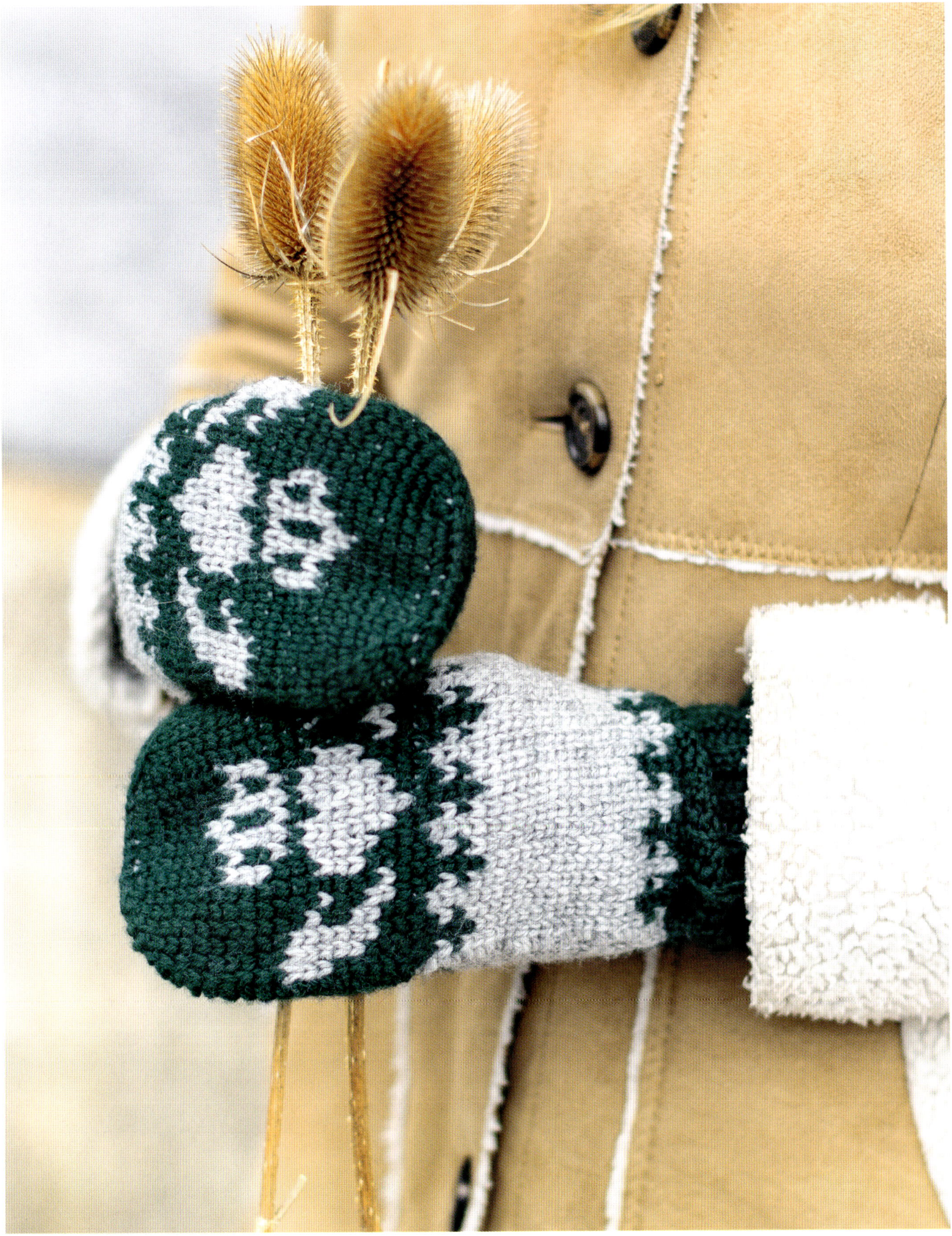

Anmerkungen

Das Bündchen wird seitlich in gewendeten Reihen gehäkelt und dann mit einer Reihe aus Km geschlossen. Dann wird der Fäustling vom Bündchen bis zur Fingerspitze rundgehäkelt, die M für den Daumen werden vorerst nicht beachtet und zuletzt gehäkelt. W-Lm zählen nicht als M.

Das nicht verwendete Garn umhäkeln und mit den M umschließen. Dabei darauf achten, dass das mitgeführte Garn die M nicht zusammenzieht. Alle paar Maschen nach einem Farbwechsel am Ende des mitgeführten Garns ziehen, damit es nicht zu locker wird; dann am Gewebe ziehen, damit es nicht zu fest wird.

Beim Häkeln der einfarbigen Abschnitte des Hauptteils des Fäustlings können Sie wählen, ob Sie das Garn mitführen und umhäkeln möchten, selbst wenn Sie nicht mehr nach dem Farbmuster arbeiten. Das Garn mitzuführen, hilft bei der Aufrechterhaltung der Spannung und macht den Handschuh wärmer, andererseits aber auch weniger dehnbar. Ich habe mich dazu entschlossen, das Garn bis zu den Fingerspitzen mitzuführen, um für mehr Wärme zu sorgen.

Arbeit mit Musterdiagrammen

Wechseln Sie immer im letzten U der letzten M vor dem Farbwechsel zur neuen Farbe. Jede Runde mit 1 Lm beginnen und mit 1 Km am Ende jeder Runde verbinden (weder Lm noch Km zählen hier als Maschen).

Leitfaden für Häkelmaschen

Str (Strickstich): Die Nadel zwischen die beiden Beinchen der nächsten M stechen, U, eine Schlinge hochziehen, U, das Garn durch beide Schlingen auf der Nadel ziehen.

2 Str zus abm (2 Strickstiche zusammen abmaschen): Die Nadel zwischen die beiden Beinchen der nächsten M stechen, U und eine Schlinge hochziehen, die Nadel zw die beiden Beinchen der nächsten M stechen, U und eine Schlinge hochziehen, U und Garn durch alle 3 Schlingen auf der Nadel ziehen. (1 M abgenommen)

Anmerkung: Häkeln Sie in der nächsten Rd/R einen Str oder 2 Str zus abm in diese Abnahme, stechen Sie die Nadel zw beide Beinchenpaare in der Mitte der Abnahme ein, bevor Sie den 1. U machen.

MUSTER FÜR DIE FÄUSTLINGE

BÜNDCHEN DER FÄUSTLINGE

Mit der 2,75-mm-Häkelnadel und Garn in der HF 20 Lm häkeln.

Reihe 1: Mit der 3. Lm von der Nadel beg und unten in die Lm arb, je 1 hStb in jd Lm bis zum Ende der R, wenden. (18 M)

Reihe 2–26: 2 Lm (zählen nicht als M), 1 hStb ins hMg in jd M wenden. Das Garn nicht befestigen. (18 M)

Saum des Bündchens: Das Bündchen in der Mitte falten, sodass die letzte Reihe direkt vor den Anfangs-Lm liegt. Mit Km durch die hMg jd Schicht (durch das doppelte Gewebe) bis zum Ende des Saums häkeln. Das Garn nicht befestigen. (12 M) Die Km-Naht außen an der Arbeit lassen (VS).

RECHTE HAND

Runde 1: MM in die 1. M der Runde und die Oberkante des Bündchens in 4 gleich große Abschnitte teilen. 1 Lm (zählt nicht als M), je 10 fM in jd Abschnitt des Bündchens, mit 1 Km verbinden. (40 M)

Zur 3,25-mm-Häkelnadel wechseln.

Runde 2–5: 1 Lm (zählt durchgehend nicht als M), U in KF und eine Schlinge hochziehen, am Garnende der HF ziehen, bis die letzte Lm in HF verschwindet, HF auf die Oberkante der Arb legen und bis zum Beg des unteren Claddagh-Musters arb. Alle 4 Rd des Musters häkeln und das mitgeführte Garn umhäkeln (umhüllen). ***

Anmerkung: Sie können hier über das mitgeführte Garn weiterarb oder die HF abschneiden und nur mit der KF arb.

Runde 6: 1 Lm, je 1 Str in die nächsten 23 M, je 2 Str in die nächsten 2 M, je 1 Str in die nächsten 15 M, mit 1 Km verbinden. (42 M)

Runde 7–8: 1 Lm, Str rundherum, mit 1 Km verbinden.

Runde 9: 1 Lm, Str in die nächsten 24 M, je 2 Str in die nächsten 2 M, je 1 Str in die nächsten 16 M, mit 1 Km verbinden. (44 M)

Runde 10–11: 1 Lm, je 1 Str rundherum, mit 1 Km verbinden.

Runde 12: 1 Lm, je 1 Str in die nächsten 25 M, je 2 Str in die nächsten 2 M, je 1 Str in die nächsten 17 M, mit 1 Km verbinden. (46 M)

Runde 13–14: 1 Lm, Str rundherum, mit 1 Km verbinden.

Runde 15: 1 Lm, je 1 Str in die nächsten 26 M, je 2 Str in die nächsten 2 M, je 1 Str in die nächsten 18 M, mit 1 Km verbinden. (48 M)

Runde 16–18: 1 Lm, Str rundherum, mit 1 Km verbinden.

Anmerkung: Sie können die Länge der Handfläche des Handschuhs hier verändern, indem Sie mehr oder weniger Rd in KF häkeln, um sie länger oder kürzer zu gestalten.

Runde 19 (Daumenloch): Je 1 Str in die nächsten 23 M, 2 Lm, die nächsten 10 M ausl (für das Daumenloch), 1 MM in die 1. ausgel M, je 1 Str in die nächsten 15 M. (40 M, ausgel M für den Daumen nicht gezählt)

Runde 20–38: Das obere Claddagh-Muster über 19 Rd im Str arb, das Garn nicht befestigen. (40 M)

Anmerkung: Sie können den Fäustling durch Runden in der HF hier verlängern. Zum Verkürzen müssen Sie den Bereich für die Fingerspitzen früher beg, indem Sie während der letzten Rd im Farbmuster M abn. Haben Sie dieses durch ein anderes ausgetauscht, kann dies Ihr Muster stören, insbesondere wenn das Bild in den letzten Rd die gesamte Breite beansprucht.

FINGERSPITZE FORMEN

Anmerkung: Sie können hier über das Garn in KF weiterarb oder es abschneiden und nur in der HF arb (siehe Anmerkungen).

Runde 39: 1 Lm, [1 Str in die nächste M, 2 Str zus abm, je 1 Str in die nächsten 15 M, 2 Str zus abm] 2-mal, mit 1 Km verbinden. (36 M)

Runde 40: 1 Lm, Str rundherum.

Runde 41: 1 Lm, [1 Str in die nächste M, 2 Str zus abm, je 1 Str in die nächsten 13 M, 2 Str zus abm] 2-mal, mit 1 Km verbinden. (32 M)

Runde 42: 1 Lm, [1 Str in die nächste M, 2 Str zus abm, je 1 Str in die nächsten 11 M, 2 Str zus abm] 2-mal, mit 1 Km verbinden. (28 M)

Runde 43: 1 Lm, [1 Str in die nächste M, 2 Str zus abm, je 1 Str in die nächsten 9 M, 2 Str zus abm] 2-mal, mit 1 Km verbinden. (24 M)

Runde 44: 1 Lm, [1 Str in die nächste M, 2 Str zus abm, je 1 Str in die nächsten 7 M, 2 Str zus abm] 2-mal, mit 1 Km verbinden. (20 M)

Das Garn befestigen und einen langen Faden in HF zum Schließen des Fäustlings stehenlassen.

DAUMEN

Eine Schlinge in der markierten M mit der HF hochziehen (1. ausgelassene M des Daumens), 1 Lm, je 1 Str in die nächsten 10 M, 1 vfM in die Seite der M, wo der Daumen auf die Hand trifft, 1 Str unten in die nächsten 2 Lm (Runde für Daumen gehäkelt), 1 vfM in die Seite der M, wo der Daumen auf die Hand trifft, nicht verbinden. (14 M)

Nächste 10 Runden: Je 1 Str in jd M. (14 M)

Anmerkung: Für einen längeren oder kürzeren Daumen mehr oder weniger Rd häkeln.

Nächste Runde: [2 Str zus abm] 7-mal. (7 M)

Nächste Runde: Je 1 Str in jd M. (7 M)

Das Garn befestigen und einen langen Faden stehenlassen.

Das Garnende mit der Nähnadel durch die vMg der restl 7 M weben und festziehen, um den Daumen oben zu schließen. Mit der Nähnadel und dem Garn vom Beg des Daumens etwaige Löcher am Übergang von Hand zu Daumen zunähen.

LINKE HAND

Bis *** wie für die rechte Hand arb, wie folgt fortfahren:

Anmerkung: Sie können hier über das mitgeführte Garn weiterarb oder die HF abschneiden und nur mit der KF arb.

Runde 6: 1 Lm, je 1 Str in die nächsten 16 M, je 2 Str in die nächsten 2 M, je 1 Str in die nächsten 22 M, mit 1 Km verbinden. (42 M)

Runde 7–8: 1 Lm, Str rundherum, mit 1 Km verbinden.

Runde 9: 1 Lm, je 1 Str in die nächsten 17 M, je 2 Str in die nächsten 2 M, je 1 Str in die nächsten 23 M, mit 1 Km verbinden. (44 M)

Runde 10–11: 1 Lm, Str rundherum, mit 1 Km verbinden.

Runde 12: 1 Lm, je 1 Str in die nächsten 18 M, je 2 Str in die nächsten 2 M, je 1 Str in die nächsten 24 M, mit 1 Km verbinden. (46 M)

Runde 13–14: 1 Lm, Str rundherum, mit 1 Km verbinden.

Runde 15: 1 Lm, je 1 Str in die nächsten 19 M, je 2 Str in die nächsten 2 M, je 1 Str in die nächsten 25 M, mit 1 Km verbinden. (48 M)

Runde 16–18: 1 Lm, Str rundherum, mit 1 Km verbinden.

Anmerkung: Sie können die Länge der Handfläche des Handschuhs hier verändern, indem Sie mehr oder weniger Rd in KF häkeln, um sie länger oder kürzer zu gestalten.

Runde 19 (Daumenloch): Je 1 Str in die nächsten 16 M, 2 Lm, die nächsten 10 M ausl (für das Daumenloch), 1 MM in die 1. ausgel M, je 1 Str in die nächsten 22 M. (40 M ohne ausgel M für das Daumenloch)

Die Anleitung für die rechte Hand ab Runde 20 wdh. Den Daumen wie für die rechte Hand häkeln.

FERTIGSTELLUNG

Mit Garnende und Nähnadel den Fäustling oben zunähen. Das Garnende am Daumenanfang zum Zunähen des kleinen Lochs am Übergang von Hand zu Daumen verwenden. Alle Enden vernähen, spannen.

Unteres Claddagh-Muster

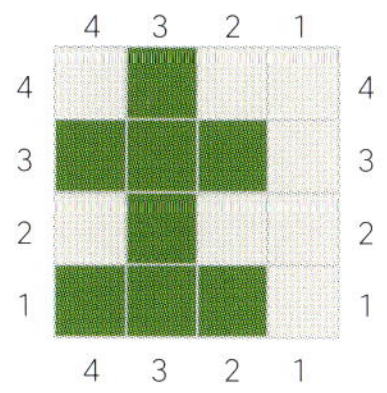

Oberes Claddagh-Muster

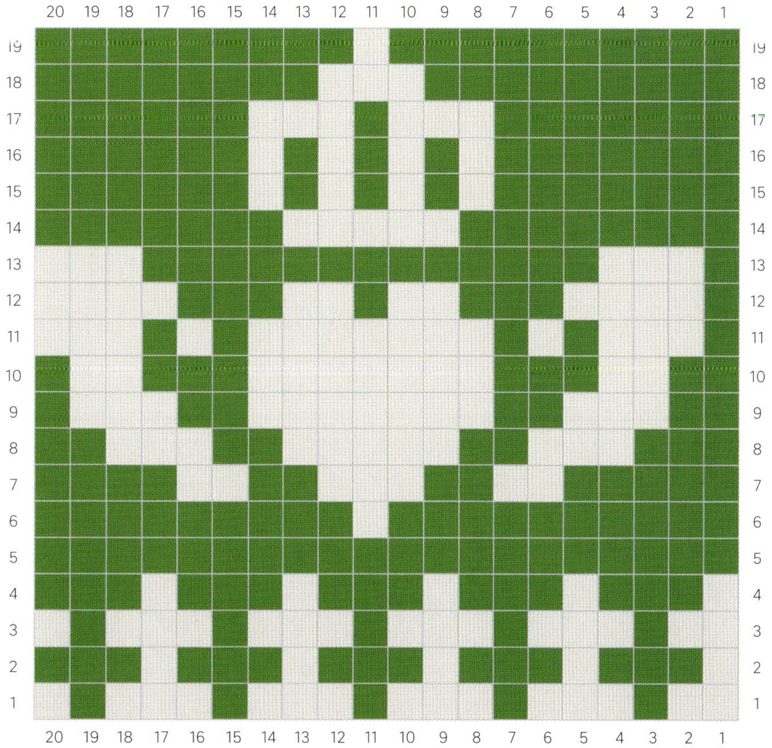

LEGENDE

Jedes Quadrat steht für 1 M.

Das Muster von rechts nach links lesen (Linkshänderinnen: Fertigen Sie eine spiegelverkehrte Kopie des Musters an (horizontal spiegeln) und arbeiten Sie von links nach rechts).

Strickjacke „Badlands“

Das ist die Art Strickjacke, die ich in meinen Tagträumen trage, wenn ich in einer Hütte im Nationalpark übernachte. Ich bin ein Campingzelt-Mädchen, aber träume davon, in dieser rustikalen und dennoch klassischen Jacke vor einem riesigen Kamin nach einem langen Wandertag zu sitzen. Sie ist so konstruiert, dass sie sich leicht ändern lässt: Zuerst werden die Abschnitte im Farbmuster gehäkelt, damit Sie die Passform überprüfen können. Körper und Ärmel werden von oben nach unten gehäkelt, um die Länge anpassen zu können. Dann werden alle drei Teile verbunden und die Passe von unten nach oben gehäkelt, damit auch die Schultern später noch angepasst werden können.

Größe bei Fertigstellung: S, M, L, XL, XXL; bemessen auf einen Brustumfang von 99, 112, 121,5, 137 cm. Passform: durchschnittlich/körpernah. Das getragene Modell hat die Größe Medium mit einer Zugabe zur Körperform von 9 cm.

Garn: Jamieson's Double Knitting, (100 % Shetlandwolle; 75 m/25 g); #235 Grouse, 22 (24, 28, 30, 34) Knäuel (HF); #230 Yellow Ochre, 6 (6, 7, 8, 9) Knäuel (KF).

Häkelnadel: 4 mm, 3,5 mm und 3,25 mm. Die Nadelstärke für eine korrekte Maschenprobe anpassen, falls notwendig.

Benötigte Kurzwaren: 6 Maschenmarkierer; Nähnadel; 6 Knöpfe (Durchmesser 3 cm, ich habe LaMode #02908 verwendet); Nähnadel und Garn zum Annähen der Knöpfe.

Maschenprobe (Spannung): 15,5 M x 19 Runden = 10 x 10 cm, gehäkelt im Farbmuster in Str mit einer 4-mm-Häkelnadel.
20,5 M x 19 Reihen = 10 x 10 cm im Webstich mit der 3,5-mm-Häkelnadel.
23 M x 13 Reihen = 10 x 10 cm aus hStb ins hMg mit der 3,25-mm-Häkelnadel.

Warum dieses Garn?

Dies ist ein klassisches, gesponnenes Wollgarn, was bedeutet, dass die Fasern in alle Richtungen gehen, wodurch dieses zu einem leichten, rustikalen und haftenden Garn wird (die Fasern verfangen sich ineinander und verrutschen so nicht). All diese Merkmale machen dieses Garn perfekt zum Steeken. Außerdem neigt der Webstich dazu, sich ein wenig der Länge nach auszudehnen und ich wollte kein schweres Garn, das die Jacke hängenlässt – dieses Garn hat stattdessen viel Spannkraft und lässt sich außerdem gut in Form spannen.

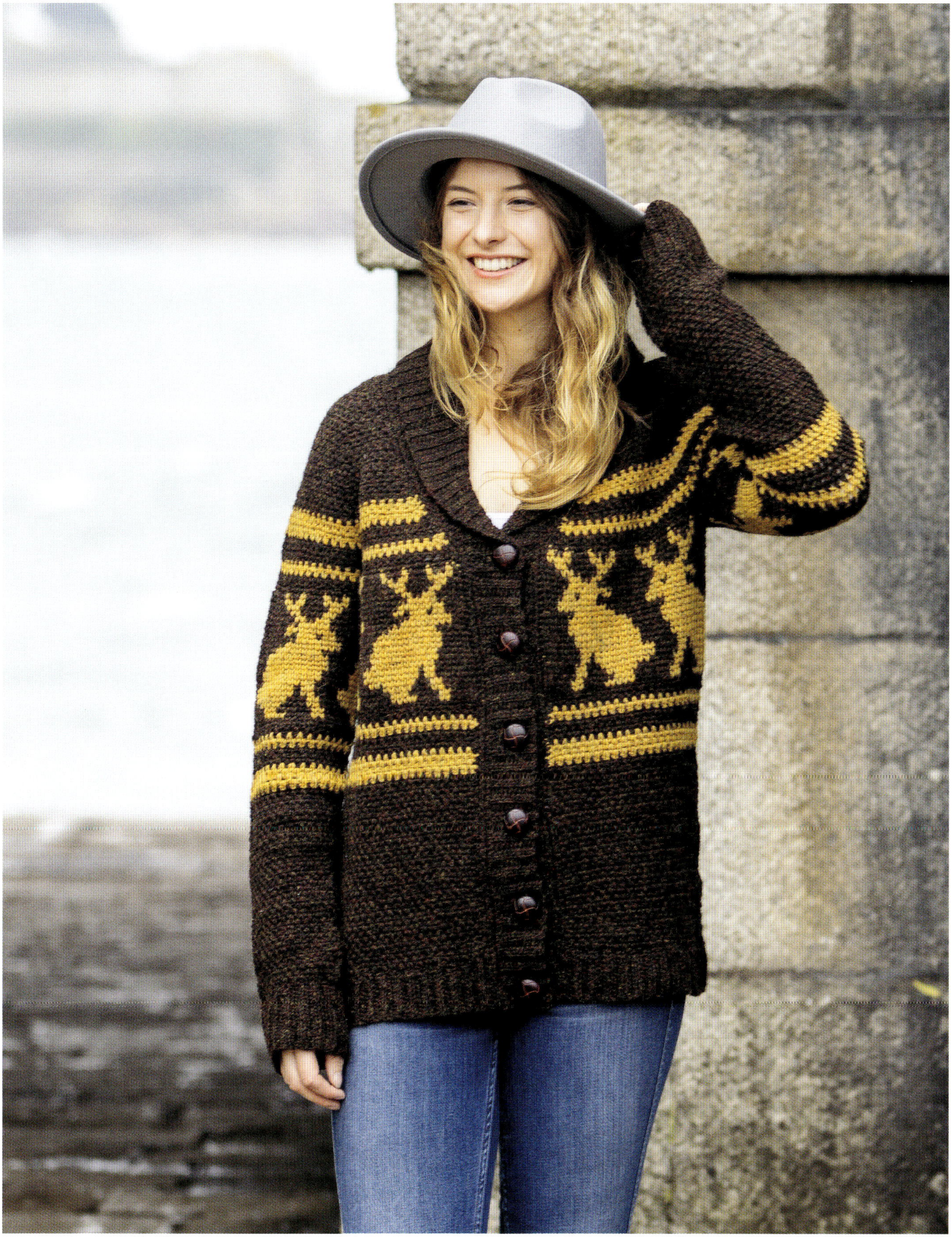

Körper der Strickjacke „Badlands“ für Größe S (L, XXL)

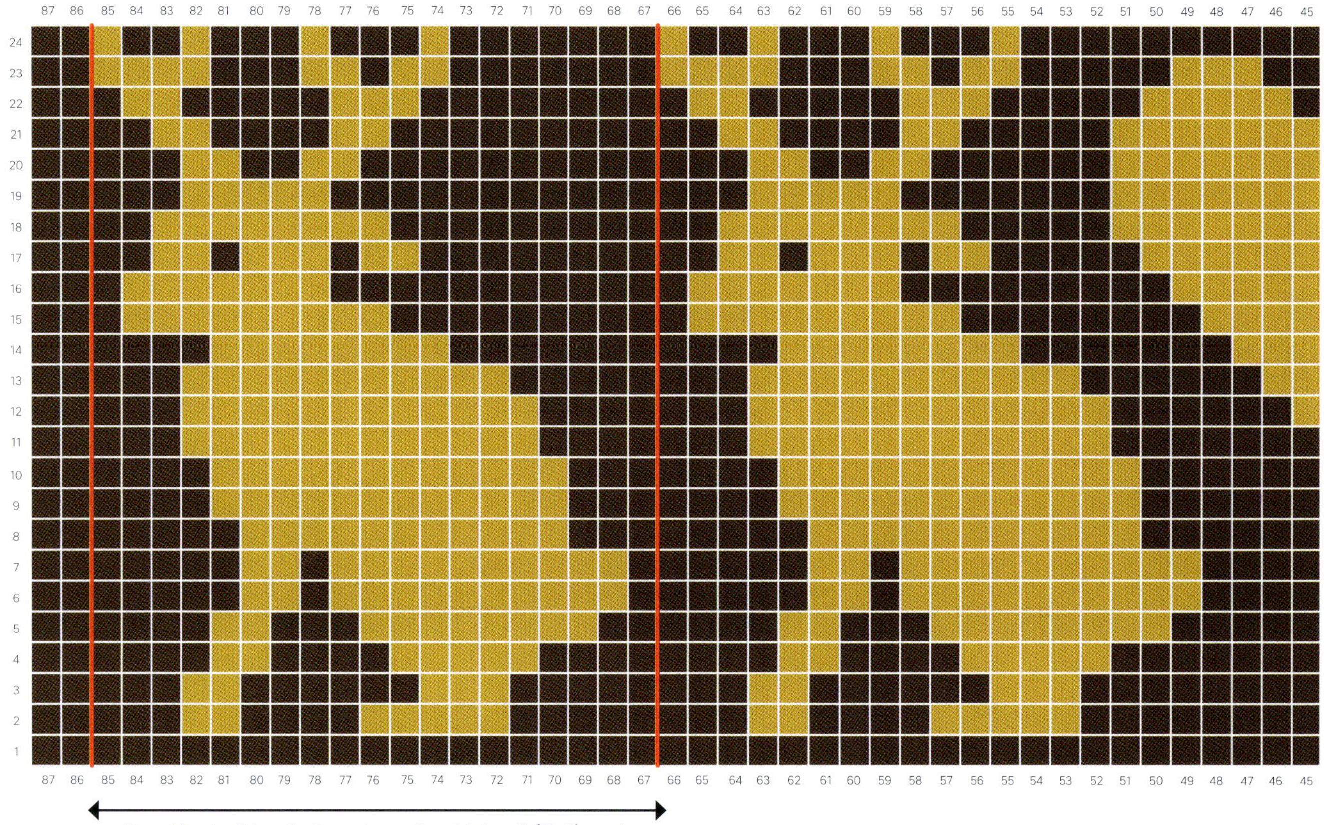

Den Abschnitt zwischen den roten Linien 2 (3, 4)-mal häkeln.

Anmerkungen

Häkeln Sie das zweifarbige Muster locker – das erleichtert das Einstechen der Nadel durch die Maschen ungemein!

Das Bündchen wird absichtlich bei fester Spannung gehäkelt, damit es seine Form behält.

Wenn Sie daran arbeiten, häkeln Sie 2 Lm fest als W-Lm für eine sauberere Kante. Sie müssen nicht in diese Lm häkeln, daher ist es egal, wenn sie fest sind.

Schauen Sie sich den Abschnitt „Steeken, ohne auszuflippen!“ noch einmal an, bevor Sie mit dem Muster loslegen, um sich mit dem Prozess des gehäkelten Steeks vertraut zu machen.

Leitfaden für Häkelmaschen

AS (Anfang des Steeks häkeln – gehäkelt am Beg jd Runde direkt vor dem Farbmuster): 1 Str in HF in die 1. M der Vorrunde, dabei im letzten U zur KF wechseln, 1 Str in KF in die nächste M, dabei im letzten U zur HF wechseln, 1 Str in der HF in die nächste M, dabei im letzten U die Farbe wechseln, falls nötig, um die folgende Lm in derselben Farbe zu häkeln wie die 1. M des Farbmusters, die nächste Lm ausl. Nun im Farbmuster weiterarbeiten.

ES (Ende des Steeks häkeln— gehäkelt am Ende jd Runde direkt nach dem Farbmuster): Im letzten U der letzten Str zur HF wechseln, falls notwendig, 1 Lm in HF, die nächste Lm ausl, 1 Str in HF in die nächste M, dabei im letzten U zur KF wechseln, 1 Str in KF in die nächste M, dabei im letzten U zur HF wechseln, 1 Str in HF in die nächste M, dabei im letzten U BEIDE Garne zusammennehmen als eines und mit ihnen weiterarb, 2 Lm, KF fallenlassen, 1 Lm in HF.

Abn im Webstich (Abnahme im Webstich in eine feste Masche – das 1. Beinchen der Abn in die nächste Lm, das 2. Beinchen in die nächste Lm): Die Nadel in die nächste Lm stechen, U und eine Schlinge hochziehen, die Nadel in die nächste Lm stechen, U und eine Schlinge hochziehen, U und durch alle 3 Schlingen ziehen (2 M abgenommen).

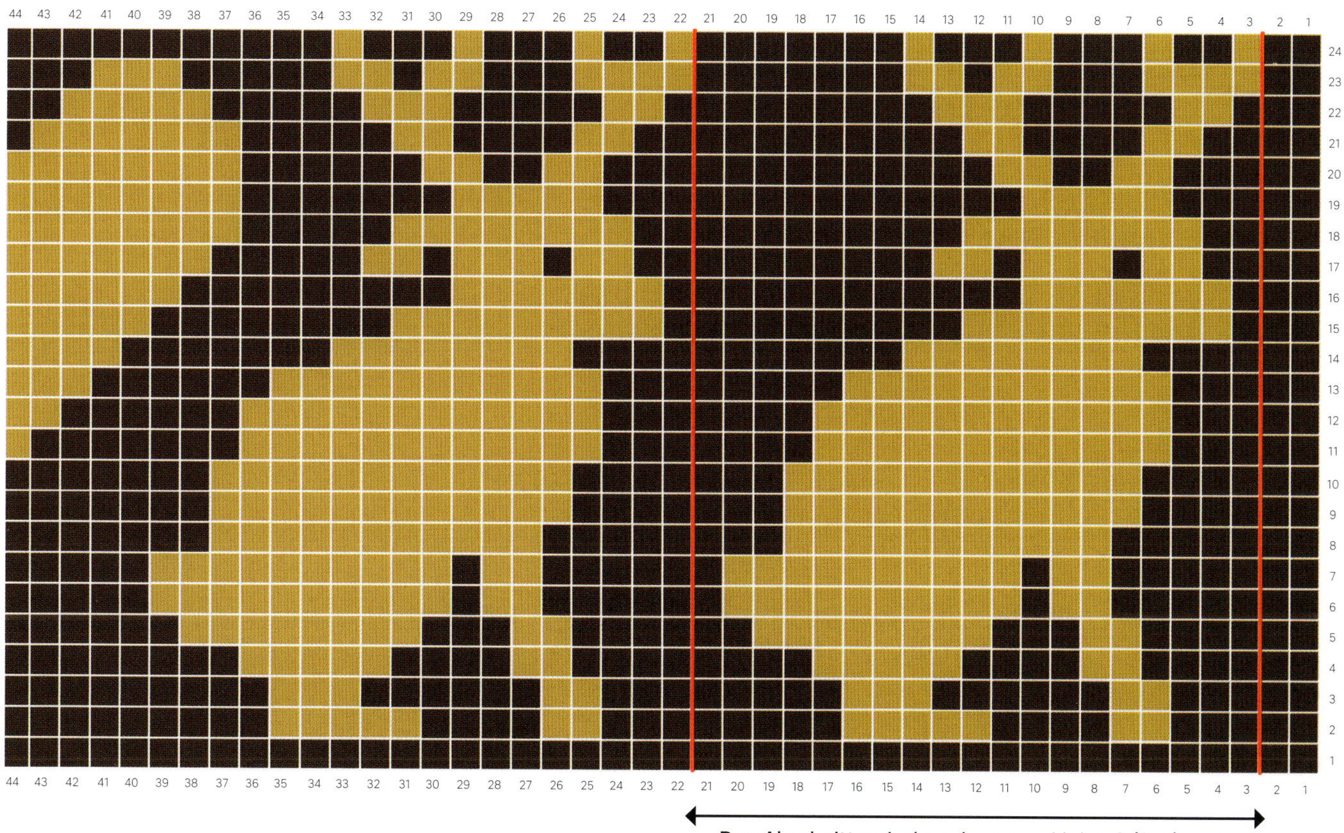

Den Abschnitt zwischen den roten Linien 2 (3, 4)-mal häkeln.

MUSTER FÜR DIE STRICKJACKE

KÖRPER DER STRICKJACKE

125 (143, 163, 177, 201) M des Musters für den Körper in der richtigen Größe im Str mit einem Steek aus 3 Lm rundhäkeln wie folgt:

Mit der 4-mm-Häkelnadel und der HF 134 Lm (152, 172, 186, 210).

Runde 1: In der 2. Lm von der Nadel beg und unten in die Lm häkeln, je 1 fM in die nächsten 3 Lm, 1 MM in die 1. M der Runde, 1 Lm, die nächste Lm ausl, je 1 fM in jd Lm bis zu den letzten 4 Lm, 1 Lm, die nächste Lm ausl, je 1 fM in die nächsten 2 Lm, 1 fM in die letzte Lm, dabei den letzten U mit HF und KF zusammen machen (um KF einzuhäkeln), 2 Lm (mit beiden Fäden), die in der 1. Steek-M der nächsten Rd nicht benötigte Farbe fallenlassen, 1 Lm in der anderen Farbe, nicht verbinden, sondern spiralförmig weiterarb. Die 1. M der nächsten Rd erfolgt in die 1. (markierte) M dieser Rd. (125 (143, 163, 177, 201) M im Farbmuster, mit Steek aus 1 Lm und 3 Steek-M AUF JD SEITE, separiert durch 3 Lm)

Runde 2: Ab hier die Rd ohne Verbindungen häkeln. Die 1. M dieser Runde erfolgt in die 1. M von Rd 1; darauf achten, Rd 1 nicht zu verdrehen und daran denken, bei Steek und Farbmuster über das nicht verwendete Garn zu häkeln. AS, Muster für Badlands-Körper häkeln, ES. (125 (143, 163, 177, 201) M + 11 M Steek)

Runde 3–24: AS, Muster häkeln, ES.

LEGENDE

Jedes Quadrat steht für 1 M.

Das Muster von rechts nach links lesen (Linkshänderinnen: von links nach rechts).

Das Garn befestigen.

MM in KF in die 1. M und MM in jd der folgenden M:
26., 31., 95. und 100. M für Größe S.
31., 36., 108. und 113. M für Größe M.
36., 41., 123. und 128. M für Größe L.
40., 45., 133. und 138. M für Größe XL.
46., 52., 150. und 156. M für Größe XXL.

Steek verstärken und aufschneiden (siehe Abschnitt „Steeken, ohne auszuflippen!“).

Den mehrfarbigen Abschnitt um 180 Grad drehen, um entlang der Unterkante zu arbeiten. Nur entlang der M des Musters arbeiten, nicht am Steek.

Zur 3,25-mm-Häkelnadel wechseln.

Körper der Strickjacke „Badlands“ für Größe M (XL)

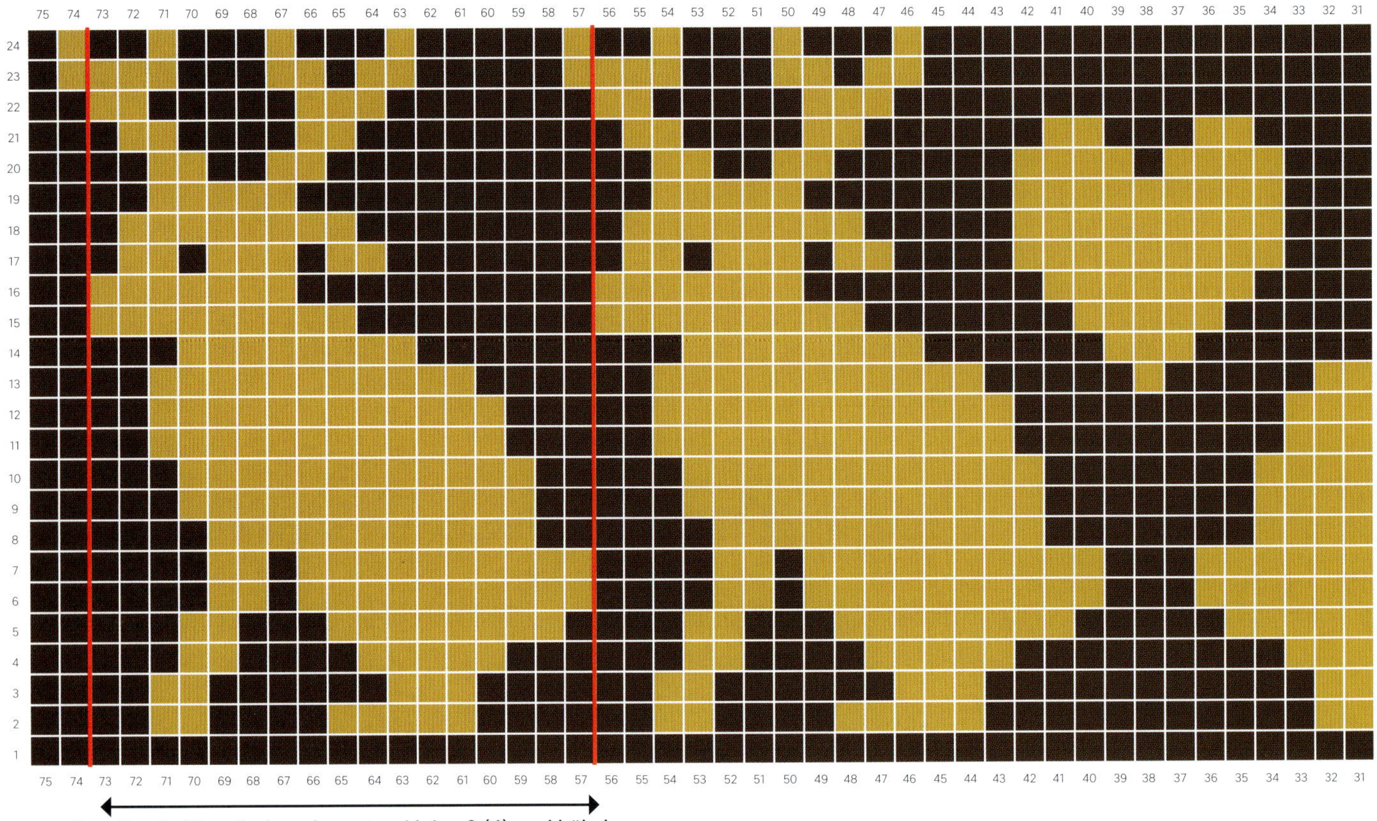

Den Abschnitt zwischen den roten Linien 3 (4)-mal häkeln.

Reihe 1 (VS): [2 fM in die nächste M, fM in die nächsten 2 M], bis zu den letzten 2 (2, 1, 3, 3) M, 2 (2, 1, 1, 1) fM in die nächste M, je 1 fM die nächste(n) 1 (1, 0, 2, 2) M. (167 (191, 217, 235, 267) fM entlang der Unterkante der Farbarbeit)

Zur 3,5-mm-Häkelnadel wechseln.

Reihe 2 (RS): 1 Lm, wenden, [1 fM in die nächste M, 1 Lm, die nächste M ausl] bis zur letzten M, 1 fM in die letzte M. (167 (191, 217, 235, 267) M)

Zur KF wechseln.

Reihe 3 (VS): 1 Lm, wenden, 1 Km ins hMg der nächsten M [1 fM in die nächste Lm, 1 Lm] bis zu den letzten 2 M, 1 fM in die nächste Lm, 1 Km ins hMg der letzten M.

Reihe 4: 1 Lm, wenden, 1 fM in die nächste M, 1 Lm, [1 fM in die nächste Lm, 1 Lm] bis zur letzten M, 1 fM in die letzte M.

Zur HF wechseln.

Reihe 5–8: Reihe 3 und 4 noch 2-mal wdh. Zur KF wechseln.

Reihe 9–12: Reihe 3 und 4 noch 2-mal wdh. Zur HF wechseln.

Reihe 13: Reihe 3 wdh.

Reihe 14: Reihe 4 wdh.

Reihe 15: 1 Lm, wenden, 1 Km ins hMg der nächsten M [1 fM in die nächste Lm, 1 Lm] 18 (21, 24, 26, 30)-mal, [1 fM, 1 Lm] 2-mal in die nächste Lm, [1 fM in die nächste Lm, 1 Lm] bis zu den letzten 19 (22, 25, 27, 31) Lm, [1 fM, 1 Lm] 2-mal in die nächste Lm, [1 fM in die nächste Lm, 1 Lm] bis zu den letzten 2 M, 1 fM in die nächste Lm, 1 Km ins hMg der letzten M (4 M zugenommen, 171 (195, 221, 239, 271) M)

Reihe 16–23: Reihe 3 und 4 noch 4-mal wdh.

Reihe 24 (RS): Reihe 3 noch 1-mal wdh.

Reihe 25–34: Reihen 15–24 wdh. (175 (199, 225, 243, 275) M)

Reihe 35–44: Reihen 15–24 wdh. (179 (203, 229, 247, 279) M)

Reihe 45–46 (45–46, 45–48, 45–48, 45–50): Reihe 3 und 4 noch 1 (1, 2, 2, 3)-mal wdh, dabei mit einer R auf der RS enden. Das Garn nicht befestigen.

BÜNDCHEN

Zur 3,25-mm-Häkelnadel wechseln. Das Bündchen gleichzeitig häkeln, wenn Sie unten entlang der letzten Reihe des Körpers arb wie folgt:

Reihe 1: 12 Lm, mit der 3. Lm von der Nadel beg, unten in die Lm arb, je 1 hStb in jd Lm bis zum Ende der R. (10 M)

Reihe 2: Die 1. M entlang der Unterkante ausl, 1 Km in die nächsten 3 M der unteren Reihe (Km zählen nicht als M), wenden und je 1 hStb ins hMg von jd hStb des Bündchens. (10 M)

Reihe 3: 2 Lm, wenden, entlang des Bündchens hStb ins hMg. (10 M)

Reihe 4: Je 1 Km in die nächsten 3 M der unteren Reihe (Km zählen nicht als M), wenden und je 1 hStb ins hMg von jd hStb des Bündchens. (10 M)

Reihe 3–4 entlang der Unterkante des Pullovers wdh, bis entweder

1 M übrig ist: 1 Km in die letzte M, das Garn befestigen.

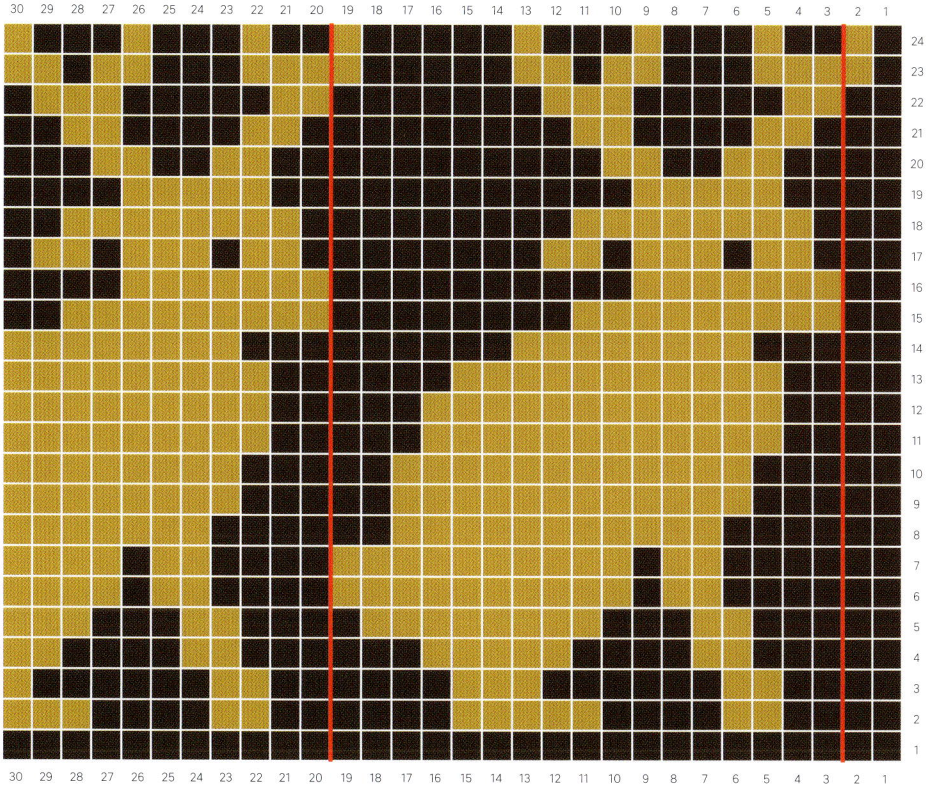

Den Abschnitt zwischen den roten Linien 3 (4)-mal häkeln.

LEGENDE

Jedes Quadrat steht für 1 M.

Das Muster von rechts nach links lesen (Linkshänderinnen: von links nach rechts).

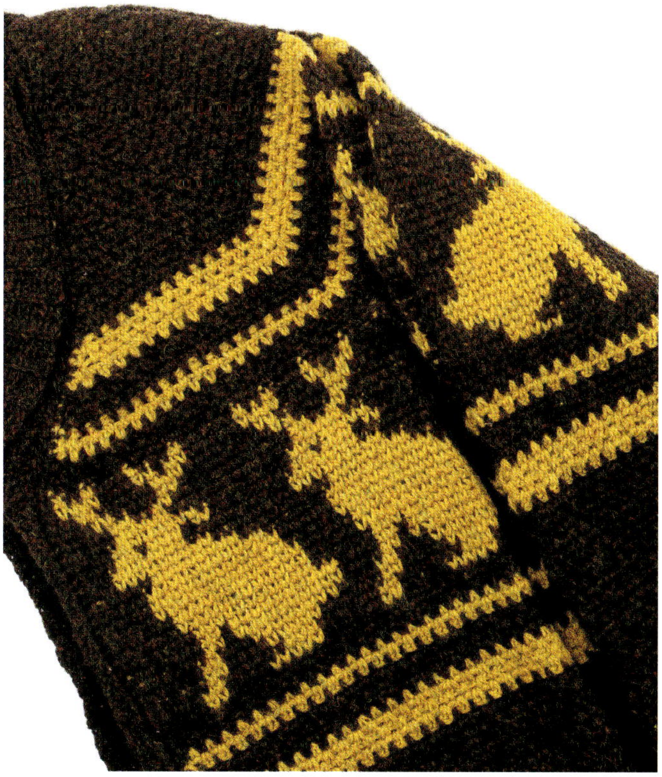

2 M übrig sind: Je 1 Km in die nächsten 2 M der untersten Reihe (Km zählen nicht als M), wenden und je 1 hStb ins hMg von jd hStb des Bündchens. Das Garn befestigen.

3 M übrig sind: Reihe 4 wdh, dann Reihe 3. Das Garn befestigen.

TIPP: Das Bündchen sollte gleich breit wie die Unterkante des Webstichmusters sein. Wenn Sie bemerken, dass es sich rippt oder nach außen hin weitet, wenn Sie die Km entlang der Unterkante des Pullovers häkeln, versuchen Sie die 1. M auszulassen und immer wieder 1 Km in jd der folgenden 3 M zu häkeln, um die Kante des Bündchens gerade zu halten.

Rechter Ärmel der Strickjacke „Badlands“ für Größe S

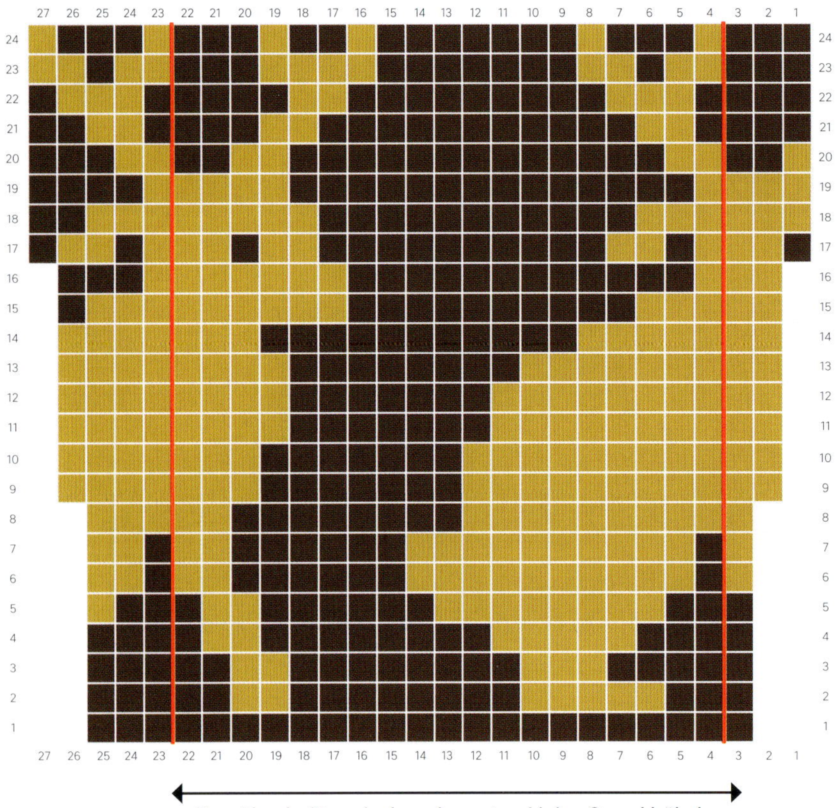

Den Abschnitt zwischen den roten Linien 2-mal häkeln.

LEGENDE

Jedes Quadrat steht für 1 M.

Für den RECHTEN Ärmel das Muster von rechts nach links (Linkshänderinnen: von links nach rechts) lesen.

Für den LINKEN Ärmel das Muster kopieren und horizontal spiegeln oder in einem Spiegel lesen, dann von rechts nach links wie gewohnt lesen. (Linkshänderinnen: Das Muster wie oben kopieren und spiegeln, aber von links nach rechts lesen.)

ÄRMEL

FARBMUSTER DES RECHTEN ÄRMELS

Mit der 4-mm-Häkelnadel und HF 42 (48, 54, 58, 66) Lm, mit 1 Km in die 1. M verbinden und darauf achten, die Lm nicht zu verdrehen.

Runde 1: Je 1 fM in jd M, noch nicht verbinden und in Spiralen häkeln, 1 MM unten in die letzte fM (in die Aufbau-Lm). (42 (48, 54, 58, 66) M)

Runde 2–7 (2–7, 2–7, 2–6, 2–6): Die nächsten 7 (7, 7, 6, 6) Runden im „Badlands“-Muster für den rechten Ärmel in der korrekten Größe arb und im Str häkeln.

Runde 8 (8, 8, 7, 7): Im Muster weiterarb, 2 Str in die 1. M, Str rundherum, 2 Str in die letzte M (44 (50, 56, 60, 68) M)

Runde 9–15 (9–15, 9–15, 8–12, 8–12): Im Farbmuster mit Str weiterarb.

Runde 16 (16, 16, 13, 13): Im Farbmuster weiterarb, 2 Str in die 1. M, Str rundherum, 2 Str in die letzte M. (46 (52, 58, 62, 70) M)

Runde 17–24 (17–24, 17–24, 14–18, 14–18): Im Farbmuster mit Str weiterarb.

NUR FÜR GRÖSSE XL UND XXL

Runde 19: Im „Badlands“-Muster für den rechten Ärmel in der korrekten Größe arb, 2 Str in die 1. M, Str rundherum, 2 Str in die letzte M (64 (72) M)

Runde 20-24: Im Farbmuster mit Str weiterarb.

NUR FÜR GRÖSSE S, M, L UND XL

Das Garn befestigen. MM in KF in die 3. M der Runde setzen, 1 MM in die 44. (50., 56., 62.) M der Runde. (4 M zw den MM an der Achsel).

NUR FÜR GRÖSSE XXL

Das Garn befestigen.

Für den rechten Ärmel: MM in KF in die 3. M der Runde setzen, MM in die 69. M der Runde.

Für den linken Ärmel: MM in KF in die 4. M der Runde setzen, MM in die 70. M der Runde. (5 M zw den MM an der Achsel).

UNTERER RECHTER ÄRMEL

Den Ärmel umdrehen, um in die Unterseite der Aufbau-Lm zu häkeln (Farbmuster unten entlang des Bündchens). Zur 3,25-mm-Häkelnadel wechseln.

Reihe 1: Eine Schlinge in der markierten M der Aufbau-Lm hochziehen, 1 Lm (zählt nicht als M), [2 fM in die nächste M, je 1 fM in die nächsten 2 M] bis zu den letzten 3 (3, 3, 4, 3) M, 2 fM in die nächste M, je 1 fM in die nächste 1 (1, 1, 2, 1) M, 2 (2, 2, 1, 2) fM in die letzte M, wenden, nicht verbinden, sondern in gewendeten Reihen arb. (57 (65, 73, 77, 89) M)

Anmerkung: Die unteren Ärmel werden in Reihen mit Wenden gehäkelt und dann zusammengenäht. Dies vermeidet ein Ausdehnen und vereinfacht die M (das Verbinden kann mit diesen M verwirrend sein). Wenn Sie lieber nahtlos arbeiten, häkeln Sie in verbundenen Runden mit Wenden und halten Sie das Häkelmuster gleichbleibend mit dem Körper. Verwenden Sie einen MM, um die 1. M jd Runde zu finden.

Rechter Ärmel der Strickjacke „Badlands“ für Größe M

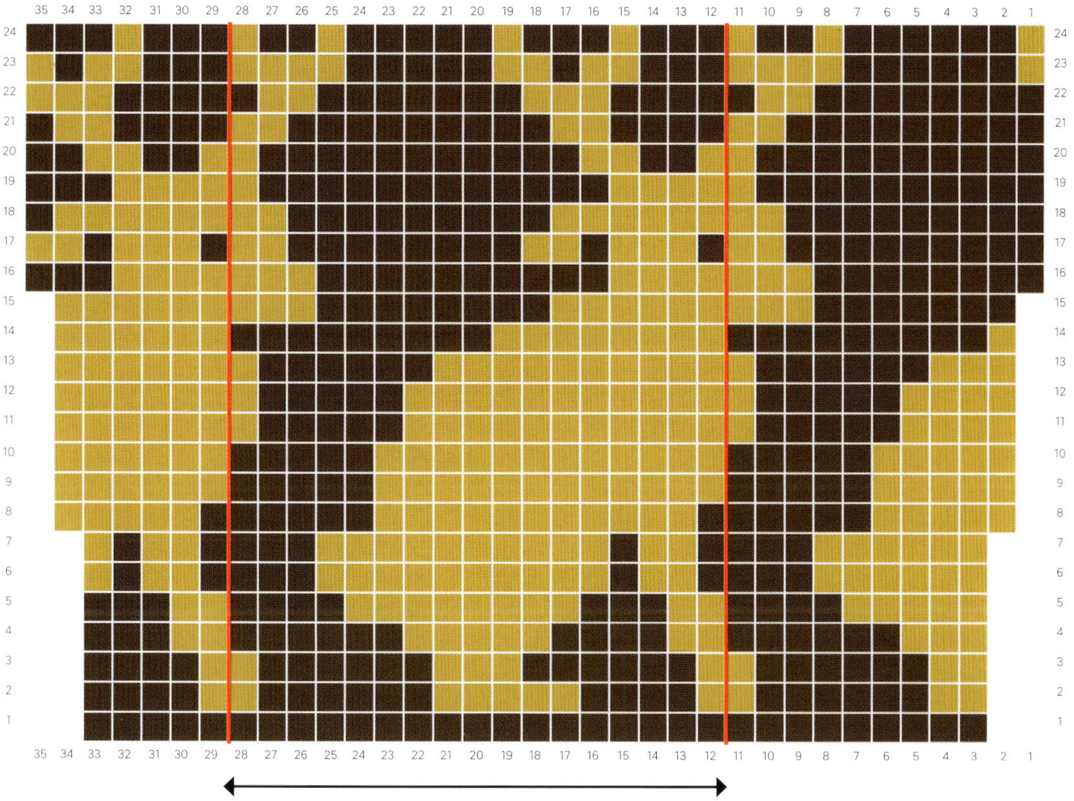

Den Abschnitt zwischen den roten Linien 2-mal häkeln.

Zur 3,5-mm-Häkelnadel wechseln.

Reihe 2 (RS): 1 Lm (W-Lm zählt durchgehend nicht als M), [1 fM in die nächste M, die nächste Lm ausl, 1 Lm] bis zur letzten M, 1 fM in die letzte M und im letzten U zur KF wechseln, wenden. (57 (65, 73, 77, 89) M)

NUR FÜR GRÖSSE S (M)

Reihe 3 (VS): 1 Lm, 1 Km ins hMg der 1. M, [1 fM in die nächste Lm, 1 Lm] bis zur letzten M, 1 Km ins hMg der letzten M, wenden (57 (65) M)

NUR FÜR GRÖSSE L, XL UND XXL

Reihe 3 (VS): 1 Lm, 1 Km ins hMg in die 1. M, 1 Abn im Webstich, 1 Lm, [1 fM in die nächste Lm, 1 Lm] bis zu den letzten 2 Lm, 1 Abn im Webstich, 1 Km ins hMg der letzten M, wenden. (69 (73, 85) M)

ALLE GRÖSSEN

Reihe 4: 1 Lm, 1 fM in die nächste Lm, 1 Lm, [1 fM in die nächste Lm, 1 Lm] bis zur letzten M, 1 fM in die letzte Km der Reihe und im letzten U zur HF wechseln, wenden. (57 (65, 69, 73, 85) M)

Reihe 5 (VS): 1 Lm, 1 Km ins hMg der 1. M, [1 fM in die nächste Lm, 1 Lm] bis zur letzten M, 1 Km ins hMg der letzten M, wenden.

Reihe 6: 1 Lm, 1 fM in die nächste Lm, 1 Lm, [1 fM in die nächste Lm, 1 Lm] bis zur letzten M, 1 fM in die letzte Km, wenden.

Reihe 7 (VS): Reihe 5 wdh.

Reihe 8: 1 Lm, 1 fM in die nächste Lm, 1 Lm, [1 fM in die nächste Lm, 1 Lm] bis zur letzten M, 1 fM in die letzte Km der Reihe, im letzten U zur KF wechseln, wenden. (57 (65, 69, 73, 85) M)

NUR FÜR GRÖSSE S, M UND L

Reihe 9 (VS): Reihe 5 wdh.

Reihe 10: Reihe 6 wdh.

Reihe 11 (VS): Reihe 5 wdh.

Reihe 12: 1 Lm, 1 fM in die nächste Lm, 1 Lm, [1 fM in die nächste Lm, 1 Lm] bis zur letzten M, 1 fM in die letzte Km der Reihe und im letzten U zur HF wechseln, wenden. (57 (65, 69) M)

Reihe 13 (VS): 1 Lm, 1 Km ins hMg der 1. M, 1 Abn im Webstich, 1 Lm, [1 fM in die nächste Lm, 1 Lm] bis zu den letzten 2 Lm, 1 Abn im Webstich, 1 Km ins hMg der letzten M, wenden. (53 (61, 65) M)

Reihen 14: Reihe 6 wdh.

Reihe 15: Reihe 5 wdh.

Reihen 16–23: Reihe 14–15 noch 4-mal wdh.

Reihe 24: Reihe 14 wdh.

Reihe 25–48: Reihe 13–24 noch 2-mal wdh. (45 (53, 57) M)

Das Garn nicht befestigen.

Rechter Ärmel der Strickjacke „Badlands“ für Größe L

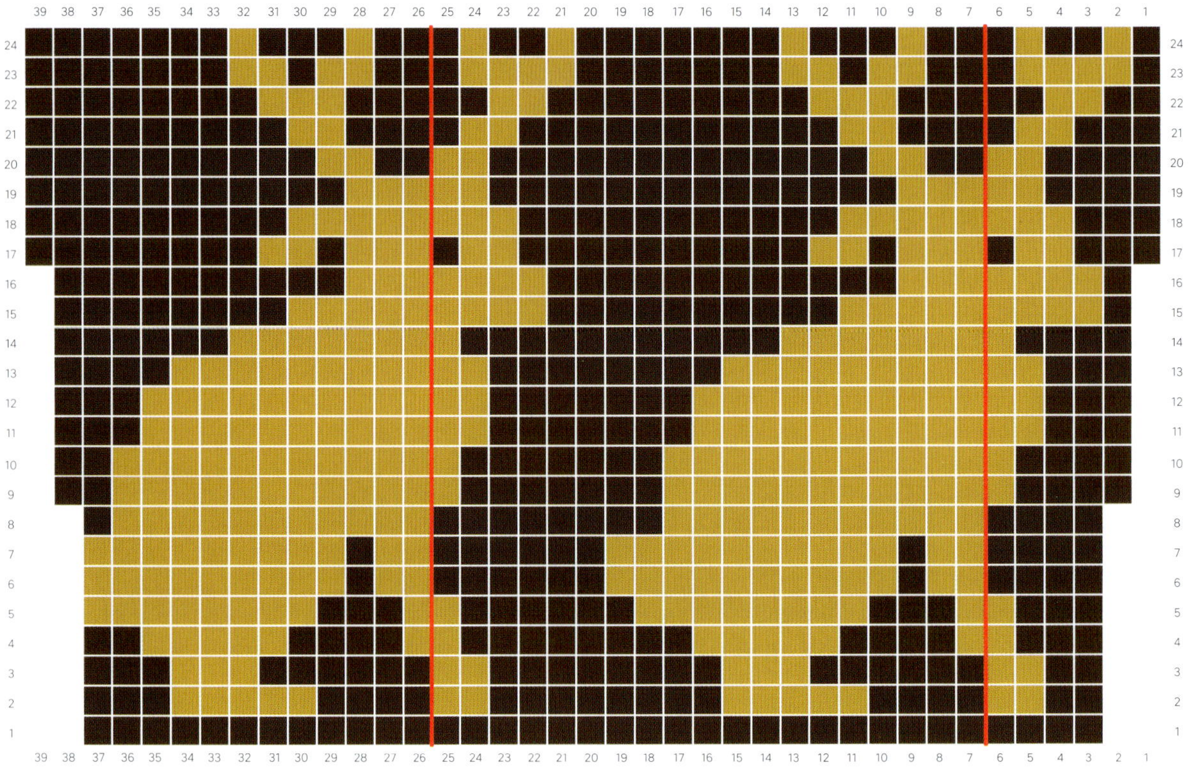

Den Abschnitt zwischen den roten Linien 2-mal häkeln.

Rechter Ärmel der Strickjacke „Badlands“ für Größe XL

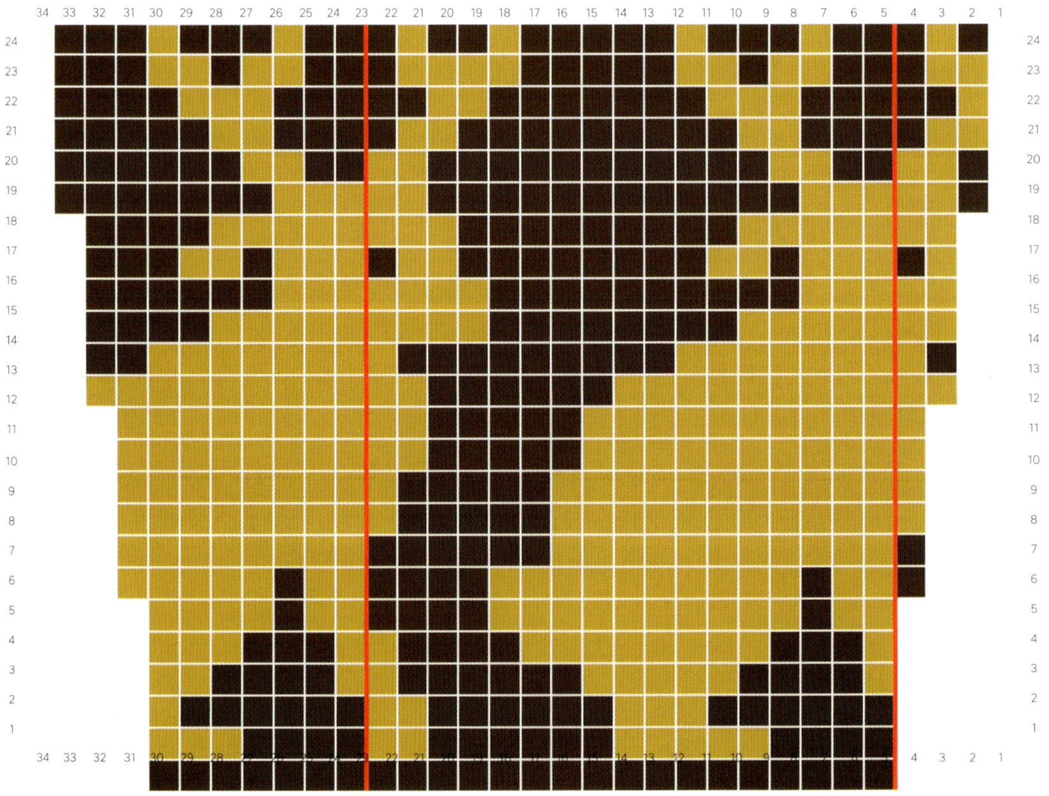

Den Abschnitt zwischen den roten Linien 3-mal häkeln.

LEGENDE

Jedes Quadrat steht für 1 Masche.

Für den RECHTEN Ärmel das Muster von rechts nach links (Linkshänderinnen: von links nach rechts) lesen.

Für den LINKEN Ärmel das Muster kopieren und horizontal spiegeln oder in einem Spiegel lesen, dann von rechts nach links wie gewohnt lesen. (Linkshänderinnen: Das Muster wie oben kopieren und spiegeln, aber von links nach rechts lesen.)

Rechter Ärmel der Strickjacke „Badlands“ für Größe XXL

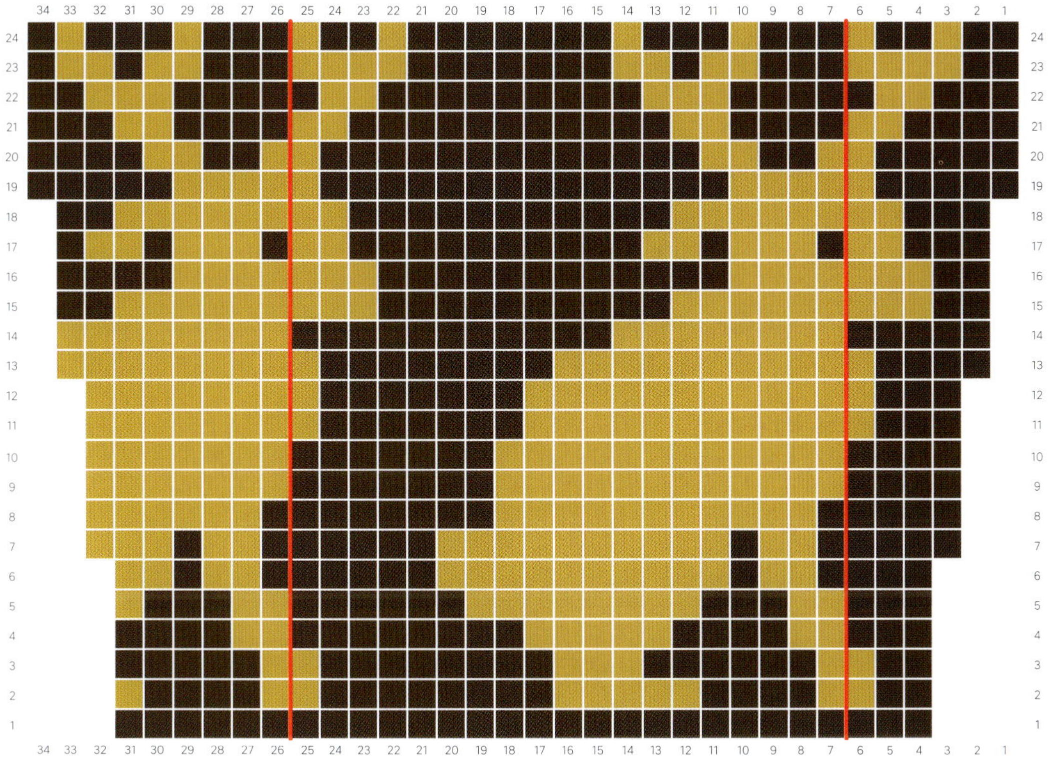

Den Abschnitt zwischen den roten Linien 3-mal häkeln.

NUR FÜR GRÖSSE S

Mit dem Bündchen des Ärmels weitermachen.

NUR FÜR GRÖSSE M UND L

Reihe 49: Reihe 13 wdh. (49 (53) M)

Reihe 50: Reihe 14 wdh.

NUR FÜR GRÖSSE XL

Reihe 9: Reihe 5 wdh.

Reihe 10: Reihe 6 wdh.

Reihe 11 (VS): 1 Lm, 1 Km ins hMg der 1. M, 1 Abn im Webstich, 1 Lm, [1 fM in die nächste Lm, 1 Lm] bis zu den letzten 2 Lm, 1 Abn im Webstich, 1 Km ins hMg der letzten M, wenden. (69 M)

Reihe 12: 1 Lm, 1 fM in die nächste Lm, 1 Lm, [1 fM in die nächste Lm, 1 Lm] bis zur letzten M, 1 fM in die letzte Km der Reihe und im letzten U zur HF wechseln, wenden.

Reihen 13–18: Reihe 5 und 6 noch 3-mal wdh.

Reihe 19 (VS): 1 Lm, 1 Km ins hMg der 1. M, 1 Abn im Webstich, 1 Lm, [1 fM in die nächste Lm, 1 Lm] bis zu den letzten 2 Lm, 1 Abn im Webstich, 1 Km ins hMg der letzten M, wenden. (65 M)

Reihe 20: Reihe 6 wdh.

Reihe 21–26: Reihe 5 und 6 noch 3-mal wdh.

Reihe 27–50: Reihen 19–26 noch 3-mal wdh. (53 M)

Reihe 51–52: Reihe 5 und 6 wdh.

NUR FÜR GRÖSSE XXL

Reihe 9: 1 Lm, 1 Km ins hMg der 1. M, 1 Abn im Webstich, 1 Lm, [1 fM in die nächste Lm, 1 Lm] bis zu den letzten 2 Lm, 1 Abn im Webstich, 1 Km ins hMg der letzten M, wenden. (81 M)

Reihe 10: Reihe 6 wdh.

Reihe 11 (VS): Reihe 5 wdh.

Reihe 12: 1 Lm, 1 fM in die nächste Lm, 1 Lm, [1 fM in die nächste Lm, 1 Lm] bis zur letzten M, 1 fM in die letzte Km der Reihe und im letzten U zur HF wechseln, wenden.

Reihe 13: Reihe 5 wdh.

Reihe 14: Reihe 6 wdh.

Reihe 15: 1 Lm, 1 Km ins hMg der 1. M, 1 Abn im Webstich, 1 Lm, [1 fM in die nächste Lm, 1 Lm] bis zu den letzten 2 Lm, 1 Abn im Webstich, 1 Km ins hMg der letzten M, wenden. (77 M)

Reihe 16: Reihe 6 wdh.

Reihe 17 (VS): Reihe 5 wdh.

Reihen 18–19: Reihe 16 und 17 wdh.

Reihe 20: Reihe 6 wdh.

Reihe 21–50: Reihen 15–20 noch 5-mal wdh. (57 M am Ende)

Reihe 51: Reihe 6 wdh. (57 M)

Reihe 52: Reihe 5 wdh.

BÜNDCHEN DES ÄRMELS

Zur 3,25-mm-Häkelnadel wechseln.

Das Bündchen gleichzeitig häkeln, wenn Sie unten entlang der letzten Reihe des Ärmels arb wie folgt:

Reihe 1: 18 Lm, mit der 3. Lm von der Nadel beg, unten in die Lm arb, je 1 hStb in jd Lm bis zum Ende der R. (16 M)

Reihe 2: Die 1. M an der Unterkante des Ärmels ausl, je 1 Km in die nächsten 3 M der unteren Reihe (Km zählen nicht als M), Arbeit drehen, 1 hStb ins hMg in jd hStb des Bündchens. (16 M)

Reihe 3: 2 Lm, wenden, je 1 hStb ins hMg in jd M des Bündchens. (16 M)

Reihe 4: Je 1 Km in die nächsten 3 M der unteren Reihe (Km zählen nicht als M), Arbeit drehen, je 1 hStb ins hMg in jd M des Bündchens. (16 M)

Reihe 3–4 entlang der Unterkante des Ärmels wdh bis entweder:

1 M verbleibt: 1 Km in die letzte M.

2 M verbleiben: Je 1 Km in die nächsten 2 M der unteren Reihe (Km zählen nicht als M), wenden, um je 1 hStb ins hMg von jd hStb des Bündchens zu häkeln.

3 M verbleiben: Reihe 4 wdh, dann Reihe 3.

Das Garn befestigen und einen langen Faden für das Nähen des Ärmels stehenlassen.

LINKER ÄRMEL

Wie für den rechten Ärmel arbeiten, aber zuerst das Muster für den rechten Ärmel in der richtigen Größe kopieren und horizontal spiegeln oder in einem Spiegel lesen, dann von rechts nach links wie gewohnt lesen. (Linkshänderinnen: Das Muster wie oben kopieren und spiegeln, aber von links nach rechts lesen.)

OBERTEIL DES PULLOVERS/PASSE

Zum Verbinden der Ärmel mit dem Körper die 3,25-mm-Häkelnadel und die HF verwenden und folgendes Muster häkeln: [2 fM in die nächste M, je 1 fM in die nächsten 2 M] entlang der Vorderseite rechts, dann am rechten Ärmel und über die Rückseite des Körpers, dann entlang des linken Ärmels und an der linken VS endend wie folgt:

Reihe 1 (VS): Im oben beschriebenen Häkelmuster arb, entlang der rechten Vorderseite arb; dabei am MM beginnen und mit der nächsten markierten M des Körpers enden, den rechten Ärmel neben die Arbeitsschlaufe legen und mit der in KF markierten M beg und rund um den Ärmel arb, dabei in der markierten M des Ärmels enden. Mit der nächsten markierten M des Körpers fortfahren, entlang des Rückens arb und mit der nächsten markierten M des Körpers enden. Den linken Ärmel neben die Arbeitsschlaufe legen, mit der in KF markierten M beg und rund um den Ärmel arb, dabei in der markierten M des Ärmels enden. Mit der nächsten markierten M des Körpers weiterarb und entlang der linken VS arb bis zu den letzten 3 (3, 2, 3, 1) M, 2 fM in die nächste 1 (1, 1, 1, 0) M, 1 fM in die nächste M, 2 fM die nächste 1 (1, 0, 1, 0) M. (269 (309, 351, 385, 433) M um die Passe)

Anmerkung: Die Maschenzahl muss eine ungerade Zahl sein.

Reihe 2 (RS): Zur 3,5-mm-Häkelnadel wechseln, 1 Lm (zählt nicht als M), 1 fM in die nächste Lm, 1 Lm, [1 fM in die nächste Lm, 1 Lm] bis zur letzten M, 1 fM in die letzte Km der Reihe, wenden. (269 (309, 351, 385, 433) M)

Reihe 3 (VS): 1 Lm, wenden, 1 Km ins hMg der nächsten M, 1 Abn im Webstich, 1 Lm, [1 fM in die nächste Lm, 1 Lm] 15 (18, 21, 25, 28)-mal, 1 Abn im Webstich, MM in Abn, 1 Lm, [1 fM in die nächste Lm, 1 Lm] 26 (30, 34, 36, 42)-mal, 1 Abn im Webstich, MM in Abn, 1 Lm, [1 fM in die nächste Lm, 1 Lm] 40 (46, 53, 58, 64)-mal, 1 Abn im Webstich, MM in Abn, 1 Lm, [1 fM in die nächste Lm, 1 Lm] 26 (30, 34, 36, 42)-mal, 1 Abn im Webstich, MM in Abn, 1 Lm, [1 fM in die nächste Lm, 1 Lm] 15 (18, 21, 25, 28)-mal, 1 Abn im Webstich, 1 Km ins hMg der letzten M und im letzten U zur KF wechseln. (12 M abgenommen, 257 (297, 339, 373, 421) M)

Anmerkung: Bei Rückreihen die MM in die Lm über der Abn-M setzen.

Reihe 4 (RS): 1 Lm, wenden, 1 fM in die nächste M, 1 Lm, [1 fM in die nächste Lm, 1 Lm] bis zur letzten M, 1 fM in die letzte M. Die MM wieder in die Lm setzen.

Reihe 5 (VS): 1 Lm, wenden, 1 Km ins hMg der nächsten M, 1 Abn im Webstich, 1 Lm, [1 fM in die nächste Lm, 1 Lm] bis zur letzten fM in der Lm vor der markierten Lm, 1 Abn im Webstich (1. Beinchen der Abn in die markierte M), 1 Lm, [1 fM in die nächste Lm, 1 Lm] wdh, die Lm VOR der markierten Lm ausl, 1 Abn im Webstich (2. Beinchen der Abn in die markierte Lm), 1 Lm, [1 fM in die nächste Lm, 1 Lm] wdh, mit der letzten fM in den Zwr vor der markierten Lm, 1 Abn im Webstich (1. Beinchen der Abn in die markierte Lm), [1 fM in die nächste Lm, 1 Lm] wdh und die Lm VOR der markierten Lm ausl, 1 Abn im Webstich (2. Beinchen der Abn in die markierte Lm), 1 Lm, [1 fM in die nächste Lm, 1 Lm] bis zu den letzten 2 Lm, 1 Abn im Webstich, 1 Km ins hMg der letzten M und im letzten U zur HF wechseln. (12 M abgenommen, 245 (285, 327, 361, 409) M)

Reihe 6: Reihe 4 wdh.

Reihe 7 (VS): 1 Lm, wenden, 1 Km ins hMg der nächsten M, 1 Abn im Webstich, 1 Lm, [1 fM in die nächste Lm, 1 Lm] wdh und die Lm VOR der markierten Lm ausl, 1 Abn im Webstich (2. Beinchen der Abn in die markierte Lm), 1 Lm, [1 fM in die nächste Lm, 1 Lm] wdh und mit der letzten fM in der Lm vor der markierten Lm enden, 1 Abn im Webstich (1. Beinchen der Abn in markierte M), 1 Lm, [1 fM in die nächste Lm, 1 Lm] wdh und die Lm VOR der markierten Lm ausl, 1 Abn im Webstich (2. Beinchen der Abn in die markierte Lm), 1 Lm, [1 fM in die nächste Lm, 1 Lm] wdh und mit der letzten M im Zwr vor der markierten Lm enden, 1 Abn im Webstich (1. Beinchen der Abn in die markierte Lm), 1 Lm, [1 fM in die nächste Lm, 1 Lm] wdh bis zu den letzten 2 Lm, 1 Abn im Webstich, 1 Km ins hMg der letzten M und im letzten U zur HF wechseln. (12 M abgenommen, 233 (273, 315, 349, 397) M)

Reihe 8: Reihe 4 wdh.

Reihe 9 (VS): Reihe 5 wdh. (221 (261, 303, 337, 385) M)

Reihe 10: 1 Lm, wenden, 1 fM in die nächste M, 1 Lm, [1 fM in die nächste Lm, 1 Lm] bis zur letzten M, 1 fM in die letzte M und im letzten U zur KF wechseln.

Reihe 11 (VS): Reihe 7 wdh. (209 (249, 291, 325, 373) M)

Reihe 12: Reihe 4 wdh.

Reihe 13 (VS): Reihe 5 wdh und im letzten U zur HF wechseln. (12 M abgenommen, 197 (237, 279, 313, 361) M)

Das Garn in KF abschneiden.

Reihe 14 und alle geradzahligen Reihen (RS) bis Reihe 34 (40, 44, 48, 54): Reihe 4 wdh.

Reihe 15 (VS): Reihe 7 wdh. (185 (225, 267, 301, 349) M)

Reihe 17 (VS): 1 Lm, wenden, 1 Km ins hMg der nächsten M [1 Abn im Webstich, 1 Lm] 0 (1, 1, 1, 1)-mal, [1 fM in die nächste Lm, 1 Lm] wdh und mit der letzten fM in der Lm vor der markierten Lm enden, 1 Abn im Webstich (1. Beinchen der Abn in markierte M), 1 Lm, [1 fM in die nächste Lm, 1 Lm] wdh und die Lm VOR der markierten Lm ausl, 1 Abn im Webstich (2. Beinchen der Abn in die markierte Lm), 1 Lm, [1 fM in die nächste Lm, 1 Lm] wdh, mit der letzten M im Zwr vor der markierten Lm enden, 1 Abn im Webstich (1. Beinchen der Abn in die markierte Lm), [1 fM in die nächste Lm, 1 Lm] wdh und die Lm VOR der markierten Lm ausl, 1 Abn im Webstich (2. Beinchen der Abn in die markierte Lm), 1 Lm, [1 fM in die nächste Lm, 1 Lm] wdh bis 0 (2, 2, 2, 2) Lm verbleiben, [1 Abn im Webstich] 0 (1, 1, 1, 1)-mal, 1 Km ins hMg der letzten M. (8 (12, 12, 12, 12) M abgenommen, 177 (213, 255, 289, 337) M)

Reihe 19 (VS): 1 Lm, wenden, 1 Km ins hMg der nächsten M [1 Abn im Webstich, 1 Lm] 1 (0, 1, 1, 1)-mal, [1 fM in die nächste Lm, 1 Lm] wdh und die Lm VOR der markierten Lm ausl, 1 Abn im Webstich (2. Beinchen der Abn in die markierte Lm), 1 Lm, [1 fM in die nächste Lm, 1 Lm] wdh und mit der letzten fM in der Lm vor der markierten Lm enden, 1 Abn im Webstich (1. Beinchen der Abn in markierte M), 1 Lm, [1 fM in die nächste Lm, 1 Lm] wdh und die Lm VOR der markierten Lm ausl, 1 Abn im Webstich (2. Beinchen der Abn in die markierte Lm), 1 Lm, [1 fM in die nächste Lm, 1 Lm] wdh, mit der letzten M im Zwr vor der markierten Lm enden, 1 Abn im Webstich (1. Beinchen der Abn in die markierte Lm), 1 Lm, [1 fM in die nächste Lm, 1 Lm] wdh bis zu den letzten 2 (0, 2, 2, 2) Lm, [1 Abn im Webstich] 1 (0, 1, 1, 1)-mal, 1 Km ins hMg der letzten M. (12 (8, 12, 12, 12) M abgenommen, 165 (205, 243, 277, 325) M)

Reihe 21 (VS): 1 Lm, wenden, 1 Km ins hMg der nächsten M, [1 Abn im Webstich, 1 Lm] 0 (1, 0, 1, 1)-mal, [1 fM in die nächste Lm, 1 Lm] wdh und mit der letzten fM in der Lm vor der markierten Lm enden, 1 Abn im Webstich (1. Beinchen der Abn in markierte M), 1 Lm, [1 fM in die nächste Lm, 1 Lm] wdh und die Lm VOR der markierten Lm ausl, 1 Abn im Webstich (2. Beinchen der Abn in die markierte Lm), 1 Lm, [1 fM in die nächste Lm, 1 Lm] wdh und mit der letzten fM im Zwr vor der markierten Lm enden, 1 Abn im Webstich (1. Beinchen der Abn in die markierte Lm), [1 fM in die nächste Lm, 1 Lm] wdh und die Lm VOR der markierten Lm ausl, 1 Abn im Webstich (2. Beinchen der Abn in die markierte Lm), 1 Lm, [1 fM in die nächste Lm, 1 Lm] wdh bis zu den letzten 0 (2, 0, 2, 2) Lm, [1 Abn im Webstich] 0 (1, 0, 1, 1)-mal, 1 Km ins hMg der letzten M. (8 (12, 8, 12, 12) M abgenommen, 157 (193, 235, 265, 313) M)

Reihe 23 (VS): 1 Lm, wenden, 1 Km ins hMg der nächsten M [1 Abn im Webstich, 1 Lm] 1 (0, 1, 0, 1)-mal, [1 fM in die nächste Lm, 1 Lm] wdh und die Lm VOR der markierten Lm ausl, 1 Abn im Webstich (2. Beinchen der Abn in die markierte Lm), 1 Lm, [1 fM in die nächste Lm, 1 Lm] wdh und mit der letzten fM in der Lm vor der markierten Lm enden, 1 Abn im Webstich (1. Beinchen der Abn in die markierte M), 1 Lm, [1 fM in die nächste Lm, 1 Lm] wdh und die Lm VOR der markierten Lm ausl, 1 Abn im Webstich (2. Beinchen der Abn in die markierte Lm), 1 Lm, [1 fM in die nächste Lm, 1 Lm] wdh und mit der letzten fM im Zwr vor der markierten Lm enden, 1 Abn im Webstich (1. Beinchen der Abn in die markierte Lm), 1 Lm, [1 fM in die nächste Lm, 1 Lm] wdh bis zu den letzten 2 (0, 2, 0, 2) Lm, [1 Abn im Webstich] 1 (0, 1, 0, 1)-mal, 1 Km ins hMg der letzten M. (12 (8, 12, 8, 12) M abgenommen, 145 (185, 223, 257, 301) M)

Reihe 25 (VS): 1 Lm, wenden, 1 Km ins hMg der nächsten M [1 Abn im Webstich, 1 Lm] 0 (1, 0, 1, 0)-mal, [1 fM in die nächste Lm, 1 Lm] wdh und mit der letzten fM in der Lm vor der markierten Lm enden, 1 Abn im Webstich (1. Beinchen der Abn in markierte M), 1 Lm, [1 fM in die nächste Lm, 1 Lm] wdh und die Lm VOR der markierten Lm ausl, 1 Abn im Webstich (2. Beinchen der Abn in die markierte Lm), 1 Lm, [1 fM in die nächste Lm, 1 Lm] wdh und mit der letzten fM im Zwr vor der markierten Lm enden, 1 Abn im Webstich (1. Beinchen der Abn in die markierte Lm), [1 fM in die nächste Lm, 1 Lm] wdh und die Lm VOR der markierten Lm ausl, 1 Abn im Webstich (2. Beinchen der Abn in die markierte Lm), 1 Lm, [1 fM in die nächste Lm, 1 Lm] wdh bis zu den letzten 0 (2, 0, 2, 0) Lm, [1 Abn im Webstich] 0 (1, 0, 1, 0)-mal, 1 Km ins hMg der letzten M. (8 (12, 8, 12, 8) M abgenommen, 137 (173, 215, 245, 293) M)

Reihe 27 (VS): Reihe 23 wdh. (125 (165, 203, 237, 281) M)

NUR FÜR GRÖSSE M (L, XL, XXL)

Reihe 29 (VS): Reihe 25 wdh. (153 (195, 225, 273) M)

Reihe 31 (VS): Reihe 23 wdh. (145 (183, 217, 261) M)

NUR FÜR GRÖSSE L (XL, XXL)

Reihe 33 (VS): Reihe 25 wdh. (175 (205, 253) M)

Reihe 35 (VS): Reihe 23 wdh. (163 (197, 241) M)

NUR FÜR GRÖSSE XL (XXL)

Reihe 37 (VS): Reihe 25 wdh. (185 (233) M)

Reihe 39 (VS): Reihe 23 wdh. (177 (221) M)

NUR FÜR GRÖSSE XXL

Reihe 41 (VS): Reihe 25 wdh. (213 M)

Reihe 43 (VS): Reihe 23 wdh. (201 M)

ALLE GRÖSSEN

Mit dem Formen der Schulteroberseite beginnen. Den 1. und 4. MM entfernen (Markierung der Raglan-Abnahmelinien auf der VS).

Reihe 29 (33, 37, 41, 45) (VS): 1 Lm, wenden, 1 Km ins hMg der nächsten M [1 Abn im Webstich, 1 Lm] 2-mal, [1 fM in die nächste Lm, 1 Lm] wdh und die Lm VOR der markierten Lm ausl, 1 Abn im Webstich (2. Beinchen der Abn in die markierte Lm), MM neu auf diese Abn-M setzen, 1 Lm, 1 Abn im Webstich (nicht markieren), 1 Lm, [1 fM in die nächste Lm, 1 Lm] wdh und 2 Lm vor dem markiertem Lm ausl, 1 Abn im Webstich, 1 Lm, Abn im Webstich (1. Beinchen der Abn in die markierte Lm), MM erneut setzen, jedoch nur in der 2. Abn, 1 Lm, [1 fM in die nächste Lm, 1 Lm] wdh bis zu den letzten 4 Lm, 1 Abn im Webstich, 1 Lm, 1 Abn im Webstich, 1 Km ins hMg der letzten M. (16 abgenommen M, 109 (129, 147, 161, 185) M)

Reihe 33 (37, 41, 45, 49) (VS): Reihe 29 (33, 37, 41, 45) wdh. (77 (97, 115, 129, 153) M)

Reihe 35 (39, 43, 47, 51) (VS): Reihe 29 (33, 37, 41, 45) wdh. (61 (81, 99, 113, 137) M)

NUR FÜR GRÖSSE S

Das Garn befestigen.

NUR FÜR GRÖSSE M (L, XL, XXL)

Reihe 41 (45, 49, 53) (VS): Reihe 33 (37, 41, 45) wdh. (65 (83, 97, 121) M)

NUR FÜR GRÖSSE M, L UND XL

Das Garn befestigen.

NUR FÜR GRÖSSE XXL

Reihe 55 (VS): Reihe 45 wdh. (105 M)

Das Garn befestigen.

KRAGEN LINKS

Mit der 3,25-mm-Häkelnadel und HF 46 (48, 50, 52, 56) Lm häkeln.

Reihe 1: Mit der 3. Lm von der Nadel beg und unten in die Lm arb, je 1 hStb in jd Lm bis zum Ende der R, wenden. (44 (46, 48, 50, 54) hStb)

Reihe 2–12 (2–14, 2–17, 2–19, 2–20): 2 Lm (zählen nicht als M), hStb ins hMg bis zum Ende der R. (44 (46, 48, 50, 54) hStb ins hMg)

MM unten in dieselbe Lm, in die das letzte hStb aus Reihe 1 gehäkelt wurde. MM in KF setzen, um Reihe 2 (2, 3, 3, 2) als VS zu markieren.

Reihe 13 (15, 18, 20, 21): 2 Lm, 2 hStb zus abm ins hMg, hStb ins hMg bis zum Ende der R, wenden. (43 (45, 47, 49, 53) M)

Reihe 14 (16, 19, 21, 22): 2 Lm, hStb ins hMg bis zum Ende der R, wenden.

Reihe 15 (17, 20, 22, 23): 2 Lm, 2 hStb zus abm ins hMg, hStb ins hMg bis zum Ende der R, wenden. (42 (44, 46, 48, 52) M)

Reihe 16 (18, 21, 23, 24): 2 Lm, hStb ins hMg bis zum Ende der R, wenden.

Reihe 17 (19, 22, 24, 25): 2 Lm, 2 hStb zus abm ins hMg, 1 hStb ins hMg, hStb ins hMg bis zum Ende der R, wenden. (41 (43, 45, 47, 51) M)

Reihe 18 (20, 23, 25, 26) (VS): 2 Lm, hStb bis zu den letzten 2 M, 2 hStb zus abm ins hMg, wenden. (40 (42, 44, 46, 50) M)

Reihe 19–48 (21–52, 24–57, 26–61, 27–66): Reihe 17 und 18 (19 und 20, 22 und 23, 24 und 25, 25 und 26) noch 15 (16, 17, 18, 20)-mal wdh. (10 M am Ende von R 48 (52, 57, 61, 66))

Reihe 49–101 (53–105, 58–110, 62–114, 67–121): 2 Lm, hStb ins hMg bis zum Ende der R. (10 M)

Das Garn befestigen.

KRAGEN RECHTS

Aufbaureihe: Mit der VS nach oben, hinten in der Mitte des Halsausschnitts beg und auf der gegenüberliegenden Seite der Aufbau-Lm arb, eine Schlinge im hMg der markierten M hochziehen, 2 Lm, 1 hStb ins hMg bis zum Ende. (46 M)

Reihe 1–48 (1–52, 1–57, 1–61, 1–66) für den Halsausschnitt links wdh.

Das Bündchen weiterhäkeln, während Sie jd 10. Reihe die Knopflöcher häkeln:

Reihe 49 (53, 58, 62, 67): 2 Lm, je 1 hStb ins hMg in die nächsten 3 M, 2 Lm, die nächsten 2 M ausl, je 1 hStb ins hMg in die letzten 5 M, wenden. (10 M)

Reihe 50–58 (54–62, 59–67, 63–71, 68–76): 2 Lm, je 1 hStb ins hMg in jd M, wenden. (10 M)

Reihe 49–58 (53–62, 58–67, 62–71, 67–76) noch 4-mal wdh.

Reihe 49–51 (53–55, 58–60, 62–64, 67–71) noch 1-mal wdh.

Das Garn befestigen.

FERTIGSTELLUNG

Mit Garn in der HF und einer Nähnadel die Ärmel mit einer kleinen Lücke unter dem Arm an den Körper nähen. Mit den Garnenden und der Nähnadel die Ärmel zunähen. Alle Enden vernähen.

KRAGEN/KNOPFLEISTE ANBRINGEN

Entlang der Kanten zu häkeln, verleiht der Vorderseite des Pul lovers Struktur und ergibt einen ordentlichen Saum. Ränder wie folgt häkeln:

SAUM DES HALSAUSSCHNITTS VORN UND HINTEN

Mit der 3,25-mm-Häkelnadel und HF 48 (48, 48, 48, 50) fM von der unteren rechten Ecke an die Unterseite des Farbmusters häkeln, je 1 fM in die 24 Lm entlang des mittleren vorderen Randes des Farbmusters häkeln und oben enden, 44 (48, 50, 54, 58) fM entlang des Randes des Halsausschnitts hinten an den Seiten (an der Abnahmelinie), 30 (34, 40, 46, 50) fM über die Halsrückseite, 44 (48, 50, 54, 58) fM entlang des linken Halsausschnitts und dabei über dem Farbmuster enden, je 1 fM in die 24 Lm entlang der mittleren Vorderkante des Farbmusters und dabei an dessen Unterseite enden, 48 (48, 48, 48, 50) fM entlang des Randes der linken VS und dabei an der unteren Ecke enden. Das Garn befestigen.

SAUM DES KRAGENS/DER KNOPFLEISTE

Legen Sie den Kragen/die Knopfleiste so auf den Tisch, dass die gerade Kante zu Ihnen zeigt und die linke Seite der Knopfleiste (die ohne Knopflöcher) zu Ihrer Rechten liegt. Eine Schlinge in der HF in der markierten Ecke hochziehen, bereit, um entlang der Zu- und Abnahmeränder der Knopfleiste zu arbeiten: 72 (72, 72, 72, 74) fM entlang des Randes der Knopfleiste und am Beg der Formgebung des Kragens enden, 44 (48, 50, 54, 58) fM entlang des geformten (diagonalen) Randes, dabei an der Ecke enden, an der die Formgebung endet, 30 (34, 40, 46, 50) fM entlang des geraden Teils des hinteren Halsausschnitts, 44 (48, 50, 54, 58) fM entlang des nächsten geformten (diagonalen) Randes und dabei an der Knopfleiste enden, 72 (72, 72, 72, 74) fM entlang der rechten Knopfleiste.

Mit der HF den Saum von Hals/Knopfleiste vorn an den Pullover annähen. Jede Borte hat dieselbe Maschenanzahl, daher liegen sie 1 : 1 nebeneinander.

Die Strickjacke spannen.

KNÖPFE VERSTÄRKEN (6 MAL HÄKELN)

Runde 1: Mit der 3,5-mm-Häkelnadel und HF eine anpassbare Schlinge machen, 6 fM in die Schlinge, nicht verbinden, sondern in die Runde arb.

Runde 2: Je 2 fM in jd M, mit 1 Km in die 1. fM verbinden.

Das Garn befestigen und ein langes Ende stehenlassen.

Jede Knopfverstärkung an die RS des linken Knopfbandes auf Höhe der Knopflöcher annähen. Mit Nähnadel und Garn die Knöpfe an die VS der linken Knopfleiste durch die Verstärkung annähen. So werden die Knöpfe sehr widerstandsfähig befestigt.

Maße

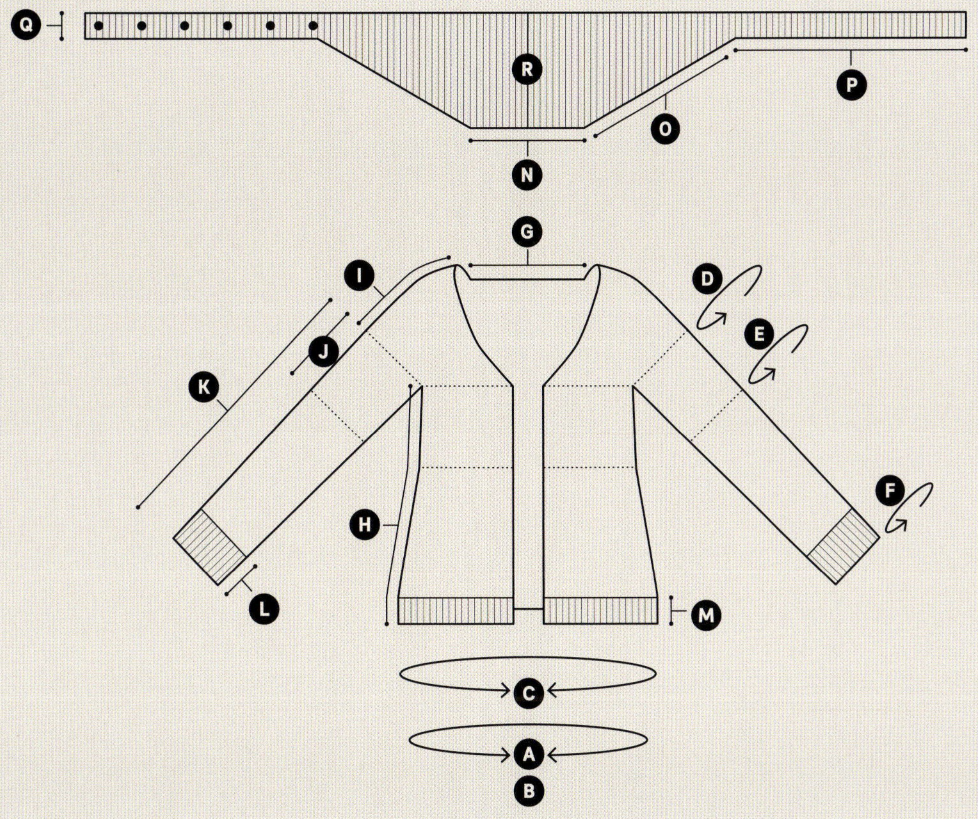

Strickjacke „Badlands"	S	M	L	XL	XXL
A. Brust (ohne Knopfleiste)	82,5 cm	94 cm	106,5 cm	116 cm	132 cm
B. Brust (mit Knopfleiste)	87,5 cm	99 cm	112 cm	121 cm	137 cm
C. Hüfte (ohne Knopfleiste)	89 cm	100,5 cm	113,5 cm	122,5 cm	138,5 cm
D. Oberarm (über Farbmuster)	30,5 cm	34,5 cm	38 cm	42 cm	47,5 cm
E. Oberarm (unter Farbmuster	28 cm	32 cm	35,5 cm	38 cm	43 cm
F. Handgelenk	23	23,5 cm	26 cm	26 cm	28 cm
G. Halsrückseite	19 cm	21,5 cm	26,5 cm	30 cm	32 cm
H. Körperlänge (von der Achsel bis zur Bündchenkante)	42,5 cm	42,5 cm	43 cm	43 cm	44,5 cm
I. Schulterlänge	19 cm	21,5 cm	23,5 cm	26,5 cm	30 cm
J. Länge des Farbmusters am Ärmel	13 cm	13 cm	13 cm	13 cm	13 cm
K. Ärmellänge	48 cm	49,5 cm	49,5 cm	51 cm	51 cm
L. Länge des Bündchens am Handgelenk	7 cm	7 cm	7 cm	7 cm	7 cm
M. Länge des Bündchens an der Hüfte	4,5 cm	4,5 cm	4,5 cm	4,5 cm	4,5 cm
N. Kragen Halsrückseite	19,5 cm	23 cm	27,5 cm	30,5 cm	32 cm
O. Kragenlänge an den Seiten	30,5 cm	33,5 cm	35 cm	37,5 cm	42 cm
P. Länge der Knopfleiste	40,5 cm	40,5 cm	40,5 cm	40,5 cm	42 cm
Q. Breite der Knopfleiste (0,5 cm Zugabe wenn Knopfleiste vorn an der Jacke angebracht wird)	4,5 cm	4,5 cm	4,5 cm	4,5 cm	4,5 cm
R. Kragenhöhe an der Halsrückseite	19,5 cm	20 cm	21 cm	22 cm	24 cm

Pullover „Eiszapfen“

Dieser einfache Rundhalspullover lässt sich leicht anpassen. Der Teil mit dem mehrfarbigen Muster in der Passe wird durch kleiner werdende Nadelgrößen geformt, es gibt also keine Abnahmen, die das Muster stören – was bedeutet, dass Sie die Muster und Maschen leicht gegen andere austauschen können (siehe „Austausch und Änderung von Mustern“, S. 136). Zusätzlich wird die Oberkante des zweifarbigen Stücks (oben am Halsausschnitt) mit fester Spannung gehäkelt, was dabei hilft, die Form zu behalten, während es unten aufgrund geringerer Spannung sanfter fällt.

Größe bei Fertigstellung: XS, S, M, L, XL, XXL, XXXL; bemessen auf einen Brustumfang von 81 (91, 99, 108,5, 117,5, 127, 135) cm. Passform: körpernah. Das getragene Modell hat die Größe Medium mit einer Zugabe zur Körperform von 9 cm.

Anmerkung: Die drei größten Größen weisen auf der Vorderseite Brustmaße auf, die 5,75 (7, 8,25) cm größer als der Rücken sind, damit sie auch bei größerer Brustweite passen.

Garn: O Wool, O-Wash Sport, (100 % Superwash Bio-Merinowolle; 278 m/100 g); Devil’s Pool, 5 (6, 6, 7, 7, 8, 8) Stränge (HF); Barn Owl, 1 (1, 1, 1, 2, 2, 2) Stränge (KF).

Häkelnadel: 3,5 mm, 3,25 mm und 2,75 mm. Die Nadelstärke für eine korrekte Maschenprobe anpassen, falls notwendig.

Benötigte Kurzwaren: Maschenmarkierer (MM); Nähnadel.

Maschenprobe (Spannung): 22 M x 16 Runden = 10 x 10 cm, zweifarbig gehäkelt in vfM mit der 2,75-mm-Häkelnadel.

17,5 M x 15 Runden = 10 x 10 cm, gehäkelt in vfM in einer Farbe mit der 3,25-mm-Häkelnadel.

17,5 M x 15 Runden = 10 x 10 cm, zweifarbig gehäkelt in vfM mit der 3,5-mm-Häkelnadel.

Anmerkung: Haben Sie die Nadelstärke für die beiden Spannungen für die zweifarbigen Bereiche ermittelt, verwenden Sie eine Nadel zwischen diesen beiden Stärken als mittlere Größe.

Warum dieses Garn?

Dieses Garn ist weich und dehnbar und fällt unheimlich leicht – es ist ziemlich anders als das Garn, das ich für die „Badlands“-Strickjacke gewählt habe, weil ich zwei kontrastreiche Beispiele für Pullover in diesem Buch zeigen wollte. Es ist eine Superwash-Wolle in Bio-Qualität, pflegeleicht und in so hübschen Farben erhältlich!

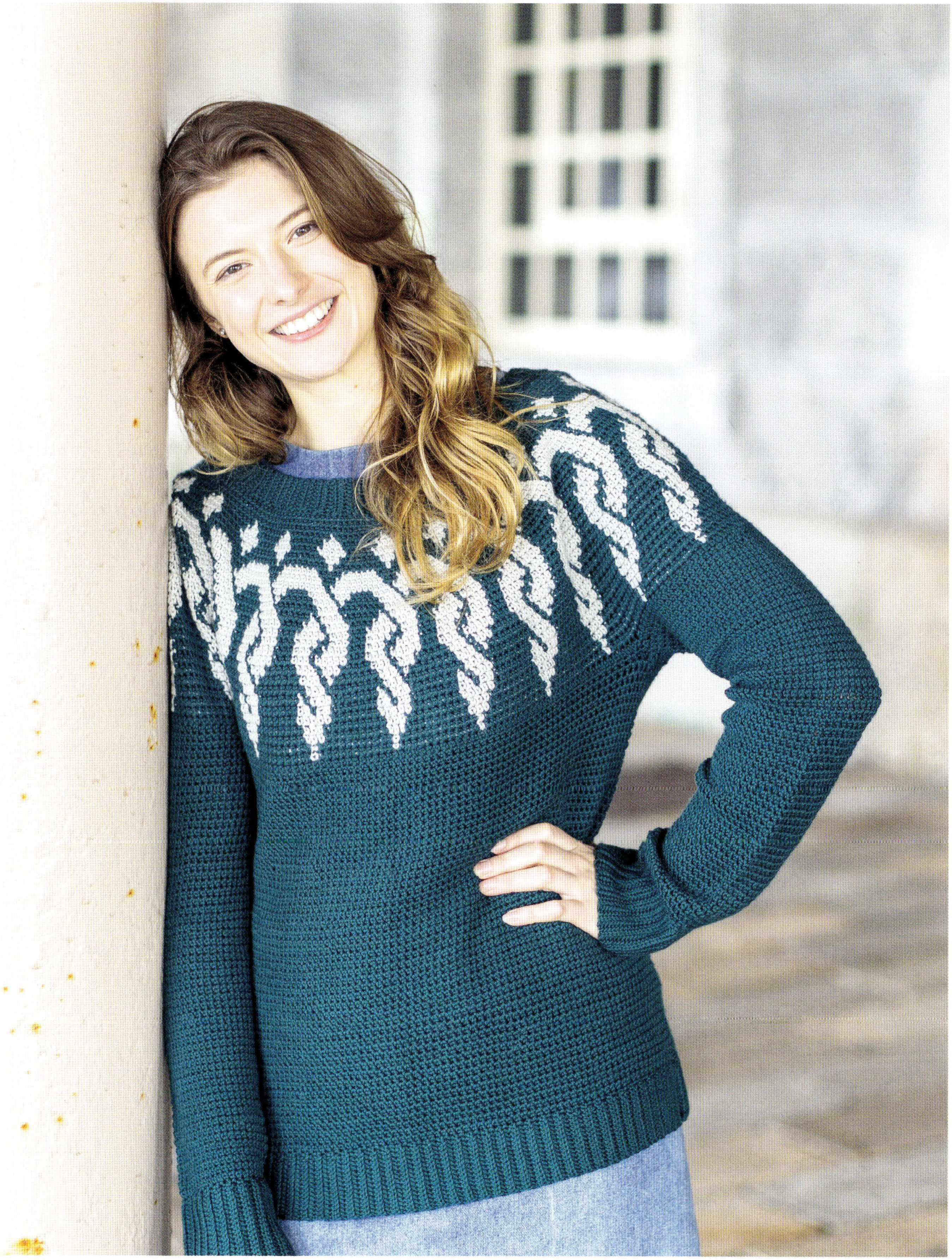

Anmerkungen

Dieser Pullover ist überraschend dehnbar (um bis zu 8–10 % größer in der Breite). Allerdings dehnt sich der zweifarbige Bereich nicht so sehr wie der Rest des Pullovers.

Anmerkung zur Spannung: Kennen Sie die Nadelstärke für die kleinste und größte Nadel des zweifarbigen Bereichs, sollte eine mittlere Nadel für den Bereich dazwischen funktionieren. Häkeln Sie mit ihr die Maschenprobe des einfarbigen Teils. Die meisten Menschen häkeln zweifarbig etwas fester, weshalb Sie beim Wechsel zur einfarbigen Arbeit die Nadel eine Größe kleiner wählen können, um die Spannung zu erhalten. Jeder häkelt ein bisschen anders, weshalb es auch genau umgekehrt sein kann. Gehen Sie nicht davon aus, dass Ihre Spannung mit zwei Farben gleich wie mit nur einer Farbe bleibt – das ist selten der Fall.

Beim Anfertigen von Bündchen häkeln Sie 2 feste Lm als W-Lm für eine ordentlichere Kante. Sie müssen nicht in diese Lm häkeln, daher ist es egal, wenn sie fest sind.

Ich befestige das Bündchen gern während des Häkelns am Saum, damit es die höchste Dehnung hat (beim Annähen wird diese durch die Naht eingeschränkt). Allerdings müssen Sie dadurch während der Arbeit in Reihen das gesamte Kleidungsstück immer wieder wenden. Das kann mühsam sein, weshalb ich eine Technik entwickelt habe, die dem Umblättern einer Buchseite ähnelt: Nach dem Häkeln der Hinreihe auf der VS des Bündchens und den Km entlang des Saums, die Nadel entlang der Oberkante halten, dann Arbeit und Nadel gemeinsam wenden (wie beim Zurückblättern einer Seite). Nun liegt die Arbeit richtig für die nächste Reihe, aber die Nadel zeigt in die falsche Richtung. Bringen Sie das Garnende unter die Nadel und um den Rand der Arbeit nach hinten und drehen Sie dann die Nadel weiter gegen den Uhrzeigersinn um 180 Grad (von oben betrachtet), bis sie in die richtige Richtung zeigt.

Abnahmemuster: Damit die zweifarbige Arbeit gleichmäßig aussieht, befinden sich die Abnahmen oben an der Passe für jede Größe an verschiedenen Stellen. Achten Sie darauf, das richtige Muster zu verwenden, und vergessen Sie nicht, die Passe fertigzustellen, nachdem Sie sich durch das Muster gearbeitet haben (die meisten Größen haben zusätzliche Runden, die nicht im Muster enthalten sind, weil sie einfarbig sind). Die einfachen grauen Kästchen sind Platzhalter und stehen nicht für Maschen. Die grauen Kästchen mit diagonaler Linie stehen für das 1. Beinchen von 2 vfM, die zus abgemascht werden; stoßen Sie auf ein solches: 2 vfM zus abm über die nächsten 2 M. Abnahmen immer mit der HF häkeln.

Anmerkungen zum Spannen: Denken Sie daran, den Pullover nach Fertigstellung zu spannen. Das glättet die Abnahmen in der Passe, wertet die mehrfarbige Arbeit auf und glättet den Übergang von Passe zu Körper. Wenn der Pullover nass wird, lässt er sich leicht der Länge nach ziehen. Nehmen Sie sich die Zeit, ihn auf die richtigen Maße zu spannen, bevor Sie ihn trocknen lassen. Das ist ein kleiner Preis, für einen sehr dehnbaren Pulli, der unheimlich weich fällt (in anderen Worten: der Figur schmeichelt)!

Leitfaden für Häkelmaschen

vfM (verlängerte feste Masche): Die Nadel in die nächste M stechen, U und eine Schl hochziehen, U und nur durch eine Schl ziehen, U und durch 2 Schlingen ziehen.

2 mod vfM zus abm (2 modifizierte verlängerte feste Maschen zusammen abmaschen): Dies wird über die nächsten 2 M gearbeitet und verringert Ihre Maschenanzahl um 1 M. Die Nadel nur unter das vMg der nächsten M stechen, dann die Nadel unter beide Mg der nächsten M (von vorne nach hinten, wie gewohnt) stechen, U und eine Schl hochziehen, U und nur durch eine Schl ziehen, U und durch 2 Schlingen ziehen.

Passe „Eiszapfen", alle Größen

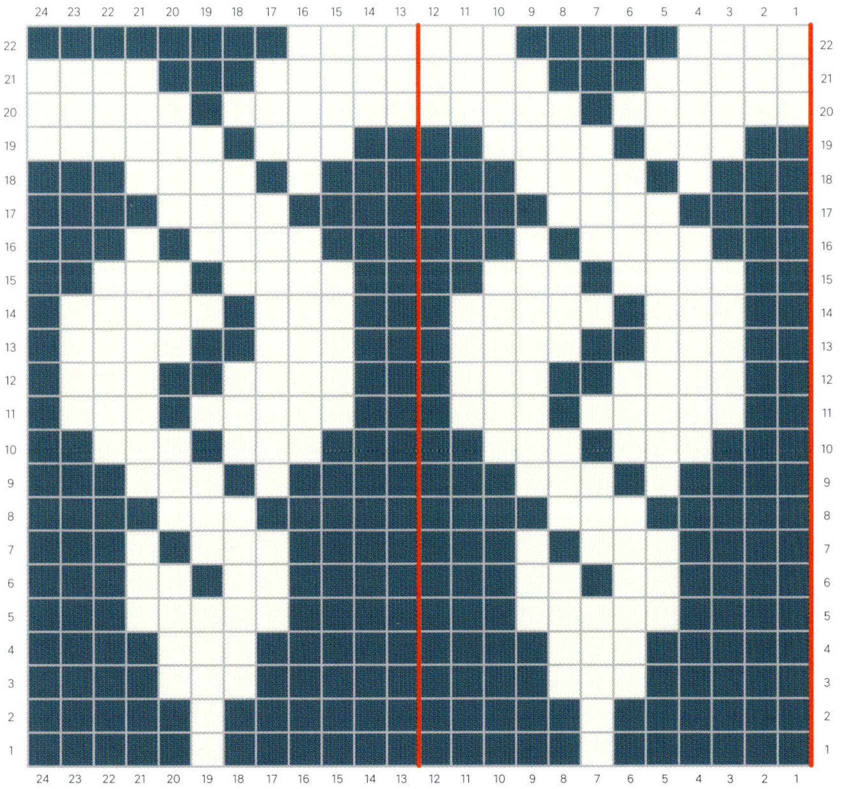

Den Abschnitt zwischen den roten Linien 17 (19, 21, 23, 25, 27, 29)-mal häkeln.

LEGENDE

Jedes Quadrat steht für 1 M.

Jedes Muster in diesem Projekt von rechts nach links lesen. (Linkshänderinnen: Fertigen Sie eine spiegelverkehrte Kopie des Musters an oder lesen Sie es in einem Spiegel und arbeiten Sie von links nach rechts).

MUSTER FÜR DEN PULLOVER

PASSE

Von unten nach oben gearbeitet

Mit der 3,5-mm-Häkelnadel und der HF 217 (241, 265, 289, 313, 337, 361) Lm häkeln.

Aufbaureihe: In der 2. Lm von der Nd beg und unten in die Lm arb, je 1 vfM in jd Lm bis zum Ende der Reihe. (216 (240, 264, 288, 312, 336, 360) M)

MM in die 1. M. Mit der markierten M beg und rundhäkeln ohne Verbindungen, je 1 vfM in jd M rundherum, dabei Runde 1–11 des Eiszapfenmusters für die Passe häkeln. 18 (20, 22, 24, 26, 28) Eiszapfen rundherum)

Zur 3,25-mm-Häkelnadel wechseln und Runde 12–17 des Eiszapfenmusters für die Passe häkeln. Zur 2,75-mm-Häkelnadel wechseln und Runde 18–22 des Eiszapfenmusters für die Passe häkeln.

ABNAHME FÜR DIE PASSE

Anmerkung: Für Stabilität und gleichbleibende Spannung auch in Runden ohne Farbwechsel weiter über das nicht gehäkelte Garn häkeln.

NUR FÜR GRÖSSE XS

Die Abnahmen im Eiszapfenmuster für Größe XS beg.

Runde 1: [Je 1 vfM in die nächsten 4 M, 2 vfM zus abm, vfM in die nächsten 6 M] 18-mal. (198 M)

Runde 2: VfM rundherum häkeln.

Runde 3: [Je 1 vfM in die nächsten 8 M, 2 vfM zus abm, 1 vfM in die nächste M] 18-mal. (180 M)

Runde 4 und 5: VfM rundherum häkeln.

Runde 6: Zur HF wechseln und weiterarb, dabei über die KF häkeln für mehr Stabilität, [je 1 vfM in die nächsten 16 M, 2 vfM zus abm] 10-mal. (170 M)

Das Garn in KF abschneiden, nicht befestigen und bis zum Halsbündchen weiterarb.

NUR FÜR GRÖSSE S

Die Abnahmen im Eiszapfenmuster für Größe S beg.

Runde 1: [Je 1 vfM in die nächsten 4 M, 2 vfM zus abm, je 1 vfM in die nächsten 5 M] 20-mal. (221 M)

Runde 2: VfM rundherum häkeln.

Runde 3: [Je 1 vfM in die nächsten 8 M, 2 vfM zus abm, 1 vfM in die nächste M] 20-mal. (200 M)

Runde 4: VfM rundherum häkeln.

Runde 5: [Je 1 vfM in die nächsten 2 M, 2 vfM zus abm, je 1 vfM in die nächsten 7 M] 20-mal. (180 M)

Runde 6: Zur HF wechseln und weiterarb, dabei über die KF häkeln für mehr Stabilität, [je 1 vfM in die nächsten 16 M, 2 vfM zus abm] 10-mal. (170 M)

Das Garn in KF abschneiden, nicht befestigen und weiterarb bis zum Halsausschnitt.

NUR FÜR GRÖSSE M

Die Abnahmen im Eiszapfenmuster für Größe M beg.

Runde 1: [Je 1 vfM in die nächsten 4 M, 2 vfM zus abm, je 1 vfM in die nächsten 6 M] 22-mal. (242 M)

Eiszapfenmuster Abnahme Größe XS

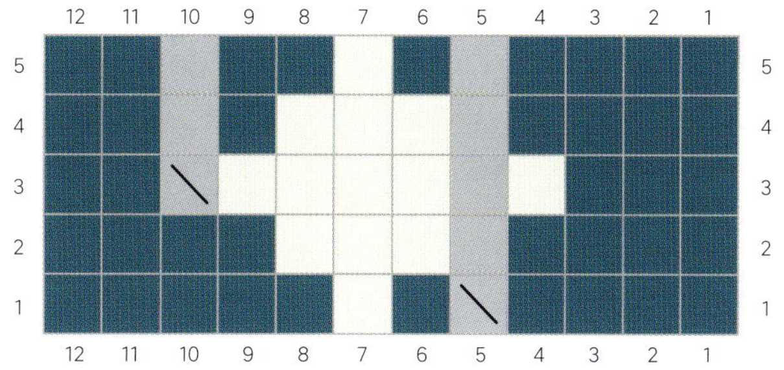

Eiszapfenmuster Abnahme Größe S

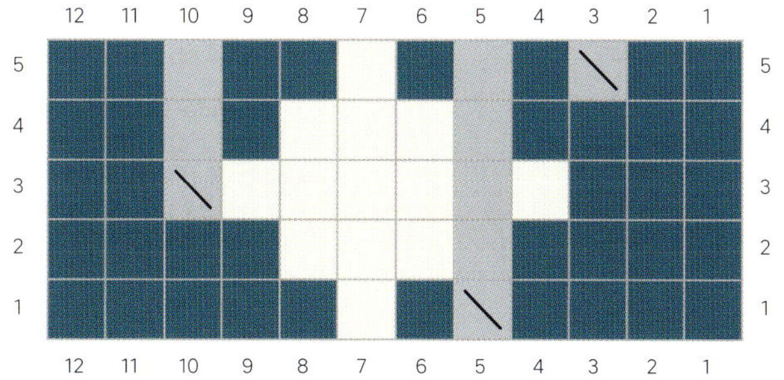

Eiszapfenmuster Abnahme Größe M

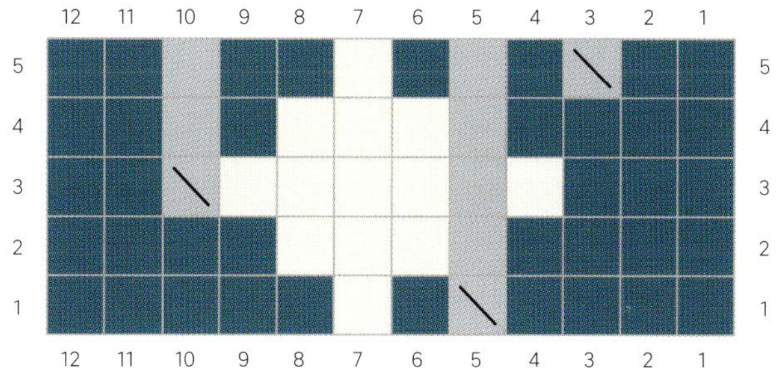

Runde 2: VfM rundherum häkeln.

Runde 3: [Je 1 vfM in die nächsten 8 M, 2 vfM zus abm, 1 vfM in die nächste M] 22-mal. (220 M)

Runde 4: VfM rundherum häkeln.

Runde 5: [Je 1 vfM in die nächsten 2 M, 2 vfM zus abm, je 1 vfM in die nächsten 6 M] 22-mal. (198 M)

Runde 6: Zur HF wechseln und weiterarb, dabei über die KF häkeln für mehr Stabilität, vfM rundherum häkeln.

Runde 7: [Je 1 vfM in die nächsten 7 M, 2 vfM zus abm] 22-mal. (176 M)

Runde 8: VfM rundherum. (176 M)

Das Garn in KF abschneiden, nicht befestigen und weiterarb bis zum Halsausschnitt.

NUR FÜR GRÖSSE L

Die Abnahmen im Eiszapfenmuster für Größe L beg.

Runde 1: [Je 1 vfM in die nächsten 4 M, 2 vfM zus abm, je 1 vfM in die nächsten 6 M] 24-mal. (264 M)

Runde 2 und 3: VfM rundherum.

Runde 4: [Je 1 vfM in die nächsten 7 M, 2 vfM zus abm, je 1 vfM in die nächsten 2 M] 24-mal. (240 M)

Runde 5 und 6: VfM rundherum.

Runde 7: [1 vfM in die nächste M, 2 vfM zus abm, je 1 vfM in die nächsten 7 M] 24-mal. (216 M)

Runde 8: Zur HF wechseln und weiterarb, dabei für mehr Stabilität über die KF häkeln, vfM rundherum häkeln.

Runde 9: [Je 1 vfM in die nächsten 7 M, 2 vfM zus abm] 24-mal. (192 M)

Runde 10: VfM rundherum häkeln.

Runde 11: [Je 1 vfM in die nächsten 14 M, 2 vfM zus abm] 12-mal. (180 M)

Das Garn in KF abschneiden, nicht befestigen und weiterarb bis zum Halsausschnitt.

NUR FÜR GRÖSSE XL

Die Abnahmen im Eiszapfenmuster für Größe XL beg.

Runde 1: [Je 1 vfM in die nächsten 4 M, 2 vfM zus abm, je 1 vfM in die nächsten 6 M] 26-mal. (286 M)

Runde 2–4: VfM rundherum häkeln.

Runde 5: [Je 1 vfM in die nächsten 8 M, 2 vfM zus abm, 1 vfM in die nächste M] 26-mal. (260 M)

Runde 6 und 7: VfM rundherum häkeln.

Runde 8: In dieser Rd an der Passe vorne mehr abn als hinten. Zur HF wechseln und weiterarb, dabei für mehr Stabilität der restlichen Passe über die KF häkeln, [je 1 vfM in die nächsten 4 M, 2 vfM zus abm, je 1 vfM in die nächsten 10 M, 2 vfM zus abm, je 1 vfM in die nächsten 5 M] 5-mal, [je 1 vfM in die nächsten 3 M, 2 vfM zus abm, je 1 vfM in die nächsten 4 M] 15-mal (MM unten in die Passe direkt unter der Eiszapfenspitze, die der Mitte der 8. Wdh am nächsten ist), je 1 vfM in die nächsten 4 M, 2 vfM zus abm, je 1 vfM in die nächsten 4 M. (234 M)

Der MM zeigt die Mitte der Vorderseite der Passe an. Später verwenden, um die Mitte der Passe auf der RS zu ermitteln.

Runde 9–11: VfM rundherum häkeln. (234 M)

Runde 12: In dieser Rd an der Passe vorne mehr abn als hinten. [1 vfM in die nächste M, 2 vfM zus abm, je 1 vfM in die nächsten 9 M, 2 vfM zus abm, je 1 vfM in die nächsten 7 M] 5-mal, [1 vfM in die nächste M, 2 vfM zus abm, je 1 vfM in die nächsten 5 M] 15-mal, 1 vfM in die nächste M, 2 vfM zus abm, je 1 vfM in die nächsten 6 M. (208 M)

Runde 13–14: VfM rundherum häkeln.

Runde 15: [Je 1 vfM in die nächsten 6 M, 2 vfM zus abm] 26-mal. (182 M)

Runde 16: VfM rundherum häkeln.

Das Garn in KF abschneiden, nicht befestigen und weiterarb bis zum Halsbündchen.

NUR FÜR GRÖSSE XXL

Die Abnahmen im Eiszapfenmuster für Größe XXL beg.

Runde 1: [Je 1 vfM in die nächsten 4 M, 2 vfM zus abm, je 1 vfM in die nächsten 6 M] 28-mal. (308 M)

Runde 2–4: VfM rundherum häkeln.

Runde 5: [Je 1 vfM in die nächsten 9 M, 2 vfM zus abm] 28-mal. (280 M)

Runde 6 und 7: VfM rundherum häkeln.

Runde 8: Zur HF wechseln und weiterarb, dabei für mehr Stabilität der restl Passe über die KF häkeln, vfM rundherum häkeln.

Runde 9: In dieser Rd an der Passe vorne mehr abn als hinten. [Je 1 vfM in die nächsten 5 M, 2 vfM zus abm, je 1 vfM in die nächsten 5 M] 10-mal, je 1 vfM in die nächsten 2 M, [je 1 vfM in die nächsten 3 M, 2 vfM zus abm, je 1 vfM in die nächsten 7 M, 2 vfM zus abm, je 1 vfM in die nächsten 3 M] 8-mal (MM unten in die Passe direkt unter der Eiszapfenspitze, die dem Beg der 5. Wdh am nächsten ist), je 1 vfM in die nächsten 3 M, 2 vfM zus abm, je 1 vfM in die nächsten 10 M, 2 vfM zus abm, je 1 vfM in die nächsten 5 M. (252 M)

Der MM zeigt die Mitte der Vorderseite der Passe an. Später verwenden, um die Mitte der Passe auf der RS zu ermitteln.

Runde 10–12: VfM rundherum häkeln. (252 M)

Eiszapfenmuster Abnahme Größe L

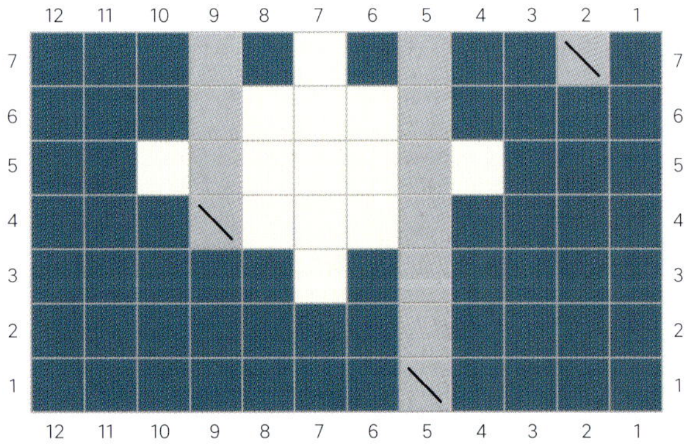

Eiszapfenmuster Abnahme Größe XXL

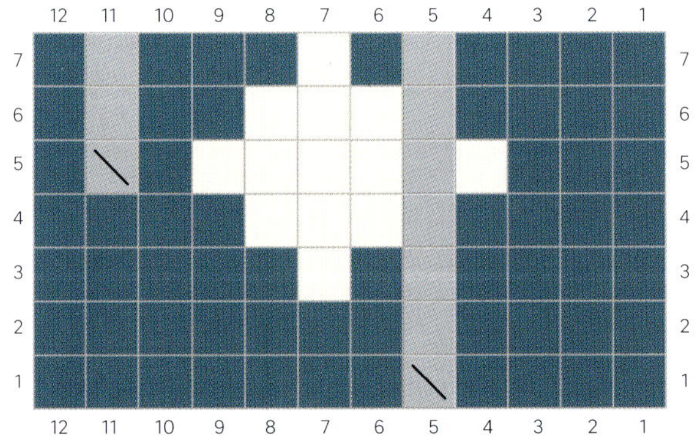

Eiszapfenmuster Abnahme Größe XL

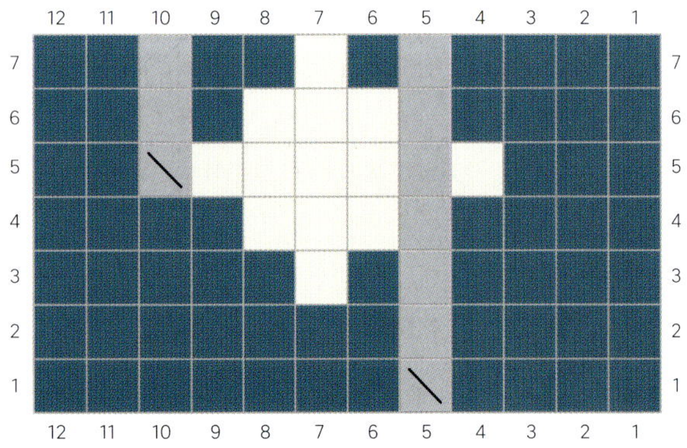

Eiszapfenmuster Abnahme Größe XXXL

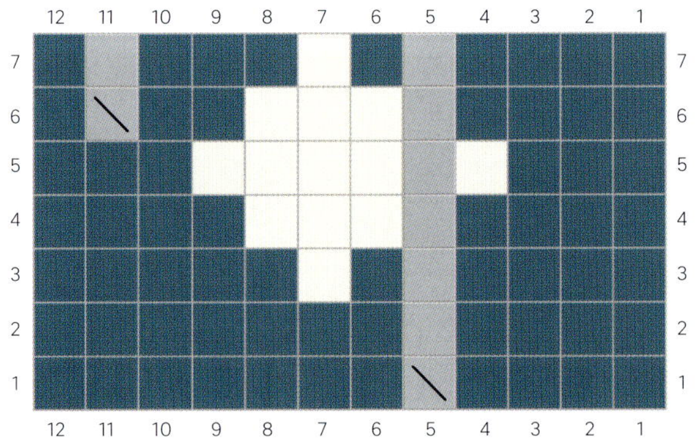

Runde 13: [Je 1 vfM in die nächsten 7 M, 2 vfM zus abm] 28-mal. (224 M)

Runde 14–16: VfM rundherum häkeln.

Runde 17: In dieser Rd an der Passe vorne mehr abn als hinten. [Je 1 vfM in die nächsten 4 M, 2 vfM zus abm, je 1 vfM in die nächsten 4 M] 10-mal, 1 vfM in die nächste M, [je 1 vfM in die nächsten 3 M, 2 vfM zus abm, je 1 vfM in die nächsten 2 M, 2 vfM zus abm, je 1 vfM in die nächsten 2 M, 2 vfM zus abm, je 1 vfM in die nächsten 2 M] 8-mal, je 1 vfM in die nächsten 4 M, 2 vfM zus abm, je 1 vfM in die nächsten 4 M. (196 M)

Runde 18–19: VfM rundherum häkeln.

Runde 20: [Je 1 vfM in die nächsten 12 M, 2 vfM zus abm] 14-mal. (182 M)

Das Garn in KF abschneiden, nicht befestigen und weiterarb bis zum Halsausschnitt.

NUR FÜR GRÖSSE XXXL

Die Abnahmen im Eiszapfenmuster für Größe XXXL beg.

Runde 1: [Je 1 vfM in die nächsten 4 M, 2 vfM zus abm, je 1 vfM in die nächsten 6 M] 30-mal. (330 M)

Runde 2–5: VfM rundherum häkeln.

Runde 6: [Je 1 vfM in die nächsten 9 M, 2 vfM zus abm] 30-mal. (300 M)

Runde 7: VfM rundherum häkeln.

Runde 8–10: Zur HF wechseln und weiterarb, dabei für mehr Stabilität der restl Passe über die KF häkeln, vfM rundherum häkeln.

Runde 11: In dieser Rd an der Passe vorne mehr abn als hinten. [Je 1 vfM in die nächsten 5 M, 2 vfM zus abm, je 1 vfM in die nächsten 5 M] 11-mal, je 1 vfM in die nächsten 2 M, [je 1 vfM in die nächsten 3 M, 2 vfM zus abm, je 1 vfM in die nächsten 7 M, 2 vfM zus abm, je 1 vfM in die nächsten 3 M] 9-mal (MM unten in die Passe direkt unter der Eiszapfenspitze, die dem Beg der 5. Wdh am nächsten ist), je 1 vfM in die nächsten 6 M, 2 vfM zus abm, je 1 vfM in die nächsten 5 M. (270 M)

Der MM zeigt die Mitte der Vorderseite der Passe an. Später verwenden, um die Mitte der Passe auf der RS zu ermitteln.

Runde 12–15: VfM rundherum häkeln.

Runde 16: [Je 1 vfM in die nächsten 7 M, 2 vfM zus abm] 30-mal. (240 M)

Runde 17–20: VfM rundherum häkeln.

Runde 21: In dieser Rd an der Passe vorne mehr abn als hinten. [Je 1 vfM in die nächsten 3 M, 2 vfM zus abm, je 1 vfM in die nächsten 8 M, 2 vfM zus abm, je 1 vfM in die nächsten 4 M] 5-mal, je 1 vfM in die nächsten 4 M, 2 vfM zus abm, je 1 vfM in die nächsten 8 M, [je 1 vfM in die nächsten 2 M, 2 vfM zus abm, je 1 vfM in die nächsten 5 M, 2 vfM zus abm, je 1 vfM in die nächsten 2 M] 9-mal, je 1 vfM in die nächsten 7 M, 2 vfM zus abm, je 1 vfM in die nächsten 5 M. (210 M)

Runde 22–23: VfM rundherum häkeln.

Runde 24: [Je 1 vfM in die nächsten 8 M, 2 vfM zus abm] 20-mal, je 1 vfM in die nächsten 10 M. (190 M)

Das Garn in KF abschneiden, nicht befestigen und weiterarb bis zum Halsausschnitt.

BÜNDCHEN AM HALS

Häkeln Sie das Bündchen gleichzeitig mit den Km rund um den Halsausschnitt wie folgt:

Reihe 1: 10 Lm, mit der 3. Lm von der Nd beg, unten in die Lm arb, je 1 hStb in jd Lm bis zum Ende der R. (8 M)

Reihe 2: Je 1 Km in die nächsten 3 M des Halsausschnitts (Km zählen nicht als M), die Arbeit drehen und je 1 hStb ins hMg von jd hStb des Bündchens wie folgt: Nd in die vorletzte Km am Rand des Halsausschnitts einstechen, U und eine Schl hochziehen, Nd unter dem hMg des zuletzt gehäkelten hStb einhäkeln, U und eine Schl hochziehen, U und das Garn durch alle 3 Schlingen auf der Nd ziehen (1. hStb ins hMg gehäkelt – diese Methode verringert das Auftreten von Löchern zwischen Bündchen und Rand des Halsausschnitts), je 1 hStb ins hMg der nächsten 7 hStb. (8 M)

Reihe 3: 2 Lm, wenden, 1 hStb ins hMg entlang des Bündchens. (8 M)

Reihe 4: Je 1 Km in die nächsten 4 M des Halsausschnitts (Km zählen nicht als M), die Arbeit drehen und je 1 hStb ins hMg von jd hStb des Bündchens wie für R 2 arb. (8 M)

Reihe 5: 2 Lm, wenden, je 1 hStb ins hMg in jd M entlang des Bündchens. (8 M)

Reihe 2–5 entlang des Halsausschnitts wdh – es sind 2 (2, 1, 5, 0, 0, 0) M am Halsausschnitt übrig.

Anmerkung: Für Größe XL (XXL, XXXL) nach einer Wdh von Reihe 4 enden – die Wdh von Reihe 5 NICHT HÄKELN!

NUR FÜR GRÖSSE L

Reihe 2–3 noch 1-mal wdh.

NUR FÜR GRÖSSE XS (S, M, L)

Je 1 Km in die nächsten 2 (2, 1, 2) M des Halsausschnitts (Km zählen nicht als M), die Arbeit drehen und je 1 hStb ins hMg von jd hStb des Bündchens wie für R 2 arb. (8 M)

FÜR ALLE GRÖSSEN

Reihe zum Verbinden der Naht: 1 Lm, wenden und die Aufbaureihe hinter die zuletzt gehäkelte Reihe bringen. Die Ränder mit Km zusammenhäkeln und dabei durch beide Maschenglieder der letzten Reihe und ins hMg der Aufbaureihe arb. (8 Km entlang der R)

Das Garn befestigen.

FORMEN DER KURZEN REIHE (AN DER UNTERSEITE DER PASSE)

Anmerkungen: Alle kurzen Reihen werden mit der VS nach oben gehäkelt. Das Garn befestigen, wenn angegeben.

Um die Anzahl an Garnenden, die vernäht werden müssen, zu minimieren, überhäkeln Sie sie in der nächsten Runde. Dies kann auch gegen Ende der kurzen Reihe geschehen, indem das Ende der Vorreihe nach vorn gebracht und überhäkelt wird.

MM unten an der Passe anbringen, um die Mitte der RS zu markieren – die Anfangsrunden (der Passe) und der Km-Saum des gerippten Bündchens sollten irgendwo auf der RS der Arb sein (ich habe sie am liebsten auf der RS einer Schulter und nicht mitten am Rücken). Die Spitze eines Eiszapfens sollte direkt in der Mitte des Rückens sein (MM in der M direkt unter der Spitze). Wenn Sie Größe XL (XXL, XXXL) häkeln, haben Sie die Mitte vorne bereits markiert, suchen Sie sich also die Eiszapfenspitze genau gegenüber.

Die Passe umgekehrt halten, damit Sie in die Aufbaurunde häkeln können. Zur 3,25-mm-Häkelnadel wechseln.

Kurzreihe (KR) 1: Vom MM aus zurückzählen und in der 9. (10., 12., 15., 17., 19., 22.) M vor dem MM eine Schl in der HF hochziehen, 1 Lm (zählt durchgehend nicht als M), mit derselben markierten M beg und je 1 vfM in die nächsten 19 (21, 25, 31, 35, 39, 45) M.

Das Garn befestigen. MM in der Mitte der Rückseite der Passe stehenlassen, um sicherzugehen, dass die kurzen Reihen gleichmäßig gehäkelt werden.

Kurzreihe 2: Von der 1. M der kurzen R 1 zurückzählen, eine Schl in der 13. (13., 14., 14., 15., 16., 17.) M hochziehen, 1 Lm, in derselben M beg und je 1 vfM in die nächsten 13 (13, 14, 14, 15, 16, 17) M, je 1 vfM in die nächsten 19 (21, 25, 31, 35, 39, 45) M der vorigen KR, je 1 vfM in die nächsten 13 (13, 14, 14, 15, 16, 17) M.

Das Garn befestigen.

Kurzreihe 3: Von der 1. M der kurzen R 2 zurückzählen, eine Schl hochziehen in der 13. (13., 14., 14., 15., 16., 17.) M, 1 Lm, in derselben M beg und je 1 vfM in die nächsten 13 (13, 14, 14, 15, 16, 17) M, je 1 vfM in die nächsten 45 (47, 53, 59, 65, 71, 79) M der vorigen KR, je 1 vfM in die nächsten 13 (13, 14, 14, 15, 16, 17) M.

Das Garn befestigen.

Kurzreihe 4: Von der 1. M der kurzen R 3 zurückzählen, eine Schl hochziehen in der 13. (13., 14., 14., 15., 16., 17.) M 1 Lm, in derselben M beg und je 1 vfM in die nächsten 13 (13, 14, 14, 15, 16, 17) M, je 1 vfM in die nächsten 71 (73, 81, 87, 95, 103, 113) M der vorigen KR, je 1 vfM in die nächsten 13 (13, 14, 14, 15, 16, 17) M.

Das Garn befestigen.

Kurzreihe 5: Von der 1. M der kurzen R 4 zurückzählen, eine Schl hochziehen in der 13. (13., 14., 14., 15., 16., 17.) M, 1 Lm, in derselben M beg und je 1 vfM in die nächsten 13 (13, 14, 14, 15, 16, 17) M, je 1 vfM in die nächsten 97 (99, 109, 115, 125, 135, 147) M der vorigen kurzen R, je 1 vfM in die nächsten 13 (13, 14, 14, 15, 16, 17) M. (123 (125, 137, 143, 155, 167, 181) M in die kurze R)

MM in die 30. (27., 29., 29., 33., 36., 40.) M dieser KR.

Das Garn befestigen.

Mit der markierten M beg und eine Schl hochziehen, 1 Lm, 65 (73, 81, 87, 91, 97, 103) vfM entlang des Rückens, 4 (4, 4, 5, 5, 6, 6) Lm unter dem Arm, die nächsten 42 (46, 51, 56, 60, 65, 70) M für den Ärmel ausl, 67 (75, 81, 89, 101, 109, 117) vfM entlang der Vorderseite, 4 Lm, die nächsten 42 (46, 51, 56, 60, 65, 70) M für den Ärmel ausl, nicht verbinden, sondern in Runden weiterarb, dabei mit der 1. M dieser Rd beg. MM setzen, um den Beg der Rd im Auge zu behalten.

48 (48, 48, 50, 50, 52, 54) Rd häkeln, bis der Körper 32 (32, 32, 33, 33, 34,5, 35,5) cm von der Achsel bis zum Rand der Hüfte misst. Das Garn nicht befestigen.

Anmerkung: Durch das Bündchen werden dem Körper weitere 5 cm Länge hinzugefügt und das Spannen sorgt für Länge im Bereich der Seitennähte (siehe Anm. über das Spannen).

BÜNDCHEN

Das Bündchen gleichzeitig mit den Km rund um die Unterkante des Pullovers arb wie folgt:

Reihe 1: 16 Lm, mit der 3. Lm von der Nd beg und unten in die Lm arb, je 1 hStb in jd Lm bis zum Ende der R. (14 M)

Reihe 2: Je 1 Km in die nächsten 2 M der Unterkante (Km zählen nicht als M), die Arb drehen und je 1 hStb ins hMg der nächsten 14 hStb. (14 M)

Reihe 3: 2 Lm, wenden, hStb ins hMg entlang des Bündchens. (14 M)

Reihe 2 und 3 entlang der Unterkante wdh, bis 2 M übrig sind.

Reihe 2 noch 1-mal wdh.

Zusammenfügen

Reihe: 1 Lm, wenden, die Aufbaureihe hinter die zuletzt gehäkelte R bringen, die Ränder mit Km zus häkeln und durch beide Mg der letzten Reihe und das hMg der Aufbau-Lm arb. (14 Km)

Das Garn befestigen.

ÄRMEL

Runde 1: Eine Schl unten in der Lm in der Mitte der Achsel hochziehen, 2 (2, 2, 2, 2, 3, 3) M vor der markierten M, 1 Lm (zählt nicht als M), je 1 vfM in die nächsten 2 (2, 2, 2, 2, 3, 3) M unter dem Arm, 1 vfM an die Stelle, wo der Körper auf den Ärmel trifft, 1 vfM in die markierte M und die folgenden 41 (45, 50, 55, 59, 64, 69) M des Arms, 1 vfM an die Stelle, wo Körper und Ärmel aufeinandertreffen, 1 vfM unten in jd der restl 2 (2, 2, 3, 3, 3, 3) Lm, dabei mittig unter dem Arm enden. Nicht verbinden, sondern rundhäkeln, MM in den Beg der Runde. (48 (52, 57, 63, 67, 73, 78) M entlang des Arms)

NUR FÜR GRÖSSE XS

Runde 2–8: VfM rundherum häkeln.

Runde 9: 2 mod vfM zus abm, vfM rundherum bis zur vorletzten M, 2 mod vfM zus abm. (46 M)

Runde 10–26: VfM rundherum häkeln.

Runde 9–26 wdh. (44 M)

Runde 9–22 wdh. (42 M)

Das Garn nicht befestigen.

NUR FÜR GRÖSSE S

Runde 2–8: VfM rundherum häkeln.

Runde 9: 2 mod vfM zus abm, vfM rundherum bis zur vorletzten M, 2 mod vfM zus abm. (50 M)

Runde 10–18: VfM rundherum häkeln.

Runde 9–18 noch 4-mal wdh. (42 M am Ende).

Das Garn nicht befestigen.

NUR FÜR GRÖSSE M

Runde 2–8: VfM rundherum häkeln.

Runde 9: 2 mod vfM zus abm, vfM rundherum bis zur vorletzten M, 2 mod vfM zus abm. (55 M)

Runde 10–18: VfM rundherum häkeln.

Runde 9–18 noch 4-mal wdh. (47 M am Ende).

Runde 9–11 wdh. (45 M)

Das Garn nicht befestigen.

NUR FÜR GRÖSSE L

Runde 2–4: VfM rundherum häkeln.

Runde 5: 2 mod vfM zus abm, vfM rundherum bis zur vorletzten M, 2 mod vfM zus abm. (61 M)

Runde 6–10: VfM rundherum häkeln.

Runde 5–10 noch 8-mal wdh. (45 M am Ende)

Das Garn nicht befestigen.

NUR FÜR GRÖSSE XL

Runde 2–3: VfM rundherum häkeln.

Runde 4: 2 mod vfM zus abm, vfM rundherum bis zur vorletzten M, 2 mod vfM zus abm. (65 M)

Runde 5–9: VfM rundherum häkeln.

Runde 4–9 noch 8-mal wdh. (49 M am Ende)

Runde 4–6 wdh. (47 M)

Das Garn nicht befestigen.

NUR FÜR GRÖSSE XXL

Runde 2–6: VfM rundherum häkeln.

Runde 7: 2 mod vfM zus abm, vfM rundherum bis zur vorletzten M, 2 mod vfM zus abm. (71 M)

Runde 8–10: VfM rundherum häkeln.

Runde 7–10 noch 12-mal wdh. (47 M am Ende)

Das Garn nicht befestigen.

NUR FÜR GRÖSSE XXXL

Runde 2: VfM rundherum häkeln.

Runde 3: 2 mod vfM zus abm, vfM rundherum bis zur vorletzten M, 2 mod vfM zus abm. (76 M)

Runde 4–6: VfM rundherum häkeln.

Runde 3–6 noch 13-mal wdh. (50 M am Ende)

Das Garn nicht befestigen.

BÜNDCHEN AM ÄRMEL

Häkeln Sie das Bündchen für den Ärmel gleichzeitig mit den Km rund um die Unterkante des Ärmels wie folgt:

Reihe 1: 22 Lm, mit der 3. Lm von der Nd beg und unten in die Lm arb, je 1 hStb in jd Lm wdh. (20 M)

Reihe 2: Je 1 Km in die nächsten 2 M der Ärmelöffnung am Handgelenk (Km zählen nicht als M), drehen und dann je 1 hStb ins hMg der nächsten 20 hStb. (20 M)

Maße

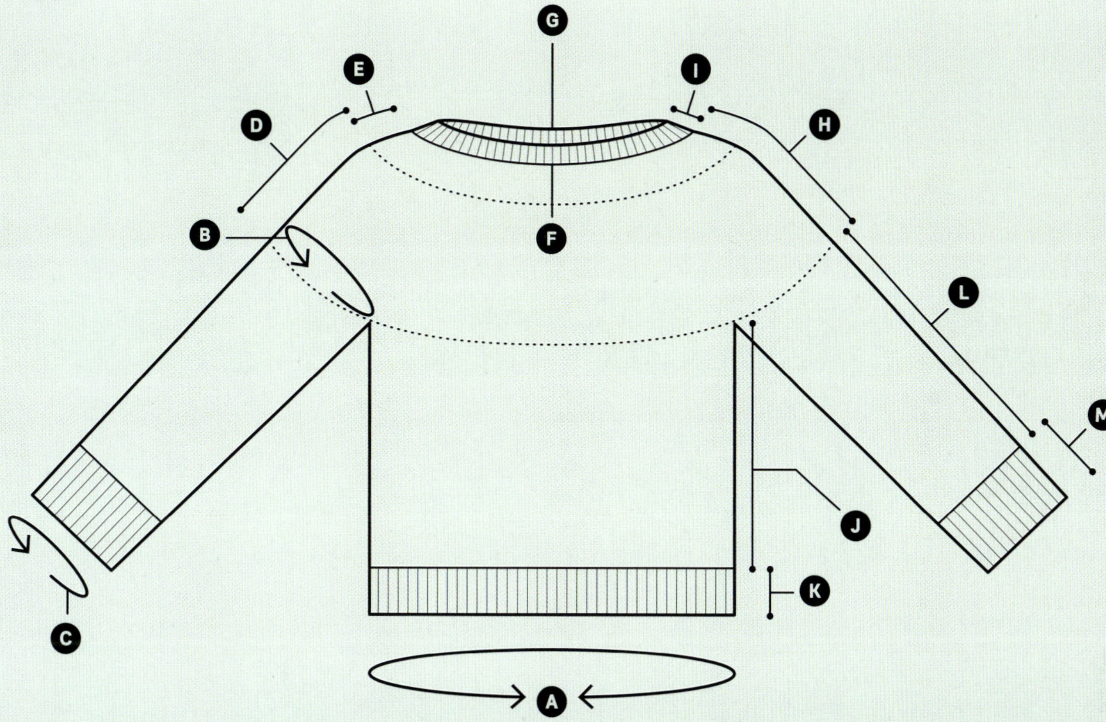

Pullover „Eiszapfen“	XS	S	M	L	XL	XXL	XXXL
A. Brust	81 cm	91 cm	99 cm	108,5 cm	117,5 cm	127 cm	135 cm
B. Oberarmumfang	28 cm	30,5 cm	33 cm	37 cm	39 cm	42,5 cm	45,5 cm
C. Handgelenksumfang	24 cm	24,5 cm	26 cm	26 cm	27,5 cm	27,5 cm	29 cm
D. Länge des Farbmusters an der Passe	16 cm	16 cm	16 cm	16 cm	16 cm	16 cm	16 cm
E. Länge über dem Farbmuster (vor Bündchen)	4 cm	4 cm	4,5 cm	6,5 cm	9 cm	11,5 cm	13,5 cm
F. Halsausschnitt (Umfang) vor Bündchen	78,5 cm	78 cm	81 cm	82,5 cm	84 cm	84 cm	87,5 cm
G. Halsausschnitt (Umfang) nach Anfügen des Bündchens	63,5 cm	63,5 cm	66 cm	67,5 cm	68 cm	68 cm	71 cm
H. Gesamtlänge Passe	19,5 cm	19,5 cm	20 cm	22 cm	24,5 cm	27,5 cm	29 cm
I. Bündchenbreite am Halsausschnitt	3 cm	3 cm	3 cm	3 cm	3 cm	3 cm	3 cm
J. Körperlänge vor dem Spannen	32 cm	32 cm	32 cm	33 cm	33 cm	34 cm	34,5 cm
J. Körperlänge nach dem Spannen	33 cm	33 cm	33 cm	34 cm	34 cm	35,5 cm	37 cm
K. Breite des Bündchens an der Hüfte	5 cm	5 cm	5 cm	5 cm	5 cm	5 cm	5 cm
L. Ärmellänge	38 cm	38 cm	39,5 cm	38 cm	39,5 cm	38 cm	37 cm
M. Länge des Bündchens am Ärmel	7,5 cm	7,5 cm	7,5 cm	7,5 cm	7,5 cm	7,5 cm	7,5 cm

Reihe 3: 2 Lm, wenden, je 1 hStb ins hMg entlang des Bündchens. (20 M)

Reihen 2 und 3 rund um die Ärmelöffnung wdh, bis nur 1 M übrig ist.

1 Km in die letzte M der Öffnung, die Arbeit drehen und je 1 hStb ins hMg der nächsten 20 hStb. (20 M)

Reihe zum Zusammenfügen: 1 Lm, wenden, Aufbaureihe hinter die letzte gehäkelte R bringen und die Km zus häkeln, dabei in beide Mg der letzten gehäkelten R und das hMg der Aufbau-Lm häkeln. (29 Km)

Das Garn befestigen.

FERTIGSTELLUNG

Etwaige Löcher unter den Armen mit den Garnenden zunähen. Lose Enden vernähen. Spannen (siehe Anmerkungen).

Das Garn befestigen.

Fehlerbehebung beim mehrfarbigen Häkeln

Einige Muster lassen sich sehr leicht und fehlerfrei häkeln. Doch bei vielen ist dies nicht der Fall. Was passiert also, wenn Sie einen Fehler in Ihrer Arbeit finden? Bevor Sie sie auftrennen, beachten Sie Folgendes:

KANN ICH ES IN DER NÄCHSTEN RUNDE AUSBESSERN?

Fällt Ihnen Ihr Fehler in der nächsten Runde auf, können Sie ihn vielleicht in dieser Runde beheben. Das gilt nur für Strickstich, vFM, vStr und vRStb (wegen des nicht verwendeten vMg klappt es nicht bei fM ins hMg).

FÜR DEN STRICKSTICH

1. Die M vor dem Fehler mit einem U in der Farbe der nächsten M der Arbeitsrunde fertigstellen. In diesem Fall wird die nächste M blau, also ist der U blau.

2. Die Nadel von der VS zur RS unten an der fehlerhaften M einstechen (der unteren Spitze des „V"). U mit der Farbe, in die die fehlerhafte Masche gewandelt werden soll **(A)**.

3. Eine Schlinge hochziehen. Die Nadel zw den Beinchen der fehlerhaften M einstechen (wie zum Häkeln eines normalen Str), U mit der Farbe der nächsten M **(B)**.

4. Eine Schlinge durch die fehlerhafte Masche und durch die nächste Schlinge auf der Nadel hochziehen. U mit der Farbe der M der aktuellen Rd **(C)**.

5. Garn durch beide Schlingen ziehen: die fehlerhafte Masche ist korrigiert und der nächste Str in der Rd fertig **(D)**.

FÜR DIE VFM

6. Die M vor dem Fehler mit einem U in der Farbe der nächsten M der Arbeitsrunde fertigstellen. In diesem Fall wird die nächste M blau, also ist der U blau

7. Die Nadel von der VS in die RS unten an der fehlerhaften Masche einstechen, wohin der Pfeil zeigt **(E)**, an der unteren Spitze der „V"-Form.

8. U mit der Farbe zum Ausbessern der fehlerhaften Masche **(F)** und eine Schlinge hochziehen. Die Nadel oben in diese fehlerhafte M einstechen, zw den oberen Beinchen (wie zum Häkeln eines normalen vStr), U in derselben Farbe **(G)** und eine Schlinge hochziehen, dann durch 1 Schlinge auf der Nadel ziehen (2 Schlingen auf der Nadel) **(H)**.

9. Die Nadel in die beiden oberen hMg der fehlerhaften M einstechen (wie zum Beginn einer vfM), U mit der Farbe der nächsten M der aktuellen Runde (in diesem Fall blau) **(I)**.

10. Eine Schlinge durch die fehlerhafte Masche und die nächste Schlinge auf der Nadel ziehen. U in derselben Farbe **(J)** und durch 1 Schlinge hochziehen.

11. U mit derselben Farbe und das Garn durch beide Schlingen ziehen: die fehlerhafte M ist ausgebessert und die nächste vfM der aktuellen Rd fertiggestellt. **(K)**

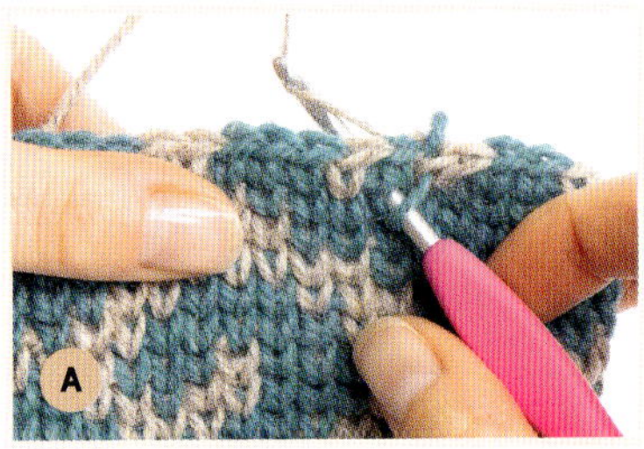

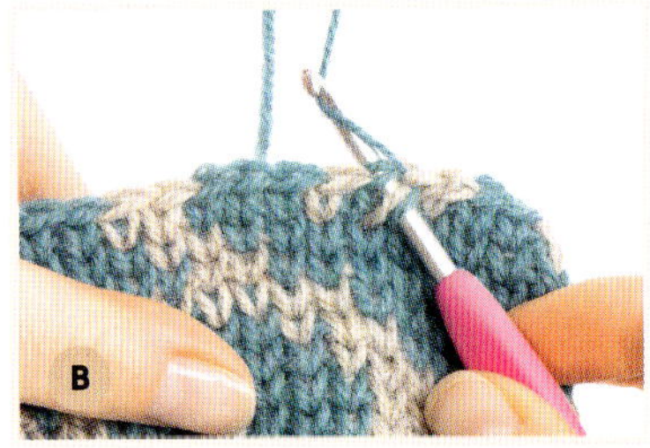

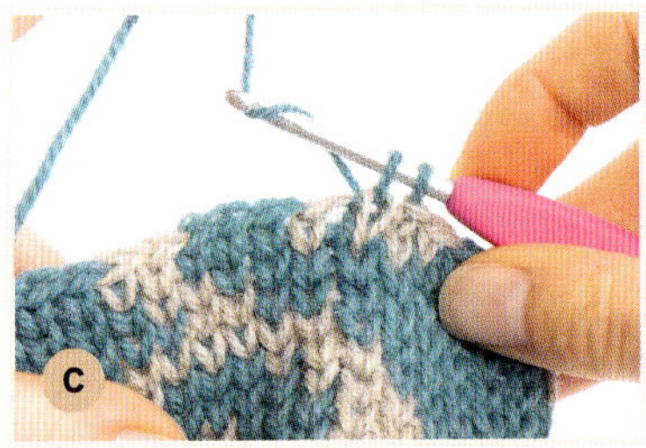

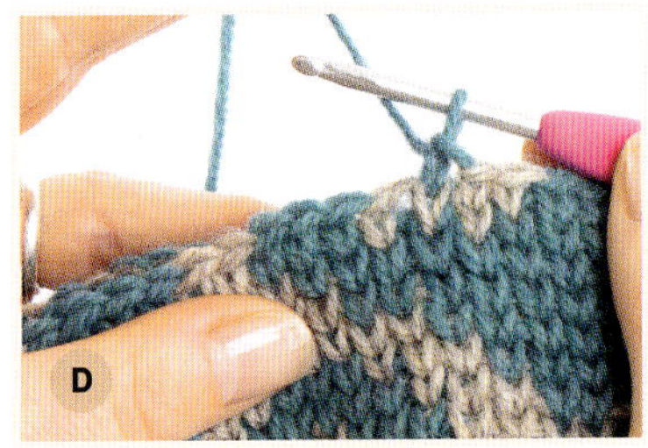

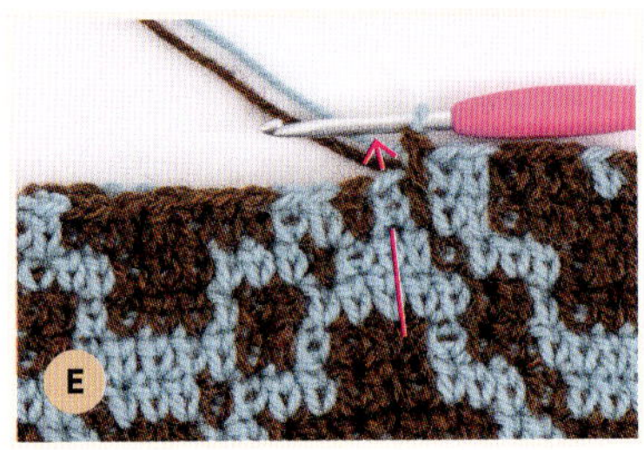

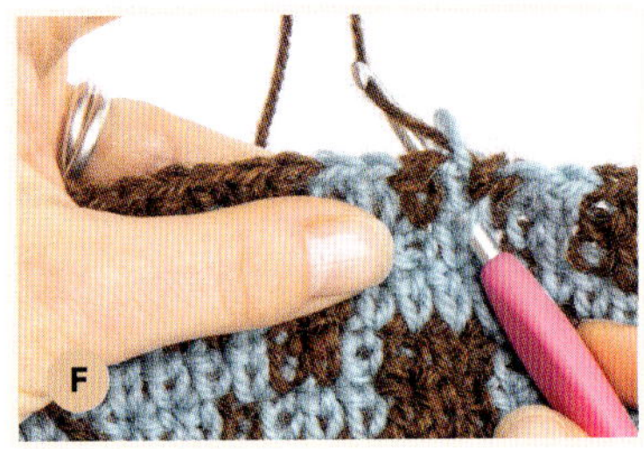

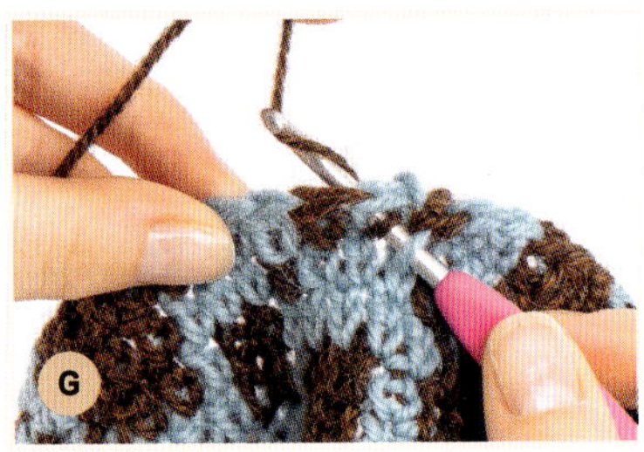

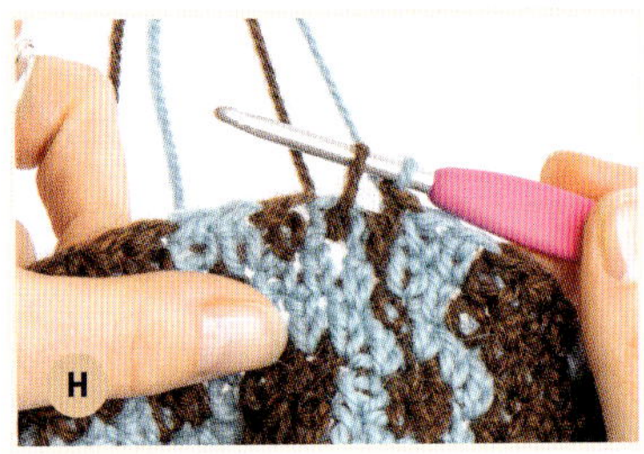

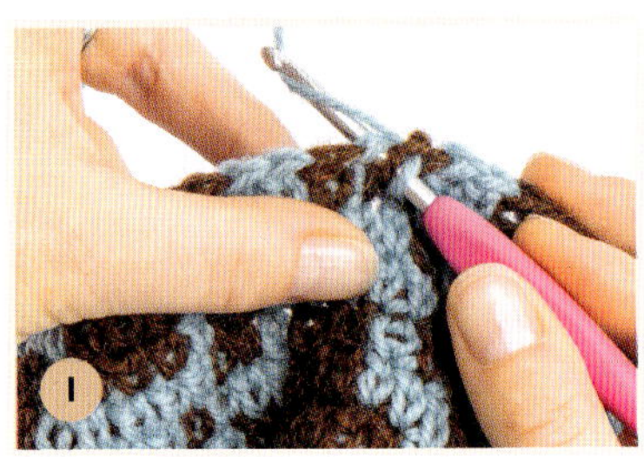

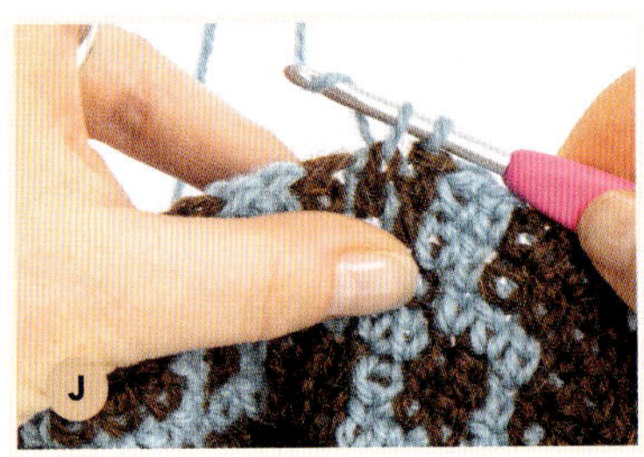

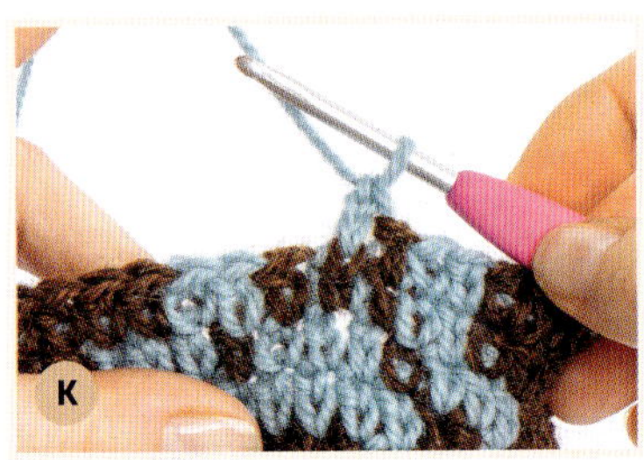

FÜR DIE VSTR

12. Die M vor der fehlerhaften M mit einem U in der Farbe der nächsten M der aktuellen Rd fertigstellen. In diesem Fall wird die nächste M weiß, daher ist es auch der U.

13. Die Nadel von der VS in die RS unten an der fehlerhaften Masche in die untere Spitze der untenstehenden „V"-Form einstechen. U mit in der auszubessernden Farbe (in diesem Fall blau) **(H)**.

14. Eine Schlinge hochziehen. Die Nadel oben in dieselbe fehlerhafte M, zwischen den beiden Beinchen einstechen (wie für einen normalen vStr), U in derselben Farbe **(I)** und eine Schlinge hochziehen, das Garn durch eine Schlinge auf der Nadel ziehen (2 Schlingen auf der Nadel).

15. Die Nadel in die fehlerhafte Masche und die beiden oberen hMg (wie bei einem normalen vStr) einstechen, U mit der Farbe der nächsten M der aktuellen Rd (in diesem Fall weiß) **(J)**.

16. Eine Schlinge durch die fehlerhafte M und die nächste Schlinge auf der Nadel ziehen, U mit derselben Farbe und Garn durch 1 Schlinge ziehen.

17. U in derselben Farbe und das Garn durch beide Schlingen ziehen: Die fehlerhafte M ist korrigiert und der nächste vStr in der aktuellen Rd fertig **(K)**.

FÜR DIE VRSTB

18. Die M vor der fehlerhaften M mit einem U in der Farbe der nächsten M der aktuellen Rd fertigstellen. In diesem Fall wird die nächste M blau, also ist es auch der U.

19. Die Ersatz-Reliefmasche muss um denselben Maschenkorper verankert werden wie die fehlerhafte M. Der Pfeil zeigt, wo die Nadel eingestochen wird **(L)**.

20. U mit der Farbe, in die die fehlerhafte M ausgebessert werden soll, die Nadel von hinten nach vorne einstechen und von rechts nach links (für Linkshänderinnen: von vorn nach hinten und von links nach rechts) rund um den Maschenkörper der M unter der fehlerhaften M führen. U mit der Farbe der Ersatzmasche **(M)**.

21. Die Schlinge wieder hindurchführen (um die RS des Maschenkörpers nach vorn), U in derselben Farbe, durch 2 Schlingen ziehen. U mit der Farbe der nächsten M der aktuellen Rd **(N)** und durch eine Schlinge ziehen.

22. U in derselben Farbe. Die Nadel um den Maschenkörper der fehlerhaften M und den der neuen M führen, wie durch den Pfeil gezeigt **(O)**. U mit derselben Farbe, sodass die alte Farbe eingeschlossen wird **(P)**.

23. Die Schlinge von der RS des Maschenkörpers nach vorne führen, U mit derselben Farbe und durch 2 Schlingen ziehen. U in derselben Farbe und das Garn durch die letzten 3 Schlingen ziehen: die fehlerhafte Masche ist ausgebessert und das nächste vRStb der aktuellen Runde fertiggestellt **(Q)**.

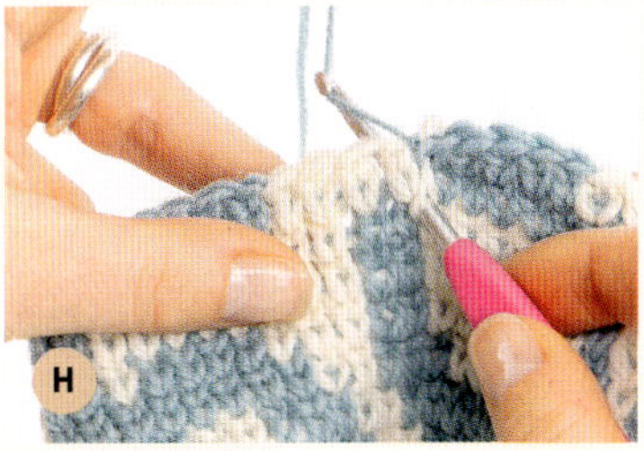

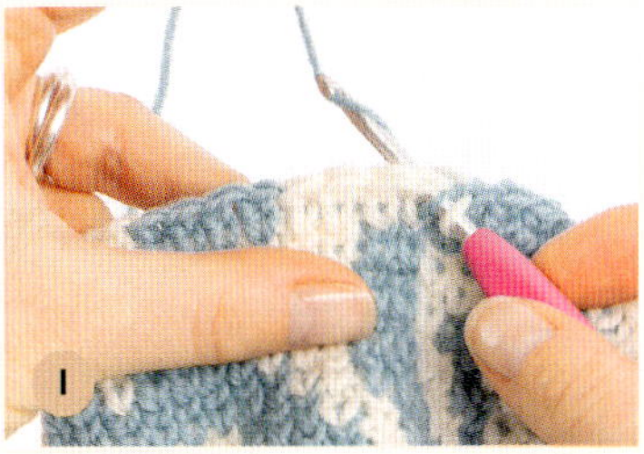

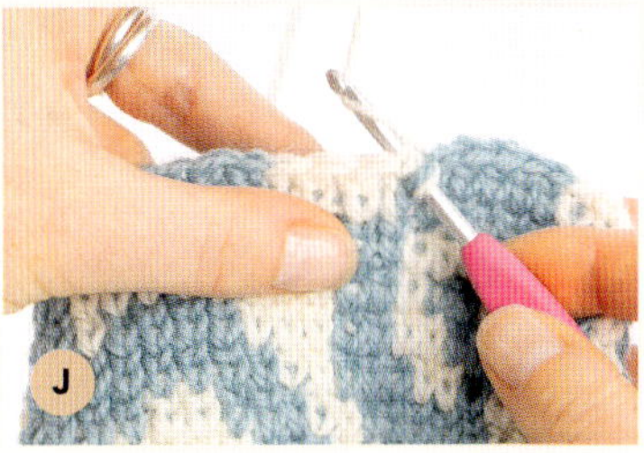

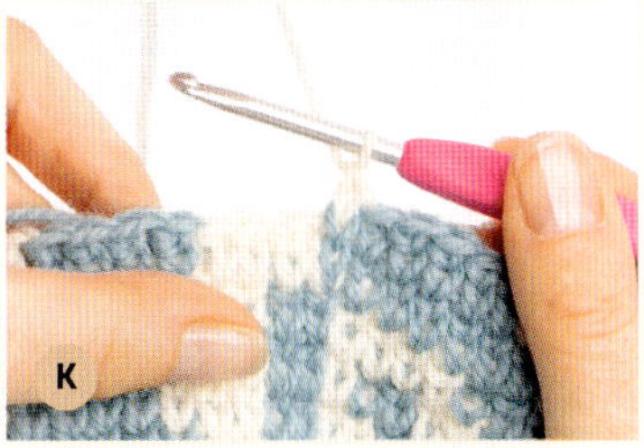

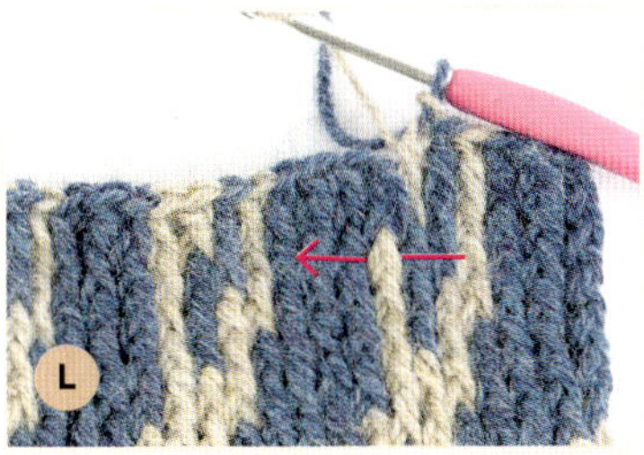

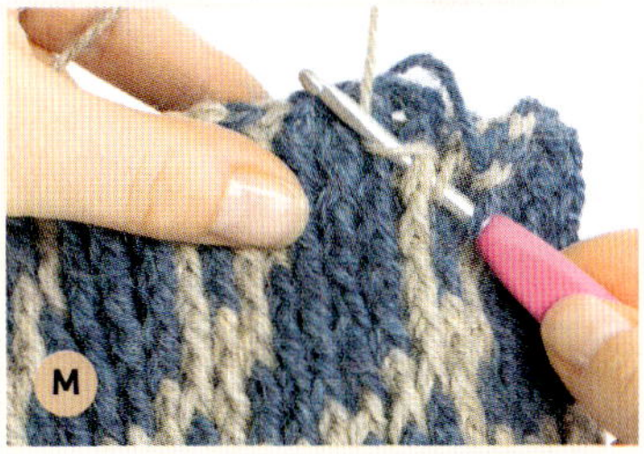

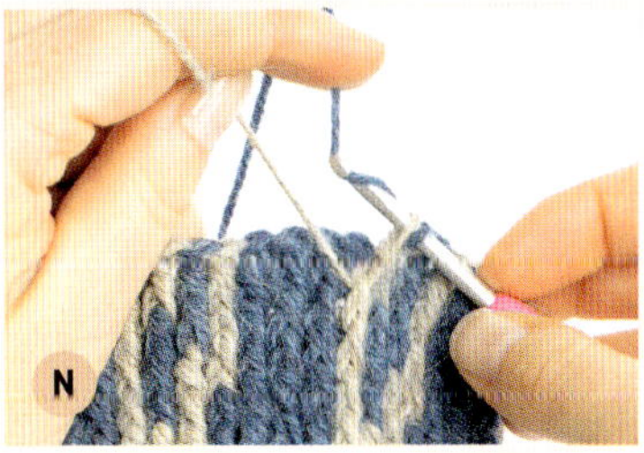

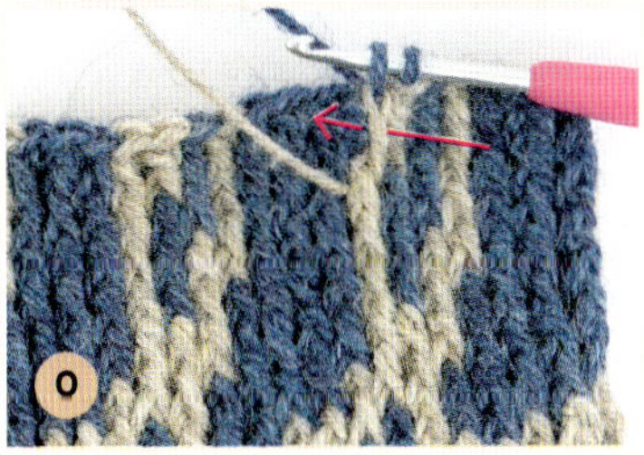

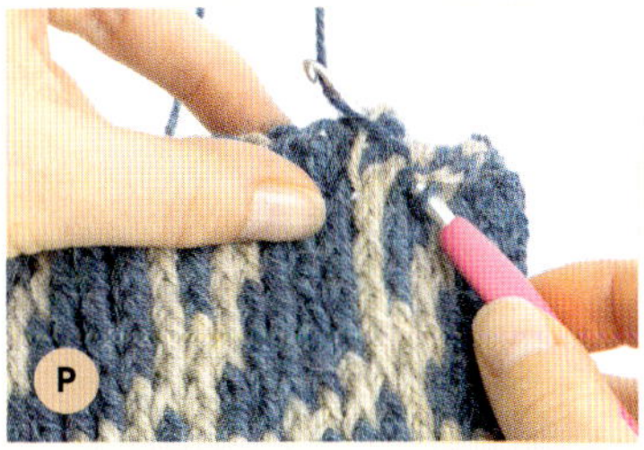

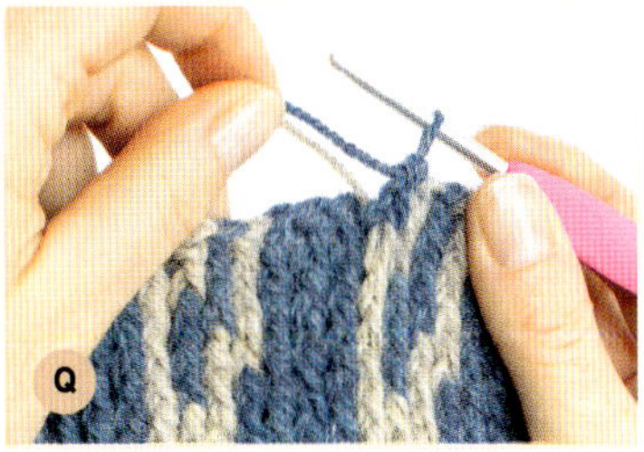

MASCHENSTICHE

Ist Ihnen der Fehler ein paar Runden weiter unten passiert oder möchten Sie ihn lieber später beheben, können Sie jederzeit einen Maschenstich über die fehlerhafte Masche nähen. Das funktioniert bei fM ins hMg nicht gut (wegen der unbenutzten vorderen Schlaufe), aber für die anderen Maschenarten ist der Maschenstich eine gute Wahl – er fügt sich gut ein und ist leicht genäht, man muss nur an ihn denken. Es kann hilfreich sein, Problemstellen mit MM zu markieren, damit Sie später nicht suchen müssen.

MASCHENSTICH FÜR STR

Wie der Maschenstich beim Stricken mit Nähnadel und Garn in der richtigen Farbe.

1. Stechen Sie die Nadel von hinten nach vorn unten am Rand des „Vs" der fehlerhaften Masche ein, dann unter beide Beinchen der M darüber von rechts nach links (für Linkshänderinnen: von links nach rechts) **(A)**.

2. Die Nadel zurück durch die Unterseite der fehlerhaften M von vorn nach hinten stechen **(B)**. Die Enden vernähen. Sie können Ihren Fehler jetzt selbst nicht mehr ausmachen **(C)**!

MASCHENSTICH FÜR VFM

Dies ist dem Maschenstich für den Str sehr ähnlich – der einzige Unterschied liegt darin, zwei V-Formen zu machen, die für jd fehlerhafte M übereinanderliegen.

1. Mit einer Nähnadel und Garn in der richtigen Farbe die Nadel von hinten nach vorn von unten über das „V" der fehlerhaften M bringen, dann die Nadel unter dem vertikalen Faden genau über dem oberen „V" von rechts nach links schieben (für Linkshänderinnen: von links nach rechts) **(D)**.

2. Die Nadel wieder unten durch die fehlerhafte Masche von vorn nach hinten stechen **(E)**.

3. Als Nächstes die Nadel von hinten nach vorn unten an das untere „V" der fehlerhaften M bringen und dann hinter beide Beinchen schieben, um das obere „V" zu duplizieren **(F)**.

4. Die Nadel wieder nach hinten und unten an die M führen, um die 2. (untere) Hälfte des Maschenstichs zu beenden. Die fehlerhafte M ist nun ausgebessert **(G)**.

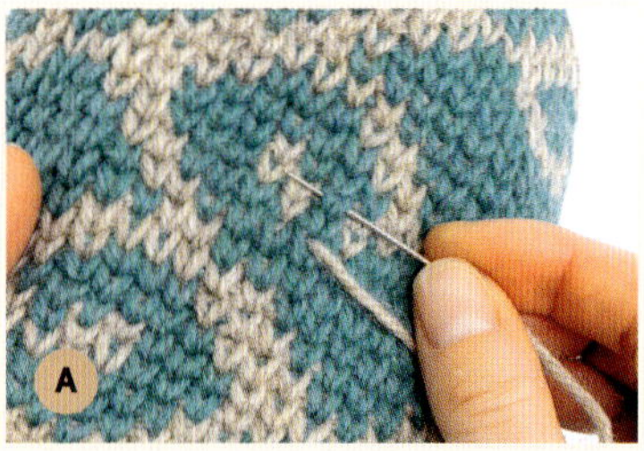

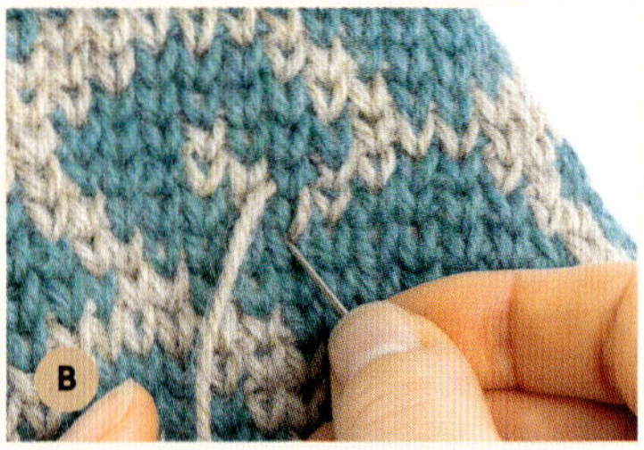

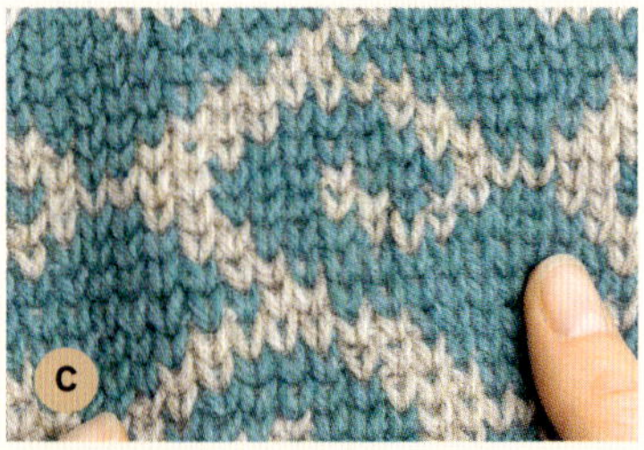

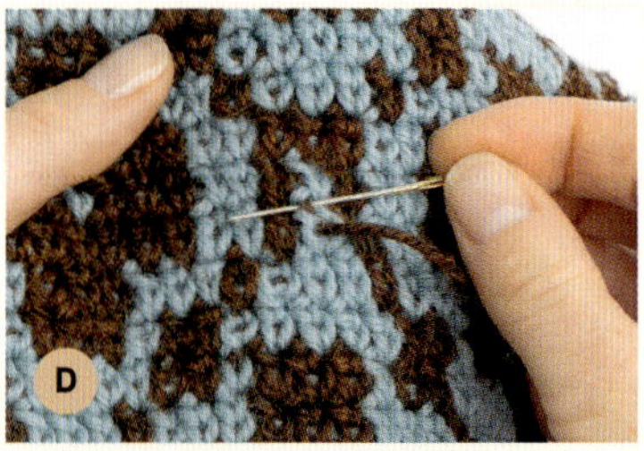

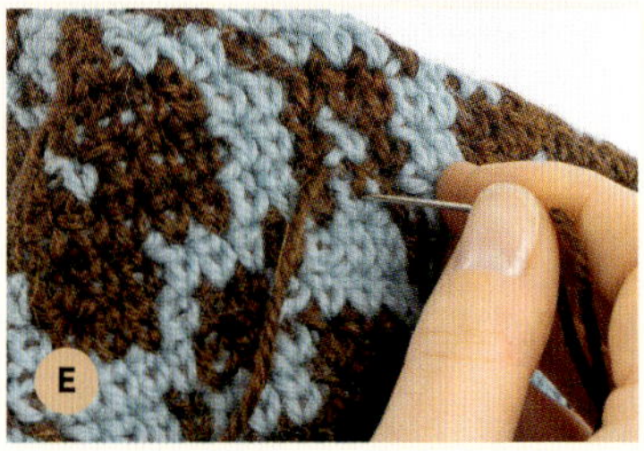

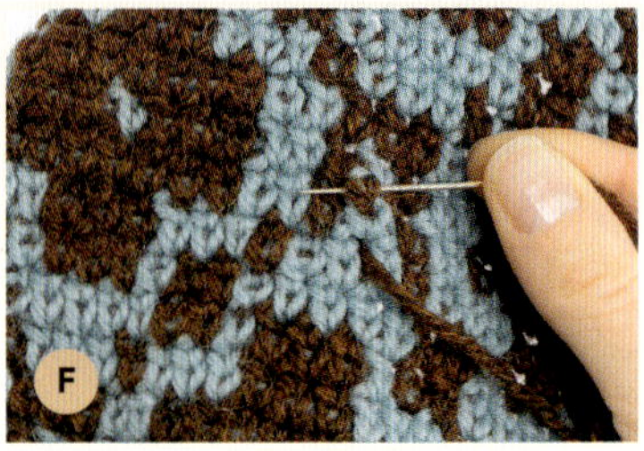

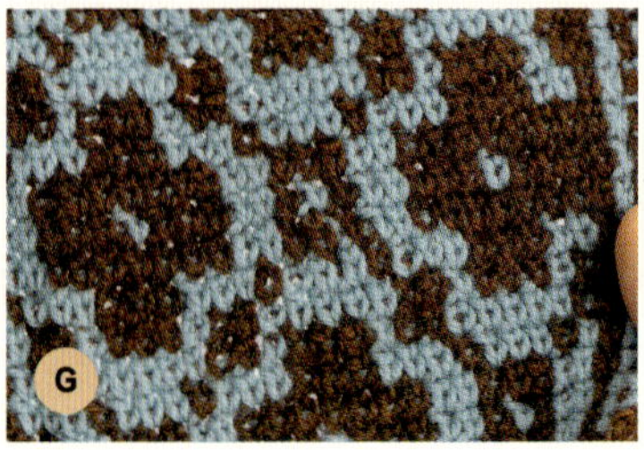

MASCHENSTICH FÜR VSTR

Erneut zwei übereinanderliegende „V"-Formen für jd fehlerhafte Masche arbeiten.

1. Mit einer Nähnadel und Garn in der richtigen Farbe die Nadel von hinten nach vorn von unten über das „V" der fehlerhaften M bringen und dann unter dem senkrechten „Stäbchen" genau darüber von rechts nach links schieben (für Linkshänderinnen: von links nach rechts) **(H)**.

2. Die Nadel wieder unten durch die fehlerhafte Masche von vorn nach hinten führen **(I)**.

3. Die Nadel an der unteren Spitze des unteren „V" der fehlerhaften M von hinten nach vorn bringen, dann hinter beide Beinchen schieben und das obere „V" duplizieren **(J)**.

4. Die Nadel wieder zurück auf die RS unten an der M führen, um die 2. (untere) Hälfte des Maschenstichs fertigzustellen. Die fehlerhafte M ist nun ausgebessert **(K)**!

MASCHENSTICH FÜR VRSTB

Für diese M verwenden Sie eine Häkelnadel und Garn in der richtigen Farbe, um eine Reliefmasche auf die fehlerhafte Reliefmasche zu häkeln.

1. Die Nadel unter den horizontalen Fäden einstechen (von unten nach oben) in die Senke genau vor der fehlerhaften M (die Senke zwischen den M), U **(L)** und eine Schlinge hochziehen, 1 Lm **(M)**.

2. U, die Nadel rund um den Maschenkörper der M genau unter der fehlerhaften M einstechen (wie für ein normales vRStb) und ein normales vRStb häkeln wie folgt: U **(N)**.

3. Die Schlinge um die RS des Maschenkörpers nach vorn bringen, U **(O)** und durch 2 Schlingen ziehen, U und durch 2 Schlingen ziehen **(P)**. Das Garn befestigen

4. Mit den Garnenden oben und links des neuen Reliefstichs an dem dahinterliegenden Gewebe befestigen. Die Enden vernähen. Die Masche ist ausgebessert **(Q)**.

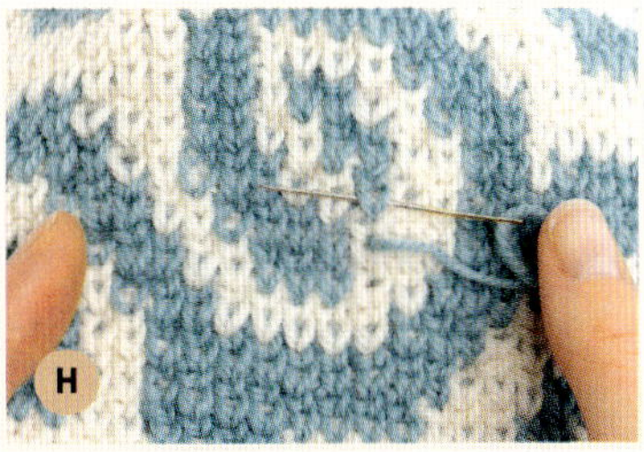

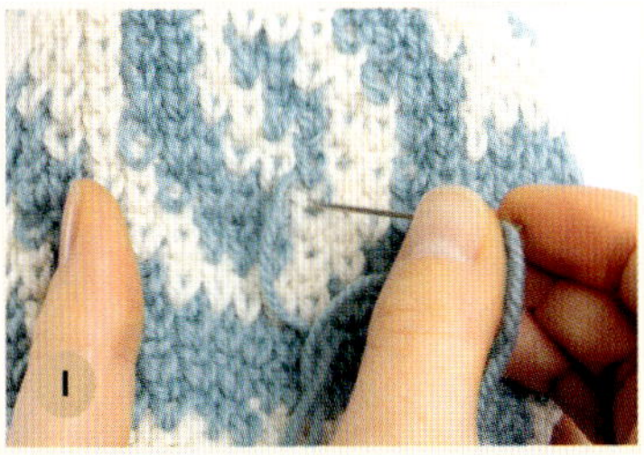

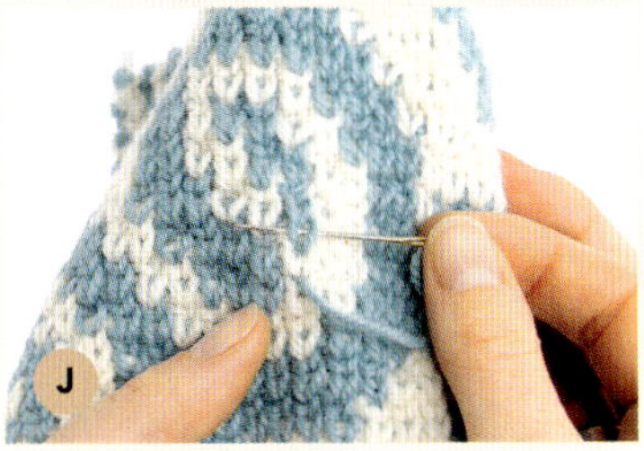

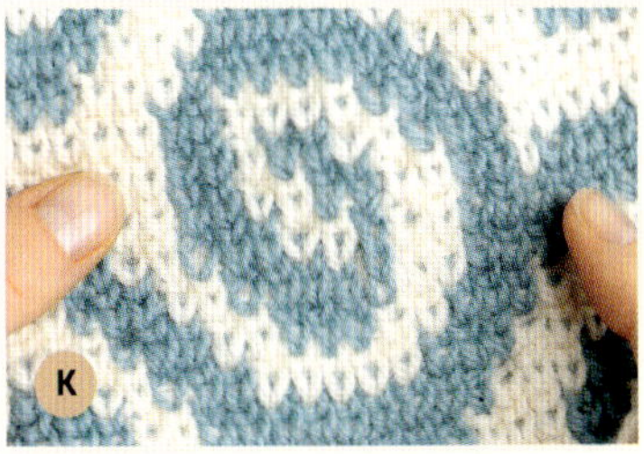

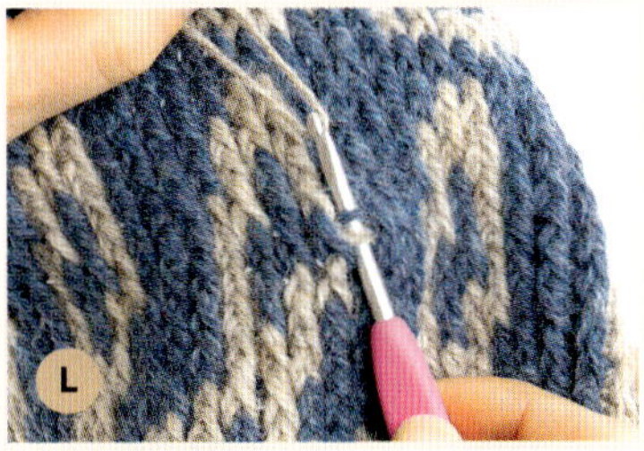

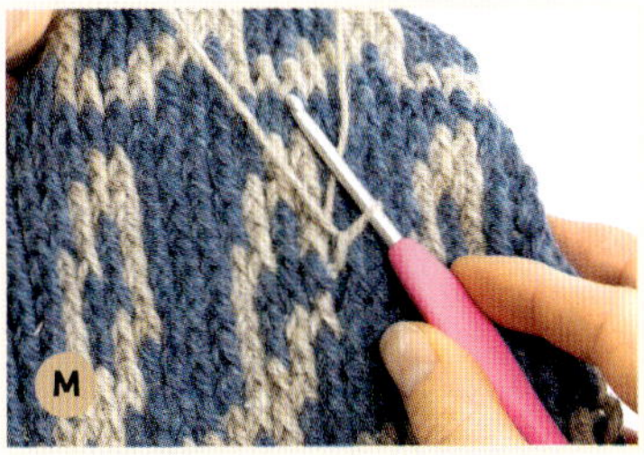

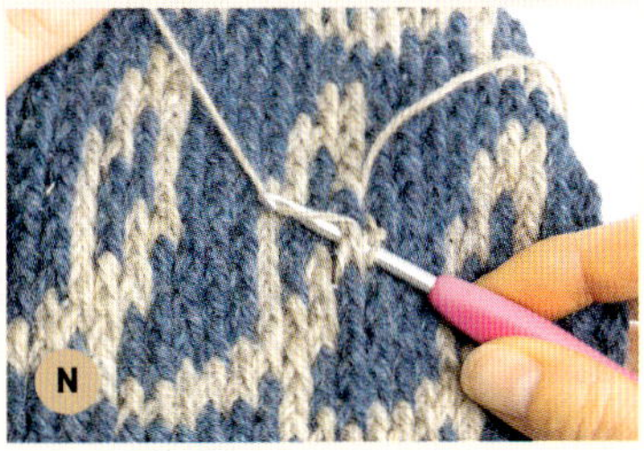

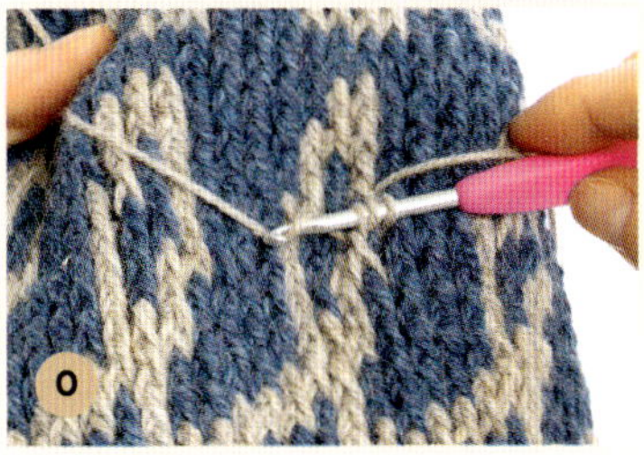

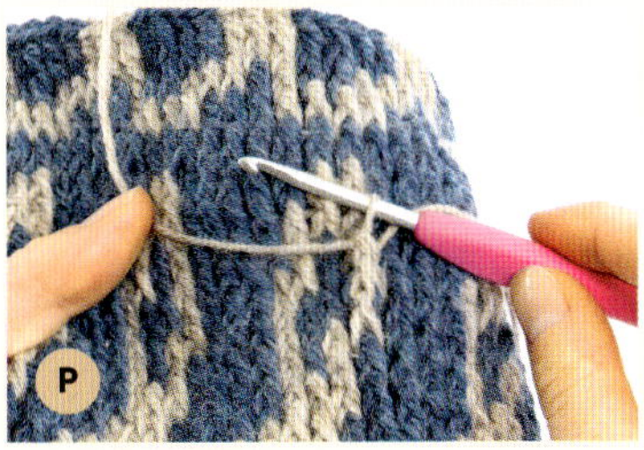

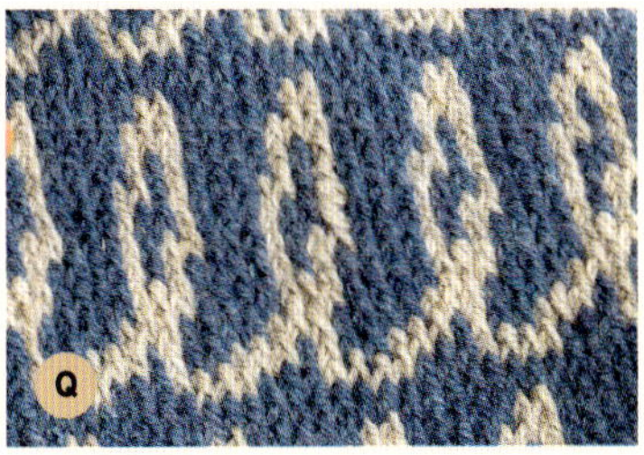

Austausch und Änderung von Mustern

Wir alle wollen Dinge nach unseren eigenen Vorstellungen gestalten – darum sind wir doch Häklerinnen! Dieser Abschnitt wird Ihnen helfen, ein Muster an Ihre Vorlieben anzupassen, damit Sie es auf Ihre eigene Weise gestalten können.

EINFACHER AUSTAUSCH

Das Austauschen eines Musters gegen ein anderes mit der gleichen Größe ist eine einfache Möglichkeit, Ihr Projekt anzupassen. Ersetzen Sie einfach das aktuelle Muster durch das neue. Das funktioniert dann, wenn die Diagramme die gleiche Maschen- und Reihenzahl aufweisen und bei Projekten, die vorne keine offensichtliche Mittellinie haben, wie z. B. die Mütze mit verschneitem Bild (siehe S. 102). Gestalten Sie ein Projekt, das eine Mittellinie hat (wie der Pullover „Eiszapfen", S. 124), müssen Sie zusätzlich noch etwas beachten: Gibt es einen offensichtlichen visuellen Mittelpunkt im aktuellen Diagramm (sei dieser vertikal oder horizontal), sollten Sie auch die Mitte des neuen Musters an dieser Linie ausrichten. Im sich wiederholenden Eiszapfenmuster liegt der optische Mittelpunkt z. B. in der 7. Masche. Das Muster zum Austausch muss den optischen Fokus ebenfalls auf diesen Punkt legen, da es sonst nicht mittig auf der Passe sitzt. Werfen Sie einen Blick auf das Muster für „Getreide im Wind" (siehe Muster aus vfM, S. 48). Dieses Muster hat dieselbe Maschen- und Rundenanzahl UND der optische Mittelpunkt des Motivs liegt ebenfalls auf Masche 7, darum ließe es sich leicht austauschen.

Hat Ihr Muster keinen visuellen Mittelpunkt, wie etwa „Great Divide" (siehe Muster im Strickstich, S. 49), ist das kein Anlass zur Sorge. Hat Ihr Muster eine optische Mitte, die aber nicht an derselben Stelle ist, können Sie die vertikalen und horizontalen Reihen so neu anordnen, dass die Mitte an die richtige Stelle kommt. Kopieren Sie das Muster, markieren Sie die optische Mitte und schieben Sie die horizontalen und vertikalen Reihen von einer Seite des Musters auf die andere, bis der Mittelpunkt dort ist, wo Sie sie brauchen (siehe am Bsp. „Narwalschule" **(C)**).

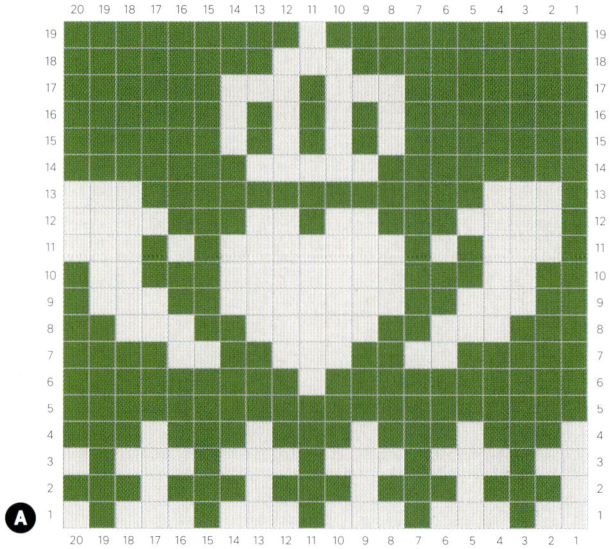

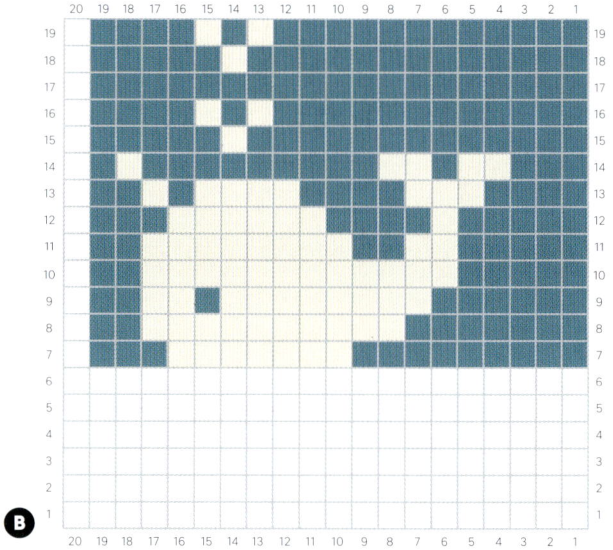

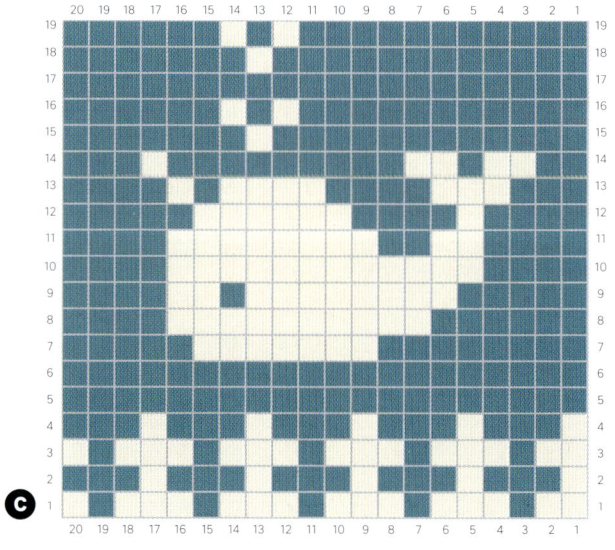

EIN MUSTER PASSGENAU ANPASSEN

Was aber passiert, wenn das Muster, das Sie verwenden möchten, in der Maschen- oder Reihenanzahl nicht genau passt? Hier einige Möglichkeiten, das Muster entsprechend anzupassen:

DAS MUSTER IST KLEINER ALS DAS ORIGINAL

Nehmen wir an, Sie häkeln die Claddagh-Fäustlinge, möchten aber einen Teil des Musters gegen die Narwalschule ersetzen. Der im Muster gezeigte Bereich eines einzelnen Narwals hat weniger Maschen und Reihen und auch die optische Mitte ist nicht an derselben Stelle wie das obere Claddagh-Muster **(A, B)**. Sie könnten die unteren 13 Runden des Narwalschulmusters verwenden und dann eine vertikale Maschenreihe in der HF entlang der Seite hinzufügen, um die korrekte Maschenanzahl zu erhalten. Um die Rundenanzahl zu korrigieren, lassen sich einige Extrarunden in der HF hinzufügen, um gleich viele wie beim oberen Claddagh-Muster zu erreichen. Der Narwal liegt immer noch neben der Mitte, deswegen habe ich eine vertikale Maschenreihe links entfernt und vorne hinzugefügt. Fügen Sie dann die Musterdetails der unteren vier Runden des oberen Claddagh-Musters an und Sie können erkennen, was noch mit der HF aufgefüllt werden muss **(C)**.

DAS MUSTER IST GRÖSSER ALS DAS ORIGINAL

Wiederholt sich das Muster, ermitteln Sie die Gesamtzahl der Maschen rundherum (in Ihrer Größe) und verwenden diese Anzahl als Ziel. Häkeln Sie z. B. eine Mütze mit einem Muster aus 20 M und das Muster wird 5-mal rundherum wiederholt, haben Sie in Summe 100 M, mit denen es zu arbeiten gilt. Das bedeutet, dass Sie ein Muster verwenden können, das sich durch 100 teilen lässt.

Ein Muster aus 10 M könnte man 10-mal (10 x 10 = 100), eines aus 25 M 4-mal oder eines aus 50 M 2-mal wiederholen usw. Aber was ist, wenn Sie ein Muster aus 22 M verwenden möchten? Hier bieten sich ein paar Möglichkeiten:

1. Das Muster aus 22 M ergibt 5-mal gehäkelt 10 M mehr als gewünscht. Sie könnten versuchen, es mit einer kleineren Nadel probezuhäkeln, um zu sehen, ob Sie die Mütze mit 10 zusätzlichen M anfertigen könnten. Klappt das, müssen Sie zwar das Farbmuster nicht ändern, aber den Rest des Musters für das Werkstück. Bei etwas Einfachem wie einer Mütze ist das vielleicht kein Problem, aber bei einem komplizierteren Projekt kann das einiges an Know-how erfordern, was Musterkonstruktionen betrifft. Weicht Ihre Maschenzahl nur um ein paar Maschen oder Runden ab, können Sie sich mit einer etwas anderen Zählweise noch durchmogeln. Überprüfen Sie, ob sich die Größe des Werkstücks verändern würde oder ob Sie den Unterschied an anderer Stelle ausgleichen könnten.

2. Sie können das Muster ändern, indem Sie zwei vertikale Maschenreihen entfernen. Je nach Muster fällt dies vielleicht gar nicht auf.

3. Sie können dem Muster drei vertikale Maschenreihen hinzufügen und dann eine Wiederholung weniger häkeln. (22 + 3) x 4 = 100

4. Sie können das Diagramm 4-mal wiederholen und dann ein Musterelement aus 12 M als Akzent hinzufügen.

Anmerkung: Die obenstehenden Ideen erweisen sich auch für Rundenänderungen als gültig.

PROJEKTE AUSTAUSCHEN

Wünschen Sie, die Muster der Projekte in diesem Buch auszutauschen, lesen Sie bitte die untenstehenden Hinweise.

STRICKJACKE „BADLANDS“

Das Muster für diese Strickjacke auszuwechseln, kann für bestimmte Motive einfach sein, sich aber bei anderen mehrfarbigen Mustern aufwändiger gestalten. In diesem Abschnitt erkunden wir beide dieser Szenarien, damit Sie mit mehr Selbstvertrauen Ihren Wünschen entsprechend gestalten können.

EINFACHE ZU TAUSCHENDE MUSTER FÜR DIE „BADLANDS“-STRICKJACKE

Verwenden Sie ein Motiv, das nicht vollständig wiederholt werden muss, um gut auszusehen – etwa „Great Divide“ (siehe „Muster im Strickstich“, S. 49), bei dem Sie Runde 1 und 26 des Musters auslassen, „Feste Masche!“, „Farbspritzer“ (siehe „Muster im Strickstich“, S. 59 und S. 60) oder Wald (siehe „Muster aus vfM“, S. 21). Beginnen Sie mit einer Aufbaurunde in HF und wiederholen Sie das Muster so oft, wie notwendig.

Anmerkung: Dies funktioniert nur bei diesem Werkstück, da die Mitte der Vorderseite der Strickjacke offen ist, weshalb das Bild nicht durchgehend verbunden sein muss. Diese Verbindung gibt es zwar unter den Ärmeln, ist aber gut versteckt und sollte daher kein optisches Problem darstellen.

Dinge, nach denen Sie bei Mustern ohne vollständige Wiederholungen Ausschau halten müssen:

1. Ein asymmetrisches Muster wirkt wie organisch gewachsen oder zufällig gestaltet.

2. Das Motiv sollte breit genug sein, sodass es sich nicht offensichtlich wiederholt.

3. Ein Muster mit sehr kleinen Wiederholungen (wie z. B. „Karo“ auf S. 65), sodass es nicht offensichtlich ist, wenn die Vorderseiten der Jacke nicht zusammenpassen oder sich nicht spiegeln.

AUSTAUSCHMUSTER, BEI DENEN ES ETWAS MEHR ZU BEDENKEN GILT

Um ein Farbmuster der „Badlands“-Strickjacke auszutauschen, ist es wichtig zu wissen, über wie viele Maschen die mehrfarbigen Teile gehen. An der Brust gibt es 125 (143, 163, 177, 201) M. An den Ärmeln sind 46 (52, 58, 64, 72) M am breitesten (oberen) Rand. Die mehrfarbigen Abschnitte sind 24 Runden hoch, einschließlich der Aufbaurunde in HF.

Nehmen wir zur Veranschaulichung an, dass Sie den Pullover in der kleinsten Größe häkeln und das Muster „Großer Stern“ verwenden möchten (siehe „Muster aus vfM“, S. 24), das 17 Maschen breit und 13 Reihen hoch ist. Sie können ganz einfach Streifen oder mehr Runden in der HF hinzufügen, damit es hoch genug wird. Aber wie sollen Sie es anstellen, dass dieses Muster mit der Maschenzahl übereinstimmt?

Teilen Sie zunächst die Summe der Maschen auf der Brust durch die Anzahl der Maschen des Musters, das Sie verwenden möchten, um herauszufinden, wie oft sie es häkeln können. 125 : 17 = 7,35. Das bedeutet, dass sich das Muster 7-mal häkeln lässt und einige Maschen

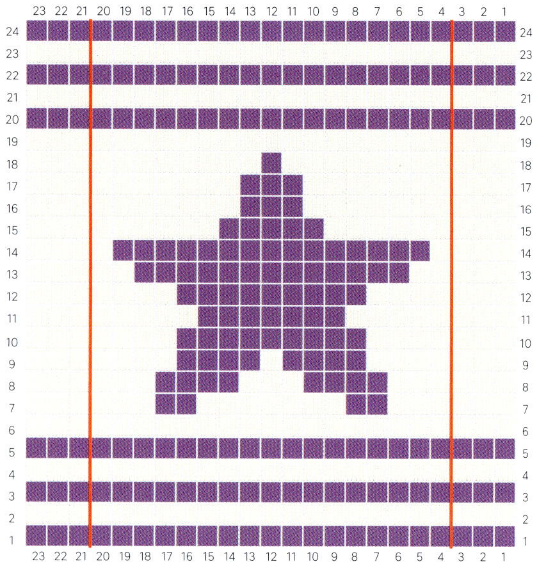

A Den Abschnitt zwischen den roten Linien wiederholen

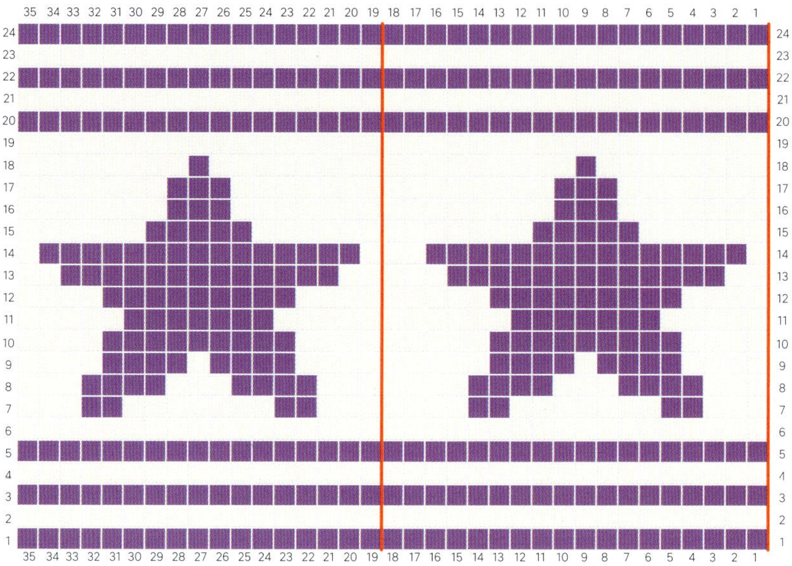

B Den Abschnitt zwischen den roten Linien wiederholen

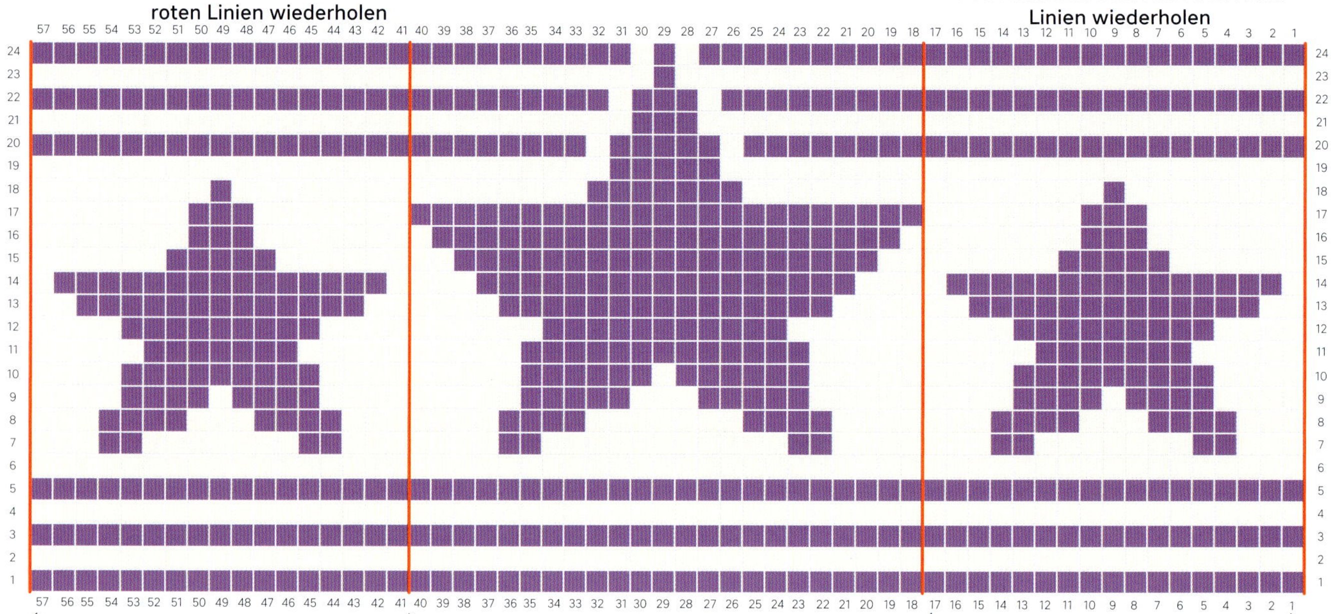

C Den Abschnitt zwischen den roten Linien wiederholen — Den Abschnitt zwischen den roten Linien wiederholen

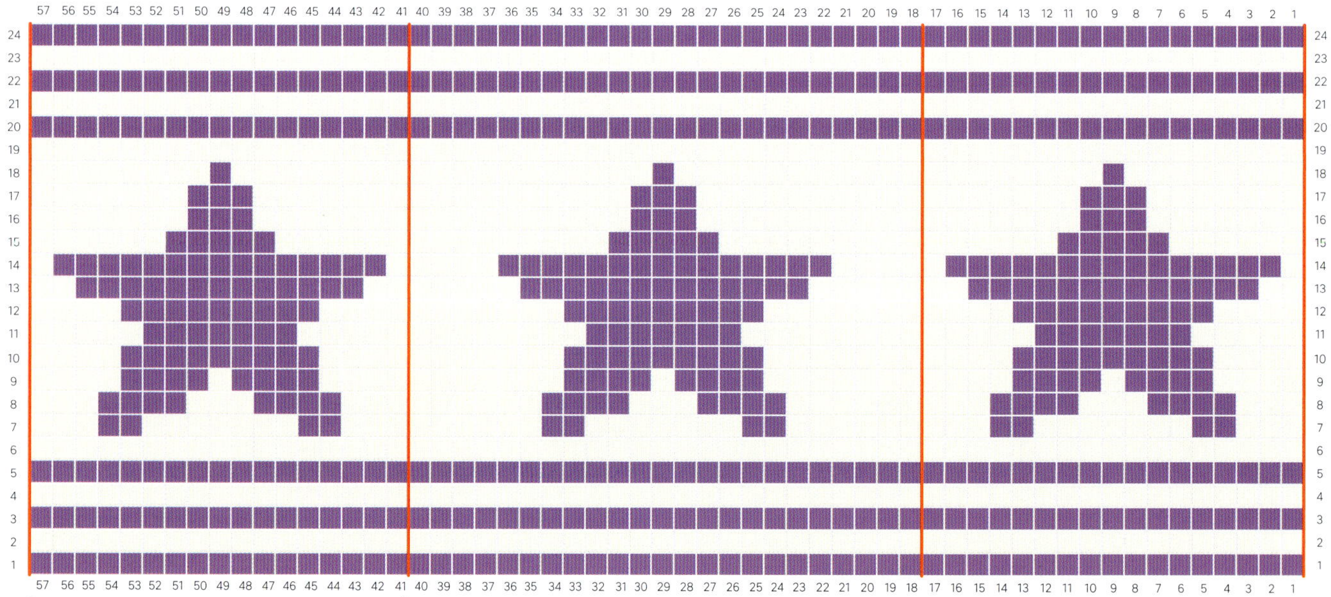

D Den Abschnitt zwischen den roten Linien wiederholen — Den Abschnitt zwischen den roten Linien wiederholen

übrigbleiben. Um zu berechnen, wie viele Maschen das sind, multiplizieren Sie zunächst die Anzahl der Musterwiederholungen mit der Maschenzahl des Musters: 7 x 17 = 119 Maschen. Dann ziehen Sie diese Zahl von der Maschensumme rund um die Brust ab: 125 – 119 = 6 Maschen. Es bleiben also 6 Maschen übrig.

Entscheiden Sie als Nächstes, wohin mit den zusätzlichen Maschen. Sie können je 3 zusätzliche Maschen an jedem Musterende häkeln **(A)**, sie auf die Musterwiederholungen (1 Masche zwischen jede Wiederholung) **(B)** oder in der Mitte des Rückens häkeln. Da die Anzahl der Wiederholungen ungerade ist, muss ein Stern auf der RS in der Mitte zentriert sein, daher müssten Sie den Stern in der Mitte hinten ändern, um diese 6 Maschen unterzubringen (wodurch ein breiterer Stern entsteht) **(C)** oder je 3 Maschen auf jeder Seite des mittleren Sterns häkeln **(D)**.

Die gleichen Grundregeln lassen sich auf die Ärmel übertragen. Verwenden Sie die Maschenzahl des breitesten Teils des mehrfarbigen Ärmelmusters für Ihre Berechnungen und rechnen Sie die Ärmelform später wieder hinzu, wobei Sie sich am Muster des Ärmels orientieren, an dem Sie gerade arbeiten. Für den kleinsten Pullover beträgt die Maschenzahl für den Farbbereich z. B. 46. Also 46 : 17 = 2,7. Das bedeutet, dass zwei Sterne über den Ärmel passen und einige Maschen übrigbleiben: 17 M im Diagramm x 2 Wiederholungen = 34 M. Ziehen Sie 34 Maschen von der Summe der Maschen um den Ärmel ab: 46 – 34 = 12 M. Es sind noch 12 Maschen übrig.

Um diese 12 zusätzlichen Maschen aufzuteilen, können Sie die gleichen Methoden wie am Körper anwenden. Die unkomplizierteste Lösung ist das Häkeln der Maschen am Anfang und am Ende des Musters. Um sich dies besser vorstellen zu können, kopieren Sie das Muster des Ärmels, schneiden es in der Mitte auf und fügen Sie das neue Muster in der Mitte ein. Wir können die eine Hälfte (6) der zusätzlichen Maschen rechts der Musterwiederholungen und die andere Hälfte (6) links **(E)** häkeln. Beachten Sie, dass die 6 Maschen entlang der Oberkante des Ärmels gezählt werden; es gibt aufgrund der Ärmelform weniger Maschen am unteren Musterrand. Nun haben wir ein klares Bild von den übrig gebliebenen Maschen, die nicht wiederholt werden und wir können sie nach Belieben mit Farbe ausfüllen **(F)**. Ich habe Kästchen, die keine Maschen sind, grau markiert, damit man die hellen Maschen besser sieht.

Tipp

Auch wenn es zeitaufwändig erscheinen mag, ist es am besten, ein komplett neues Farbdiagramm zu zeichnen, wenn Sie ein komplexeres Muster austauschen, um vor dem Häkeln sicherzugehen, dass es Ihnen auch gefällt. Es gibt kostenlose Websites speziell für solche Muster (ich nutze gerne stitchfiddle.com), aber Sie können auch Excel oder ganz einfach die guten alten Buntstifte und Kästchenpapier verwenden!

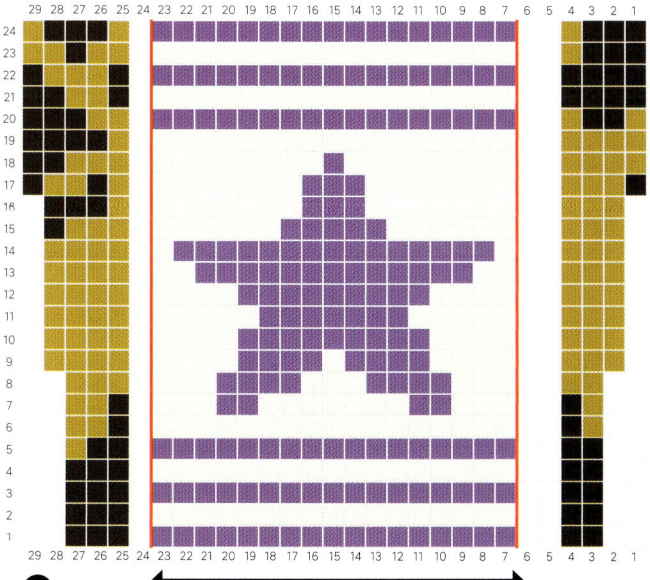

E Den Abschnitt zwischen den roten Linien wiederholen

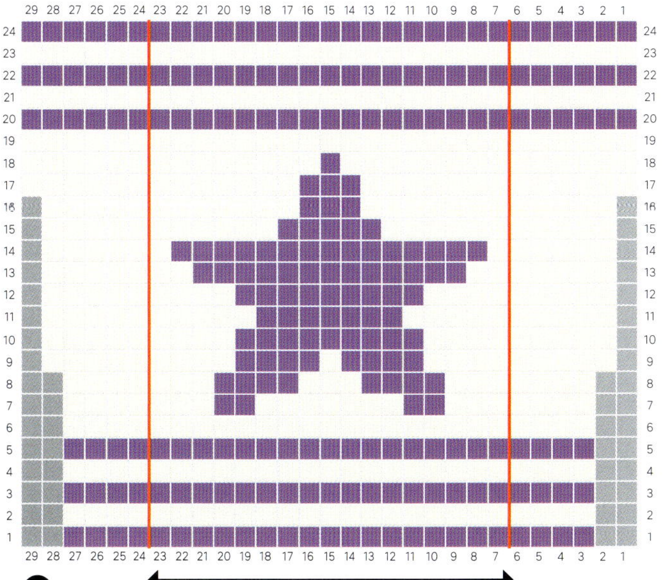

F Den Abschnitt zwischen den roten Linien wiederholen

MÜTZE MIT VERSCHNEITEM BILD

Dieses Projekt bietet viele Gelegenheiten zum Mustertausch. Suchen Sie ein Muster aus 20 sich wiederholenden M für einen 1:1-Austausch. Alternativ funktionieren Muster mit 60, 40, 30, 15, 10, 8, 5, 4, 3, 2 Maschenwiederholungen ebenso. Vor den Abnahmen am Scheitel werden 34 Runden gehäkelt. Ist Ihr Muster nicht so groß, müssen Sie es bestimmt nicht so hoch ansetzen.

Getupft (siehe „Muster aus vStr", S. 88), Wald, Wolfsgeheul, Istanbul, Leopardenmuster, Softeis (siehe „Muster aus vfM", S. 21, 34, 22, 36, 40) und Great Divide (siehe „Muster im Strickstich", S. 49), würden hervorragend funktionieren, nur um einige zu nennen.

SCHAL MIT PROFIL

Dieses Projekt wurde so entworfen, dass es mit jedem Motiv aus vfM gehäkelt werden kann – passen Sie einfach die Länge des Schals entsprechend an. Maschenanzahl des Schals = Anzahl der zu wiederholenden Maschen x Anzahl der Wiederholungen. 4 M hinzufügen: 2 M in HF an dem Ende, an dem Sie das Garn befestigen, und 1 M in HF am Anfang jeder Reihe plus 1 M für die Anfangs-Lm.

Zum Beispiel: Um „Mit Scheren rennen" (siehe „Muster aus vfM", S. 43) mit 32 Maschen zu häkeln, wiederholen Sie es 9-mal und rechnen wie folgt: 32 x 9 = 288 M. Damit der Rand des Schals die gleiche Farbe wie die Scheren hat, fügen Sie 2 weitere Maschen hinzu – je 1 Masche für jedes Ende in der HF – damit die Schere nicht in den Rand übergeht. Nun haben wir also 288 + 2 = 290 M. Dann 2 Maschen am Ende und 1 M am Anfang plus 1 Anfangs-Lm als W-Lm der Aufbaureihe hinzurechnen: 290 + 2 + 1 + 1 = 294 M für die Aufbau-Luftmaschenkette.

Anmerkung: Es gibt nur 1 M am Reihenbeginn für die Kante, aber 2 M am Ende, weil in dieser 1. M eine Anfangs-Lm gehäkelt wird, die nicht als Masche zählt – sie verstärkt den Rand des Anfangs, sodass dieser der Breite der beiden Maschen am Ende entspricht. Weil „Mit Scheren rennen" mit einer einfarbigen Reihe in HF endet, sollten Sie 1 M am Anfang des Schals hinzufügen, um die Farben anzupassen. Für einen einfachen Austausch ohne viel Rechnen wählen Sie ein Muster aus 8 M und häkeln so viele Reihen wie nötig, um die gewünschte Schalbreite zu erreichen. Die folgenden sind gut geeignet: „Offen gewebt", „Verstreute Diamanten", „Vibrationen" oder „Escher-Würfel" (siehe „Muster aus vfM", S. 37, 42, 34, 31).

CLADDAGH-FÄUSTLINGE

Sie brauchen ein kleines Muster aus 20 M und 14 Runden. Tauschen Sie Runde 5–19 des oberen Claddagh-Musters gegen Runde 2–16 von „Herzensbrecher" (siehe „Muster im Strickstich", S. 54) und fügen Sie eine vertikale Maschenreihe in der HF an jd Ende hinzu. Tauschen Sie Runde 6–19 des oberen Claddagh-Musters mit Runde 2–15 von „Kleines Einhorn" (siehe „Muster aus fM ins hMg", S. 74) oder „Delfter Keramik" (siehe „Muster aus vRStb", S. 64). Tauschen Sie Runde 5–19 des oberen Claddagh-Musters mit Runde 1–15 von „Häschenliebe" (siehe „Muster aus vRStb", S. 62) und lassen Sie die Herzen aus (einfach in HF arb). Oder ordnen Sie eine Wdh von „Nellie, der Elefant" (siehe „Muster im Strickstich", S. 60) oder „Narwalschule" (siehe „Muster aus vStr", S. 86) anstelle des Claddagh mittig an. Dann mit der HF ausfullen, wie gezeigt **(G und H)**.

PULLOVER „EISZAPFEN"

„Getreide im Wind", „Diamond Mountain", „Girl's Best Friend" (siehe „Muster aus vfM", S. 48, 28, 32), „Gärten", „Phasen" (siehe „Muster im Strickstich", S. 54, 51) und „Verstärker" (siehe „Muster aus fM ins hMg", S. 77) haben alle dieselbe Maschen- und Reihenzahl und die optische Mitte liegt an derselben Stelle. „Osterinsel" (siehe „Muster aus fM ins hMg", S. 78) hat dieselbe Maschenzahl und würde man die unterste Reihe als Aufbaureihe zählen, hätte es auch dieselbe Reihenanzahl. Überlegen Sie sich, ob Sie ein kleines Rautenmuster aus dem Muster für die Abnahme an der Passe (S. 127) häkeln möchten. Es lässt sich optisch an die obere Musterliste aurichten, aber Sie können stattdessen auch nur einfarbig in der HF arbeiten (mit anderen Worten: verwenden Sie die KF nur zum Überhäkeln, wenn es in der Anleitung steht). „Cupcakes" (siehe „Muster aus vfM", S. 30), „Hufeisen als Glücksbringer" (siehe „Muster aus vRStb", S. 64), und „Dorf" (siehe „Muster aus fM ins hMg", S. 85) haben dieselbe Maschenzahl und die optische Mitte an derselben Stelle (Masche Nr. 7), aber das Muster hat weniger Runden. Möchten Sie eines dieser Muster verwenden, könnten Sie ein einfaches Streifenmuster unter und über dem Bild häkeln, bis Sie die richtige Rundenanzahl erhalten, oder einfach weiter in der HF häkeln (entweder über oder unter dem Muster, bei manchen auch beides), um die Extrarunden des Musters zu füllen **(I und J)**.

MUSTER AUS ANDEREN GRÜNDEN ÄNDERN

Wenn Sie an einem Farbmuster arbeiten und mit der Klarheit Ihrer Maschen unzufrieden sind, bedenken Sie, dass Sie Ihr Muster spiegeln können, um das Spiegelbild zu häkeln. Möchten Sie z. B. ein Muster aus diesem Buch häkeln, das ein starkes Motiv in der rechten Diagonale hat, Sie wollen aber in vfM arbeiten (die auf einer Diagonale nach rechts zu unterbrochenen Linien führen), können Sie das Muster spiegeln und dann häkeln. Dadurch werden die diagonalen Linien glatter, da sie sich nach links neigen. Was Sie ebenfalls beachten sollten, ist die Möglichkeit, ein Muster um 90 Grad zu drehen und seitwärts zu häkeln. Diese Technik kann hilfreich sein, wenn Sie einen der Seite nach konzipierten Schal bearbeiten – das Muster muss ja nicht seitlich verlaufen. Um es zu drehen, müssen Sie jedoch zuerst eine Maschenprobe häkeln, da dies das Gesamterscheinungsbild des mehrfarbigen Musters beeinflusst.

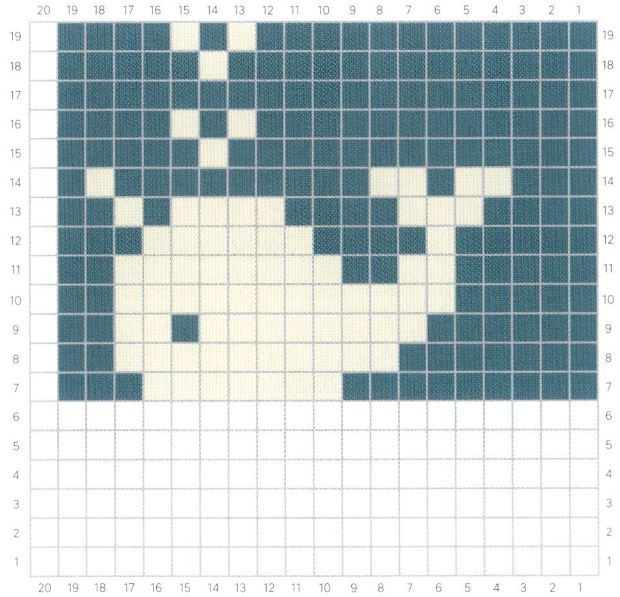

G

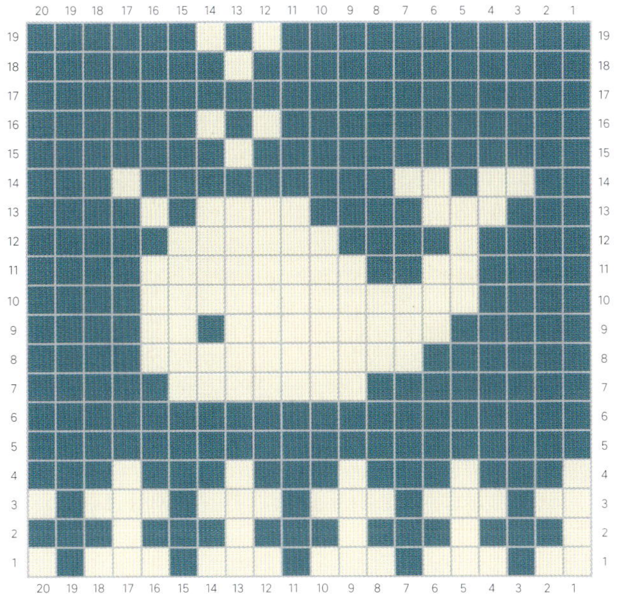

H

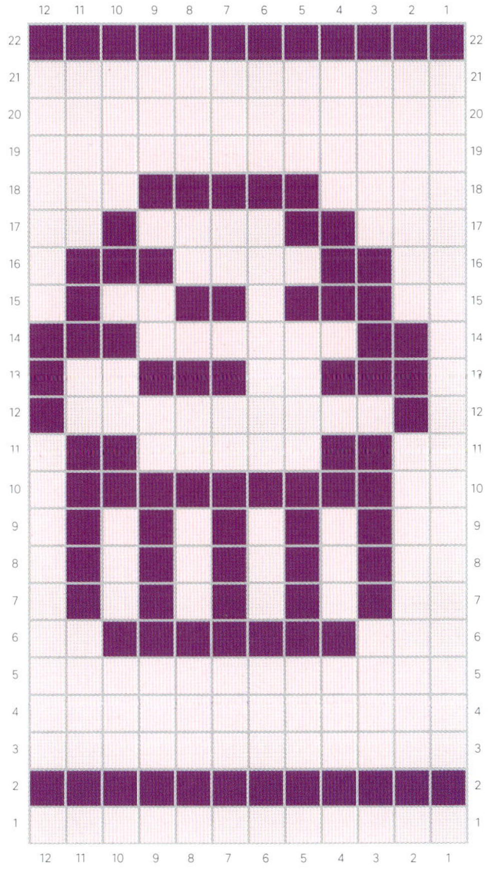

I

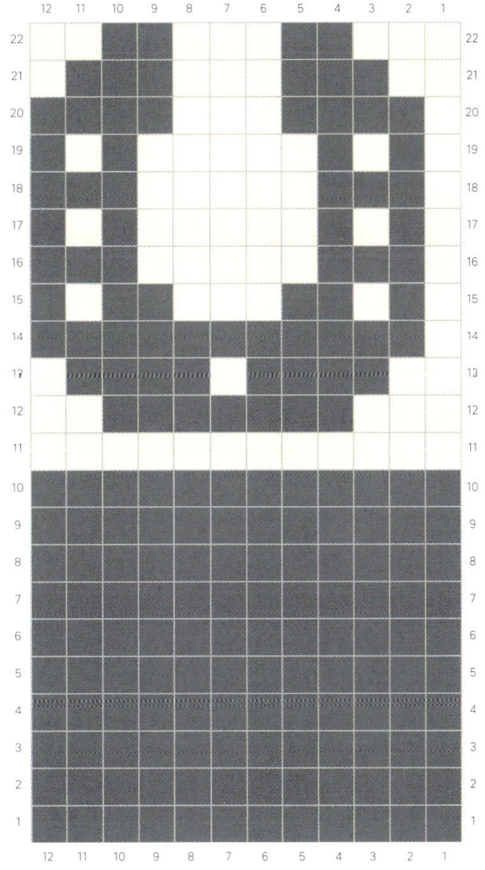

J

Über die Autorin

Brenda K. B. Anderson häkelt, strickt und näht bis in die Puppen, wenn ihre Kinder im Bett sind. Sie liebt es, Stofftiere zu entwerfen, die sie zum Lachen bringen, und Accessoires zu designen, die nur danach schreien, von Freunden und Familie getragen zu werden – immer und immer wieder. Brenda ist die Autorin von „Beastly Crochet" und „Crochet Ever After" und lehrt außerdem auf Craftsy. Sie designt für zahlreiche Häkelpublikationen und Garnfirmen und ist Chefredakteurin von Creative Crochet Corner. Brenda lebt in einem kleinen Haus in Saint Paul in Minnesota, wo neun Monate im Jahr Pulloverwetter angesagt ist.

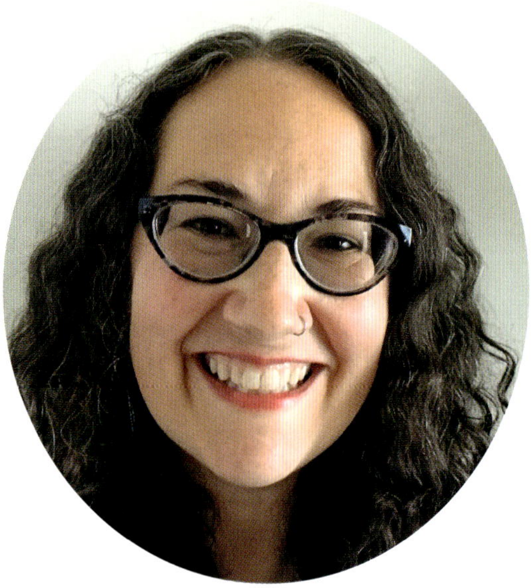

Danksagungen

Dieses Buch habe nicht ich alleine gemacht – es waren wir alle! Es ist schon vor Jahren entstanden und viele wunderbare und talentierte Menschen haben dazu beigetragen, es zu etwas ganz Besonderem zu machen!

Allem voran muss ich dem ursprünglichen Interweave-Team meinen Dank aussprechen, ganz besonders herzlich danke ich der großartigen Kerry Bogert dafür, überhaupt den Samen für dieses Werk gepflanzt zu haben. Ohne sie würde dieses Buch wirklich gar nicht existieren. Dann war da noch Daniella Niis Expertise mit Adleraugen und Nathalie Mornus überaus geduldige und freundliche Ermutigungen.

Dann kam die unglaubliche Crew von David & Charles: Ame Verso hat diesem Buch Leben eingehaucht; sie hat von Anfang an daran geglaubt, verstanden, was aus ihm werden sollte und geholfen, dorthin zu gelangen. Ich bin Jessica Cropper, Jeni Chown, Sam Staddon, Jason Jenkins und natürlich der unglaublich geduldigen Marie Clayton und Lindsay Kaubi dankbar, dass sie ihre Talente zusammengenommen haben, um aus meinen umherschweifenden Gedanken und Mustern ein leserfreundliches, informatives und schönes Buch zu gestalten!

Und ein Superspezialdanke an Molly Cacek, die mich von Anfang an immer in meiner Garnkarriere unterstützt hat. Molly ist mit hocherhobener Häkelnadel hereingestürmt, um mir zu helfen, die Maschenproben für dieses Buch fertigzustellen. Ohne ihr Häkeltalent würde ich immer noch daran häkeln.

Während der gesamten Zeit, in der ich die Muster entworfen habe, habe ich mich schwerstens auf meine Schwester Lisa und meinen Mann Aaron verlassen, damit sie mir sagten, ob meine Entwürfe „funktionierten". Ich habe ihnen (manchmal mehrmals am Tag) Muster geschickt und gefragt: „Was ist das?" Je nach Antwort wurden die Designs zur Sammlung hinzugefügt oder entsorgt. Sie waren gemeinsam der erste Filter; wie Prä-Lektoren über das gesamte Projekt hinweg.

Großer Dank an meine Eltern, die mir den Wert des Selbermachens beigebracht haben. Und an Anya und Ronni, dem besten, an dem ich je mitgewirkt haben. Vor allem danke ich all meinen Mit-Häklerinnen, die meine Arbeit über all die Jahre unterstützt, mich ermutigt und inspiriert haben. Ihr seid der Grund, aus dem ich dieses Buch geschrieben habe!

Bezugsquellen

Ich danke meinen Lieferanten sehr, dass sie mich mit Garn unterstützen! Eure Garne sind immer eine große Inspiration für mich. Ich kann es kaum erwarten, sie wieder zu verarbeiten. Besonderer Dank an WeCrochet bei Crochet.com.

Berroco:
berroco.com

Brown Sheep Company, Inc:
brownsheep.com

Jameison's:
jamiesonsofshetland.co.uk

Malabrigo:
malabrigoyarn.com

O Wool:
o-wool.com

Stichwortverzeichnis

Umschlaggestaltung: Werbeagentur Rypka GmbH, 8143 Dobl, www.rypka.at

Bildnachweis: Alle Fotos (inkl. Covervorder- und -rückseite) stammen dankenswerterweise von Jason Jenkins Production.
Illustrationen: Kuo Kang Chen

Titel der englischen Originalausgabe: Brenda K. B. Anderson. The Hooktionary. A Crochet Dictionary of 150 Modern Tapestry Crochet Motifs. Copyright © David and Charles Ltd 2023, Suite A, Tourism House, Pynes Hill, Exeter Devon, EX2 5WS, UK.
Text und Designs © Brenda Anderson 2023
Layout und Fotografie © David und Charles, Ltd 2023
Brenda Anderson hat ihr Recht geltend gemacht, gemäß dem Copyright, Designs und Patents Act 1988 als Autor identifiziert zu werden.

Aus dem Englischen ins Deutsche übertragen von Mag. Nina Schön.

Bibliografische Information der Deutschen Nationalbibliothek
Die Deutsche Nationalbibliothek verzeichnet diese Publikation in der Deutschen Nationalbibliografie; detaillierte bibliografische Daten sind im Internet über http://dnb.d-nb.de abrufbar.

Hinweis:
Dieses Buch wurde auf chlorfrei gebleichtem Papier gedruckt. Die zum Schutz vor Verschmutzung verwendete Einschweißfolie ist aus Polyethylen chlor- und schwefelfrei hergestellt. Diese umweltfreundliche Folie verhält sich grundwasserneutral, ist voll recyclingfähig und verbrennt in Müllverbrennungsanlagen völlig ungiftig.

Auf Wunsch senden wir Ihnen gerne kostenlos unser Verlagsverzeichnis zu:
Leopold Stocker Verlag GmbH
Hofgasse 5/Postfach 438
A-8011 Graz
Tel.: +43 (0)316/82 16 36
Fax: +43 (0)316/83 56 12
E-Mail: stocker-verlag@stocker-verlag.com
www.stocker-verlag.com

ISBN 978-3-7020-2086-6

Satz: Werbeagentur Rypka GmbH, 8143 Dobl, www.rypka.at

VON MOLLY CACEK GEHÄKELTE MUSTER